dtv

Wenn sich der Schlußchor zu Beethovens neunter Sinfonie erhebt, glauben die meisten, sie könnten mitsingen. Die Melodie geht ja auch ins Ohr – aber was soll Schillers Text bedeuten? Spannend und mit feiner Ironie erzählt Dieter Hildebrandt über die atemberaubende Karriere der berühmtesten Sinfonie der Welt. Schillers Lied »An die Freude«, ein feucht-fröhliches Gelegenheitsgedicht, nicht für die Ewigkeit gedacht, hatte Beethoven schon viele Jahre beschäftigt, bevor er es für die Vertonung arrangierte. Die Zuhörer waren erst einmal ziemlich schockiert, bald aber grenzenlos begeistert. Von nun an mußte die Neunte immer dann herhalten, wenn es besonders feierlich wurde. Und so erzählen die Geschichten, die sich um diese Sinfonie ranken, von der Zeit, die seit ihrer Entstehung vergangen ist – und über die Literaten und Musiker, die dazu beitrugen, daß aus einer einfachen Melodie die Hymne der Menschheit wurde.

Dieter Hildebrandt, 1932 in Berlin geboren, war als Redakteur, Kulturkorrespondent, Theaterkritiker, Lektor und Dramaturg tätig. Heute lebt er als freier Autor und Publizist im Spessart. Bei dtv erschienen u. a.: »Pianoforte. Der Roman des Klaviers im 19. Jahrhundert«; »Piano, piano. Der Roman des Klaviers im 20. Jahrhundert«.

Dieter Hildebrandt

Die Neunte

*Schiller, Beethoven
und die Geschichte eines
musikalischen Welterfolgs*

Deutscher Taschenbuch Verlag

Von Dieter Hildebrandt sind im Deutschen Taschenbuch
Verlag lieferbar:
Pianoforte. Der Roman des Klaviers im 19. Jahrhundert
(20582)
Piano, piano! Der Roman des Klaviers im 20. Jahrhundert
(20583)

Ungekürzte Ausgabe
August 2009
Deutscher Taschenbuch Verlag GmbH & Co. KG, München
www.dtv.de
Lizenzausgabe mit Genehmigung des Carl Hanser Verlages
München Wien
© 2005 Carl Hanser Verlag München Wien
Umschlagkonzept: Balk & Brumshagen
Umschlagbilder: akg-images
Satz: Fotosatz Reinhard Amann, Aichstetten
Druck und Bindung: Druckerei C.H. Beck, Nördlingen
Gedruckt auf säurefreiem, chlorfrei gebleichtem Papier
Printed in Germany · ISBN 978-3-423-34560-6

Inhalt

Introduktion 7

I
Sternstunde mit dunkler Materie
Die Uraufführung der neunten Sinfonie 19

II
»An die Freude«
Neun Expeditionen in ein Weltgedicht (Schiller) 43

III
»Es ist nun gefunden... Freude!«
Der Leidensweg zum Jubel (Beethoven) 103

IV
»Diesen Kuß der ganzen Welt!«
Berlin, London, Paris, New York 153

V
»Ahndest du den Schöpfer, Welt?«
Der Auftritt der Retuscheure 207

VI
»Was die Mode streng geteilt...«
Kult, Konflikte, Klassenkampf 243

VII
»Ihr stürzt nieder, Millionen...«
Wie die neunte Sinfonie zum Teufel ging 279

VIII
»Nicht diese Töne!«
Kubrick, Kagel und Europa-Hymne 309

IX
Finale
Die Freude nach dem Fun 333

Dank 349

Nachweise 350

Personenregister 362

Introduktion

Die Welt ist schwer. Er hat gelehrt, wie man des Schweren Herr wird. Zu Schiller kann man nicht Auge in Auge sehen, sondern nur zu ihm hinauf.
Rudolf Borchardt
über Schiller

Ein Armer, noch mehr: ein Unglücklicher, noch mehr: ein Einsamer, ein Kranker, noch mehr – der ganz Schmerz gewordene, dem die Welt ihre Freude versagt, wird selbst zum Schöpfer der Freude und schenkt sie der Welt!
Romain Rolland
über Beethoven

Weltkunst, Allerweltskunst

Die großen Worte ebnen den Weg, und sie verstellen ihn zugleich. Richard Wagner machte den Anfang, als er die neunte Sinfonie* Beethovens »das menschliche Evangelium der Kunst der Zukunft« nannte. Andere sprachen später von der »Marseillaise der Menschheit«, von »der großen Kantate des Kosmos«, von der »Stimme des Absoluten«. Heute bezeichnet man sie als »göttlichen Gassenhauer«. Die »Neunte« singt nicht nur eine Rhapsodie, sie beschwört sie auch immer wieder herauf.

Es ist ein singulärer Fall: »Niemals ist durch ein einziges Werk eines großen Musikers die Welt, nicht nur die der Zeitgenossen, sondern auch die Nachwelt nun schon seit mehr als hundert Jahren in eine solche Erregung versetzt worden wie durch Beethovens neunte Sinfonie.« Was der Schweizer Musikwissenschaftler Walter Riezler um 1930 schrieb, ist seither immer stärker beglaubigt worden und dennoch nur die halbe Wahrheit. Zur ganzen gehört die Einsicht: Niemals zuvor hat ein einziges Gedicht, in der Symbiose mit der Musik, weltweit Karriere gemacht wie Schillers Lied »An die Freude«. Wo von der Wirkung des großen Komponisten gesprochen wird, muß auch von der des großen Dichters die Rede sein.

Um beides geht es in diesem Buch. Es führt ins Innere einer rätselhaften Faszination, in einen Zauberberg aus Versen, Tönen und öffentlicher Resonanz; in den scheinbar unauslotbaren Raum einer virtuellen Globalisierung. Seit der Uraufführung der Sinfonie im Jahr 1824 dehnt sich das Faszinationsuniversum der Freudenhymne immer weiter aus und macht alle ihre Worte so wahr, wie sie im Anfang nie waren.

---

* Beethoven benutzte in den meisten Fällen die Schreibweise »Sinfonie«. Daneben wird in diesem Buch auch die »Symphonie«, wie sie in vielen Zitaten auftaucht, beibehalten.

Das »Seid umschlungen, Millionen!«, von dem der Chor einst bloß jauchzte, hat sie selbst eingelöst, »diesen Kuß der ganzen Welt«, einst als tollkühne Metapher wie eine kesse Lippe riskiert, machen ganze Generationen von Nachwelt wahr, indem sie ihn erwidern, leidenschaftlich und oft besinnungslos. Die Überspanntheit der Verehrung selbst wird zu jenem Sternenzelt, von dem sie singt.

Was bisher von der Musikwissenschaft überhört, von der Beethoven-Biographik übersehen und von der Kultbesessenheit vor allem des zwanzigsten Jahrhunderts überjauchzt wurde, ist der elementare Anteil des Schillerschen Textes an der Dauerhaftigkeit der weltweiten Wirkung. Wie in einer Kettenreaktion erzeugt der »Götterfunken« selbst die stets neuen, unerschöpflichen Energien, mit denen hier ein Kunstwerk aus sich selbst heraus Aktualität, immer weitere Zeitgenossenschaften, seelische Geistesgegenwart – und standing ovations produziert. Daß die »Neunte« bis heute nicht ausgeschöpft, erloschen, erledigt, daß sie weniger ein Weltkulturerbe als eine eigene Sonne ist, verdankt sie eben nicht zuletzt der Feuertrunkenheit ihrer Wörter.

Wie anders hätte sie sonst »die krankhaften Anstrengungen, bekannte Musikstücke der Vergangenheit noch bekannter zu machen« (Kagel), überleben können? Wie sonst eine grundsätzliche Kritik, die schon vor mehr als hundert Jahren alles zusammenfaßte, was auch heute noch gelten kann: »Man hat die Neunte Symphonie in einen Nebel von hohen Worten und schmückenden Beiworten gehüllt. Sie ist – neben dem berühmten ›Lächeln der Mona Lisa‹, dem mit seltsamer Beharrlichkeit das Etikett ›geheimnisvoll‹ anhaftet – das Meisterwerk, über das am meisten Unsinn verbreitet wurde. Man muß sich nur wundern, daß es unter dem Wust von Geschreibe, den es hervorgerufen hat, nicht schon längst begraben liegt... Schließlich machte man aus diesem so mächtigen und klaren Werk einen Popanz zur öffentlichen Verehrung.« Claude Debussy, kein Freund Beethovens, schrieb das nach einer Pariser Aufführung der Symphonie im Jahr 1901. Auch, daß man »die Neunte« verkitscht hat, collagiert, illuminiert, gehört zur Tradition, die sie überlebt hat. Daß man mit Hilfe von Lichtbildern den Inhalt erläutern wolle, davon hat ebenfalls schon Debussy gesprochen. Die triviale Nebenlinie als Schlager, als »Song of Joy«, als Europahymne ist nur ein Indiz für die gröbere Ungeniertheit, mit der sich das 20. Jahrhundert über das Werk hergemacht hat. Wenn Olympiasoundtracks sich über ein dreistündiges Spektakel hinweg durch schlammige Musikmassen wühlen und endlich, da der Läufer mit der letzten Fackel den Flammenturm erreicht, in jene einfache, ruhige, ganz unaufwendige Melodie münden, wenn sie, erlösend und erlöst, auf die bekannteste aller Tonspuren gesetzt werden und der Ohrwurm in unser aller Muschel kuschelt, dann lodert der Götterfunke Freude als olympisches Feuer auf. Oder wenn ein Ensemble von Baukränen – wie 1996 am Potsdamer Platz in Berlin geschehen – zu den Klängen der Freudenhymne schwenkt und winkt und wippt als Pantomime einer Zukunftskonstruktion, dann offenbart sich die Weltkunst als Allerweltskunst.

Dieses Buch versucht sich an einer Neugewinnung aus den Anfängen. Es geht der allmählichen Verfertigung einer Faszination nach, versucht sich an der Beschreibung einer Kultkarriere. Es ist kein musikwissenschaftlicher Versuch und kein Beethoven-Hymnus und will auch keine Andacht vor dem eben erst erklärten Nimbus des »Weltkulturerbes« verrichten. Es tastet sich an die Kräfte heran, aus denen sich die sensationelle Wirkungsgeschichte herleiten läßt. An etwas, was hier das Schiller-Beethoven-Komplott genannt werden soll. An ein seltsames Überkreuz der Lebensgeister. Zwei Genies, beide ohne wirkliches Talent für Heiterkeit und Serenität, zwei Leidgeprüfte und Schmerzerfahrene, singen sich Trost zu in einem Gemeinschaftswerk über das, was ihrer beider Leben gefehlt hat: die Freude. So jubelnd, so überwältigend, so weltbewegend konnte es nur als Negativ-Ausdruck gelingen.

Schillers Lied »An die Freude« ist ein Jugendwerk, der Wurf eines Sechsundzwanzigjährigen; keineswegs die »Hymne«

oder »Ode«, als die sie heute immer wieder bezeichnet wird, sondern ein Gelegenheitsgedicht. Beethoven hat es, nach jahrzehntelanger Anhänglichkeit an diesen Text, in Auszügen vertont, als er doppelt so alt war, Anfang Fünfzig. Da aber war das Urteil über das Lied längst gesprochen: »Die ›Freude‹ ist nach meinem jetzigen Gefühl durchaus fehlerhaft, und ob sie sich gleich durch ein gewisses Feuer der Empfindung empfiehlt, so ist sie doch ein schlechtes Gedicht.«

Es ist niemand anders als der Dichter selbst, der sein eigenes Werk so hart kritisiert und noch uns Nachgeborenen unsern Enthusiasmus derart um die Ohren schlägt. Und er fügt hinzu: »Weil sie aber einem fehlerhaften Geschmack der Zeit entgegenkam, so hat sie die Ehre erhalten, gewissermaßen ein Volksgedicht zu werden.« So wäre denn der fehlerhafte Geschmack der Schiller-Zeit auch der aller Zeiten, bis auf den heutigen Tag, auf den heutigen Konzertabend?

Und Beethoven – der von dieser Distanzierung in einem Brief Schillers an dessen Freund Körner nie etwas erfahren hat – komponiert das Chorfinale seiner neunten Sinfonie fast zwanzig Jahre nach Schillers Tod und widerruft, so wie der Dichter, bald seinen revolutionären Einfall: »Er sehe ein, mit dem letzten Satz dieser Symphonie einen Mißgriff begangen zu haben; er wolle denselben daher verwerfen und dafür einen Instrumentalsatz ohne Singstimmen schreiben, wozu er auch schon eine Idee im Kopf habe.«

Zwei konsternierende Äußerungen, die man vielleicht im Kopf haben sollte, wenn er selbst berauscht ist – nein, nicht vom Werk selbst, sondern vom Nimbus seiner Nachfeier.

Ein schlechtes Gedicht und ein kompositorischer Mißgriff – wenn man denn den Urhebern glauben wollte – verbinden sich zu einem unauslotbaren Ganzen, zu einem Happening der Weltgeister. Zu einer Konstellation. Der Filmemacher David O. Selznick ist dem Geheimnis der Faszination großer Werke nahe gekommen, als er zu erklären versuchte, warum »Casablanca« zum Kultfilm des zwanzigsten Jahrhunderts, zu einer Ikone des Kinos werden konnte, ein Streifen, dem alle

Kritiker immer wieder nachwiesen, wie unlogisch, wie schlecht, wie schlampig er gemacht sei. »Ich habe gelernt«, sagte Selznick, »daß man nicht versuchen sollte, am Erfolg herumzubosseln. Man weiß nie, was da für Alchimie am Werk war, die etwas zustande gebracht hat, das Millionen von Leuten fasziniert hat, wie viele scheinbare Konstruktionsfehler Teil des Ganzen gewesen sind und wie sehr das Gleichgewicht gestört würde, wenn wir Veränderungen machen bei Dingen, die wir – in aller Unschuld oder sogar auf Grund unserer Einsicht – für falsch halten.«

Wem Selznick als Gewährsmann nicht seriös genug ist, der sei auf Theodor W. Adorno verwiesen und seine Einsicht: »Die Kunstwerke des obersten Ranges unterscheiden sich von den andern nicht durchs Gelingen – was ist schon gelungen? –, sondern durch die Weise ihre Mißlingens. Denn es sind die, deren Probleme, immanent-ästhetisch und gesellschaftlich (...) so gestellt sind, daß sie mißlingen müssen. Groß ist ein Kunstwerk, wenn sein Mißlingen objektive Antinomien ausprägt.«

Die bedeutendsten Schöpfungen sind nicht die perfekten. Sind nicht die marmorglatten, sondern die brüchigen. Sind nicht die ebenmäßigen, sondern die unmäßigen. Die Werke, die der Zeit, dem Zerfall und auch der Zukunft standhalten, sind geladen mit Verstörungspotential, mit einem unversiegbaren Reservoir an Schocks und Irritationen. Sie bewahren die Potenz eines sich immer wieder erneuernden Ur-Sprungs.

So auch Beethovens Sinfonie Nr. 9, d-Moll, op. 125, mit dem Schlußchor über Schillers Lied »An die Freude«.

Zeitrechnung

1785 schreibt Friedrich Schiller sein Gedicht »An die Freude«. 1824 wird die neunte Sinfonie Ludwig van Beethovens uraufgeführt. Vier Jahrzehnte liegen zwischen beiden Daten, beiden Werken, beiden Utopien. Nur knapp vierzig Jahre. Etwas mehr als ein Generationsalter.

Aber solche Zeitrechnung von vier Dekaden ist irreführend und absurd. Zwischen dem Herbst 1785 und dem Frühjahr 1824 liegen Epochenstürze und Geschichtsbrüche, wie sie das Abendland nicht einmal während des Dreißigjährigen Krieges »erlebt« hat. Europa wird vollständig umgewälzt und dann halb wieder zurückgeworfen. Eine tausendjährige Reichsidee löst sich auf in die schäbigsten Verwaltungsakte und den rabiatesten Grundstücksmarkt. Eine große Revolution wird von den Revolutionären ad absurdum geführt. Napoleon durchfurcht den Kontinent fast zwanzig Jahre lang mit Kriegen.

Zwischen beiden Werken liegt, mit Hegel zu sprechen, der brachiale Eingriff des Weltgeistes; aber – gegen Hegel – eines Weltgeistes, der nicht vernünftig ist, sondern ganz außer sich. Schiller hat seine »Freude« (wie er sie gern nennt) vier Jahre vor der Französischen Revolution gedichtet; die »Rettung von Tyrannenketten«, die er darin beschwört, sollte mit dem Sturm auf die Bastille am 14. Juli 1789 eingeleitet und eingelöst werden; aber schon bald war die »Gnade auf dem Hochgericht«, die er sich auch wünschte, den Handhabern der Guillotine unbekannt. Und fünf Jahre vor der Uraufführung der Neunten wurden die Karlsbader Beschlüsse erlassen, die die europäischen Uhren wieder auf die vorrevolutionäre Zeit zurückzudrehen versuchten. Die Fürsten, die Zensoren, die »Tyrannen« übernahmen wieder die alte Macht und die alten Methoden. Es hatte den beängstigenden Anschein, als sei alles beim Alten geblieben; und vergeblich alles Blutvergießen, jeglicher Elan und sämtliche Ideale.

Beethoven konnte, wie der Musikschriftsteller Alfred Einstein geschrieben hat, »fünfundzwanzig Jahre lang von überall her Schlachtenlärm vernehmen«. Dafür war er nicht taub. Dieser Lärm begann im Jahre 1792 mit dem Versuch einer Koalitionsarmee unter der Führung des Herzogs von Braunschweig, die französischen Revolutionsgarden (wie man sie heute nennen würde) unter Kontrolle zu bringen, ein Unternehmen, das mit der Kanonade von Valmy schmählich und elend endete und Goethe, der als Poet schon damals embedded war, zu dem berühmten, aber eigentlich unsinnigen Satz veranlaßte, »von hier und heute geht eine neue Epoche der Weltgeschichte aus«. Immerhin: Erst nach diesem Erfolg brachen die französischen Truppen zur Eroberung der Rheinlande auf; erst danach wurde jener Stolz auf die revolutionäre Leidenschaft der Armee geboren, der in der Marseillaise ihren spontanen Ausdruck fand; jener Stolz aber auch, der wenige Jahre später den jungen Offizier Buonaparte an die Spitze Frankreichs führen sollte. Und der Lärm der Kanonen und das Geschrei der Verwundeten und Sterbenden hörte erst 1814 mit der Schlacht von Waterloo auf, als derselbe Mann, inzwischen Napoleon, Konsul, Kaiser gar, endgültig geschlagen war, verbannt auf Nimmerwiedersehen, und dennoch einer der schaurigsten Wiedergänger jenes Ruhms, den wir Nachgeborenen der Skrupellosigkeit verleihen.

Und inmitten all dieses Schreckens und Sterbens ein seltsam stiller Todesfall, den der junge Publizist Joseph Görres so beschrieben hat: »Am 30. September 1797, am Tag des Übergangs von Mainz, nachmittags um 3 Uhr, starb zu Regensburg in dem blühenden Alter von 955 Jahren 5 Monaten und 28 Tagen sanft und selig an einer gänzlichen Entkräftung und hinzugekommenem Schlagflusse, bei völligem Bewußtsein und mit allen heiligen Sakramenten versehen, das heilige römische Reich, schwerfälligen Angedenkens...« Das Heilige Römische Reich Deutscher Nation, diese tausendjährige Fiktion, ist unter dem Druck der napoleonischen Truppen dahin; etliche Jahre später sagen sich sechzehn süd- und südwestdeutsche Staaten vom Reich (das es nicht mehr gibt) los und unterstellen sich dem Protektorat des Eroberers. Franz II. – Beethovens Wiener Kaiser in der zweiten Hälfte seines Lebens – legt die deutsche Kaiserkrone nieder und verwandelt sich in Franz I. (aber nur noch von Österreich). Wunderdinge geschehen.

Aber in all diesen Jahrzehnten, in dieser wahnwitzigen, widersinnigen, wertestürzenden Zeit; in diesem Kreuzzug, den Europa gegen sich selbst führt, in dieser grausen Epoche, als die Waffe der Vernunft durch die Vernunft der Waffen ersetzt wird, in diesem *Credo quia absurdum* auf dem Totenacker Europa – in all diesen Jahren wird nicht nur geschossen, geköpft, gefoltert, gelitten, gestorben: *Es wird auch gesungen.* Es wird unentwegt lauthals gejubelt. Vor den Tod haben die Komponisten die Hymnen gesetzt. Vor die Guillotine das *Ça ira.* Die Chöre sind das Medium, in dem sich zuallererst die Republik zu Wort meldet. Das ist vermutlich der deutlichste Bogen, den die Revolutionsjahre zum Ereignis von 1824 schlagen: Der Schlußchor der Neunten ist Reminiszenz – oder ist er gar das Ergebnis? – all der Chöre, die in den Jahren zwischen 1789 und 1794 gesungen worden sind. Das Gesellschaftslied war damals zur Stimme des Volkes geworden.

Denn die Revolution hat ja nicht als der Schrecken, Terror, zu dem sie wurde, begonnen, sondern als ein Fest, das um so besinnungsloser weitergefeiert wurde, je weniger es für die Menschen zu lachen gab. Man besang nicht nur die Freiheit, man sang sich in die Freiheit. Jeden Tag entstanden neue Lieder nach bekannten Melodien: Zweitausenddreihundert Texte sind in fünf Jahren gezählt worden. Der Revolutionskomponist Gossec lieferte wie ein Brötchenbäcker in kurzer Folge einfache Kompositionen ab wie den »Chœur à la liberté«, die »Hymne à la liberté«, die »Hymne à la Statue de la Liberté«, die »Hymne à l'Être Suprême«, die »Hymne à Voltaire«, »Le Triomphe de la Loi« –, das »Peuple, éveille-toi!«. Und endlich setzte die »Marseillaise« des Rouget de Lisle (die im Jahr der Valmy-Kanonade entstand) jenen aufrüttelnden Grundton, der noch in den Kompositionen der deutschen Romantiker nachhallen wird.

Aber die Themen und Texte sind ja fast gleichgültig vor dem Ereignis des massenhaften Gesangs selbst, vor diesem Unisono von Volkes Stimme. Ein Zeitgenosse Beethovens, der Komponist Hans Georg Nägeli, hat das damals so beschrieben: »Erst da beginnt das Zeitalter der Musik, wo nicht bloß Repräsentanten die höhere Kunst ausüben – wo die höhere Kunst zum Gemeingut des Volkes (...) geworden, wo die Menschheit selbst in das Element der Musik aufgenommen wird. Nehmt Scharen von Menschen, nehmt sie zu Hunderten, Tausenden, versucht es, sie in humane Wechselwirkung zu bringen (...) – habt Ihr etwas anderes als den Chorgesang?«

Und einhundertfünfzig Jahre später hat der große Rhapsode Ernst Bloch die alte Forderung in den »Geist der Utopie« hineinbeschworen: »Wir können den Chor ... nicht mehr als ersehnte Glaubensmacht und Glaubenseinheit genießen, oder gar schaffen. Es ist ein anderes sich Versammeln gekommen, ein anderes Suchen und Finden der darin fest zusammenstehenden Seelen, eine andere Sehnsucht nach Organisation und vor allem nach dem Gehalt einer Organisation, einer *Erdballsbreite*, die die Menschen zusammenführt, die ihnen im Chorwerk tausend Stimmen schenkt, um nach dem Einen zu verlangen, um nach oben hin von dem Wachen zu verkünden, um mit einem tausendfältigen, musikalisch transzendent gewordenen Schrei Rettendes zu berufen.«

Das Doppelwerk – wenn wir es denn so nennen dürfen – ist also die Klammer um eine beispiellose Geschichtskatastrophe. Es hält, nicht im Triumph, sondern im verzweifeltsten Trotz fest, was aus den Trümmern und Leichenbergen Europas noch an Hoffnung, Menschenmöglichkeit und Vernunftstimme übriggeblieben ist. Der gesellige Gesang aus der Zeit vor der Revolution erhält seine späte Resonanz im resignierten Jubel eines völlig desillusionierten Komponisten. Der Schlußchor der Neunten umspannt eine Katastrophenerfahrung von so apokalyptischen Ausmaßen, daß keiner der Beteiligten, wenn er sie denn überlebt hatte, sie begreifen konnte. Daß Beethovens Werk seit zwei Jahrhunderten Epoche gemacht hat, verdankt es nicht zuletzt dem Epochensturz, dem es entkommen ist. Alle Nachwelt erklärt sich nur aus dieser Vorhölle. Die »Freuden«-Hymne ist der Tribut an die Leiden eines Zeitalters.

Und so versteht sich dieses Buch als der Versuch, vom Werk

den Weihrauch zu vertreiben und seine Widerständigkeit kenntlich zu machen, die Klassizität, die nur noch leere Hülle ist, aufzubrechen und zu jener Geistesgegenwart vorzudringen, die allein sein Überleben, seine Überlebensgröße rechtfertigt: dem aus Musik und Wort sich ereignenden Abenteuer Freude inmitten unserer Welt.

I
Sternstunde mit dunkler Materie
Die Uraufführung der neunten Sinfonie

> Was mich angeht, so wandle ich hier mit einem Stück Notenpapier in Bergen, Klüften und Tälern umher und schmiere manches um des Brotes und Geldes willen; denn auf diese Höhe habe ich's in diesem allgewaltigen ehemaligen Phäakenland gebracht, daß, um einige Zeit für ein großes Werk zu gewinnen, ich immer vorher soviel schmieren um des Geldes willen muß, daß ich es aushalte bei einem großen Werk.
>
> Ludwig van Beethoven

Halb Denkmal, halb Stadtgespenst

Freitag, der 7. Mai 1824. Ein Tag für das globale Gedächtnis, ein Datum aus dem Kalender der Menschheitsgeschichte. Vorgriff auf eine unbekannte Nachwelt. Schöpfungsakt einer Zukunftsmusik ohnegleichen. Das, was man später eine Sternstunde nennen wird.

Dabei geht es nicht allzu feierlich zu an diesem frühen Abend im K. K. Hoftheater nächst dem Kärntnerthor, als Herr L. van Beethoven, Ehrenmitglied der königlichen Akademie der Künste und Wissenschaften zu Stockholm und Amsterdam, Ehrenbürger von Wien, seine Große Musikalische Akademie – das ist ein Benefizkonzert zu eigenen Gunsten – gibt. Die Eintrittskarten sind »wie gewöhnlich«, aber Freibillets sind ungültig. Jeder soll bezahlen.

Das Theater ist gut besucht. Die 2400 Plätze, »wenn es voll gedrängt ist«, sind schon vorher fast ausverkauft. Ehe Beethovens Neffe Karl nachmittags noch einmal an die Kasse geht, kann er melden: »Übrigens ist es gut gegangen. Die Logen sind weg, ein paar auch überzahlt, mit 25 und 40 f, im 4ten Stock sind alle Plätze weg, die übrigen im Parterre u. 1ten Gallerie hoffe ich wohl noch abzusetzen«.

Beethovens Freunde und die meisten seiner adligen Gönner und Verehrer sind gekommen. Nur die kaiserliche Familie fehlt, obwohl Franz I. und seine Gemahlin persönlich vom Komponisten eingeladen worden waren; beide haben Wien kurz vorher verlassen. Ein mißgünstiger Beobachter notiert: »Viele Logen leer – vom Hofe niemand.« Denn auch der Erzherzog Rudolf, sein prominentester Schüler und verläßlichster Förderer, kann nicht dabei sein; seit 1820 sitzt er als Erzbischof im mährischen Olmütz und kommt nur noch selten nach Wien. Aber er hat aus der Ferne an den Vorbereitungen Anteil genommen und sich Sorgen gemacht; man hat Beethoven berichtet, »daß der Erzh. Franz fragte, wie es bey den

Proben geht – er habe gehört, es geht nicht recht zusammen. (...) Von den Cabalen war er schon genau unterrichtet, er fragte dann, ob das alles wahr sey u. bedauerte Sie sehr, daß Ihnen dieß hier widerfahren muß.« Von den Kabalen und Mißlichkeiten gleich mehr.

Aber sonst ist das kunstsinnige, das ereignisfrohe und vor allem das sensationsbedürftige Wien gekommen, und sei's, um Beethoven nicht zu hören, sondern endlich einmal wieder zu Gesicht zu bekommen. Denn der Anschlagzettel verkündet: »Herr Ludwig van Beethoven wird an der Leitung des Ganzen Antheil nehmen.«

Das Ganze, so verheißt es das Plakat, das für diesen Tag noch einmal frisch gedruckt worden ist, besteht aus drei Teilen:

»Erstens. Große Ouverture.

Zweytens. Drey große Hymnen, mit Solo- und Chor-Stimmen.

Drittens. Große Symphonie, mit im Finale eintretenden Solo- und Chor-Stimmen, auf Schiller's Lied, an die Freude.«

Bei der Ouvertüre handelt es sich um »Die Weihe des Hauses«, die zwei Jahre zuvor, zur Eröffnung des Theaters an der Josephstadt, geschrieben worden war, und bei den »Hymnen« um Teile aus der »Missa solemnis« – Kyrie, Credo und Agnus Dei –; warum sie auf dem Programm so neutral annonciert wurden, wird zu erklären sein. Das Hauptwerk aber ist die neue, die neunte Sinfonie Beethovens, von der man schon hat raunen hören, was man nun schwarz auf weiß lesen kann, daß ein Chor samt Solisten die jahrhundertealte Konvention des Symphonischen, der Instrumentalmusik durchbrechen soll.

Es ist die erste »Akademie« Beethovens seit 1814; sein erstes öffentliches Auftreten, seit er am Weihnachtstag 1817 seine 8. Sinfonie dirigiert hatte. Und sie ist unter großen Mühen und grotesken Reibereien überhaupt zustande gekommen. Was Nachgeborene als musikalisches Weltereignis würdigen werden, war mit lauter Schwierigkeiten verbunden. Die größte war von Anfang an Beethoven selbst; sie blieb es bis zuletzt.

Monate vorher hatte ihn eine der nun beteiligten Sängerinnen, Karoline Unger, im wahrsten Sinne des Wortes bekniet: »Wann geben Sie Ihre Akademie? Wenn man einmahl den Teufel hat, so kann man zufrieden sein ... Wenn Sie das Concert geben, so stehe ich für die Völle. (Das heißt: für ein ausverkauftes Haus.) Sie haben zu wenig Selbstvertrauen. Haben denn die Huldigungen der ganzen Welt Sie nicht ein wenig stolzer gemacht? Wer spricht denn von Anfechtungen? Wollen Sie denn nicht glauben lernen, daß man sich sehnt, Sie wieder in neuen Werken anzubeten? O Halsstarrigkeit!«

Was die Sängerin Halsstarrigkeit nennt, ist tiefe Menschenscheu, Verbitterung, ja Verbiesterung, Einsamkeitsfuror, Rabiatheit, die bis zur Selbstzerstörung geht. Ludwig van Beethoven ist für Wien längst zu einer Mischung aus Denkmal und Stadtgespenst geworden. Er verkehrt mit Fürsten und Majestäten, er läßt sämtliche Verleger Europas vor seinen Forderungen zittern, er wird gemalt, in Kupfer gestochen, modelliert –: aber er ist ein armer, alter, unansehnlicher Mann. Er ist weltberühmt, aber er ist der Welt abhanden gekommen. In seinem Kopf spukt nur noch Musik – und Misanthropie. In einem der Jahre vor der Uraufführung gibt es einen Vorfall, der das Inferno seiner Alleingelassenheit bezeichnet: An einem Sommerabend in Wiener Neustadt sehen Anwohner in der Nähe des Ungertors, wie ein verwahrlost aussehender Mann ihnen durch die Fenster starrt. Sie rufen den Polizeidiener, der den Verdächtigen abführt. Der ruft: »Ich bin Beethoven!« und wird mit der Antwort abgefertigt: »Warum nicht gar? Ein Lump sind Sie, so sieht der Beethoven nicht aus!« Den Abend verbringt der Mann in der Arrestzelle, bis ihn, durch dessen hartnäckige Proteste alarmiert, der Musikdirektor des Ortes identifiziert: »Das ist der Beethoven.« Das also ist der Beethoven, mit dem wir es auch zu tun haben.

Die mit Schwierigkeiten, Rankünen und Beethovenschen Bizarrerien ausgefüllten Wochen der Vorbereitung, diese Zeit des Frühjahrs 1824 liegt vor uns als offenes Buch; nämlich in Gestalt jener Konversationshefte, die Beethoven seit der völligen Ertaubung zu benutzen gezwungen war: Hefte also, in die seine Besucher, die Freunde, aber auch seine Hausgenossen und Dienstmädchen alles eintragen mußten, was sie ihm sagen wollten. So, wenn Franz Grillparzer mit dem Komponisten über das Projekt einer Oper »Melusine« verhandelte und über politischen Zwang klagte (»Die Censur hat mein Trauerspiel Ottokar verbothen«), so aber auch, wenn der Adlatus Anton Schindler von den Semmeln, die die Haushälterin eingekauft hatte, eine gegessen hatte, ehe Beethoven, der Knausrige, die Zahl mit der Rechnung vergleichen konnte. Da finden sich Alltagsfetzen und Philosophisches, Büchernotizen und Kleinkram, erste Gedanken und letzter Dreck, Kritzeleien, die das Leben schreibt. Nur Beethoven selbst kommt in diesen schmalen Kladden selten zu Wort: denn sprechen kann er ja, muß also nicht notieren. Und so wird aus den Heften dieser Frühjahrsmonate 1824 ein Protokoll der Widrigkeiten bei der Vorbereitung der Akademie. Lauter dunkle Materie türmt sich auf. Die düsterste ist der Meister selbst, der immer wieder eingreift, um die Sache zu erschweren, ja zu vereiteln.

Der Appell der Verehrer

Es war die Wiener Adelsgesellschaft gewesen, die den Plan des Konzerts auf den Weg gebracht, Beethoven aus seiner selbstverschuldeten Einsamkeitsklausur herausgeholt hatte. Zwar erst, als in Wien das Gerücht umging, der Komponist habe sich wegen der Uraufführung seiner neuen Sinfonie an den Berliner Intendanten Graf Brühl gewandt, ob eine Uraufführung in Berlin möglich sei, dann aber doch mit einem deutlichen »Promemoria«, das, in Bäuerles »Theaterzeitung« abgedruckt, nicht nur ein Bekenntnis der Stadt Wien zu Beethoven sein sollte, sondern auch ein enthusiastischer Appell an diesen selbst, aus seiner inneren Emigration herauszutreten und durch einen öffentlichen Auftritt seine Größe nicht nur der

Welt, sondern auch sich selbst zu beweisen. Das klang geradezu beschwörend:

»Entziehen Sie dem öffentlichen Genusse, entziehen Sie dem bedrängten Sinne für Großes und Vollendetes nicht länger die Auffführung der jüngsten Meisterwerke Ihrer Hand... Wir wissen, daß in dem Kranze Ihrer herrlichen noch unerreichten Sinfonien eine neue Blume glänzt. Seit Jahren schon, seit die Donner des Sieges von Vittoria verhallten« – damit war jene Akademie des Jahres 1814 gemeint, bei der Beethoven die Ouvertüre »Wellingtons Sieg bei Vittoria« selbst dirigiert hatte – »harren wir und hoffen, Sie wieder einmal im Kreise der Ihrigen neue Gaben aus der Fülle Ihres Reichtums spenden zu sehen. Täuschen Sie nicht länger die allgemeine Erwartung! Erhöhen Sie den Eindruck Ihrer neuesten Schöpfungen durch die Freude, zuerst durch Sie selbst mit ihnen bekannt zu werden! Geben Sie es nicht zu, daß diese Ihre jüngsten Kinder an Ihrem Geburtsorte« – der Enthusiasmus machte Beethoven zu einem gebürtigen Wiener – »einst vielleicht als Fremdlinge... eingeführt werden! Erscheinen Sie baldigst unter Ihren Freunden, Ihren Verehrern und Bewunderern!«

Das war das eine. Aber der öffentliche Appell an Beethoven bediente sich noch einer zweiten Motivation: der Überfremdung des Repertoires durch italienische Musik, durch Rossinis Triumph an der Oper. Beethoven sollte nicht nur in eigener Sache mobilisiert werden, sondern gewissermaßen als Statthalter und Vorkämpfer »deutscher Kunst«. Die Initiatoren, heißt es in einer Eintragung Schindlers im Konversationsheft, »wollten dadurch den Italienern einen Schlag geben«.

»Sollen wir Ihnen sagen, mit wie tiefem Bedauern Ihre Zurückgezogenheit längst gefühlt worden? Bedarf es der Versicherung, daß, wie alle Blicke sich hoffend nach Ihnen wandten, alle trauernd gewahrten, daß der Mann, den wir in seinem Gebiete vor Allen als den Höchsten unter den Lebenden nennen müssen, es schweigend ansah, wie fremdländische Kunst sich auf deutschem Boden, auf dem Ehrensitz der deutschen Muse lagert, deutsche Werke nur im Nachhall fremder Lieblingsweisen gefallen, und, wo die Trefflichsten gelebt und gewirkt, eine zweite Kindheit des Geschmacks dem goldenen Zeitalter der Kunst zu folgen drohet?« Und endlich spricht der Brief vom Februar 1824 die blumige Hoffnung aus, der kommende Frühling möge »für uns und die gesamte Kunstwelt zur zweifachen Blüthenzeit werden«.

Und alle Unterzeichner erkennen wir nun auch beim näheren Blick ins Publikum am Freitagabend des 7. Mai im Kärtnertor-Theater: zum Beispiel die Lichnowskys (den Fürsten Karl und den Grafen Moritz), Moritz Graf von Dietrichstein und den Oberstkämmerer Graf Czernin, den Hofrat von Mosel, den Grafen von Stockhammer und dann die Musikerfreunde Anton Diabelli, Andreas Streicher und den Herrn von Hauschka des Musikverlags Artaria und Comp. Selbst der alte Widersacher Ferdinand Graf von Palffy scheint über seinen Schatten gesprungen zu sein.

Aber Wien wäre nicht Wien, wenn nicht alsbald das intrigante Gerücht die Runde machte, Beethoven selbst habe diesen öffentlichen Aufruf veranlaßt, diese »Adresse« an sich selbst bestellt. Der ist, als ihm das zu Ohren kommt, außer sich, und das Konzert steht auf der Kippe: »Da aber die Sache eine solche Wendung genommen, kann ich mich nicht mehr darüber freuen. Diese Abscheulichkeit, mir so etwas anzudichten, verleidet mir die ganze Geschichte u. ich bin kaum im Stand gegen Personen von so hohem Stande als Geiste nur ein paar Worte zu richten. – Kein Rezensent kann sich eines Schreibens von mir rühmen.«

Anfang März hat sich der Komponist beruhigen lassen, und der Sekretär Schindler, erst seit kurzem berufen und gewaltig taktierend, schreibt ins Konversationsheft: »Ich habe mit dem innigsten Vergnügen (gehört), daß die Akademie resolviert ist. Ich freue mich ganz außerordentlich Ihres Entschlusses. So mußte es kommen. – Setzen Sie sich nur nicht außerordentliche Sachen in den Kopf. Es wird ganz herrlich gehen, denn es freut sich ja schon alles darauf – im Gegentheil Sie sind es der jetzigen Welt schon zu thun schuldig, der besseren Welt nämlich.«

Gelegentlich hat es den Eindruck, als ob Schindler mit solchen Äußerungen nicht nur Beethoven nach dem Munde redet, sondern sich auch der Nachwelt empfiehlt als einer, der den aufbrausenden Meister durch seine Gefühlsstürme mit sicherer Hand gesteuert hat. Die Beethoven-Forschung hat inzwischen herausgefunden, daß nicht jeder seiner Eintragungen zu trauen ist; da die Hefte nach dem Tod Beethovens in seinem Besitz blieben, hat er, angesichts des immer noch wachsenden Nachruhms, an einigen Stellen die Gelegenheit genutzt, seine Verdienste und seinen Einfluß auf den Komponisten besonders zu betonen, durch nachträgliche Einfügungen in den Rang der Clairvoyance zu überführen. Will sagen: Wann immer wir Schindler zitieren, mißtrauen wir ihm zugleich, so wie Beethoven ihm unentwegt mißtraut hat.

Bald darauf bekommt der Komponist in seinem Quartier in der Ungargasse charmanten Besuch; die beiden in Aussicht genommenen Solistinnen machen ihm ihre Aufwartung. Beide sind blutjung: zwanzig die Altistin Karoline Unger und erst achtzehn Henriette Sonntag, die eine kurze, aber grandiose Karriere machen wird. Die Künstlerinnen stürzen sich, das Konversationsheft abwechselnd in die Hand nehmend, erkennbar aufgeregt ins Gespräch.

Die Unger notiert: »Freulein Sonntag freut sich mit mir daß Sie so gütig waren uns einzuladen – wir kommen von der Probe daher verzeihen Sie daß wir so früh kommen.« Die andere ergänzt: »Wie wir hergekommen sind, waren Sie grade bey dem Barbieren, wie ich das sah, so machten wir links um und warteten um Sie nicht zu stören.« Und die Sonntag fügt noch einen Witz an, denn an diesem Tag schneit es in Wien: »Wir hatten Probe vom heutigen Wetter, das heißt von der Oper der Schnee.« (»Der Schnee« ist eine Oper von Auber.) Als die Haushälterin die Mahlzeit auftischt, wehrt sie ab: »Ich bin nicht hergekommen, um gut zu essen, sondern um Ihre werthe Bekanntschaft zu machen, worauf mich in (schon?) so lange gefreut habe.« Karoline Unger ist es, die noch einmal ganz sicher gehen will, ob es mit der Akademie auch klappt, und sagt: »Schindler hat uns gesagt, daß Sie endlich sich zur allgemeinen Freude entschlossen haben, ein Concert zu geben wir werden es mit Dank erkennen wenn Sie uns würdig finden darin zu singen.« Beethovens Reaktion muß positiv bis gnädig gewesen sein, denn danach findet sich der Eintrag: »Dürfen wir in daß andere Zimmer gehen etwas zu singen? Haben Sie nicht Fidelio bey der Hand?«

Während die beiden jungen Künstlerinnen Beethovens Gefallen finden, kommt eine andere, unvorhergesehene Schwierigkeit auf. Durch Beethovens Insistenz zerschlägt sich der Plan für die eleganteste, angemessenste Räumlichkeit Wiens, für den Redoutensaal, der unter der Intendanz des Grafen Palffy steht. Der schöne Raum wäre frei, und auch der Graf heißt die Akademie in seinem Haus willkommen. Aber Beethoven besteht darauf, daß der Geiger Ignaz Schuppanzigh, einer seiner treuesten Freunde, als Konzertmeister das Orchester leitet, und das Orchester des Redoutensaals wiederum möchte nur unter seinem ständigen Musikdirektor Clement spielen; der wolle sich die Ehre eines solchen Aufführung nicht streitig machen lassen, und sein Orchester werde einen fremden Dirigenten boykottieren.

Graf Palffy wäscht seine Hände in der berühmten Unschuld; Schindler trägt ins Konversationsheft ein: Palffy sei sehr betroffen, »denn ob er gleich befehlen kann, daß das Orchest[er] spielen muß, so kann er doch nicht für die Cabale und Saureyen gutstehen, die das ganze Personale Schup[panzigh] machen will. Dieses ist also das allergrößte Hindernis, welches denn im Kärntnerthor nicht ist, denn D[uport] hat sich schon ganz dafür ausgesprochen.«

Beethoven reagiert auf dieses Mißgeschick offenbar hektisch und will zunächst mit dem sogenannten landständischen Saal in der Herrengasse vorliebnehmen, der aber für das geplante Unternehmen, das doch toute Vienne interessiert, nicht im entferntesten ausreicht. So daß nun seine Gönner unwillig werden und Fürst Lichnowsky schreibt: »Lieber Beethoven, bloß für Ihr Wohl besorgt muß ich Sie doch fragen, wie Sie denen Gründen Ihre Akademie in einem so kleinen Lokale zu geben nachgeben konnten, wo aller Effekt verloren gehen muß.« Und schon kursiert in Wien der Spott, »daß der Beethoven in einer Nußschale Concert geben will.«

Endlich konzentriert sich alles auf das Kärntnertor-Theater, aber auch da gibt es Wirrwarr genug: um das Personal, um die Anzahl der Proben, um die Preise. Und vor allem: um den Termin. Am 24. April schreibt Schindler an den Intendanten des Hauses: »Ich habe die Ehre als Organ des Herrn Ludwig van Beethoven E.W. seinen Wunsch hiermit zu eröffnen, daß er gesonnen sei, seine große musikalische Akademie im k. k. Theater a. d. Kärntnerthore abzuhalten, gegen dem, daß Ew. W. ihm zu diesem Zwecke sämmtliche Solo-Sänger, das sämmtliche Orchester und Chor Personale, nebst der nöthigen Beleuchtung für die Summe von 400 fl C.M. gütigst überlassen... Ferner hat Herr van Beethoven beschlossen, die Leitung dieser Academie den Herren Umlauf und Schuppanzigh zu übertragen, deshalb wünscht er auch, daß von Seite der Administration das Nöthige verfügt werden, daß ihm hierin von dem Orchester keine Schwierigkeiten gemacht werden... Der musikalische Verein hat aus Gefälligkeit für Herrn Beethoven übernommen, das Orchester mit seinen vorzüglichsten Mitgliedern zu verstärken, so daß also im Ganzen 24 Violinen, 10 Violen, 12 Bassi und Violoncelli nebst doppelte Harmonie zusammen kommen, daher es auch notwendig ist, das ganze Orchester auf die Bühne zu stellen, so wie es bei großen Oratorien überhaupt der Fall ist... Ich ersuche E.W. nun noch inständigst sich über alles dieses alsbald schriftlich an Herrn van Beethoven zu erklären, so wie den ersten Abend dieser Academie sobald als möglich zu bestimmen, und selben nur nicht über den 3. oder 4. Mai (im Original versehentlich: März) hinaus zu schieben.«

Ein paar Tage Aufschub gibt es dann doch, bis zum 7. Mai. Und in Beethoven rumort es noch immer, wie eine Notiz an Schindler verrät: »Schreiben Sie auf, wo Dupont wohnt, wann er gewöhnlich zu sprechen, ob man mit ihm allein sprechen, und wenn Menschen zugegen – welche? – ich befinde mich nicht wohl Portez vous bien – ich überlege noch, ob ich mit Dupont selb. spreche oder ob ich ihm schreibe, welches nicht ohne Bitterkeit hergehen wird –«

Der Saal ist also gebucht; jetzt geht es noch um die Preise: Beethoven sieht ein finanzielles Desaster auf sich zukommen: »Ich bin nach dem sechswöchentlichen Hin- und Herreden schon gekocht, gesotten und gebraten. Was soll endlich werden aus dem vielbesprochenen Konzert, wenn die Preise nicht erhöht werden? Was soll mir bleiben nach so viel Unkosten, da die Copiatur allein schon soviel kostet?« Eine Preiserhöhung kommt nicht in Frage; der Polizeiminister erlaubt sie nicht. Aber die Kosten für die Notenabschreiber sind, wegen der neuen Symphonie und der vielen Mitwirkenden, immens. Dabei muß Beethoven noch froh sein, wenn das Material rechtzeitig bereit ist.

Bis zu sechs Kopisten beschäftigt er in diesen Wochen, darunter, für letzte Korrekturen, auch jenen Ferdinand Wolanek, der zwar wunderbare Notenbilder liefert, aber auch ein Mann von beträchtlichem Eigensinn ist und etliche Zeit später mit Beethoven in einen berühmt gewordenen Streit geriet. Denn als der Komponist ihn wegen offenbar fehlerhafter Abschrift beschimpft, schickt er ihm die Noten zurück mit dem Kommentar, er nehme das »mißhellige Betragen ... nur als eine angenommene Gemütsaufwallung«; im übrigen glaube er nicht, in puncto Betragen »vor ihnen erröten zu müssen«. Und außerdem erlaubt er sich noch die Sentenz: »In der Töne Ideenwelt herrschen soviele Dissonanzen; sollten sie es nicht auch in der wirklichen?«

Worauf Beethoven quer über den Brief des Kopisten schreibt: »Dummer, eingebildeter, eselhafter Kerl! Mit einem solchen Lumpenkerl, der einem das Geld abstiehlt, wird man noch Komplimente machen. Statt dessen zieht man ihn bei seinen eselhaften Ohren. Schreibsudler! Dummer Kerl! Korrigieren Sie Ihre durch Unwissenheit, Übermut, Eigendünkel und Dummheit gemachten Fehler! Dies schickt sich besser, als mich belehren zu wollen; es ist gerade, als wenn die Sau die Minerva belehren wollte.«

Eitelkeiten und Vereitelungen

Und wieder ein neues Hindernis; dieses konnte den ganzen Plan zu Fall bringen: das Programm selbst erregte Anstoß. Die vorgesehenen drei Teile aus der »Missa solemnis« wurden auf einmal zum Hemmnis, weil sie in einem profanen Saal aufgeführt werden sollten; dergleichen war im katholischen Wien nicht statthaft. Der Ritus verbot Messen in profanen Räumen. Wie aber, wenn man nun die Kompositionen einfach als Hymnen bezeichnete? Denn Namen sind alles andere als Schall und Rauch, sondern Zauberformeln. Die aber bedürfen des Meisters selbst; Beethoven schreibt einen erregten Bittbrief:

»Euer Wohlgeboren

Indem ich höre, daß es Schwierigkeiten verursachen werde, einige Kirchenstücke Abends in einer Akademie an der Wien zu geben, von Seiten der k. k. Censur, so kann ich nicht anders als Ihnen zu sagen, daß ich hiezu aufgefordert worden bin, daß schon alles hiezu abgeschrieben und beträchtliche Kosten verursacht hat und die Zeit zu kurz andere neue Werke zum Vorschein kommen zu machen. – Übrigens werden nur drei Kirchenstücke und zwar unter dem Titel Hymnen aufgeführt werden ich ersuche E. W. dringend sich um diese Angelegenheit anzunehmen ... sollte die Erlaubnis hiezu nicht gestattet werden, so kann ich versichern, daß es nicht möglich ist, eine Akademie zu geben.«

Das war nicht nur eine Formalie, und die Angelegenheit stand wohl bis zuletzt auf der Kippe; dann konnte durch Vermittlung Lichnowskys und über den Polizeipräsidenten Graf Seldnitzky die Aufführung doch noch gerettet werden.

Und es gab die selbstgemachten Konflikte, die läppischen Fallen der Eitelkeit, wie sie jeder kennt, der schon einmal mit öffentlichen Drucksachen zu tun hatte. Auch die Anschlagzettel wurden plötzlich zum Problem, weil Beethovens Ruhm mit seiner Bescheidenheitseitelkeit kollidierte und seine Helfer die Ambivalenz nach Kräften verstärkten. Anton Schindler hat einen geradezu absurden Dialog überliefert, für dessen Wirklichkeitsnähe aber spricht, daß er selbst dabei eine eher lakaienhafte Rolle spielt:

Schindler: Meister! Höre! ich sag euch etwas und folgt mir – wie soll ich den Zettel drucken lassen (denn das geschieht schon heute) soll ich dazu setzen: Mitglied der Königl. Akademie zu Stockholm u. Amsterdam: Erklären Sie sich ganz kurz. –

Beethoven: Welch großer Titel!!!

Schuppanzigh: Ich bin nicht dafür: Beethoven ist Dictator und Präsident aller Akademien der Welt und gescheite Menschen werden diese Titel für eine Eitelkeit ansehen.

Schindler: Mylord hat nicht unrecht. Denn das wird später ohnehin durch die letzten Blätter bekanntgemacht werden. Der Name Beethoven prangt ohne allen Zusatz am allerhellsten und am anspruchslosesten; es ist ja aller Welt kund was und wer sie sind. Ihren Nachkommen frommt dies nichts – wer weiß wie die Zeiten später sind.

Schuppanzigh: Mylord spricht wieder mit vollen Backen von Ihnen, u. das ist dummes Zeugs. Ich habe ihm verwiesen.

Schindler: Ich muß mich nun empfehlen, denn ich muß zu D., um den Zettel noch für morgen in Ordnung zu bringen.

(Die Akademiemitgliedschaft erscheint, wie erwähnt, auf dem Anschlag, und Beethoven schimpft auf »solch einfältiges, ihn lächerlich machendes Spielzeug«.)

Eine musikalische Schwierigkeit kam hinzu und verursachte immer größere Unannehmlichkeiten, je näher der Termin rückte. Es waren die extremen Anforderungen, die Beethoven an die Stimmen, an die des Chores wie auch der Solisten, stellte. Die Verschiebung um wenige Tage erlaubte zusätzliche Proben, und der Geiger Schuppanzigh, einer der beiden musikalischen Leiter, notierte erleichtert ins Konversationsbuch: »Überhudeln läßt sich diese Musik nicht. Es ist nur besser, wenn wir noch einige Tage gewinnen. Die Sängerinnen können noch keine Note. Sie baten Beethoven, ihre Parts an einigen wenigen Stellen zu ändern, aber ohne Erfolg. In diesem Punkt war der Komponist immer eisern gewesen, oder, wie er einmal einem englischen Verleger schrieb: »Je ne suis pas accoutumé de retoucher mes compositions.« Die Unger nannte ihn in diesem Fall einen »Tyrannen aller Singorgane«.

Lediglich dem Baßbariton Preisinger kam der Komponist bei dem ebenso schwierigen wie heiklen Rezitativ »O Freunde, nicht diese Töne! Sondern laßt uns angenehmere anstimmen und freudenvollere!« entgegen und ersparte ihm das Fis im Melisma des Wortes »freudenvollere«. Aber die Korrektur half dem Sänger gar nichts, und so wurde er in letzter Minute durch den zwar näselnden, aber stimmsicheren Sänger Seipelt ersetzt.

Änderungswünsche wurden auch von den Chormitgliedern geäußert, vor allem für die »Missa«, und besonders an der Stelle, wo im Credo der Sopran das Fugenthema auf dem zweigestrichenen B anstimmt. Aber auch hier lehnte Beethoven jede Modifikation ab, was die Sänger zur Selbsthilfe veranlaßte: »Jene, die die Höhe nicht erreichen konnten, schwiegen einfach; ähnlich machten sich die Solisten Erleichterung.«

Die größte Gefahr für das Gelingen des großen Unternehmens, für den würdigen Ablauf des Abends, aber verbarg sich hinter dem Passus im Anschlagzettel: »Herr Ludwig van Beethoven selbst wird an der Leitung des Ganzen Antheil nehmen«. Die Wendung umschrieb aufs Diskreteste, daß man den völlig Ertaubten zugleich aufs Spielfeld zu rücken und ihn doch von vornherein matt zu setzen versuchte. Beethoven hörte nichts mehr, aber er sollte doch dazugehören. Hätte man ihn als musikalischen Leiter alleingelassen – er hätte sein Werk vermutlich erst einmal zerstört. Denn Beethoven als Dirigent – das war eine tragikomische Nummer, wie sie, schon Jahre vorher, immer wieder beschrieben worden ist.

Bei einer sehr viel früheren Akademie – 1808 – im Theater an der Wien kam es zu einem regelrechten Skandal, und Beethoven schrieb, mit Blick auf sarkastische Zeitungsberichte, erklärend an seinen Verleger Breitkopf und Härtel nach Leipzig: »Hauptsächlich waren die Musiker aufgebracht, daß, indem aus Achtlosigkeit bei der einfachsten, plansten Sache von der Welt gefehlt worden war, ich plötzlich schrie: ›Noch einmal!‹ – So was war ihnen noch nicht vorgekommen; das Publikum bezeugte hierbei sein Vergnügen. – Es wird aber täglich ärger.«

Und ein Jahrzehnt vor der jetzigen Uraufführung hatte er sich mit Michael Umlauf auf eine Kooperation eingelassen; das war bei der Wiederaufnahme des umgearbeiteten »Fidelio«; schon damals hatte ein Zuhörer geschrieben: »Beethoven dirigierte. Sein Feuer riß ihn oft aus dem Takte, aber Kapellmeister Umlauf lenkte hinter seinem Rücken mit Blick und Hand alles zum Besten.«

Aber das war lange her. Wie würde die ähnliche Konstellation diesmal, am 7. Mai 1824, aussehen und ausgehen? Wie muß man sich das Arrangement mit drei Dirigenten vorstellen? Ignaz Schuppanzigh unterzubringen macht die geringste Mühe: Der sitzt an der ersten Geige und leitet, als Konzertmeister, das Orchester. Dann ist da der erprobte Michael Umlauf, der die Gesamtleitung, also Orchester, Chor und Solisten zu koordinieren hat, doch so diskret, so im friedlichsten Sinne hinterrücks, daß der Komponist es nicht als Eingriff versteht. Denn Beethoven ist nicht nur gekommen, um »Antheil« zu nehmen, sondern sein Werk selbst der Welt vorzustellen. Und dafür hat er sich nach allen Regeln der Etikette herausgeputzt: »Schwarzer Frack, weiße Halsbinde und Weste, kurze schwarze Hosen aus Satin, schwarze seidene Strümpfe, Schuhe mit Schnallen.«

So beschreibt ihn der Pianist Sigismund Thalberg, der sich allerdings in der Farbe des Fracks getäuscht haben muß, denn das Konversationsheft vom Vortag verzeichnet den Eintrag: »O großer Meister, du hast keinen schwarzen Frack im Vermögen! Der grüne muß es also auch thun, in einigen Tagen ist der schwarze fertig.« Thalberg steuert auch die Beobachtung bei, »wie Beethoven nach dem Scherzo der neunten Symphonie da stand und die Blätter seiner Partitur umwandte, vollständig taub gegen den ungeheuren Beifall, und wie ihn die Unger am Ärmel zog und auf die Zuhörerschaft hinwies, worauf er sich umwandte und verbeugte.« Und dann noch ein merkwürdiges Detail: Conrad Kreutzer habe am Klavier gesessen.

Conrad Kreutzer am Klavier? Die Uraufführung der Neunten mit Klavierbegleitung? Hat sich Thalberg da nicht geirrt wie bei der Farbe des Fracks? Zwar hatte Kreutzer bei den Einzelproben der Sängerinnen als Korrepetitor mitgewirkt (und sich über deren Lässigkeit beklagt), aber bei der Aufführung selbst? Die Besetzung des Orchesters ist von der Musikwissenschaft einigermaßen genau rekonstruiert worden (mit zwölf ersten, zwölf zweiten Violinen, acht Violen, zehn Celli, doppelten »Harmonien«, d.h. Bläsern) – aber wie sollte ein Klavier ins Spiel kommen? Der Wiener Musikforscher Otto Biba hat vor einigen Jahren auf ein Reglement aufmerksam gemacht, das damals für die sogenannten Liebhaber-Konzerte galt: »So oft gesungen wird, hat ein Quer-Fortepiano vorne am Orchester zu stehen.« Der eingeübte Korrepetitor sollte den Solisten, mit denen er ja geprobt hatte, »eine improvisierte harmonisch-akkordische Stütze« (Biba), also zusätzliche Sicherheit bieten. Auch das Konversationsheft bezeugt das verirrte Klavier. Schindler antwortet, offenbar auf eine Frage Beethovens, mit gehöriger Beiläufigkeit: »Es ist ein Spinettl im Theater; das setzt man hinauf, wo Sie es wünschen.« Übrigens wird Conrad(in) Kreutzer später jene Oper komponieren, über die Beethoven mit Franz Grillparzer doch nicht mehr ins reine kam, die »Melusine«.

Den genauesten Bericht hat der Geiger Josef Böhm geliefert, der den Abend aus dem Orchester heraus erlebte:

»Es kam zur Produktion. Ein glänzendes, äußerst zahlreiches Auditorium lauschte mit gespanntester Aufmerksamkeit und spendete enthusiastisch rauschenden Beifall. Beethoven dirigierte selbst, d.h. er stand vor einem Dirigentenpulte und fuhr wie ein Wahnsinniger hin und her. Bald streckte er sich hoch empor, bald kauerte er bis zur Erde, er schlug mit Händen und Füßen herum als wollte er allein die sämtlichen Instrumente spielen, den ganzen Chor singen. – Die eigentliche Leitung war in Duports (eigentlich: Umlaufs) Hand, wir Musiker sahen bloß auf dessen Taktstock. – Beethoven war so aufgeregt, daß er nichts sah, was um ihn vorging, daß er auf den Beifallssturm, den er freilich bei seiner Gehörschwäche kaum hören konnte, nicht einmal achtete. – Man mußte es ihm immer sagen, wenn es an der Zeit war, dem Publikum für den gespendeten Beifall zu danken, was Beethoven in linkischster Weise that. – Beethoven feierte einen großen Triumph, doch konnte auch dieser ihm nur vorübergehend genügen und erheitern...«

Die entsetzlichste Depression hinterher. Kein Triumphgefühl. Nicht die leiseste Ahnung vom Weltkulturerbe. Vom globalen Rausch, den er inspiriert hat. Vom Götterfunken, der zündet. Beethoven will feiern, aber selbst das mißlingt aufs fürchterlichste. Er hat seine treuesten Helfer, seine musikalischen Mitstreiter und wichtigen Organisatoren zu einem Essen im Prater eingeladen (Umlauf, Schuppanzigh, Schindler), aber als er sich mit seinem Neffen in die Runde gesellt, verdirbt er allen den Appetit, ist »kalt, bissig und krittlich in allen seinen Worten«. Beethoven fühlt sich nicht gefeiert, sondern betrogen. Nicht geehrt, sondern düpiert. Vor allem gegen Schindler erhebt er den Vorwurf, der habe ihn, in Kumpanei mit dem Theaterdirektor Duport, betrogen, das wisse er ganz genau. Umlauf und Schuppanzigh versuchen, ihm die Abrechnungsprozedur, die irgendeine Unregelmäßigkeit gar nicht erlaubt habe, klarzumachen; zumal ja der

Neffe Karl dauernd habe dabeistehen und die Kassierer kontrollieren müssen. Aber mit Beethoven ist nicht mehr zu reden; also reden auch die Herren nicht weiter und verlassen, mit dem tiefgekränkten Schindler, den Tisch. Nun sitzt Beethoven, im Kielwasser seines unerkannten globalen Triumphs, mit seinem Neffen allein da und feiert – die Neunte.

Aber die Bitterkeit bleibt (und ist ihm von jeglicher Nachwelt nachzufühlen): Daß er von der ganzen großen Akademie – die am 23. Mai wiederholt werden wird – fast nichts hatte. Insgesamt waren 2200 Gulden Wiener Währung eingenommen worden; davon ging die Theatermiete ab; ferner der Verwaltungsaufwand und die immensen Kopierkosten. Und obwohl viele der Musiker und die Solisten auf ihre Gage verzichtet hatten, blieben für Beethoven nur 420 Gulden übrig. Es war dieser Rest, der ihm den Rest gab.

Von Freude jedenfalls konnte weder vor noch während noch nach der Aufführung irgendeine Rede sein. Kein Trost, daß man sie gesungen hatte.

Die ersten Echos

Aber nicht allein der Komponist sitzt nach der Uraufführung verstört da und mit der Welt zerfallen; auch die Welt hat wieder einmal Schwierigkeiten mit ihm und seinem Werk. Nach der Aufführung der Sinfonie, schreibt ein wohlwollender Kritiker, »fühlt sich der aufmerksame Zuhörer ordentlich erschöpft und sehnt sich nach Ruhe, weil sein Inneres allzu aufgeregt ist«. Aber gerade die allerersten Kritiken lesen sich spannend, weil sie uns gewissermaßen mit den Ohren der Zeitgenossen hören lassen, weil sie uns hineinversetzen in das Publikum des Kärntnertortheaters, ins Auditorium des 7. Mai 1824, weil sie uns das Werk gleichsam in statu nascendi erleben lassen, die Sinfonie als große Unbekannte.

Aber unser Versuch, ganz Ohr zu sein, geht merkwürdig fehl: Wir müssen, im Gegenteil, die Augen aufsperren. Wir erleben das Werk, als säßen wir im Breitwandkino. Nicht eine Sinfonie ereignet sich, sondern ein gewaltiges Naturschauspiel: »Gleich einem feuerspeienden Berg sprengt da Beethovens gewaltige Einbildungskraft die das Toben seines inneren Feuers hemmende Erde und verarbeitet mit einer oft wunderlichen Beharrlichkeit Figuren, deren eigenthümliche Gestalt beim ersten Anblick (!) nicht selten einen fast bizarren Charakter ausspricht... Mit nie versiegender Einbildungskraft wälzt sich der Meister immer neue Hindernisse in seinen nach oben rauschenden Feuerstrom.«

Auch wenn da eher ein Vulkanausbruch denn ein Musikstück beschrieben wird, so bleibt uns doch der Eindruck eines eruptiven, aber unter großen Schwierigkeiten sich ereignenden Prozesses (der zu der furios-filigranen Themenarbeit des ersten Satzes durchaus stimmt). Und Beethoven weiß den Aufruhr der Elemente dann zu bändigen wie der Kritiker sein Vokabular, denn »nach den Momenten des höchsten oft sturmvollen Lebens schafft es der mit einer Farbe wonniger Wehmut charakterisierte Gebrauch singender Blasinstrumente (...), die allzu aufgeregte Seele wieder zu besänftigen.«

Doch nun verwandelt sich Beethoven vom Naturgott und Erdgeist in einen Satyr, denn der zweite Satz, das Scherzo, beginnt: »Die ungewöhnliche, aber gleich Anfangs den humoristischen Stil ankündigende Stimmung der Pauken, das laufende, stets trippelnde Thema, das durch den spitzigen Vortrag noch mehr an Charakteristik gewinnt, zeigt die wunderbar naive Stimmung, in welcher sich Beethovens Geist befand, als er es schrieb.« Jetzt wälzt der Komponist nicht mehr Erdmassen, Lava, Feuerströme, jetzt treibt er Allotria: »In dem stakkierten Lauf der Oboe, Flöte, des Fagotts etc. sieht man ordentlich die kleine Colombine mit ihrem Harlekin trippeln«, im Schlage der Pauken »kann man die lustigen Schläge wieder erblicken, womit Harlekins Peitsche alle seine Umgebungen zu beleben weiß, und die Bässe repräsentieren ohnehin mit ihren weiten Schritten und verschiebenden Rückungen den langarmigen Pierrot.«

Wir sind mit dem Scherzo in eine Commedia dell'arte gelangt, haben uns aus der Katastrophik des ersten Satzes in die Comedy gerettet, aus dem Abenteuer des Abgründigen in die fröhliche Turbulenz einer szenischen Spieldose mit standardisierten Figuren. Und dennoch, ob wir nun mit Harlekin lachen oder über den Rezensenten Friedrich August Kanne, der ihn herumtoben läßt in Beethovens neunter Sinfonie: Wir bekommen immerhin einen Begriff von den Stimmungswechseln, den Leidenschaftsbrüchen, den rhythmischen, harmonischen und motivischen Rabiatheiten des Werks: In der Hin- und Hergerissenheit dieses frühen Zuhörers, der selbst Komponist war und zu den Verehrern Beethovens zählte, nehmen wir unsere eigene wahr.

Hatten wir es im Scherzo mit Beethovens Humor zu tun, so im Adagio mit seiner »Herrlichkeit«. »Er haucht seine Sehnsucht in die fließendsten Melodien, welche über einer sehr interessanten, und durch allzugroßen Wechsel nicht unterbrochenen Harmonie sanft dahinscheiden.« Aber immer mehr fließen nun auch musikalische Kriterien in die panoramatische Beschreibung ein: »Beethoven steigert das Gefühl oft sehr geistreich dadurch, daß er der hellen Farbe der Oberstimme einen halbdunklen Nebencontur in einem singenden Baßinstrumente gibt, z. B. im Cello oder Fagott. Sein plötzlicher Übergang in die verwandte D dur Tonart ist keiner von denen, mit welchen manche Zauberer heutiger Musik gleichsam wie mit der Thür ins Haus fallen (...) Die Violinen führen in diesem Tonstücke eine mehrmals verwendete Melodie aus, welche an süßem Wohllaut und Innigkeit durch nichts übertroffen werden kann.«

Aber nun der vierte Satz, das Chorfinale, Provokation und Prüfstein. Im Konflikt des Kritikers kann man das Echo der aus dem Kärntnertortheater hinausströmenden Zuschauer vernehmen: Was war denn das nun? Eine Sinfonie mit angehängter Kantate oder eine Kantate mit allzu lang geratenem Orchestervorspiel oder eine Chorfantasie wie das Opus 80, in dem neben Orchester, Chor und Solisten auch noch das Klavier mitkonzertieren durfte? Aufbruch in musikalisches Neuland oder anarchische Sprengung jeder Form und Norm?

Hier ist, bei aller Bewunderung für Beethoven, das Befremden auch bei unserem Kritiker groß: »Das leidenschaftliche, mit allen Elementen und Kräften der Musik kämpfende und ringende Wesen des Finales ist nun in der That nicht beim ersten Anhören aufzufassen, und daher dürfte es auch gekommen seyn, daß sich unter der Zahl der begeisterten Zuhörer auch solche gefunden (haben), welche nicht ganz mit ihrem Urtheile dem enthusiastischen Beifalle der Verehrer Beethovens beistimmen wollten (...) Beethovens Genie hat sich nun einmal hier an gar keine Schranken gekehrt, sondern sich seine ganz eigene Welt geschaffen, und darin mit einer so gewaltigen Kraft und Freiheit sich bewegt, daß man sieht, wie ihm die bisherige Welt zu klein erscheint, und er sich eine mit ganz neuen Gestalten bauen mußte.«

Von den wüsten Schimpftiraden gegen das Werk wird später zu sprechen sein; hier nur eine erste deutliche Stimme gegen die Sinfonie: »Also auf die Gefahr hin, als gehörten wir zu jenen, die Großes zu fassen nicht imstande sind, bekennen wir unverhohlen: Sie gefällt uns nicht. Es ist uns vorgekommen, als ob die Musik auf dem Kopf gehen sollte, und nicht auf den Füßen. (...) Der letzte Satz spielt völlig in den unglückseligen Wohnungen derer, die vom Himmel gestürzt sind. Es ist, als ob die Geister des Hohnes über alles, was Menschenfreude heißt, feyerten. Riesenstark tritt die gefährliche Schaar auf und zerreißt das menschliche Herz und zergraust den Götterfunken mit wildlärmendem ungeheurem Spott.«

Die Kritik am Finalsatz wird viele Argumente finden; eins der frühesten ist ein Einspruch im Namen Schillers, gegen die vermeintliche Verhunzung seines Gedichts. »... kann man nur Unwillen empfinden über den vierten, Finale, presto, in welchem die Masse des Orchesters mit der Masse der Stimmen vereinigt wird, um auf die bizarrste Weise auf der Welt das Thema von der Freude zu besingen... Die Behandlung des Schillerschen Textes selbst zieht das hohe, schwungvolle

Gedicht tief herab und mißhandelt die Poesie auf eine unbegreifliche Weise. Denn erstens ist dieses Gedicht ganz aus seinen Fugen gerissen, nicht bloß abgekürzt worden, sondern in der That ganz verstümmelt, indem ohne Sinn und Grund jetzt einzelne Strophen in ganz anderer Ordnung, wie Bruchstücke, die der Tonkünstler zufällig in seinem Gedächtnis fand, aufeinander folgen, und die erste Strophe immer dazwischen wiederholt wird.« In der Polemik steckt Information: Beethoven hat Schillers Gedicht »An die Freude« um mehr als die Hälfte gekürzt und die Strophen neu arrangiert – eine Redaktion mit starker Hand, von der noch ausführlich die Rede sein wird.

Und dann muß Beethoven sich noch vorwerfen lassen, er habe auch musikalisch Schiller nicht begriffen, habe falsche Akzente gegen die Wortbedeutung gesetzt, und überhaupt trage »die Hauptmelodie selbst auch nicht das Geringste von Schillers hohem Geist in sich« und habe »weit eher mit einem gemeinen Weinrausche als mit dem begeisterten Schwung jenes Dichters« zu tun.

Dabei schlägt just hier die Wünschelrute an, die uns die allererste Quelle des Gesamtkunstwerks erkennen läßt: Der gemeine Weinrausch, den der Rezensent heraushört, ist dicht bei der Wahrheit, der Vorwurf trifft sich beinah mit Schillers Entwurf. Denn am Ursprung ereignet sich wirklich ein Rausch, eine Ekstase, die Explosion eines Ich: Schiller kommt zu sich.

II
»An die Freude«
Neun Expeditionen in ein Weltgedicht (Schiller)

> Wer einen solchen Ton in die Welt gesetzt hat: bei dem soll nach Kunstwert und Geisteswert überhaupt nicht mehr gefragt sein. Als Klang, als Strahl, als Stern, als Sehnsucht, als Märtyrer, als Wille tönt er fort. Nicht bloß durch Deutschland: durch die Welt.
>
> Alfred Kerr

Das Weinberghaus Körners in Loschwitz

1

>Freude, schöner Götterfunken,
> Tochter aus Elysium,
> Wir betreten feuertrunken
> Himmlische, dein Heiligthum.
> Deine Zauber binden wieder,
> was der Mode Schwerd getheilt;
> Bettler werden Fürstenbrüder,
> wo dein sanfter Flügel weilt.
> Chor
> Seid umschlungen Millionen!
> Diesen Kuß der ganzen Welt!
> Brüder – überm Sternenzelt
> muß ein lieber Vater wohnen.

Ekstase im Weinberg

FREUDE, SCHÖNER GÖTTERFUNKEN. Wer schreibt so etwas? Wer schreibt so etwas ungeniert hin? Wer kann so etwas wagen, ohne daß es sogleich dem Gelächter verfällt? Wer hat da ein so irrwitziges Verhältnis zur Freude, daß er sie einem himmlischen Feuerwerk zurechnet, einer Wunderkerze des Olymp? Die Freude – ein Götterfunken? Ein kosmischer Blitz? Etwas, das in den Himmel verlegt werden muß, weil es das auf Erden nicht gibt? Die Freude als überirdisches Ereignis, nicht von dieser Welt, eine Sternschnuppe für die Erdenbürger?

Aber während wir uns noch den Geistesblitz, den Götterfunken vorzustellen versuchen, das Hineinzucken eines Jauchzermeteors in unsere alltägliche Misere, fällt sich der Dichter schon in die eigenen Worte:
FREUDE, SCHÖNER GÖTTERFUNKEN,
TOCHTER AUS ELYSIUM

Wie geht das zu? Was soll man sich dabei denken? Was eben noch ein Funke, ein Funken war, ist auf einmal beseelt, lebendig, gar familiär, eine Tochter aus Elysium. Der Funke – eine Tochter. Ein brennendes, gar ein gebranntes Kind? Das muß das Produkt eines coup de foudre sein, wie wenn einer sagt: Bei mir hat's eingeschlagen! Der schöne Götterfunken ist eine Tochter aus Elysium. Ein Retortenbaby aus der poetischen Alchimistenküche. Offenbar eine Ausgeburt des Geschwafels der alten Helden, die nach der Mythologie im Elysium sitzen, in den seligen Gefilden. Und so etwas macht Epoche? Und so etwas erobert die Welt? So etwas wird selber zum Funken, der eine ganze Welt begeistert, zwei Jahrhunderte lang, fünf Erdteile weit? Millionen, Milliarden von Menschen?

Was ist das? Delirium? Dichterische Freiheit? Spinnerei? Wortrausch? Bildungscrash? Da scheint ein Geisterfahrer des Wortes unterwegs, der mit jeder neuen Zeile ein Stück der eigenen Vorstellung in die Luft sprengt. Denn da zuckt plötzlich nicht mehr der Funke in die irdische Gesellschaft, sondern die macht sich, im Gegenteil, auf, der sagenhaften Tochter einen Besuch abzustatten:

WIR BETRETEN FEUERTRUNKEN,
HIMMLISCHE, DEIN HEILIGTUM

Jetzt auf einmal ist der Götterfunken nicht nur eine Himmelserscheinung, sondern die Tochter selbst eine Himmlische mit eigenem Heiligtum. Wohin begeben wir uns?

Wir verstehen unser eigenes Nichtverstehen nicht, wenn wir die Energien nicht begreifen, die in diesem Gedicht brodeln. Wir können die Überlebenskraft solcher bizarren Zeilen nicht fassen, wenn wir die Sprengkraft nicht verstehen, die zwischen ihnen angelegt ist. Das Lied »An die Freude« macht Furore, weil es eigentlich aus Furor gezeugt ist. Aus einem prometheischen Furor. Feuertrunken! Wer war denn feuertrunken, als er den Himmel stürmte? Es war Prometheus, der, verbotenerweise, den Menschen das Feuer aus dem Götterhimmel gebracht hatte; und der es abermals dem Zeus raubte, als dieser es den Menschen zu entwinden versuchte. Prometheus, der Athene unterstützt beim Besteigen des Himmels. Beladen mit Mythologie ist das Gedicht, aber geladen ist es mit negativer Energie, mit unerfülltem Leben. Es ist kein biographisches Gedicht, sondern eher eins der Befreiung von aller bisherigen Biographie. Unter jeder Strophe lassen sich wie vulkanische Schichten Erschütterungen aus zehn Jahren einer verlorenen Jugend aufspüren. Verwerfungen aus Enge, Unterdrückung, Niedrigkeit, aus Kotau und Courtoisie.

FEUERTRUNKEN. Vielleicht ist dies das erste Wort, das wir ganz verstehen und mit dem wir die vier Zeilen aus dem Delirium der Wörter in das des Weins retten können. In den ganz normalen Rausch. Feuertrunken ist nicht nur prometheisch; es heißt auch: vom Punsch bedueslt. Wir nehmen den Mund so voll, wie wir voll sind. Später einmal wird Schiller reimen:

> Drum ein Sinnbild und ein Zeichen
> Sei uns dieser Feuersaft,
> Was der Mensch sich kann erlangen
> Mit dem Willen und der Kraft.
> Eh es verduftet
> Schöpfet es schnell.
> Nur wenn er glühet
> Labet der Quell.

Mit »feuertrunken« hat sich Schiller, der Fünfundzwanzigjährige, verraten: Das Lied »An die Freude« ist ein Trinklied, ein Rausch, der Wortrausch geworden. Die Hitze unter dem Kessel ist dem Dichter ins Blut gestiegen: Jetzt sieht er Sterne. Den Spitznamen »Trinker« hat er schon als ganz junger Mann bekommen.

Was steckt dahinter? Vielleicht nur der Rausch eines Vormittags? Die Euphorie einer fröhlichen Gesellschaft? Die Szene hat sich erhalten, und es wäre fahrlässig, sie durch irgendeinen andern Text heraufzubeschwören als den etwas fassungslosen Bericht, den eine junge Frau, Minna Stock, über den Vorfall in einem sächsischen Weinberg am 13. September 1785 gegeben hat. Friedrich Schiller ist erst am Abend vorher aus Leipzig zu seinen Freunden gestoßen, man hat ihm zu Ehren kräftig gefeiert, und da ist es dann passiert:

»Als Schiller mit uns am ersten Morgen hier in Loschwitz unter dem Nußbaum an unserm Frühstückstische saß, brachte er eine Gesundheit auf ein frohes Zusammenleben aus; die Gläser klangen hell, aber Schiller stieß in seiner enthusiastischen Stimmung so heftig mit mir an, daß sein Glas in Stücke sprang. Der Rotwein floß über das zum erstenmal aufgelegte Damasttuch zu meinem Schreck. Schiller rief: ›Eine Libation für die Götter! Gießen wir unsere Gläser aus!‹ Körner und Doris folgten Schillers Beispiel; darauf nahm dieser die geleerten Gläser und warf sie, daß sie sämtlich in Stücke sprangen, über die Gartenmauer auf das Steinpflaster mit dem leidenschaftlichen Ausruf: ›Keine Trennung! keiner allein! sei uns ein gemeinsamer Untergang beschieden!‹«

Die Szene ist die Quintessenz des Gedichts wie seiner Wirkung; aber die eigentliche Entschlüsselung braucht Zeit. Vorerst nur ein Blick auf die Freunde, die der Bescherung mit mehr Entsetzen als Entzücken zusehen: sie haben Schiller, nach Jahren einer erniedrigenden, krankheitsgeplagten Flucht, nach einem unwürdigen Versteckspiel vor Gläubigern und der Obrigkeit, nicht nur Zuflucht gewährt, sondern, durch ein Geldgeschenk, ein Jahr sorgenfreier Existenz. Da ist der 28jährige Christian Gottfried Körner, der, begütert von Haus aus, als Jurist im sächsischen Konsistorium ein Mann ohne finanzielle Sorgen und mit sogenannten musischen Neigungen ist; da ist Minna, die die Szene beschrieben hat, vor wenigen Wochen erst Frau Körner geworden; sie ist, wie die zweite junge Dame, Dora oder Doris, eine Tochter des Leipziger Kupferstechers Johann Michael Stock; auch deren Verlobter ist dabei: Ludwig Ferdinand Huber, Anfang Zwanzig, der Schiller in diesen Wochen Modell steht für seinen Marquis Posa. Es sind Menschen, unter denen sich Schiller nicht nur wohl, sondern erlöst fühlt. Endlich als der, der er selbst ist, sein will, sein muß. Es ist dieses Gefühl, das Gläser, Comment und Zwänge sprengt.

Das Gedicht »An die Freude« schreibt Schiller nicht sofort, sondern später im Herbst 1785. In jenen Freundschaftstagen auf dem sächsischen Weinberg arbeitet er an seinem »Don Carlos«, in dem er eigene peinigende Erfahrungen verarbeitet, die Konfrontation eines unabhängigen Kopfes mit der Macht eines Fürsten in der Begegnung des von ihm erfundenen Marquis Posa mit dem Weltherrscher Philipp II. Doch er umkreist schon die Idee der Freuden-Ode, wenn er seinen Posa schwärmen und der Königin den Rat geben läßt:

> Sagen Sie
> Ihm, daß er für die Träume seiner Jugend
> Soll Achtung tragen, wenn er Mann sein wird,
> Nicht öffnen soll dem tötenden Insekte
> Gerühmter besserer Vernunft das Herz
> Der zarten Götterblume – daß er nicht
> Soll irre werden, wenn des Staubes Weisheit
> Begeisterung, die Himmelstochter, lästert.

Aber ein anderes Gedicht schreibt er in jenen arbeitsamen, zukunftsfrohen Tagen nieder, eins der kuriosesten, die er je verfaßt hat, und wenn es hier wenigstens in Auszügen zitiert wird, so deshalb, um dem ganzen Unternehmen »Hymne«, diesem Überbau aus zwei Jahrhunderten Verehrungsroutine, gleich zu Beginn den nötigen Schuß Despektierlichkeit zu versetzen. Schiller ist nicht nur bei Freunden gelandet, sondern auch in einem vor sich hinwirtschaftenden Haushalt. Während er das spanische Hofzeremoniell entwirft, wird neben ihm – Wäsche gewaschen. Und so reicht denn der genervte Dichter eine Bittschrift ein »an die Consistorialrath Körnerische weibliche Waschdeputation in Loschwitz ... von einem niedergeschlagenen Trauerspieldichter«, und wiederum ist vom Feuer die Rede:

Feur soll ich gießen aufs Papier
mit angefrornem Finger? – –
O Phöbus, haßest du Geschmier,
so wärm auch deine Sänger.

Die Wäsche klatscht vor meiner Thür,
es scharrt die Küchenzofe –
und mich – mich ruft das Flügelthier
               (gemeint ist Pegasus)
nach König Philipps Hofe.
(...)
Ich eile durch die Gallerie
und – siehe da! – belausche
die junge Fürstin Eboli
in süßem Liebesrausche.
(...)
Schon ruft das schöne Weib Triumph
schon hör ich – Tod und Hölle!
Was hör ich? einen naßen Strumph
geworfen in die Welle.

2

> Wem der große Wurf gelungen,
>   eines Freundes Freund zu seyn;
> wer ein holdes Weib errungen,
>   mische seinen Jubel ein!
> Ja – wer auch nur eine Seele
>   sein nennt auf dem Erdenrund!
> Und wer's nie gekonnt, der stehle
>   weinend sich aus diesem Bund!
>   Chor
> Was den großen Ring bewohnet
>   huldige der Simpathie!
>   Zu den Sternen leitet sie,
> Wo der Unbekannte tronet.

Der ausgestoßene Freund

Eines Freundes Freund ist er nun – nein, er hat nun mehrere, auf die Verlaß ist; es miscbt nicht nur der seinen Jubel ein, der das holde Weib errungen hat, sondern auch das holde Weib singt mit. (Wie zwanzig Jahre später, zu den gleichen zwei Versen, die Leonore mit ihrem Florestan singen wird – denn auch schon im »Fidelio« götterfunkt das Lied an die Freude.) Und zu den Jublern soll auch gehören:

> Ja – wer auch nur eine Seele
>   sein nennt auf dem Erdenrund!

Natürlich meint Schiller, daß jeder mitfeiern soll, mitjubeln, mitsingen, mittrinken, der auch nur irgend jemanden kennt, der zu ihm hält, an ihn denkt, mit ihm fühlt, und mag er noch so fern sein. Der Nächste kann noch so weit weg sein, wenn er nur in Gedanken dabei ist. Jeder gehört dazu, auch wenn er nicht zuhören kann.

> Wem der große Wurf gelungen,
> Eines Freundes Freund zu sein,
> und wer's nie gekonnt, der stehle
> weinend sich aus diesem Bund.

Von dieser Wendung, von diesem Rausschmiß, waren schon die Zeitgenossen befremdet. Hier erntet Schiller zum erstenmal Protest von einem der Gelehrten, die zur gleichen Zeit wie er an der Jenaer Universität tätig sind. Christian Gottfried Demme hält bald nach Erscheinen des Gedichts eine enthusiastische »Vorlesung« im kleinen Kreis; aber er wendet sich entschieden gegen Schillers rüden Ausschluß des Unglücklichen, dem das Talent zur Freundschaft fehlt oder der aus anderen Gründen die Geselligkeit flieht; für ihn haben diese Zeilen »etwas äußerst Unangenehmes«, und sie widersprechen seinem Empfinden nach »den andern Empfindungen des Wohlwollens, der höchsten und reinsten Humanität, die das Lied athmet«. Und Demme versetzt sich geradezu in die Rolle des Ausgestoßenen, des von Schiller Geächteten; er hält ihm ein flammendes Plädoyer: »Ach der Mann, der keinen Freund hat, keine Seele auf dem ganzen Erdenrund seyn nennen kann, ist ein gar zu unglückliches Wesen! und Gott! es wäre doch möglich, daß der Unglückliche an seinem Unglück, wenigstens zum Theil, unschuldig wäre; vielleicht wollte sich sein Herz mehr als einmal der Freundschaft öffnen, aber immer kam er an Unwürdige, die ihn mißbrauchten. Wäre es aber auch ganz seine eigene Schuld; doch könnt, ich ihn jetzt nicht ausstoßen, ihn nicht seinem eigenen Gram und Unmuth überlassen; am wenigsten in der Stunde der Seeligkeit, wo mein Schuldbuch vernichtet und die ganze Welt mit mir ausgesöhnt ist.«

Offenbar ohne den Einspruch Demmes zu kennen, aber mit derselben Empfindung, erneuert Jean Paul in seiner »Vorschule der Ästhetik« dessen Protest und bekennt: »Übrigens würde ich aus einer Gesellschaft, die den herzwidrigen Spruch bei Gläsern absänge: ›wer's nie gekonnt, der stehle

Friedrich Schiller, Mitte Zwanzig

weinend sich aus unserm Bund‹, mit dem Ungeliebten ohne Singen abgehen und einem solchen harten elenden Bunde den Rücken zeigen... Wie poetischer und menschlicher würde der Vers durch drei Buchstaben: der stehle weinend sich in unsern Bund! Denn die liebeswarme Brust will im Freudenfeuer eine arme erkältete sich andrücken.«

Welch ein bewegendes Plädoyer, welch plausible Petition! Einhundertfünfzig Jahre später, 1962, nimmt Theodor W. Adorno diesen Gedanken auf und gibt ihm eine kältere Fassung: Er sieht in dem Passus »ungewollt die Wahrheit über den bürgerlichen, zugleich totalitären und partikularen Begriff der Menschheit. Was in dem Vers dem Ungeliebten oder zur Liebe Unfähigen namens der Idee widerfährt, entlarvt diese (...); kaum zufällig, daß das Gedicht mit dem Wort ›stehlen‹ in der Demütigung des Freudlosen, dem darum die Freude nochmals versagt wird, Assoziationen aus der Besitzsphäre und der kriminologischen hervorruft.« Die Argumentation mit dem »stehlen« ist an Scharfsinn kaum zu überbieten; wie gut aber, daß Denker nicht immer nur denken, sondern auch Mythosbeschwörer, Kindheitserinnerer sind. Denn Adorno setzt auch dies hinzu (und seinem ersten Gedankengang entgegen): »So werden die bösen mythischen Feste aus Märchen definiert durch solche, die nicht geladen sind.«

Nicht ins Märchen, sondern in die Jugend Schillers müssen wir zurück, um die anstößigen Zeilen zu verstehen. Und zu begreifen: Das ganze Lied ist alles andere als gemütvoll, es ist vielmehr rauschhaft und kalt. Schiller ist nie der Mensch der weichlichen Gefühle. Schon der ganz junge Dramatiker war ein Genius der scharfen Schnitte. Es waren nicht nur die Wörter, die er radikalisierte, die frühen Figuren, die er zu Räubern machte, es waren auch die Freundschaften. Er war scharfrichterlich bis zur Komik. Ein Blick in seine Biographie, in jene Vorgeschichte, die das Gedicht zeitigt: sehen wir hinein in ein Internat des 18. Jahrhunderts, in eine Fürstenakademie, die Hohe Karlsschule in Stuttgart, wo Friedrich Schiller von 1773 bis 1780, von seinem vierzehnten bis zu seinem zwanzigsten Lebensjahr erzogen worden ist – zu immer größerem Aufbegehren, zu immer hybriderer (weil ohnmächtiger) Wortwahl.

Nachts im Schlafsaal entwarf er seine Theatergestalten, schimpfte, jauchzte, stöhnte mit ihnen. Konstruierte seine Verbaltribunale, wirbelte seine Weltverwünschungen. Die Kameraden, Mitschüler, eben auch: Freunde, sahen, bei aller Komplizenschaft und Sympathie, immer auch das Komische daran. Schiller fühlte sich mit ihnen als Rebell, aber er übertrieb es bis zur Narrheit. Als er eines Tages dahinterkommt, welche Spottfigur er für den engsten Freund ist, kennt seine Erbitterung kein Maß.

Dieser Georg Scharffenstein, einer der privilegierteren Karlsschüler, hatte sich von den Freundschaftsekstasen des jungen Schiller befremdet gezeigt, hatte sich spöttisch (und

Versuch
über den
Zusammenhang der thierischen Natur des Menschen
mit seiner geistigen.

Eine Abhandlung
welche
in höchster Gegenwart
Sr. Herzoglichen Durchlaucht,
während
den öffentlichen akademischen Prüfungen
vertheidigen wird
Johann Christoph Friderich Schiller,
Kandidat der Medizin in der Herzoglichen Militair-Akademie.

Stuttgard,
gedrukt bei Christoph Friedrich Cotta, Hof- und Canzlei-Buchdruker.

Titelblatt der Dissertation Schillers

wohl auch ein wenig angewidert) geäußert über ein allzu leidenschaftliches Gedicht und seine Wörterbrandung aus Sympathie. Hatte aber mit seinen abfälligen Bemerkungen den Dichter an seiner empfindlichsten Stelle getroffen. Und bekommt nun die ganze Wucht dessen zu spüren, was Schiller unter Freundschaft und nun erst enttäuschter Freundschaft – zu mobilisieren versteht.

»Gott weiß«, schreibt Schiller in einem Trennungsbrief, »ich vergaß alles, alles andere neben dir, ich schwoll neben dir, denn ich war stolz auf Deine Freundschafft... Es kostet dich wenig Müh, Dich zu erinnern, wie ich in diesem Vorschmack der seligen Zeit nichts als Freundschafft athmete, wie alles alles selbst meine Gedichte vom Gefühle der Freundschafft belebendigt wurden, Gott im Himmel möge es Dir vergeben, wenn Du so undankbar, so unedel seyn kannst das zu verkennen.«

Und auch das Sternenzelt wölbt sich schon über der Jugendtragödie: »Rede! Rede aufrichtig! wo hättest Du einen andern gefunden, der Dir nachfühlte, was wir in der stillen Sternennacht vor meinem Fenster, oder auf dem Abendspaziergang mit Blicken uns sagten! Geh alle die um dich sind durch, wo hättest du einen finden können als deinen Schiller (...) glaube mir, unsere Freundschaft hätte den herrlichsten Schimmer des Himmels, den schönsten und mächtigsten Grund (...) Wärest Du oder ich zehnmal gestorben, der Tod sollte uns keine Stunde abgewuchert haben; – – was hätte das für eine Freundschaft sein können! – und nun! nun! – wie ist das zugegangen? wie ist's so weit gekommen? – – Ja, ich bin kaltsinnig geworden! – – Gott weiß es – denn ich bin Selim geblieben, aber Sangir war dahin! Darum bin ich kaltsinnig geworden –«

Der junge Schiller verstößt den Freund, um einem andern treu bleiben zu können – sich selbst. Denn er versteht den Spott des Mitschülers Scharffenstein eigentlich als den Vorwurf, er, Schiller, sei nicht bei sich. Er sei ein Fake, seine Besessenheit nur Mimikry, sein ganzes Aufbegehren nur Abklatsch, seine Verse nur hohle Nach-Rede.

3

    Freude trinken alle Wesen
       an den Brüsten der Natur,
    Alle Guten, alle Bösen
       folgen ihrer Rosenspur.
    Küße gab sie uns und Reben,
       einen Freund, geprüft im Tod.
    Wollust ward dem Wurm gegeben,
       und der Cherub steht vor Gott.
          Chor
    Ihr stürzt nieder, Millionen?
       Ahndest du den Schöpfer, Welt?
       Such' ihn überm Sternenzelt,
    über Sternen muß er wohnen.

Ehrenrettung des Wurms

Damit sind wir endgültig beim Bacchanale, beim Weinfest: Freude trinken alle Wesen. Jetzt wird der Götterfunken gar destilliert. Die Tochter aus Elysium kommt nicht vom Heldenhimmel, sondern aus den Brüsten der Natur. Und der Funke, den wir uns doch als eine Art ideellen Laserstrahl, ja als einen Blitz animierender Energie haben vorstellen wollen – der sollte nun eine Rosenspur hervorbringen, einen Blumengarten?

Und selbst das hören wir, wenn wir die neunte Sinfonie hören: WOLLUST WARD DEM WURM GEGEBEN. Was hat der Wurm in der Ode an die Freude zu suchen, was in Beethovens Chorfinale, was in unseren Konzertsälen? Verführt das nicht zu dem allerbanausischsten Urteil, zu dem Satz nämlich, in diesem Wunderwerk sei der Wurm drin? Hat denn Schiller nicht wenigstens diesen Fehlgriff auslassen können? Oder spätestens Beethoven?!

Und dennoch ist es die modernste Strophe des ganzen langen Gedichts. Eine Feier des Pantheismus und zugleich Vorgriff auf Erkenntnisse, die einhundert und zweihundert Jahre später die Wissenschaft präsentiert: um 1900 mit der Trieblehre Freuds und um 2000 mit den neuesten Erkenntnissen der Zelltheorie. Zu den Aktualitätsbelegen gehört auch ein Bericht mit der Überschrift »Vom Wurm zum Menschen«, in dem erläutert wird, daß aus einer einzigen befruchteten Eizelle eines kleinen, einen Millimeter langen Wurms 959 verschiedene Zellen werden; die Wissenschaft macht dieselbe verwegene Verbindung wie Schiller: »Denn viele Prozesse, welche die Forscher an diesem Tier beobachten, lassen sich auf Vorgänge im menschlichen Organismus übertragen.« Ist es ein Wunder, daß so ein winziger Wurm mit dem Namen Caenorhabditis elegans geadelt wird? Elegans! Als geschähe es zu Ehren Friedrich Schillers.

Schiller hat den Zusammenhang aller Kreatur des öfteren als »die große Kette der empfindenden Wesen« bezeichnet und damit, worauf jüngst wieder Rüdiger Safranski hingewiesen hat, auf eine antike Vorstellung zurückgegriffen, die von der Aufklärung neu belebt worden war: »Die ›große Kette‹ läßt auch an eine Welt denken, worin die ungeheure Vielfalt nicht als Bedrohung, sondern als Fülle erlebt werden kann ... der Mensch kennt seinen Platz und blickt auf die Welt hinaus.«

Nicht zu vergessen: Schiller war ja auch Arzt. Seit Anfang 1776 hatte er sich auf die Medizin zwar nicht gerade geworfen, aber doch konzentriert: auf irgendeinen Broterwerb sollte die Ausbildung an der Akademie ja hinauslaufen, und die ersten juristischen Studien waren ihm zuwider gewesen. Und nun saß der Siebzehnjährige immer häufiger im Anatomiesaal und schnitt Körper auf; saß auch da, weil er dort am ungestörtesten an seinen »Räubern« schreiben konnte. Drei Jahre später versuchte er sich an seiner ersten medizinischen Dissertation, in der er einen Zusammenhang zwischen dem geistigen Leben, dem nährenden Leben und der Zeugung plausibel zu machen suchte. »Philosophie der Physiologie«

hieß die Arbeit, in der sich, nach dem Gutachten, »der Verfasser äußerst verwegen und sehr oft gegen die würdigste(n) Männer hard und unbescheiden« zeigte: Sie wurde denn auch verworfen.

Also macht sich der nun Zwanzigjährige zum zweitenmal ans Werk und nähert sich dem Wurm: »Versuch über den Zusammenhang der tierischen Natur des Menschen mit seiner geistigen« heißt diesmal das Thema, dem als praktische Arbeit eine Untersuchung »über den Unterschied der entzündlichen und faulen Fieber« zugeordnet wird. Und da kann der angehende Arzt dann Beobachtungen machen, die auch der Dichter nicht verschmäht: »Er, der große Schöpfer, wirft in einen Tropfen Tau den Wurm, und läßt noch in den toten Räumen der Verwesung die Willkür sich ergetzen.« Das ist schon nicht mehr aus der Dissertation, sondern aus »Don Carlos«. Der Wurm, die Willkür, die Wollust – das muß sich für den jungen Schiller zu einem Metaphern-Molekül zusammengeschlossen haben, zum Konglomerat des Kreatürlichen. Noch 130 Jahre später macht ein anderer junger Dichter mit derselben Vorstellung Provokation:

> O daß wir unsere Urahnen wären,
> Ein Klümpchen Schleim in einem warmen Moor.
> Leben und Tod, Befruchten und Gebären
> glitte aus unseren stummen Säften hervor.
> (Gottfried Benn,
> Gesänge I, 1913)

Aber die Sache ist noch komplizierter, der Wurm krümmt sich noch anders. Schiller denkt bei diesem Wort an die kleine, niedrigste Kreatur, aber er denkt zugleich auch polemisch. Seine Ehrenrettung des Wurms hat auch eine dramatische Kehrseite. Und da ist der Wurm dann das verachtenswerteste, mieseste Subjekt unter den Menschen, der Kriecher unter den Erdenbürgern. Und er geht so weit, eine seine Dramenfiguren Wurm zu nennen, einen Höfling, den Haussekretär des Präsidenten aus »Kabale und Liebe«; ja er giftet das Wort förmlich in einen Kontext aus Häme und Hohn. Da sagt erst der Präsident, entgeistert über die Intrige, die sein Lakai ihm anrät: »Wurm, Wurm, Er führt mich da vor einen entsetzlichen Abgrund.« Und der durch solche Anrede doppelt diskreditierte Mensch, der im Interesse der Herrschaft eine Liebe zerstören will und es mit offenbarer Lust tut, nimmt seinen Namen als Programm: »Überlassen Sie es mir, an ihrem eigenen Feuer den Wurm auszubrüten, der sie zerfrißt.«

Es ist Luise Millerin, von der er spricht; sie, die einfache Musikantentochter, die das tödliche Pech hatte, sich in den Sohn des Präsidenten zu verlieben, und die nun planmäßig geopfert wird; die aber vorher noch einmal alle Wut dieser Welt herausschreit, obwohl sie doch nur noch »Ekel an meinem Geschrei« empfindet; die zugleich die Gegenwelt, die Unterwelt der »Freuden«-Strophe auftut mit ihrem Verzweiflungsruf: »Man hat mir gesagt, daß die Großen der Welt noch nicht belehrt sind, was Elend ist – nicht wollen belehrt sein. Ich will ihm sagen, was Elend ist – will es ihm vormalen in allen Verzerrungen des Todes, was Elend ist – und wenn ihm noch jetzt über der Beschreibung die Haare zu Berge fliegen, will ich ihm noch zum Schluß in die Ohren schrein, daß in der Sterbestunde auch die Lungen der Erdengötter zu röcheln anfangen und das Jüngste Gericht Majestäten und Bettler in dem nämlichen Siebe rüttle.«

Dieser Aufschrei findet hundert Jahre später eine ebenso leidenschaftliche Zweitstimme, ein Echo in den Weiten Rußlands, in den Tiefen der Zeit. »Freund, Freund, des Menschen Fall bis in die tiefste Erniedrigung, und das ist jetzt auch noch so! Der Mensch hat auf Erden so viel zu ertragen, so schrecklich viel durchzumachen.« Es ist Dimitri Karamasow, der das sagt. Dostojewskis »Brüder Karamasow« sind ein fortwährender Dialog mit Schiller (der im Rußland des 19. Jahrhunderts, vom jungen Alexander Puschkin an, fast alle Autoren begeistert und beeinflußt hat). Dimitri ist der älteste der Karamasows; ein Lebemann und Wüstling, ein zwischen Stolz und

Gemeinheit zerrissener Charakter, der, dem man alles zutraut (und eben auch den Mord am Vater um schäbiger dreitausend Rubel willen); es ist dieser hochmütige Selbstzerstörer, der nicht nur auf die Erschütterung der Luise Millerin antwortet, sondern an gleicher Stelle das Lied an die Freude beschwört:

»Und sieh: gerade in dieser Schmach und Schande stimme ich dann plötzlich die Hymne an. Mag ich verflucht sein, mag ich niedrig und gemein gewesen sein, doch laßt mich auch den Saum des Gewandes küssen, in das sich mein Gott hüllt; mag ich auch zur selben Zeit dem Teufel folgen, so bin ich doch auch dein Sohn, Herr, und liebe dich und empfinde die Freude, ohne die die Welt nicht bestehen kann.« Und er zitiert zwei Strophen aus der Freuden-Hymne, darunter auch die mit dem Wurm und der Wollust; deren Verse sich aber seltsam verändert haben:

> Wollust, dem Insekt gegeben,
> Und der Cherub steht vor Gott.

Daß nun der Wurm zum Insekt geworden ist, geht auf die Schiller-Übersetzung des russischen Literaten Fjodor I. Tjuttschew zurück, die im 19. Jahrhundert fast den Rang einer poetischen Bibel hatte; und Tjuttschew hatte sich die Metamorphose geleistet, weil dem Wort Wollust bei der Übertragung ins Russische eine Bedeutungsänderung widerfährt: Ssladostrastije bedeutet soviel wie Süßgier, Süßlust, und um im Bilde zu bleiben, hatte der Übersetzer statt des Wurms ein zuckerschleckendes Insekt genommen. Daß er damit die elementare Trieblehre Schillers ins Süßliche verwandelte, tat der Wirkung des Gedichts offenbar keinen Abbruch.

Denn Dimitri Karamasow begreift das Elementare an Schillers Versen, die Lustdurchflutung des Großen und Kleinen, des Hohen und des Niedrigsten; er bekennt sich zur Heiligung des Menschen durch die Freude, und er verbindet die Hymne mit einem anderen Schiller-Gedicht, dem eleusischen Fest, das er als Protest gegen alle Erniedrigung versteht:

> Daß der Mensch zum Menschen werde,
> Stift er einen ewigen Bund
> Gläubig mit der frommen Erde,
> Seinem mütterlichen Grund.

Was wir aber durch Dostojewski, durch Dimitri Karamasow begreifen lernen: Das »Lied an die Freude« ist auch ein Passionslied, ein Protestsong, eine Arie des Aufbegehrens.

4

Freude heißt die starke Feder
　in der ewigen Natur.
Freude, Freude treibt die Räder
　in der großen Weltenuhr.
Blumen lockt sie aus den Keimen,
　Sonnen aus dem Firmament,
Sphären rollt sie in den Räumen,
　die des Sehers Rohr nicht kennt!
Chor
Froh, wie seine Sonnen fliegen,
　durch des Himmels prächtgen Plan,
　Laufet Brüder eure Bahn,
freudig wie ein Held zum siegen.

Die Geburt der Göttin Freude

Die Verherrlichung der Freude ist keine Erfindung Schillers. Der junge Dichter stimmt eher spät ein in einen Chor von Stimmen, die schon mehrere Jahrzehnte lang immer neue Freudenhymnen gesungen hatten. Die Freude war gewissermaßen krönendes Kürzel, gemeinsamer Nenner einer Epoche, die auf Optimismus, Enthusiasmus und Weltharmonie eingeschworen war; sie war Inbegriff eines geradezu vorsätzlichen Glücksempfindens, das sich auf Freundschaft, Naturseligkeit und eine neue Überschaubarkeit der Welt gründete und als deutlichstes Zeichen den »Pursuit of Happiness« in die amerikanische Verfassung einschrieb: den Anspruch darauf, glücklich zu werden.

Es war der englische Philosoph Anthony Ashley Cooper Shaftesbury, der mit seinen Schriften, vor allem im »Letter Concerning Enthusiasm« (1708), die erste Stufe jener Empore gebaut hatte, auf der dann all die poetischen Freudenchöre angestimmt werden sollten. Er pries darin den »Schwung der

Seele, männliche Begeisterung, die im stolzen Selbstbewußtsein das innerste Wesen des Menschen auslebt.« Aber nicht ein Einsiedler und Weltflüchtling ist gemeint, sondern ein Geschöpf, »das in der harmonischen Entfaltung aller seiner Kräfte und Neigungen sich als ein lebendiges Glied des Universums fühlt.« Immer ist bei Shaftesbury wie in den späteren Freuden-Versen beides präsent: das Ich und das All, der einzelne und die Menschheit, die Seele und die Solidarität, der Genuß und das Gemeinwohl. Es war nicht zuletzt ein Anflug von »Was kostet die Welt?«, der den Freudentaumel der Menschen zeitigte. Selbst Leibniz, der Begründer der Theodizee, führte die Freude in sein Religionskonzept ein: »Le contentement ou la joye est le plus sûr fondement de la religion et de la piété.« Aber man betete zunehmend nicht mehr Gott an, sondern die Menschheit. Und die Gesellschaft betete, indem sie Freudenlieder sang. Und da man längst wieder mit den alten Göttern Griechenlands zu leben und zu dichten gelernt hatte (die Oden Pindars und des Horaz galten als die poetischen Muster des Jahrhunderts), war es ein Leichtes und Selbstverständliches, eine eigene neue Lichtgestalt zu zeugen. Der Hamburger Dichter Friedrich Hagedorn, der sich einige Jahre lang in London aufgehalten und an den Ideen von Shaftesbury und Alexander Pope begeistert hatte, schuf 1744 – vier Jahrzehnte vor Schiller – das erste deutsche Gedicht mit dem Titel »An die Freude« und brachte zugleich eine neue Göttin zur Welt:

> Freude, Göttin edler Herzen!
>   Höre mich.
> Laß die Lieder, die hier schallen
> Dich vergrößern, dir gefallen:
> Was hier tönet, tönt durch dich.
> Muntre Schwester süßer Liebe!
>   Himmelskind!
> Kraft der Seelen! Halbes Leben!
> Ach! was kann das Glück uns geben,
> Wenn man dich nicht auch gewinnt?

Friedrich Gottlieb Klopstock, Scherenschnitt

Und die letzte Strophe lautet:

> Du erheiterst, holde Freude!
> > Die Vernunft.
> Flieh auf ewig die Gesichter
> aller finstern Splitterrichter,
> Und die ganze Heuchlerzunft.

Gerade diesem Schluß aber merkt man an: Das ist nicht bloß freudig, sondern auch polemisch erregt; das ist nicht nur euphorisch, sondern auch kritisch; wer da einstimmt, stimmt auch gegen die Kleingeister, die Nörgler, die Mäkler und gegen alle die Experten ab, für die Kunst vor allem Regelwerk ist. Hagedorns »Göttin Freude« ist reich ausgestattet: eine Schwester der Liebe, das halbe Leben, die Kraft der Seelen und nicht zuletzt ein Wesen, das die Vernunft erheitern kann; die also den Apfel vom Baum der Erkenntnis gewissermaßen versüßt.

Die Göttin Freude wird populär; der Dichter Johann Peter Uz repetiert 1768 Hagedorns Titel und erweist die neue Freudenmusik als eine serielle:

An die Freude

Freude, Königin der Weisen,
Die, mit Blumen um ihr Haupt,
Dich auf güldner Leyer preisen,
Ruhig, wann die Thorheit schnaubt:
Höre mich von deinem Throne,
Kind der Weisheit, deren Hand
Immer selbst in deine Krone
Ihre schönsten Rosen band.

Aber nicht nur von Blumen und der Leier ist in dem längeren Gedicht die Rede; auch die Tyrannen (die dann bei Schiller wiederkehren) kommen schon vor:

Sie [die Rosen] bekränzen dich in Zeiten
die kein Sonnenblick erhellt,
Sahen dich das Glück bestreiten,
Den Tyrannen unsrer Welt,
Der um seine Riesenglieder
Donnerndes Gewölke zog,
Und mit schrecklichem Gefieder
Zwischen Erd und Himmel flog.

Uz hatte sich auch theoretisch mit der Freude befaßt; von ihm stammt das Lehrgedicht »Versuch über die Kunst stets fröhlich zu sein«, dem er das an Pope angelehnte englische Motto mitgab: »To enjoy is our Wisdom and our Duty; it is the great lesson of human life.« Es gab also damals gewissermaßen eine Didaktik der Freude und der Fröhlichkeit, zu der auch Johann Gottfried Herder beitrug, wenn er urteilte: »Ich danke es den Dichtern der Freude, und des Amors, daß sie diesem Gotte, dieser Göttin, nicht als Gespenstern eines abstrakten Begriffes (zu gut allegorisieren), sondern lieber einem Gott der Liebe, einer Göttin der Freude zu Ehren singen.«

Die Herkunft aller dieser Freuden-Feiern aus dem »Enthusiasm« Shaftesburys wird deutlich, wenn Friedrich Leopold Graf zu Stolberg zur selben Zeit »Die Begeisterung« besingt und als kosmisches Ereignis feiert, als flammende Göttin:

> Sie ist da! die Begeisterung, da!
> (...)
> Heil mir, daß ich kenne
> Die Strahlende!
> Heil mir, daß sie würdiget
> Ihres Fluges mich!
> Göttin, so du mich führst ...

Und noch aus einer anderen Quelle sprudelt Schillers »Freude«: Aus den geselligen Gesängen der Freimaurer, den sogenannten Tafellogenliedern. Einige der neuen Leipziger und Dresdner Freunde, so auch Körner, gehörten den Freimaurern an, und so ist zum mindesten wahrscheinlich, daß Schiller Zugang zu einigen der in diesen Kreisen benutzten Liederbüchern hatte, darunter die »Lieder, zu singen für die Freimäurerlogen« (1782) und die zwei Jahre später in Halle erschienenen »Lieder mit Melodien zum Gebrauch der Loge zu den drey Degen in Halle« (beide nur durch Auszüge in wissenschaftlichen Arbeiten überliefert). In der Halleschen Sammlung findet sich ebenfalls ein Gedicht mit dem Titel »Die Freude«, in dem es heißt:

> Vom Olymp ward uns die Freude,
> Ward uns die Fröhlichkeit gesandt;
> Blumenkränze tragen beyde
> Für Euch, Ihr Brüder, an der Hand.

Und aus einem anderen Gedicht, »Der Entschluß«, klingt es schon wie der Vorentwurf zu den Vierzeilern der ersten Chorrefrains, wenn es da heißt:

> Oben überm Sternenheer
> Herrschet unser Meister.

Aber wirklich Furore macht die Göttin Freude nicht bei Hagedorn und Uz, sondern bei Friedrich Klopstock, jenem Dichter, der vor Goethe und Schiller die Deutschen am tiefsten aufgewühlt und am lebhaftesten begeistert hat. »Wir Jünglinge«, bekennt er von sich, »sangen und empfanden wie Hagedorn«, und er trägt den Freudentaumel weiter in eine neue Generation, in eine Jugend des Freundschaftsrausches, ja in die Flower-Power-Gesellschaft einer neuen Gefühlskultur, wenn er dichtet:

> Jetzo nahm uns die Au in die beschattenden
> Kühlen Arme des Waldes, welcher die Insel krönt;
> Da, da kamest du, Freude,
> Volles Maßes auf uns herab!
>
> Göttin Freude, du selbst! Dich wir empfanden dich!
> Ja, du warest es selbst, Schwester der Menschlichkeit,
> Deiner Unschuld Gespielin,
> Die sich über uns ganz ergoß.

Klopstock hat sie damals alle beeinflußt. Sein Odenton, die Kühnheit der Assoziationen, der großartig schwingende Rhythmus mit dem geradezu hypnotischen Sound war nicht so sehr Vorbild als Rauschmittel für die jüngeren Dichter.

Klopstocks Rhapsodien – und das Wortspiel hat seine Wahrheit – waren der Rap des Rokoko. Sie hatten großen Atem, ungewohnten Elan und verbargen hinter antiken Hebungen die Erhebungen, die folgen sollten. Klopstock, der auf uns Heutige so weitschweifig wirkt, so preziös, war ein Revolutionär des Gefühls.

Der ganz junge Schiller wird sein gelehriger Schüler. Nein: sein ungelehriger, ungebärdiger Zauberlehrling. Er spürt die Brisanz unter Klopstocks Versen und versucht, sie in den eigenen zur Explosion zu bringen. So offenkundig und so maßlos, daß ein zeitgenössischer Kritiker über ein Gedicht des Siebzehnjährigen mit ähnlichem Spott wie der Mitschüler Scharffenstein, aber doch nicht ohne Wohlwollen urteilt:

»Von einem Jüngling, der allem Ansehen nach Klopstoken ließt, fühlt und beynahe versteht. Wir wollen sein Feuer bey Leibe nicht dämpfen; aber non sense, Undeutlichkeit, übertriebene Metathesen – wenn einst vollends die Feile dazu komt; so dörfte er mit der Zeit doch seinen Platz neben – einnehmen, und seinem Vaterlande Ehre machen.« Lakonisch übersetzt: Der Junge spinnt, aber er spinnt auch an seiner Zukunft. – Selten war eine Kritik so hellsichtig, ja so divinatorisch angesichts eines so rappelköpfigen Textes.

Denn Schiller hat zunächst nicht etwa die »Göttin Freude« und die Idyllik vom Zürcher See von seinem bewunderten Klopstock übernommen. An Freude ist damals nicht zu denken, sondern an einen Ausbruch von Rage. »Der Eroberer« heißt das Gedicht, in dem er von Klopstock den rhythmischen Impetus und von sich selbst die Maßlosigkeit nimmt. Dies ist ein Haßgesang, eine Zornesarie; eine Tirade, deren Ton verrät, woher dann, acht Jahre später, die Energien des Liedes »An die Freude« kommen werden: Aus einem Gefühl des Alles oder Nichts, dem Willen zur Unbedingtheit. Schiller kennt kein Pardon, im Guten wie im Bösen nicht, und nicht einmal gegenüber der eigenen Sprache. Er macht unentwegt den Appell eines Gedichts von Ingeborg Bachmann wahr: »Ihr Wörter! Auf! Mir nach! Und sind wir auch schon weiter, zu weit gegangen.«

Als Racheschwur beginnt das Gedicht:

Dir Eroberer, dir schwellet mein Busen auf,
Dir zu fluchen den Fluch glühenden Rachedursts,
Vor dem Auge der Schöpfung,
Vor des Ewigen Angesicht.

Und nach einem Panorama des Grauens und Mordens und Schreckens, das der Eroberer anrichtet, nach einem Mitleidsblick auf die Menschenopfer und die verwüsteten Städte und Landschaften, steht endlich der mörderische Eroberer vor Gott, »vor dem Olympus«, und der Dichter übt Rache:

O dann stürze der Fluch, der aus der glühenden
Brust mir schwoll, in die Wag, donnernd wie fallende
   Himmel – reiße die Waage
   Tiefer, tiefer zur Höll hinab,
Dann, dann ist auch mein Wunsch, ist mein gefluchtester
Wärmster heißester Fluch ganz dann gesättigt,
   O dann will ich mit voller
   Wonn mit allen Entzückungen
Am Altare vor dir, Richter, im Staube mich
Wälzen, jauchzend dem Tag, wo er gerichtet ward,
   Durch die Ewigkeit feyren,
   Will ihn nennen den schönen Tag.

Man versteht die »Freude« nicht, wenn man nicht diese Raserei versteht, und diese Raserei kann ganz nur verständlich werden, wenn man in die Biographie des jungen Schiller eintaucht wie in ein Schreckenskabinett. In die erbarmungslose Wirklichkeit eines Jugendjahrzehnts, das geprägt war von Schikane, Drill, Entbehrung, Entehrung. Und in der nur eine Empfindung Fremdwort blieb: die Freude.

Aus der Wahrheit Feuerspiegel
lächelt sie den Forscher an.
Zu der Tugend steilem Hügel
leitet sie des Dulders Bahn.
Auf des Glaubens Sonnenberge
sieht man ihre Fahnen wehn,
Durch den Riß gesprengter Särge
sie ihm Chor der Engel stehn.
Chor
Duldet mutig Millionen!
Duldet für die beßre Welt!
Droben überm Sternenzelt
wird ein großer Gott belohnen.

Totenfeiern in der Sklavenplantage

Acht Jahre Karlsschule, ein Leben zwischen Knast und Unterwerfung, zwischen Drill und Demut. Am 16. Januar 1773 tritt Friedrich Schiller, dreizehn Jahre alt, in das herzogliche Internat ein, am 15. Dezember 1780 wird er entlassen. »Militärische Pflanzschule« nannte sie sich am Anfang, als Schiller dazukam. »Jünglinge für die Zukunft zu bilden« hatte sich der Herzog Carl Eugen von Württemberg davon versprochen; einige Jungen waren wohl seine unehelichen Söhne, die er in zahllosen Abenteuern gezeugt hatte. Die »Akademie«, wie sie bald genannt wurde, fand nach Anfangsjahren auf der Solitüde bei Ludwigsburg ihr bleibendes Quartier in einer großen Kaserne nahe dem Gelände, auf dem damals das »Neue Schloß« in Stuttgart entstand.

Und wie in einer Kaserne war auch der Tageslauf: Um 5 Uhr im Sommer, um 6 Uhr im Winter wurde geweckt; eine Stunde für Waschen, Ankleiden, Frisieren und Bettenbau, dann Rapport, Morgengebet und Mehlsuppe, den Vormittag über Un-

Verzeichniß
derjenigen **Erfordernisse**
welche ein junger Mensch bei seiner Ankunft
in der
Herzoglichen
hohen Carls-Schule
sich anzuschaffen oder mitzubringen hat.

Als:
1 Parade-Uniform, bestehend in
   1 Rock, ⎫ von stahlfarben Tuch.
   1 Westen, ⎭
   1 paar weiswollenen Beinkleidern.
1 Alletags-Uniform, samt Westen von gleicher Farbe.
   1 paar weiswollenen ⎫ Beinkleidern.
   1 paar ledernen ⎭
   6 paar leinwandenen Sommer-Beinkleidern.
1 stahlfarben Ueberrock.
1 Tressen Huth.
1 Simplen Huth.
2 Garnitur Uniforms Schnallen.
12 Taghember mit glatten Manchetten von Battist, oder feiner Leinwand.
3 Nachthember.
3 Nachthauben.
8 paar baumwollene Strümpfe.
2 paar weiswollene dicke Winterstrümpfe.
2 paar zwirnene Strümpfe.
4 baumwollene Kappen.

Kleider-Vorschrift für die Karlsschüler

terricht, dem eine Putz- und Flickstunde folgte, denn zum folgenden zweiten Rapport mußte die Uniform intakt sein. Strafbilletts wurden am Revers befestigt, oft vom Herzog selbst. Militärischer Einzug in den Speisesaal. Das Essen gut, mit Fleischportionen, aber ohne Gespräch. Danach ein Spaziergang oder, bei Regen, Exerzieren im Gebäude. Wieder Unterricht bis 18.30, eine Erholungsstunde. Abendessen. Bettruhe um neun.

Kein Leben neben der Schule. Die Familie nah, aber unerreichbar. Keinerlei Ausgang oder Urlaub. »Kein Kavalier noch Eleve wird aus dem Haus gelassen, es wäre denn, daß Vatter oder Mutter tödtlich wäre, alsdann selbiger mit einem Officier und einem Aufseher dahin zu schicken ist«, lautet ein Befehl von 1776. Aber selbst diese Noterlaubnis wurde nicht immer gewährt. Einem Schüler, der zu seinem sterbenden Vater reisen wollte, sagte der Herzog: »Tröst Er sich, Ich bin Sein Vater.« Freiheit, Freizügigkeit, Freizeit – Fehlanzeigen. Christian Daniel Schubart prägte das Wort von der »Sklavenplantage«.

Nichts also leichter zu erklären als das DULDET MUTIG MILLIONEN! DULDET FÜR DIE BESSRE WELT! Millionen waren es nicht, die mit Schiller litten, sondern eine kleine Schar gescheiter, empfindsamer, ehrgeiziger junger Männer, deren Probleme nicht geringer wurde, je erwachsener sie wurden und je mehr Einblick sie in ihr Sklavendasein bekamen. Und da lernt Schiller, als angehender Arzt, auch den Blick DURCH DEN RISS GESPRENGTER SÄRGE kennen.

1780, sein letztes Jahr in der Akademie. Der Freund August von Hoven stirbt mit neunzehn. Zusammen mit dessen Bruder Wilhelm und seiner Mutter hält Schiller eine Nacht lang die Totenwache. Ein schockierendes Erlebnis: Er sieht nicht nur zum erstenmal einen Todesfall aus dem Freundeskreis; er entdeckt auch die eigene Todesnähe. Und er schreibt dem Vater des toten Jungen: »Mit jedem Schritt, den ich an Jahren gewinne, verlier ich immer mehr von meiner Zufriedenheit, je mehr ich mich dem reifern Alter nähere« – Schiller ist gerade 21 Jahre alt – »desto mehr wünscht ich als Kind gestorben zu sein.« Seiner Schwester bekennt er: »Siehst du ich mag dirs nicht aussprechen, aber es kann ja sein – Wer hier in die geheimen Bücher des Schicksals schauen könnte – Mir wärs erwünscht, zehntausendmal erwünscht. Ich freue mich nicht mehr auf die Welt, und ich gewinne alles, wenn ich sie vor der Zeit verlassen darf. Ich bitte dich, Schwester, wenn es geschehen sollte, so sei klug und tröste dich, und tröste deine Eltern.«

Der so schreibt, wird wenige Tage nach dem Tod Hovens an das Bett eines anderen Freundes gerufen, auch der ein Selbstmordkandidat. Ein Todessehnsüchtiger soll einen Suizidgefährdeten trösten, den Zögling Grammont, der in den Hungerstreik getreten ist, denn er hätte »gar nicht Ursache, sein Leben zu verlängern, da es ihm doch nur zur Last wäre«.

Indem Schiller dem Kranken zuredet, redet er sich selbst zu. Denn alle die Symptome des Freundes sind ja auch seine: Der geht an der Schule zugrunde; glaubt, »daß kein anderer Weg zu seiner Genesung übrig sei, als die Aufhebung aller seiner Verhältnisse mit der Akademie«. Grammont hält es nicht mehr aus, und Schiller, der es auch nicht mehr aushält, muß ihm raten, es auszuhalten.

Schließlich erscheint der Herzog selbst am Bett des schwermütigen Patienten. Carl Eugen betreibt Ursachenforschung und muß erkennen, daß er selbst die Ursache ist. Denn der Schüler beteuert, »daß er schlechterdings nicht in der Akademie genesen könne. Alles sei ihm hier zuwider... Als Tagelöhner oder Bettler würde er immer vergnügter sein als hier, weil er da frei sei.« Der Herzog muß begreifen: Der Freiheitswunsch geht gegen sein Lieblingsprojekt. Seine »Pflanzschule« wird als Zerstörungswerk kenntlich; sein Elitenehrgeiz als Gehirnwäsche, sein Vorzeigeobjekt als Seelenmartyrium. Und Schiller sitzt auch dabei und hat keinen anderen Wunsch als, wie der Kranke, frei zu sein. Doch nun ist er, wider Willen, zum Komplizen des Herzogs geworden und muß dem Freund gut zureden. »Unsere eifrigsten Einredungen waren vergeblich.«

Der Sarg für Grammont wird nicht gesprengt, nicht einmal gebraucht. Der Zögling wird gerettet, indem er tatsächlich aus dem Zwang entlassen wird und einen Weg gesunder Mediokrität geht: erst als Hauslehrer in Petersburg, dann als Gouverneur des Stuttgarter Pagencorps (eines späteren Herzogs) und schließlich als Professor am dortigen »Gymnasium illustre«.

Ein drittes Mal innerhalb eines guten halben Jahres wird Schiller mit dem Tod im Freundeskreis konfrontiert. Am

16. Januar 1781 stirbt Johann Christian Weckherlin. Diesmal reagiert der junge Dichter nicht nur mit Briefen an dessen Eltern, an die eigene Schwester. Diesmal schreit er sein Entsetzen hinaus, sprengt selbst das Ritual frommer Pietät, ergebener Trauer. Er schreibt die »Elegie auf den Tod eines Jünglings« und hebt an zu einer wilden Totenklage, die nichts weniger ist als eine Anklage gegen den Schöpfer:

> Zieht dann hin, ihr schwarzen stummen Träger!
> Tischt auch den dem großen Würger auf!
> Höret auf, geheulergoßne Kläger!
> Türmet auf ihm Staub auf Staub zu Hauf!
> Wo der Mensch, der Gottes Ratschluß prüfte?
> Wo das Aug', den Abgrund zu durchschaun?
> Heilig! Heilig! bist du, Gott der Grüfte!
> Wir verehren dich mit Graun!

Das Entsetzen prallte auf den Autor zurück; als Schiller das Gedicht bei Mäntler in Stuttgart drucken ließ, erregte er seinen ersten öffentlichen Skandal; einen »Gott der Grüfte« verehrte man im pietistischen Stuttgart nicht, schon gar nicht mit Grauen.

Ein Jahr später mildert er das Gedicht ab; in seinem ersten Gedichtband, der »Anthologie auf das Jahr 1782«, erscheint es in veränderter Fassung. Aber den Dialog mit dem Tod sucht er nun erst recht: Er widmet den Band »Meinem Principal dem Tod« und redet ihn an: »Großmächtigster Czar alles Fleisches, allezeit Verminderer des Reichs, Unergründlicher Nimmersatt in der ganzen Natur! Mit unterthänigstem Hautschauern unterfange ich mich deiner gefräßigen Majestät klappernde Phalanges zu küssen, und dieses Büchlein vor deinem trockenen Kalkaneus in Demut niederzulegen.«

Robert Minder hat über diese Zeit gesagt: »Mit unfaßbarer Energie hat Schiller (...) am Tod entlanggelebt.«

6

> Göttern kann man nicht vergelten,
> schön ists ihnen gleich zu seyn.
> Gram und Armut soll sich melden
> mit den Frohen sich erfreun.
> Groll und Rache sei vergessen,
> unserm Todfeind sei verziehn
> Keine Träne soll ihn pressen,
> keine Reue nage ihn.
> Chor
> Unser Schuldbuch sei vernichtet!
> ausgesöhnt die ganze Welt!
> Brüder – überm Sternenzelt
> richtet Gott wie wir gerichtet.

Unterricht beim Ungeheuer

GÖTTERN KANN MAN NICHT VERGELTEN... Mit einem dieser Götter hatte Friedrich Schiller ja zehn Jahre lang zu tun. Es ist der Herzog Carl Eugen von Württemberg. Sein Förderer und Feind, sein Übervater und Widersacher, sein Mentor und Gefängniswärter. Aber auch sein bester Erzieher, denn, wie Rainer Gruenter schreibt: »In existenzieller Notwehr gegen die herzoglichen Maßnahmen, seine sittlich-künstlerische Entwicklung im Keime zu kränken und zu ersticken, geht ihm das politische Licht über den Landesvater als Despoten auf.« Carl Eugen erzieht Schiller, indem er ihn zum Widerspruch, zum Widerwillen und letztlich zum Widerstand reizt. Der Herzog wird zur Verkörperung all dessen, was den jungen Schiller beengt. Aber er wird auch noch etwas anderes: das Modell einer zwar hohlen, aber souveränen Existenz. Das Vorbild eines Mannes, der seinen Willen haben kann (auch wenn er ihn meist nur zur Willkür nutzt). Göttern kann man nicht vergelten, aber: SCHÖN IST'S, IHNEN GLEICH ZU SEIN.

Carl Eugen, Herzog von Württemberg

Carl Eugen ist nicht schlimmer als die übrigen Rokokofürsten Deutschlands; aber das reicht, um ihn der Nachwelt als ein Monstrum, als »ein vielgesichtiges Ungeheuer« (Gruenter) erscheinen zu lassen. Er war ein besinnungsloser Verschwender, er verkaufte seine Untertanen in die Kolonialkriege Frankreichs, er preßte seine Bauern aus, um das Imponiergehabe seiner Feste finanzieren zu können, er nahm sich die Töchter seiner Untertanen und Untergebenen, wo er sie (schön) fand und machte ihnen Kinder, und wo er einen aufsässigen Geist witterte (wie Schubart und Moser), brachte er ihn, durch kurzen Prozeß, hinter Gitter. Daß dieser Herzog auch eine Gefahr war, wurde Schiller mehr und mehr bewußt; denn auch er war eine für den Herzog, je mehr er ihn durchschaute. »Der alte Herodes« – das war, als Carl Eugen zehn Jahre später starb, sein Nachwort für ihn.

Ein Zeitgenosse hat die Regentschaft dieses Fürsten so beschrieben: »Alles zitterte vor dem Despoten; alles gehorchte seinem Winke; alles schmeichelte und kroch; ... so wie vor dem Fürsten zitterte jeder Subalterne auch vor seinem Vorgesetzten, und alle rächten die Knechtschaft, in der sie sich befanden, an dem Volke... Auch die würdigsten Männer in dem öffentlichen Berufe konnten sich nur selten erwehren, die Mithelfer und Organe des Despotismus zu sein.« Aber dennoch die deutsche Untertanen-Paradoxie: Die Leute liebten den Mann und nannten ihn »Karle Herzog«.

Dabei betrachtete sich Carl Eugen als Aufklärer und eiferte darin Friedrich dem Großen nach, dessen Nichte Friederike Elisabeth von Bayreuth er geheiratet, aber schon nach acht Jahren wieder heimgeschickt hatte. Seit 1769 – da war Schiller zehn Jahre alt – lebte der Herzog mit dem »Franzele« zusammen, der Reichsgräfin Franziska von Hohenheim, die als der gute Geist Carl Eugens angesehen wurde, weil sie immer wieder seiner unberechenbaren Willkür in die Arme fiel. Die aufklärerische Gesinnung des Herzogs orientierte sich an der Grundidee der Zeit, der Perfektibilität des Menschen, der »Erziehung des Menschengeschlechts«. Daher die Gründung der »Pflanzschule«, der »Hohen Karls-Schule«, der Akademie; daher der Versuch, eine Elite auszubilden, die besten Köpfe des Landes zusammenzuführen.

Das also, worunter der junge Schiller mit seinen Freunden am meisten litt, war gleichsam der beste Zug des Herzogs, seine fortschrittlichste Gesinnung: Er eröffnete ihnen Bildungschancen, die sie, außer im Tübinger Collegium Illustre, in dem kleinen Land sonst nicht gehabt hätten. Nur daß der Herzog nicht mit dem emanzipatorischen Druck gerechnet hatte, der sich in guten Köpfen aufstaut.

Aber für Schiller, den künftigen Dramatiker, den Bühnen-Revolutionär, den Sympathisanten seiner Freiheitshelden, bot die Karlsschule mehr als klassische Bildung und medizinische Studien; sie gewährte ihm einen kritischen Einblick ins Hofleben. Er konnte, schon als junger Schüler, die Scharaden der Macht, die Mechanismen politischer Intrigen, die Schleimspur der Höflinge studieren. Denn die Zöglinge wurden immer wieder zu Hoffesten oder zu den Geburtstagen der hohen Herrschaften hinzugezogen, um Huldigungsgedichte aufzusagen, kleine Stücke aufzuführen oder einfach nur mit ihren schmucken Uniformen Repräsentationsgalas auszustaffieren. Carl Eugen glänzte gern mit den nach ihm benannten Schülern. Und Schiller hielt Augen und Ohren offen, lernte Zeremoniell und Hofetikette, Tonfälle und Gesten kennen. Er wußte wenig später, wovon er schrieb.

Und er übte sich in Parodie. Eine geradezu gespenstische Anekdote berichtet davon. »Der junge Schiller hatte zuweilen die Laune, witzig, mit Mutwillen und mit Glück Personen zu imitieren. Davon hörte der Herzog, und als er eines Tages mit Franziska die Akademie besuchte, forderte er Schiller auf, er solle einmal an ihm selber, dem Herzog, seine Kunst versuchen. Schiller weigerte sich vergeblich und erklärte zuletzt, er müsse es tun, wenn der Herzog durchaus darauf bestehe; aber alsdann brauche er auch den Stock Seiner Durchlaucht. Nun nahm er Gesten und Redeweise des examinierenden Stifters an und begann ein Verhör. Als aber seine Durchlaucht nicht eben gut bestanden, fuhr Schiller heraus: ›Potz Sackerment, Er ist ein Esel!‹, nahm die Gräfin in Arm und wollte mit ihr fort. Da rief der Herzog in einiger Bestürzung: ›Hör Er, laß Er mir die Franzel!‹«

Freude sprudelt in Pokalen,
  in der Traube goldnem Blut
trinken Sanftmut Kannibalen,
  Die Verzweiflung Heldenmut – –
Brüder fliegt von euren Sitzen,
  wenn der volle Römer kraißt,
Laßt den Schaum zum Himmel sprützen:
  Dieses Glas dem guten Geist.
      Chor
Den der Sterne Wirbel loben,
  den des Seraphs Hymne preist,
  Dieses Glas dem guten Geist,
überm Sternenzelt dort oben!

Unter die eigenen Räuber gefallen

Getrunken hat er gern und genialisch. Aber seine Räusche waren immer auch Worträusche, Freundschaftsekstasen, Gesellschaftsdelirien. »Zum Goldenen Ochsen« hieß das Stammlokal in Stuttgart, wo die Freunde sich trafen, nachdem Schiller aus der Akademie entlassen und, als junger Regimentsarzt, aber in der dürftigen Uniform eines Feldschers, sein eigener Quartierherr geworden war. Eine Notiz des Dichters aus dem Jahr 1781 spricht Bände, spricht auch die Sprache des Stücks, an dem er arbeitet: »Seid mir schöne Kerls. Bin dagewesen, und kein Petersen, kein Reichenbach. Tausendsakerlot! Wo bleibt die Manille heut? Hol Euch alle der Teufel! Bin zu Haus, wenn Ihr mich haben wollt. Adies, Schiller.« – Einmal, gleich nach der Befreiung aus der Sklavenplantage, beim Offiziersbankett seines Regiments am Geburtstag des Landesherrn, betrinkt er sich schwer: Man transportiert ihn, weil er sich nicht mehr auf den Beinen halten kann, in einer Sänfte heim. Aber in Stuttgart, der Kleinstadt von 18 000 Einwoh-

Heimliche »Räuber«-Lesung im Wald

nern, macht auch ein diskreter Transport Skandal: Von nun an gilt Schiller den ehrbaren Viertele-Brüdern als Säufer.

Wenige Monate später, im Mai 1781, macht er auf andere Art von sich reden. Beim Stuttgarter Drucker Metzler erscheinen, aber mit den fingierten Druckorten Frankfurt und Leipzig und zunächst anonym, »Die Räuber«. Schon nach ein paar Wochen ist eine Nachauflage nötig, die den Zusatz »In Tirannos« – gegen die Tyrannen – trägt. In das Rätselraten um den Verfasser greift auch Schiller selbst mit einer Kurzrezension ein, die so lautet: »Der Verfasser soll ein Arzt bei einem württembergischen Grenadierbataillon sein, und wenn das [so] ist, so macht es dem Scharfsinn seines Landesherrn Ehre: So gewiß ich sein Werk verstehe, so muß er starke Dosen in Emeticis [Brechmitteln] ebenso lieben als in Aestheticis, und ich möchte ihm lieber zehn Pferde als meine Frau zur Kur übergeben. Der Geist des Dichters scheint sich mehr zum Heroischen und Starken zu neigen, als zum Weichen und Niedlichen. Er ist ... gut in jedem höchsten Grad der Leidenschaft und in keinem Mittelweg zu gebrauchen.«

Der Spott soll die Brisanz tarnen. Die knapp hundert Seiten der Buchausgabe sind eine im Mantel des Melodrams kaum getarnte Kampfansage Schillers an seine eigene Zeit: nicht nur die in der »Sklavenplantage«, sondern auch die eines »tintenklexenden Säkulums«. Es ist ein Revolutionsdrama, acht Jahre vor der französischen Revolution, und es singt Rhapsodien der Rage auf eine mürbe, ungerechte, an Willkür, Luxus und Hohlheit zugrundegehende Gesellschaft. Ehe die »Brüderlichkeit« zu einem der Losungsworte des Jahres 1789 werden sollte, wird sie in diesem Stück gleichsam ad absurdum geführt: Denn es ist die Geschichte einer monströsen Unbrüderlichkeit: Da ist einmal Franz Moor, der böse, intrigante Machtstreber, der seinem Vater nach dem Leben trachtet und seinen Bruder verleumdet, ein kalter Karrierist auf einem dämonischen Egotrip. Und da ist auf der anderen Seite der gute Karl, lässig bis zur Fahrlässigkeit, der durch die Machenschaften seines Bruders beim Vater in Ungnade fällt, dadurch ins gesellschaftliche Abseits gerät, vom verbummelten Studenten zum Outlaw wird, zum Haupt einer Räuberbande in den böhmischen Wäldern.

Fast sechs Jahre lang hatte sich Schiller mit dem Stoff beschäftigt – seit ihm der Mitschüler Hoven 1775 ein Heft des Schwäbischen Magazins mit einer Erzählung von Christian Friedrich Daniel Schubart in die Hand gedrückt hatte. Auch da schon gab es zwei Söhne eines Edelmannes: Der heuchlerisch-frömmelnde Wilhelm setzt seinen Bruder herab und bringt ihn dadurch ins Elend. Dieser Karl wird Holzhacker bei einem Bauern, rettet aber seinem Vater das Leben, als dieser bei einem Überfall von vermummten Gestalten ausgeplündert und beinah ermordet wird – ein Anschlag, wie sich alsbald aufklärt, der vom bösen Wilhelm in Auftrag gegeben worden ist. Der büßt nun sein Verbrechen, während Karl zum Vater heimkehrt. Hinter solchen Geschichten spukte meist die Figur des Robin Hood. Schubart hatte seine Erzählung aber auch auf den Fall des schwäbischen Gastwirts Johann Friedrich Schwan bezogen, der nach zahlreichen Raubzügen 1760 in Vaihingen an der Enz hingerichtet worden war; den eigentlichen Köder hatte Schubart in seiner Erzählung mit dem Nachsatz ausgelegt: »Ich gebe sie einem Genie preis, eine Komödie oder einen Roman daraus zu machen.«

Der sechzehnjährige Schiller schnappt zu. Er will so ein Stück schreiben. Die Verlockung »Genie« ist groß. Wichtiger noch ist das Schreiben selbst als Akt der Freiheit. Denn er braucht, in der Enge der Karlsschule, ein Ventil. Er muß sich Luft verschaffen. Er kann seinem Zorn nicht freien Lauf lassen, er setzt ihn ins Werk. Jener Mitschüler Scharffenstein, den er in seinem Brief so heftig anging, hat später die Motivation so beschrieben: »Die Räuber schrieb er zuverlässig weniger um des literarischen Ruhms willen, als um ein starkes, freies, gegen die Konventionen ankämpfendes Gefühl der Welt zu bekennen. In jener Stimmung hat er oft zu mir geäußert: Wir wollen ein Buch machen, das aber durch den Schinder absolut verbrannt werden muß.«

Und da darf denn Schiller – erst der Zögling des Internats, dann der Regimentsmediziner – seinem Furor freien Lauf lassen, ihn ins Kostüm des Räubers Karl stecken und lostoben: »Da verrammeln sie sich die gesunde Natur mit abgeschmackten Konventionen, belecken den Schuhputzer, daß er sie vertrete bei Ihro Gnaden und hudeln dem armen Schelm, den sie nicht fürchten... Nein, ich mag nicht daran denken. Ich soll meinen Leib pressen in eine Schnürbrust und meinen Willen schnüren in Gesetz. Das Gesetz hat zum Schneckengang verdorben, was Adlerflug geworden wäre. Das Gesetz hat noch keinen großen Mann gebildet, aber die Freiheit brütet Kolosse und Extremitäten aus.«

Aber von der Explosion des Aufbegehrens ist nicht nur Karl entflammt, nicht nur der Chor der Räuber versengt; auch und vor allem Franz, der böse, bigotte Bruder, zündelt auf seine Weise. Und singt die Arie des Hasses fast im Duett mit dem Anarchobruder; auch er höhnt über die Gesetze: »In der Tat sehr lobenswürdige Anstalten, die Narren im Respekt und den Pöbel unter dem Pantoffel zu halten, damit die Gescheiten es desto bequemer haben.« Aber er geht weiter und wildert gegen das Gewissen: »Gewissen – o ja freilich! ein tüchtiger Lumpenmann, Sperlinge von Kirschbäumen wegzuschrecken!« Vorweggenommener Darwinismus: »Schwimme, wer schwimmen kann, und wer zu plump ist, gehe unter!« Aber dann auch wieder ein Satz, der belegt, wie Schiller von Shakespeare beeindruckt ist, wie die rasende Rücksichtslosigkeit des dritten Richard nun auch seinen Figuren einverleibt wird: »Ich will alles um mich her ausrotten, was mich einschränkt, daß ich nicht Herr bin. Herr muß ich sein, daß ich das mit Gewalt ertrotze, wozu mir die Liebenswürdigkeit gebricht.«

Das Sensationelle geschieht: Das wilde Stück kommt auf die Bühne. 13. Januar 1782 – Uraufführung der »Räuber« im Deutschen Nationaltheater in Mannheim. Beginn 17 Uhr. Schiller in Begleitung eines Freundes unerkannt in einer Loge; er hat heimlich seinen Dienst in Stuttgart verlassen und harrt der Dinge, die einst in seiner Fantasie waren. Später wird ein Augenzeuge schreiben: »Das Theater glich einem Irrenhause, rollende Augen, geballte Fäuste, heisere Aufschreie im Zuschauerraum. Fremde Menschen fielen einander schluchzend in die Arme, Frauen wankten, einer Ohnmacht nahe, zur Türe. Es war eine allgemeine Auflösung wie im Chaos, aus dessen Nebeln eine neue Schöpfung hervorbricht.« Es ist die Geburtsstunde von Schillers öffentlichem Ruhm, der Beginn seiner frühen skandalumwitterten Wirkung. Er rührt nicht nur an, er rührt auf. Deutschland hat, was selten ist, einen großen Verstörer hervorgebracht: Er wird als Nationaldichter enden.

Festen Mut in schwerem Leiden,
   Hülfe, wo die Unschuld weint,
Ewigkeit geschwornen Eiden,
   Wahrheit gegen Freund und Feind.
Männerstolz vor Königstronen. –
   Brüder, gält es Gut und Blut –
Dem Verdienste seine Kronen,
   Untergang der Lügenbrut!
         Chor
Schließt den heilgen Zirkel dichter,
   schwört bei diesem goldnen Wein:
   Dem Gelübde treu zu sein,
schwört es bei dem Sternenrichter!

Eine Flucht als Geniestreich

Sein größter Entwurf aber sind nicht »Die Räuber« – es ist die Flucht aus Stuttgart. Der Sprung ins Ungewisse. Der verzweifelte Schritt in die Zukunft. Friedrich Schiller flieht aus dem Gefängnis seiner frühen Jahre, aber er läßt auch seine Familie zurück. Er empfiehlt sich seinem Fürsten – auf französisch. Er spielt nicht mehr mit Theaterfiguren; er setzt sich selbst aufs Spiel.

Schillers Flucht von Stuttgart nach Mannheim am 22. und 23. September 1782: der wildeste Akt seines ganzen Lebens, der Gründungsmythos seines Ruhms. So heimlich er diesen Ausbruchsversuch damals betrieb, so bekannt ist alles geworden. Die meisten Umstände haben schon bald danach die Verfolgungsbehörden erkundet, und der Freund und Fluchthelfer Andreas Streicher hat Jahrzehnte später darüber einen eher romantischen Bericht geschrieben.

Die Flucht vom Hof wird vom Hof selbst erleichtert. Denn der Herzog gibt in diesen Septembertagen ein Hoffest, das

Andreas Streicher und Schiller nach der Flucht

alle früheren in den Schatten stellen soll: Er empfängt den Großfürsten Paul von Rußland, den späteren Zaren (der 1801 ermordet werden wird), mit seiner Frau und großem Gefolge zu einem Staatsbesuch. Der württembergische Herrscher zeigt an Prachtentfaltung alles, was er kann: Paraden, Gartenkünste, eine große Jagd, abends Illumination der Solitüde und Feuerwerk. Von nah und fern sind adlige Gäste gekommen. Alles ist fasziniert, abgelenkt. Und Schiller packt.

Aber nein: Er ist wieder einmal von Klopstock gepackt. Streicher ist fassungslos. »Am letzten Vormittag sollte nach der Abrede alles bereit sein, was von Schiller noch wegzubringen war, und S. (Streicher) fand sich mit der Minute ein. Allein er fand nicht das mindeste hergerichtet. Denn nachdem Schiller um acht Uhr in der Frühe von seinem letzten Besuch in dem Lazarett zu Hause zurückgekehrt war, fielen ihm beim Zusammensuchen seiner Bücher die Oden von Klopstock in die Hände, unter denen eine ihn schon oft besonders angezogen und aufs neue so aufregte, daß er sogleich – jetzt in einem so entscheidenden Augenblick! – ein Gegenstück dichtete. Ungeachtet alles Drängens, alles Antreibens zur Eile mußte S. dennoch zuerst die Ode und dann das Gegenstück anhören... Eine geraume Zeit verging, ehe der Dichter von seinem Gegenstand abgelenkt, wieder auf unsere Welt, auf den heutigen Tag zu der fliehenden Minute zurückgebracht werden konnte. (...) und abends neun Uhr kam Schiller in die Wohnung von S. mit einem Paar alten Pistolen unter seinem Kleide.«

Die Bewaffnung war kaum ernst gemeint: »Diejenige, welche noch einen ganzen Hahn, aber keinen Feuerstein hatte, wurde in den Koffer gelegt; die andere aber, mit zerbrochenem Schloß, in den Wagen getan. Daß aber beide nur mit frommen Wünschen für Sicherheit und glückliches Fortkommen geladen waren, versteht sich von selbst. Der Vorrat an Geld war bei den Reisenden nichts weniger als bedeutend; denn nach Anschaffung der nötigen Kleidungsstücke und anderer Sachen blieben Schillern noch dreiundzwanzig und S. noch achtundzwanzig Gulden übrig, welche aber von der Hoffnung und dem jugendlichen Mut auf das Zehnfache gesteigert wurden.«

Der Wagen wird mit zwei Koffern beladen – und einem kleinen Klavier. Denn Streicher ist Musiker. Dann beginnt der gefährlichste Moment der Flucht, die Passage hinaus aus der Stadt.

Warum aber floh er? Was trieb ihn zu diesem Bruch mit seinem bisherigen Leben, dem Abschied von der Familie, dem Verzicht auf die Heimat? So grundsätzlich diese Entscheidung war, so trivial war der eigentliche Anlaß.

»Die Räuber« hatten ja Stoff genug geboten für Reaktionen der Obrigkeit, vom Fürsten bis zum Klerus, von den Juristen bis zu den Moralpredigern. Aber der Wunsch Schillers, daß das Buch vom Schinder verbrannt werden müsse, erfüllte sich nicht. Zwar machten die Berichte von der Mannheimer Uraufführung sehr schnell die Runde in Deutschland; aber verboten wurde das Stück nicht, sondern an mehreren Bühnen alsbald nachgespielt. Der politische Skandal blieb aus.

Der Eklat – für Schiller – kam erst durch eine jener bornierten Empfindlichkeiten zustande, wie sie der Lokalpatriotismus gebiert. Neben den Steinen des Anstoßes, die das Werk wirklich bot – und die Schiller mit Fleiß aufgetürmt hatte – war dies nicht mehr als ein Kiesel, über den ein wichtigtuerischer Dummkopf gestolpert war. Der hatte sich über einen Satz des berüchtigten Spiegelberg erregt; jenes bösesten Mitglieds der »Räuber«-Bande, eines Zynikers und Sadisten, der in einem großen Monolog die Welt in Grund und Boden flucht und dabei auch so etwas wie eine Erziehung des Banditengeschlechts formuliert: »Denn siehst du, ich pfleg' immer zu sagen: einen honetten Mann kann man aus jedem Weidenstumpen formen, aber zu einem Spitzbuben will's Grütz – auch dazu gehört ein eigenes Nationalgenie, ein gewisses, daß ich so sage, Spitzbubenklima, und da rat ich dir, reis' du ins Graubünder Land, das ist das Athen der heutigen Jauner.«

Das bekommt nun ein Arzt namens Dr. Amstein aus dem graubündischen Zizers zu lesen, der in Tübingen Medizin studiert und zu dieser Zeit vor dem Herzog eine Lobrede gehalten hatte – ein Mann also, der Beziehungen zum württembergischen Hof hat. Der wirft sich nun über Mittelsmänner mit einer »Apologie für Bünden gegen die Beschuldigung eines auswärtigen Komödienschreibers« in die Tinte und reiht Schiller in die Klasse aufrührerischer Skribenten ein, die nichts anderes im Sinn hätten, als Länder und Regierungen gegeneinander aufzuhetzen.

Durch einen Stuttgarter Höfling erfährt der Herzog von der regionalen Entrüstung. (Der Denunziant wird bald in Stuttgart nicht mehr gelitten sein und später um das Bürgerrecht in Graubünden bitten – wo es ihm verweigert wird.) Und nun entlädt sich der ganze staatsmännische Zorn des schwäbischen Despoten über dem jungen Dichter. Der Freund Karl Wilhelm Petersen berichtet:

»Karl ließ ihn sogleich zu sich auf seinen Landsitz kommen, fuhr ihn auf das Heftigste an ... schimpfte ihn auf das Derbste aus und schloß mit den Worten: ich sage, bey Strafe der Cassation schreibt er keine Comödien mehr. Bei seiner Rückkehr von Hohenheim ging Sch. in den von ihm gewöhnlich besuchten Garten und kegelte, anscheinend gelassen, ja heiter. Aber sein Inneres war tief bestürmt.« Das Verdikt des Herzogs bestätigt Petersen mit dem Nachsatz: »Es sind die eigenen Worte des Herzogs«.

Mit diesem Verbot verhalf Carl Eugen Schiller zum wichtigsten Entschluß seines Lebens. Er katapultierte ihn hinaus ins Elend und in den Ruhm, in die notdürftigste Existenz und in die Überlebensgröße, in den Status des Outlaws und in den Rang des Klassikers. Der Bannfluch »Keine Comödien mehr« bescherte den Deutschen ihren größten Dramatiker. Schiller zeigt »Männerstolz vor Königstronen«, und das »Gält es Gut und Blut« ist in dieser Situation keine Redensart. Er flieht.

»Der Weg wurde zum Eßlinger Tor hinaus genommen, weil dieses das dunkelste war und einer der bewährtesten Freunde Schillers als Leutnant die Wache hatte, damit, wenn sich ja eine Schwierigkeit ergäbe, diese durch die Vermittlung des Offiziers sogleich gehoben werden könne. Es war ein Glück, daß damals von keinem zu Wagen Reisenden ein Paß abgefordert wurde ... So gefaßt die jungen Leute auch auf alles waren, und so wenig sie eigentlich zu fürchten hatten, so machte dennoch der Anruf der Schildwache – Halt! – Wer da! – Unteroffizier heraus! – einen unheimlichen Eindruck auf sie. Nach den Fragen: Wer sind die Herren? Wo wollen Sie hin? wurde von S. des Dichters Name in Doktor Ritter, und der seinige in Doktor Wolf verwandelt, beide nach Eßlingen reisend, angegeben und so aufgeschrieben. Das Tor wurde nun geöffnet, die Reisenden fuhren vorwärts, mit forschenden Blicken in die Wachstube des Offiziers, in der sie zwar kein Licht, aber beide Fenster weit offen sahen. Als sie außer dem

Tore waren, glaubten sie, einer großen Gefahr entronnen zu sein, und gleichsam, als ob diese wiederkehren könnte, wurden, so lange als sie die Stadt umfahren mußten, nur wenige Worte unter ihnen gewechselt...«

Aber als Schiller dann in Mannheim ist, merkt er: In Sicherheit mag er sein, aber er ist zugleich im Elend. Denn seine Flucht setzt seine dortigen Gönner, deren wichtigster soeben noch mit dem württembergischen Herzog gefeiert hat, in Bestürzung. Die Stücke eines unter so skandalösen Umständen geflüchteten Autors sind auf einmal nicht mehr bühnentauglich, nicht mehr vorschußwürdig, die Mannheimer Theaterleute behandeln ihn, als ob er den Aussatz habe; die Flucht setzt sich über Tage und Wochen fort, führt ratlos nach Frankfurt, wieder zurück in den kleinen Ort Oggersheim. Was ihn ereilt, sind Aufforderungen des Herzogs, sofort heimzukehren (auf die er, der Eltern wegen, diplomatisch antwortet), sind Gläubiger, sind leere Versprechungen, Hinhaltungen.

Nur wer, wie Andreas Streicher, erlebt hat, daß dieser junge Mann, mitten in der Fluchtvorbereitung, noch eine Ode schreibt, kann sich vorstellen, daß Schiller zwischen Hunger und Herzog, zwischen Schuldturm und Schikane, zwischen Krankheit und demütigenden Absagen, noch die Nerven hat, an seinen Stücken zu feilen, immer neue Umarbeitungen zu machen. Wer spricht da von Freude? Andreas Streicher spielt, zur Ablenkung, auf seinem kleinen transportablen Klavier.

Dieser Andreas Streicher ist uns aber noch mehr als ein getreuer Fluchthelfer und Weggenosse. Er wird die erste Linie von Schiller zu Beethoven legen, eine Schicksalsspur. Niemand sonst hat *beide zugleich* so gut gekannt und lebenslang verehrt wie er. Andreas Streicher war zwei Jahre jünger als Schiller, stammte aus Stuttgart und wollte, als er in die Fluchtkutsche stieg, eigentlich weiterreisen nach Hamburg, um Schüler Philipp Emanuel Bachs zu werden. Dorthin ist er nie gelangt: Er hat dem jungen Dichter nicht nur Nerven und Zeit, sondern auch Ausbildungsgeld und die Aussicht auf eine virtuose Karriere geopfert. Und dann dennoch seinen eigenen Weg gemacht, der ihn erst nach München und dann weiter nach Wien führte, wo er als erfolgreicher Klavierlehrer tätig war. Später heiratete er die Tochter des Augsburger Klavierfabrikanten Johann Andreas Stein und führte mit ihr die Wiener Instrumentenfirma »Frère et sœur Stein« zu neuer Bedeutung. Und wurde dann für Beethoven ein ebenso verläßlicher Freund, wie er es in dramatischen Tagen und Wochen für Schiller gewesen ist.

Rettung von Tirannenketten,
   Großmut auch dem Bösewicht,
Hoffnung auf den Sterbebetten,
   Gnade auf dem Hochgericht!
Auch die Toden sollen leben!
   Brüder trinkt und stimmet ein,
Allen Sündern soll vergeben,
   und die Hölle nicht mehr seyn.
        Chor
Eine heitre Abschiedsstunde!
   süßen Schlaf im Leichentuch!
   Brüder – einen sanften Spruch
aus des Todtenrichters Munde!

Der Götterfunke eines Briefs

Eigentlich ist Schiller immer noch auf der Flucht, seit nunmehr zwei Jahren in einem undeutlichen Exil, als der Götterfunken Freude in Gestalt eines Briefes bei ihm ankommt, noch keineswegs einschlägt. Eines Briefs, der etwas Merkwürdiges besagt, vor allem für uns Nachlebende. Dieser junge Mann, der dauernd um seine allernächste Existenz ringt, ums Überleben für die nächsten Monate, nein Wochen, mitunter sogar Tage; dieser gejagte, herumgescheuchte Autor wird auf einmal heimgesucht von einem ganz unerwarteten Verfolger: vom eigenen frühen Ruhm. Nicht nur die Württemberger stellen ihm nach, nicht nur die Gläubiger, nicht nur die von seinen Stücken Provozierten, sondern auf einmal auch die Verehrer.

Er glaubt sich zu verkriechen und ist doch so etwas wie das Tagesgespräch unter der intellektuellen Jugend Deutschlands. Er muß sich ducken in seinem Alltag – und wird doch schon als ein Großer bewundert. Nur: Er kann diesen Ruhm, im genauesten Wortsinn, nicht fassen, nicht realisieren. Der verhöhnt ihn eher, als daß er ihm nützte. Es sind zwei Schiller, die damals in Deutschland existieren: der reale, der arme, der vom Ehrgeiz zerfressene, der traumatisierte und Not leidende junge Mann und der andere, die Ausgeburt seiner Stücke: der Revolutionär, der Freiheitsdichter, der Amokläufer der Gerechtigkeit, der diesem Deutschland, das es nur in Gestalt popanziger Fürstentümer gibt, eine Rage entgegenschreit, die es noch nie vernommen hat, weil sie, wie das Wort es sagt, aus Frankreich kommt.

Aber deshalb ist auch der junge Ruhm kein Lorbeerkranz, sondern eher subversive Sympathie, verschwörerische Gleichgesinntheit. Darum hat die Bewunderung, die er auf sich zieht, auch alle Merkmale eines – Steckbriefs.

Aber reden wir von der überwältigenden Post, die er 1784 aus Leipzig bekommt. Schiller ist entzückt, verwirrt, außer sich:

»Vor einigen Tagen widerfährt mir die herrlichste Überraschung von der Welt. Ich bekomme Pakete aus Leipzig und finde von vier ganz fremden Personen Briefe voll Wärme und Leidenschaft für mich und meine Schriften. Zwei Frauenzimmer, sehr schöne Gesichter, waren darunter. Die eine hatte mir eine kostbare Brieftasche gestickt ... Die andere hatte sich und die drei anderen Personen gezeichnet ... Ein Dritter hatte ein Lied aus meinen ›Räubern‹ in Musik gesetzt, um etwas zu tun, das mir angenehm wäre. Sehen Sie, meine Beste, – so kommen zuweilen ganz unverhoffte Freuden für Ihren Freund, die desto kostbarer sind ... So ein Geschenk von ganz unbekannten Händen, durch nichts als die bloße reinste Achtung hervorgebracht, aus keinem anderen Grund, als mir für einige vergnügte Stunden, die man bei Lesung meiner Produkte genoß, erkenntlich zu sein, – ein solches Geschenk ist mir größere Belohnung als der laute Zusammenruf der Welt, die einzige Entschädigung für tausend trübe Minuten.«

Und dann ist er überhaupt nicht mehr kleinlaut, sondern greift weit hinaus: »Und wenn ich das nun weiter verfolge und mir denke, daß vielleicht in hundert und mehr Jahren,

Die erste Komposition der »Freude«: Körners Versuch

wenn auch mein Staub schon lange verweht ist, man mein Andenken segnet und mir noch im Grabe Tränen und Bewunderung zollt, dann, meine Teuerste, freue ich mich meines Dichterberufs und versöhne mich mit Gott und meinem oft harten Verhängnis.«

Was aber tut er? Denn der Brief aus Leipzig enthält auch eine Einladung, und nicht nur zu einer kurzen Visite. Folgt also Schiller diesem Wink eines freundlichen Schicksals (ob er nun als Götterfunken oder rettender Strohhalm verstanden wird)? Läßt er alles stehen und liegen und reist nach Leipzig? Nein, was liegen bleibt, ist der Brief selbst. Es ist ganz und gar unglaublich: Er beantwortet ihn nicht einmal. Erst nach mehr als einem halben Jahr reagiert er auf die enthusiastische Post und meldet sich bei seinen Wohltätern. Vom 7. Dezember 1784 datiert der erste Teil einer Antwort, die er sogar noch einmal für vierzehn Tage unterbricht. Er nimmt die Rolle eines ganz und gar Zerknirschten ein:

»Ich gestehe, daß ich den jetzigen Brief mit einer Schamröte niederschreibe, welche mich vor mir selbst demütigt, und daß ich meine Augen in diesem Moment wie ein Feiger vor Ihren Zeichnungen niederschlage, die über meinem Schreibtische hangen und in diesem Augenblicke zu leben und mich anzuklagen scheinen. Gewiß, meine vortrefflichen Freunde und Freundinnen, die Beschämung und die Verlegenheit, welche ich gegenwärtig leide, ist Rache genug... Wie empfindlich mußte Ihnen der Gedanke sein, einen Menschen geliebt zu haben, der fähig war, Ihre zuvorkommende Güte so wie ich zu beantworten!« – Nämlich gar nicht! »Wie mußten Sie sich eine Tat reuen lassen, die Sie an den Undankbarsten auf dem Erdboden verschwendeten! – Aber nein, das letztere bin ich nie gewesen und habe schlechterdings keine Anlage, es zu sein.«

Die Leipziger nehmen nicht nur nicht übel, sie laden Schiller aufs neue zu sich ein, und diesmal antwortet er prompt und mit einem Brief, der fast schon wie ein Rohentwurf zur Freuden-Hymne ist, jedenfalls viele ihrer Begriffe verwendet und etwas von der Stimmung vorwegnimmt, der sie sich verdankt:

Er spricht offen von seiner freudenlosen Existenz, aber von der Erleichterung beim Gedanken an die neuen Freunde, von den Augenblicken, »wo meine Seele aus ihrer Hülle schwebt und mit freierem Flug durch ihre Heimat *Elysium* wandert«, er weist die Konventionen von sich mit dem Satz: »Gewissen Menschen hat die Natur die *langweilige Umzäunung der Mode niedergerissen*«. Und wie wenn er schon ahnte, was aus dem noch ungeschriebenen Gedicht, was aus seiner enthusiastischen Stimmung entstehen würde, fährt er fort: »Große Tonkünstler kennen sich oft an den ersten Akkorden, große Maler an dem nachlässigsten Pinselstrich, – edle Menschen sehr oft an einer einzigen Aufwallung.« Das Stichwort der Freundschaft bricht dramatisch ab: »Ihre liebevollen Geständnisse trafen mich in einer Epoche, wo ich das Bedürfnis eines Freundes lebhafter – – – – – – – – «

Es sind seltsame Gedankenstriche (und nie ganz geklärte biographische Ereignisse), die den Briefanfang von seiner Fortsetzung zwölf Tage später, am 22. Februar 1785, trennen. Zwar bringt er da noch den Satz zu Ende, aber dann gibt es einen neuen Ton, als beginne ein neuer Akt:

»diese zwölf Tage ist eine Revolution mit mir und in mir vorgegangen, die dem gegenwärtigen Briefe mehr Wichtigkeit gibt, als ich mir habe träumen lassen, – die Epoche in meinem Leben macht. Ich kann nicht mehr in Mannheim bleiben. In einer unnennbaren Bedrängnis meines Herzens schreibe ich Ihnen, meine Besten. Ich kann nicht mehr hierbleiben. Zwölf Tage habe ichs in meinem Herzen herumgetragen wie den Entschluß, aus der Welt zu gehen. Menschen, Verhältnisse, Erdreich und Himmel sind mir zuwider.«

Und da erscheint die Reise nach Leipzig als der rettende Ausweg, als das einzige Glück:

»In meinem Leben erinnere ich mich keiner so innigen prophetischen Gewißheit, wie diese ist, daß ich in Leipzig glücklich sein werde... Ich sollte Ihnen so unendlich viel sagen, das Ihnen einen Aufschluß über den *Paroxysmus von Freude* geben könnte, der mich bei dieser Aussicht befällt.«

Paroxysmus von Freude – das ist fast ein Widerspruch in sich. Paroxysmus als höchste Steigerung eines Affekts, aber auch als akute Verschärfung eines Krankheitszustandes, ja als Krampfanfall: Wie sollte sich das vertragen mit dem erlösenden Gefühl der Freude, mit ihren Entspannungswonnen, ihrer rauschhaften Entrückung? Paroxysmus von Freude – das ist ein Empfindungscrash; und dennoch bietet die bizarre Wortpaarung so etwas wie einen Schlüssel zur Schiller-Hymne und ihrer Übersteigerung ebenso wie zur Beethovenschen Vertonung mit der Exaltiertheit der Stimmen.

Ein zweites Mal wird in diesem Brief das Elysium beschworen; Schiller warnt die Freunde vor dem, der auf sie zukommt: »Sie werden einen ganz erbärmlichen Wundermann finden; aber *gut* bleiben Sie mir gewiss. Innige Freundschaft, Zusammenschmelzung aller Gefühle, gegenseitige Verehrung und Liebe, Verwechselung und gänzlicher Austausch des persönlichen Interesses sollen unser Beieinandersein zu einem Eingriff in *Elysium* machen.« Und auch vom Feuer ist, wenn auch indirekt, schon die Rede: »Ich würde unglücklich sein, wenn meine reizende Hoffnung nicht eine ähnliche in Ihnen entflammte.«

Schillers Warnung vor seiner äußeren Erscheinung war nicht unnötig. Als er, nach strapaziöser Reise, Mitte April 1785 in Leipzig eintrifft und den Schwestern Stock vorgestellt wird, fällt Minna aus allen Wolken: »Wir waren fast mehr von Furcht als von Freude bewegt, als Huber uns den Besuch Schillers ankündigte, denn wir konnten uns den Dichter der *Räuber*, trotz seiner *Entzückung an Laura*, gar nicht anders als im Wesen und Anzug wie einen Karl Moor oder wie einen von dessen Gefährten aus den böhmischen Wäldern vorstellen, mit Kanonenstiefeln und Pfundsporen, den rasselnden Schleppsäbel an der Seite. Wie sehr waren wir überrascht, als uns Huber einen blonden, blauäugigen, schüchternen jungen Mann vorstellte, dem die Tränen in den Augen standen und der kaum wagte, uns anzureden. Doch schon bei diesem ersten Besuch legte sich die Befangenheit, und er konnte uns nicht oft genug wiederholen, wie dankbar er es anerkenne, daß wir ihn zum glücklichsten Menschen unter der Sonne gemacht hätten.«

Echo

Das Lied ist kaum geschrieben und im Frühjahr 1786 in der »Thalia« veröffentlicht, da singt es sich durch Deutschland fort. Es ist wie eine um sich greifende Ekstase. Die Ode »An die Freude« macht Furore, führt zu Rauschzuständen, dient als Aufputschmittel, als Narkotikum. Man singt es aber nicht nur, man feiert das Bacchantische darin – es wird, auf Neudeutsch, regelrecht Kult. Eine dieser Séancen ist überliefert: Die Szene hat vom sächsischen Weinberg in ein württembergisches Gartenhäuschen gewechselt; und der feuertrunkene Schiller hat einen neuen deutschen Hymniker entflammt, den jungen Friedrich Hölderlin. Der feiert, mit Freunden, die Freude, und einer von ihnen, Rudolph Magenau, hat sich später erinnert:

»Ein niedliches Gartenhäuschen nahm uns da auf, und an Rheinwein gebrach es nicht. Wir sangen alle Lieder der Freude nach der Reihe durch. Auf die Bowle Punsch hatten wir Schillers Lied an die Freude aufgespart. Ich ging, sie zu holen. Neuffer war eingeschlafen, und Hölderlin stand in einer Ecke und rauchte. Dampfend stand die Bowle auf dem Tische. Und nun sollte das Lied beginnen, aber Hölderlin begehrte, daß wir erst an der kastalischen Quelle uns von allen unsern Sünden reinigen sollten. Nächst dem Garten floß der sogenannte Philosophenbrunnen, das war Hölderlins kastalischer Quell; wir gingen hin durch den Garten und wuschen das Gesicht und die Hände; feierlich trat Neuffer einher; dies Lied von Schiller, sagte Hölderlin darf kein Unreiner singen! Nun sangen wir; bei der Strophe ›dieses Glas dem guten Geist‹ traten helle, klare Tränen in Hölderlins Auge, voll Glut hob er den Becher zum Fenster hinaus gen Himmel und brüllte ›dieses Glas dem guten Geist‹ ins Freie, daß das ganze Neckartal widerscholl. Wie waren wir so selig.«

Das Lied »An die Freude« wird aber nicht nur ekstatisch gefeiert, es wird auch ernsthaft diskutiert. Und zu den anstößigsten Zeilen gehört just jene, die der junge Hölderlin in die Neckarnacht hinausbrüllt: »Dieses Glas dem guten Geist« – denn sie geht ja so weiter: »überm Sternenzelt dort oben«. Es ist wiederum Christian Gottfried Demme (Fürsprecher des verbannten Freundes), der uns den ganzen Konfliktstoff des Gedichts vor Augen führt; begeben wir uns abermals in die gesellige Runde, in der er seinen Vortrag über das Schillergedicht hält, nachdem man es auch dort in der Vertonung von Christian Friedrich Daniel Schubart gesungen hat. Wir lernen begreifen, daß die »Freude« nicht nur rauschhaftes Bekenntnis zur Freundschaft ist, sondern dem verdrucksten christlichen

Fundamentalismus des ausgehenden 18. Jahrhunderts auch ein handfestes Ärgernis war. Und daß vieles von dem, was heute den Solisten und Chorsängern in aller Welt so jubelnd von den Lippen geht, den Zeitgenossen damals als Gotteslästerung erschien.

Nicht, daß Demme selbst zu diesen Glaubenseiferern gehörte; er setzt sich nur mit ihren Argumenten auseinander; und wir erfahren verblüfft, daß eine der schönsten Zeilen des Gedichts, heute eine der überirdischsten Stellen des Beethovenschen Chores, der strengen Mitwelt besonders skandalös vorkam:

> Brüder – überm Sternenzelt
> muß ein lieber Vater wohnen.

In der Sinfonie werden wir an dieser Stelle wahrhaft zu den Sternen entrückt, in schwer singbare Engelshöhen, in eine Art Sphärenmusik (das »Sternenadagio« wird es bald genannt werden) – aber in der festgefügten Gottesvorstellung orthodoxer Christen damals waren diese Worte ein Unding, und man fragte allen Ernstes mit der Ruppigkeit eines Quartiermeisters: »Ist es erhaben, der Gottheit, welche das Weltall nicht umfasset, irgendeinen bestimmten Ort, wäre es auch das Sternenzelt, zur Wohnung anzuweisen?« Soll heißen: Gott *wohnt* doch nicht, ist doch nicht Mieter in seiner Welt. Immerhin nimmt selbst der aufgeklärte Demme an dem Begriff »wohnen« Anstoß: Der kommt ihm denn doch zu simpel, zu irdisch vor. Und als hätte Schiller seinen Einwand vorhergesehen, heißt es dann in der zweiten Chorstrophe so:

> Zu den Sternen leitet sie,
> Wo der Unbekannte thronet.

Aber nein, das Thronen ist Schiller nicht wichtig, das königliche Attribut läßt er gleich wieder fallen; in der dritten Strophe kehrt er zum simplen Wohnen zurück:

> Ahndest du den Schöpfer, Welt?
> Such ihn überm Sternenzelt,
> über Sternen muß er wohnen.

Es ist das Sternenzelt, das Schiller als alleräußerste denkbare Ferne und Umgrenzung unserer Welt aufschlägt und jenseits dessen er seinen Gott verortet:

> Droben überm Sternenzelt
> wird ein großer Gott belohnen.

und:

> Brüder – überm Sternenzelt
> richtet Gott wie wir gerichtet!

weshalb er denn auch in der achten Chorstrophe als der »Sternenrichter« bezeichnet wird.

Aber dazwischen, in der siebenten Strophe, eben jene bizarre Geste, die sich der junge Hölderlin zu eigen macht:

> Dieses Glas dem guten Geist
> überm Sternenzelt dort oben!

Denn das ist ja nichts anderes als ein Prosit auf den lieben Gott. Ein Schluck auf den Schöpfer. Ein Hoch auf den Allerhöchsten! Demme parodiert die zeitgenössische Entrüstung: »Nein, das ist abscheulich: Denkt! Dem lieben Gott eine Gesundheit zutrinken wollen!« Und er versucht sie mit sakramentalen Gründen zu widerlegen:

»Zwar bedarf der Ewige euer Opfer nicht... Aber die fromme Empfindung des Danks, die dadurch lebhafter wird, und die euch ermuntert, Gottes gute Gaben desto froher, mit Theilnehmung des Herzens zu genießen – diese fromme Empfindung ist ihm angenehm; darum weihet ihm euer Opfer.«

Als Friedrich Hölderlin ihm zu Beginn der neunziger Jahre sein Opfer weihte, beginnt sich der gleichaltrige Beethoven erstmals für das Lied »An die Freude« zu interessieren.

III
»Es ist nun gefunden ... Freude!«
Der Leidensweg zum Jubel (Beethoven)

> Warum fehlt Goethe in der deutschen Musik?
> Wieviel Schiller ist dagegen in Beethoven!
> Friedrich Nietzsche

> Aber die Kunst sah nicht besser drein als die jeweilige unphiliströse Energie der Humanität, und gab sie sich zu dieser her, so traten Schiller und Beethoven hervor, diese Moral der Musik schlechthin.
> Ernst Bloch

Ein Brief nach Jena

Daß Beethoven sich für den Schlußchor seiner neunten Sinfonie Schillers Gedicht »An die Freude« wählt, ist weder Verlegenheit noch Laune; nicht einmal musikalische Erwägung oder strukturelle Dramaturgie; es ist ein Bekenntnis zum Text und die Besiegelung einer lebenslangen Verehrung. Indem Beethoven den Gesang und den Chor in die Instrumentation einer Sinfonie einführte, revolutionierte er die Gattung; aber zugleich blieb er einer Dichterliebe treu, die ihn von seinen Bonner Jugendjahren an bewegt hatte: dem Gefühl einer fast brüderlichen Zuneigung zu dem aufbegehrenden Dramatiker, der, obwohl nur elf Jahre älter, ihm in Worten all das vormachte, was er sich von seiner Musik erträumte: Radikalität, Freiheitsrausch und den hohen Ton. Schiller aber war nicht nur der bewunderte Schriftsteller, er war ihm – bis hin zum Mißverständnis – das Ideal einer kompromißfreien Karriere, der unabhängige Geist schlechthin.

Beethovens Beziehung zu Schiller ist weder von der Musikforschung noch von der Literaturwissenschaft bisher intensiv aufgearbeitet und dargestellt worden. Bezeichnenderweise kommt die einzig spezifische, wenn auch summarische Arbeit von dem amerikanischen Beethoven-Biographen Maynard Solomon, der die wichtigsten Zeugnisse zusammengetragen hat. Er vermutet, daß die frühesten Eindrücke des ganz jungen Beethoven, sein erstes Schiller-Erlebnis Aufführungen der »Räuber« und des »Fiesco« in der Spielzeit 1782/83 gewesen sein könnten; die Großmannsche Theatertruppe war damals in Bonn ansässig, und ihr Musikdirektor war eben jener Christian Gottlob Neefe, der auch Beethovens Kompositionslehrer gewesen ist. Und der Theaterdirektor Großmann war häufiger Gast im Hause Beethoven. Der Weg des Jungen zu Schiller war also nicht weit.

Vor allem aber war es die um 1787 sich zusammenfindende

»Lesegesellschaft«, von der der junge Beethoven viele Anregungen empfing, eine fortschrittliche, wenn auch eher lockere Vereinigung junger Leute, die Bücher, eigene Texte und nach 1789 vor allem französische Journale untereinander austauschten und besprachen. In diesem Kreis war Schiller schon früh populär; seine Dramen waren präsent, seine Verse wurden zitiert und seine Gesinnungen verehrt.

Ein Blick auf einige dieser Bonner Persönlichkeiten und ihre weiteren Lebensläufe macht die ganze Spannung und Zerrissenheit der Zeit deutlich. Da war zum Beispiel jener Graf Ferdinand Waldstein, den »seine« Sonate in die Unsterblichkeit erhoben hat und den man sich dank dieser Musik als einen zwar aufbrausenden, aber insgesamt seelenruhigen Menschen schöngehört hat, einen wahren Edelmann. Auf ihn soll der Plan des Kurfürsten zurückgegangen sein, Beethoven zum Unterricht bei Haydn nach Wien zu schicken. Aber edel? Der Kurfürst hatte den 26jährigen nach Bonn geholt, zum Ritter geschlagen, aber als es den Förderer nicht mehr gab (weil die Franzosen ihn vertrieben hatten), entpuppte sich Waldstein als finanzieller Hasardeur, der 1795 notgedrungen in englische Dienste trat und nach Westindien ging; um die Jahrhundertwende gab er noch einmal ein gesellschaftliches Intermezzo in Wien; später lebte er in Böhmen und starb 1823 völlig verarmt (und offenbar auch von Beethoven gemieden) in der Kaiserstadt.

Noch gespenstischer die Karriere eines anderen Besuchers der »Lese« (wie die literarische Gesellschaft sich kurz nannte), des Franziskanerpaters Eulogius Schneider. Er war 1786 Prediger bei Schillers Herzog Carl Eugen in Stuttgart gewesen und kurz darauf als Professor der Ästhetik und schönen Künste nach Bonn geholt worden, wo er sich 1790 aber plötzlich als Verfasser aufrührerischer Gedichte erwies. Eins davon besang den Sturm auf die Bastille:

> Dort lieget sie im Schutte, die Bastille,
> Der Schrecken einer Nazion!
> Dort lieget sie! Die fürchterliche Stille
> Durchbricht nicht mehr des Jammers Ton
> (...)
> Gefallen ist des Despotismus Kette,
> Beglücktes Volk! von deiner Hand:
> Des Fürsten Thron ward dir zur Freiheitsstätte,
> Das Königreich zum Vaterland.

Das war nicht nur poetisches Feuer, das war politischer Eifer. Die Revolutionsbegeisterung machte Eulogius Schneider zum Scharfmacher, der bald darauf in Straßburg ein jakobinischer Funktionär wurde; nach dem Sturz Robespierres geriet er in den Strudel der »Säuberungen«; am 1. April 1794 wartete dann in Paris die Guillotine auch auf den einst frommen Pater.

Besondere Bedeutung für Beethoven aber sollte Bartholomäus Fischenich haben, der, nur zwei Jahre älter, schon mit 21 Jahren seinen Doktor gemacht und mit 23 einen Lehrstuhl als Professor für Naturrecht bekommen hatte, mit der Auflage allerdings, in Jena und Leipzig noch Völkerrecht und Naturrecht nachzuholen. Es war das Jena des gleichfalls frischgebackenen Professors Schiller, in das er kam und wo er nicht nur seine Bewunderung für den Dichter durch näheren Umgang beleben konnte, sondern auch, mit Schiller, der Faszination »Kant«, der Philosophie des kritischen Idealismus, erlag. Auch Fischenichs Karriere wird in den folgenden Jahrzehnten von der Politik verwirbelt werden: Er, immerhin, endet weder in Armut noch unter der Guillotine, sondern als Geheimer Oberjustizrat 1819 in Berlin.

Als Fischenich im Herbst 1792 von Jena nach Bonn zurückkehrt, bereitet sich Beethoven gerade auf seine Reise nach Wien vor (von der er nicht mehr zurückkehren wird). Der Professor kann ihm gerade noch bei einem Kompositionsvorhaben behilflich sein, von dem dann wenige Wochen später ein Brief zeugt, den er an Charlotte von Schiller schreibt:

»Ich lege Ihnen eine Composition der Feuerfarbe bei und wünschte Ihr Urtheil darüber zu vernehmen. Sie ist von einem hiesigen jungen Mann, dessen musikalische Talente allgemein gerühmt werden, und den nun der Churfürst nach Wien zu Haydn geschickt hat. Er wird auch Schillers Freude und zwar jede Strophe bearbeiten. Ich erwarte etwas vollkommenes, denn soviel ich ihn kenne, ist er ganz für das Große und Erhabene. Haydn hat hierher berichtet, er würde ihm große Opern aufgeben (...) Sonst gibt er sich nicht mit solchen Kleinigkeiten ab, wie die Beilage ist, die er nur auf Ersuchen einer Dame verfertigt hat.«

Auf diesen Brief vom 26. Januar 1793 antwortet Charlotte Schiller schon am 11. Februar: »Die Komposition der Feuerfarbe ist sehr gut; ich verspreche mir viel von dem Künstler, und freue mich, daß er die Freude komponiert.«

Die »Feuerfarb'«, die in dem Briefwechsel eine zwischen Empfehlung und Abwertung schwankende Rolle spielt, ist wiederum ein Gruß an Jena: Verfasserin ist eine junge Frau, Sophie Mereau, im selben Jahr wie Beethoven – 1770 – geboren und damals mit einem in Jena lehrenden Professor verheiratet; ein Jahrzehnt später wird sie die Frau von Clemens Brentano. Wenn auch Fischenich das Gedicht zu den »Kleinigkeiten« zählt, so kam es Beethoven wohl wegen des couragierten Pathos entgegen, das die Dichterin auf ihre Farbskala aufgetragen hatte; höher als Silber und Gold, höher als die Bläue des Himmels und die Treue, mehr selbst als die Farbe des Schnees und der Unschuld schätze sie die Farbe der Wahrheit, denn:

> Ihr schadet der nassende Regenguß nicht,
> noch bleicht sie der Sonne verzehrendes Licht,
> drum trag' ich so gern sie um Stirn und Gewand
> und habe sie Farbe der Wahrheit genannt.

Daß dieser junge Beethoven, wie Fischenich in seinem Brief geschrieben hatte, »ganz für das Große und Erhabene« sei, hatte er schon drei Jahre vorher, als Zwanzigjähriger, erwiesen, als er kurz nacheinander zwei »Staatsmusiken« schuf, jene Art politischer Huldigungskompositionen, denen die Tonsetzer seit Jahrhunderten viele ihrer wichtigsten Aufträge verdankten und in denen der Chor aus der frommen Oratorientradition herausgenommen und zum Gedächtnis oder zur Bejubelung weltlicher Herrschaft umgewidmet wurde.

Am 20. Februar 1790 war in Wien Kaiser Joseph II. gestorben, und Beethoven machte sich in den folgenden drei Monaten an eine »Cantate« für Solo, Chor und Orchester nach dem Text eines jungen Geistlichen, Severin Anton Averdonk; diese Trauerkantate blieb aber damals, weil sie für die eigentliche Bonner Gedenkfeier nicht fertig wurde, unaufgeführt. Eine Sopranarie über das Glück der Menschheit »in dem von der kaiserlichen Sonne ausstrahlenden Licht« hat der Komponist später im Fidelio, anstelle des zweiten Finales, wiederverwendet. Ein Bewunderer des Werks war hundert Jahre später Brahms, als er das Werk am Klavier durchspielte: »Es ist alles und durchaus Beethoven; man könnte, wenn auch kein Name auf dem Titelblatt stände, auf keinen anderen raten.«

Der Trauer durfte der Jubel folgen. Nun war nicht mehr Joseph II. zu beweinen, sondern Leopold II., der Bruder des Verstorbenen, zu feiern, der am 30. September 1790 in Frankfurt zum neuen Kaiser des Heiligen Römischen Reichs Deutscher Nation gewählt wurde – eines Reichs, dessen Jahre gezählt waren. Wieder hatte Averdonk den Text geschrieben, auch er offenbar ein Schillerkenner, jedenfalls ein ungenierter Zitierer: Ein »Stürzet nieder, Millionen« findet sich auch in seiner Festkantate.

Schiller, der Wegbegleiter

Aber Beethoven, Ende 1792 in Wien angekommen, macht von der freundlichen Zustimmung Charlotte Schillers zunächst keinen Gebrauch. Vermutlich ist er von der neuen Umgebung so überwältigt, von Haydns Kompositionsexerzitien so in Anspruch genommen (und zunehmend irritiert), von seinen ersten pianistischen Bravourauftritten so abgelenkt, von den Duftwolken des hämischen Wiener Charmes so betäubt, daß er das Kompositionsvorhaben erst einmal hintanstellt. Von alledem mag etwas im Spiel sein, aber das eigentliche Hindernis ist ein anderes: Just in diesem Jahr 1793, als der junge Komponist in Wien Fuß fassen will, wird Friedrich Schiller dort verboten; insbesondere »Die Räuber« seien »unmoralisch« und »gemeingefährdend«. Fünfzehn Jahre lang werden die Werke Schillers unter Verschluß bleiben.

Und da Beethoven dank der Förderung des Bonner Kurfürsten Maximilian Franz nach Wien gereist ist, gewissermaßen als dessen Stipendiat und Hoffnungsträger, und da dieser Kurfürst ein Bruder des neuen Kaisers Leopold ist, kann man den politischen Aspekt der Angelegenheit leicht ermessen: Das Vorhaben bekäme etwas Subversives, das Lied »An die Freude« würde über seinen eigenen Wortlaut hinaus politisiert. Denn die Verhältnisse unter Leopold II. sind so, daß Beethoven bald darauf an den Freund und Verleger Simrock nach Bonn schreibt: »Man darf nicht zu laut sprechen hier, sonst gibt die Polizei einem Quartier.«

Offenbar hatte sich in den höfischen Kreisen Wiens auch die provokante Ehrung herumgesprochen, die dem deutschen Dichter im Herbst des Jahres 1792 zuerkannt worden war und die Schiller wohl so in Verlegenheit gesetzt hat wie sonst nichts in seinem Leben. Zwar erreichte ihn das Originaldokument erst etliche Jahre später (»ganz aus dem Reich der Todten«), aber die Nachricht davon ging schon bald durch die deutschen Zeitungen: »Monsieur Gille publiciste allemand« war auf Beschluß des französischen Nationalkonvents mit dem

Ehrentitel eines »citoyen français« ausgezeichnet worden, wegen seiner Verdienste um die Sache der Freiheit. Monsieur Gille wird geehrt, weil die neue französische Republik ihn zu den »Freunden der Humanität und der Gesellschaft« zählt.

Schiller mochte aus dem offiziellen Wien verbannt sein; in Beethovens privater Gedankenwelt bleibt er der Ideengeber und Wortführer; vor allem der »Don Carlos« scheint für ihn und den Bonner Freundeskreis eine reiche Quelle als Zitatenschatz gewesen zu sein. So hatten drei Mitglieder der Gastwirtsfamilie Koch beim Abschied von Bonn in Beethovens Stammbuch Verse aus diesem Drama hineingeschrieben, und einer lautete:

Sagen Sie
Ihm, daß er für die Träume seiner Jugend
Soll Achtung tragen, wenn er Mann sein wird
Nicht öffnen soll dem tötenden Insekte
Gerühmter besserer Vernunft das Herz
Der zarten Götterblume – daß er nicht
Soll irre werden, wenn des Staubes Weisheit
Begeisterung, die Himmelstochter, lästert.

(IV, 21)

Begeisterung, die Himmelstochter. Es ist die Parallelstelle zum Gedicht, die wir schon erkannt haben, und sie wirkt, dergestalt als Reisemitgift auf den Weg gegeben, wie eine intime Erinnerung an das Kompositionsvorhaben.

Der »Don Carlos« bleibt auch Fundus für Beethovens eigene Eintragungen in Freundschaftsbücher. So schreibt er sich am 22. Mai 1793 ins Album eines Nürnberger Kaufmanns, der in Wien zu Besuch war, mit dem Carlos-Bekenntnis ein:

Ich bin nicht schlimm (mein Vater), heißes Blut
Ist meine Botschaft, mein Verbrechen Jugend.
Schlimm bin ich nicht, schlimm wahrlich nicht – wenn auch
oft wilde Wallungen mein Herz verklagen,
Mein Herz ist gut. (II, 2)

Und dem Jugendfreund Breuning aus Bonner Zeiten widmet er, vier Jahre später, am 1. Oktober 1797, bei dessen Besuch in Wien, die Zeilen:

> Die Wahrheit ist vorhanden für den Weisen.
> Die Schönheit für ein fühlend Herz. Sie beide
> Gehören füreinander. (IV, 21)

Etwa um diese Zeit, gegen Ende des Jahrhunderts, hat sich Beethoven offenbar wieder intensiver mit Schiller beschäftigt und wohl auch das Lied »An die Freude« wieder vorgenommen. Wenn auch der Dichter in Wien nach wie vor auf dem Index stand, so war das Rheinland längst unter französischen Einfluß geraten: Vielleicht hatte die Komposition beim Bonner Verleger Nikolaus Simrock eine Chance. Jedenfalls enthält das Skizzenbuch 1798/99 Noten auf den Vers:

> Muß ein lieber Vater wohnen.

Offenbar will Beethoven die Komposition jenem kleinen Zyklus von Liedern einreihen, zu denen auch die »Feuerfarb'« der Sophie Mereau gehört. 1803 bot Ferdinand Ries, der Schüler, das Opus 52 – mit acht Liedern – dem Bonner Verleger an, der es aber ablehnte. Ob sich in diesem Konvolut eine »Freude«-Fassung befand, ist ungewiß; außer der erwähnten Zeile im Skizzenbuch haben sich keine Spuren gefunden. Als der Zyklus zwei Jahre später in Wien vom »Kunst und Industrie Comptoir« verlegt wird, »zu einer Zeit, als kein Gedicht Schillers durch die Zensur gegangen wäre« (Solomon), gibt es darin keine »Freude«-Komposition.

Die verzweifelte »Freude«

Es war wohl nicht von ungefähr, daß der Kompositionsplan um die Jahrhundertwende 1800 wieder aufgenommen wurde; die Vermutung liegt nahe, daß sich »Freude« um jene Zeit zu einem geradezu drängenden Losungswort für Beethoven geltend machte: Freude als der Code einer Entbehrungsdialektik, als Chiffre für das, was Beethoven von früh an vermißt und desto ungestümer ersehnt hatte, als ein Talisman der Gesellschaftssehnsucht, der Menschenzugehörigkeit, des erlösenden Umgangs mit anderen. In jenen Jahren erklärt sich das biographisch.

Am 28. Juni 1801 hatte Beethoven seinem alten Bonner Freund Franz Gerhard Wegeler ungewöhnlich ausführlich Bericht erstattet über seine Wiener Erfolge, und er war nicht kleinlaut dabei: »Meine Kompositionen tragen mir viel ein, und ich kann sagen, daß ich mehr Bestellungen habe, als es fast möglich ist, daß ich machen kann. Auch habe ich auf jede Sache sechs, sieben Verleger und noch mehr, wenn ich mir's angelegen sein lassen will; man akkordiert nicht mehr mit mir, ich fordere und man zahlt. Du siehst, daß es eine hübsche Lage ist.«

Aber so wie in seinen Kompositionen die »Wahrheit« aus Brüchen hervorgeht, so auch in diesem Brief. Denn so hübsch erweist sich, in jähem Stimmungsabfall, die Lage nicht. Erst klagt der Komponist über seinen alten neidischen Dämon, die schlechte Gesundheit, über Bauchschmerzen und anhaltende Koliken; aber dann rückt er mit dem ganzen Schock heraus: »Ich kann sagen, ich bringe mein Leben elend zu; seit fast zwei Jahren meide ich alle Gesellschaften, weils mir nun nicht möglich ist, den Leuten zu sagen: ich bin taub.« Die Ohren »sausen und brausen Tag und Nacht fort«.

Und er schätzt seine Situation realistisch ein: »Hätte ich irgend ein anderes Fach, so gings noch eher; aber in meinem Fach ist das ein schrecklicher Zustand. Dabei meine Feinde, deren Anzahl nicht geringe ist, was würden diese hiezu sagen! – Um Dir einen Begriff von dieser wunderbaren Taubheit zu geben, so sage ich Dir, daß ich mich im Theater ganz dicht am Orchester anlehnen muß, um den Schauspieler zu verstehen. Die hohen Töne von Instrumenten, Singstimmen, wenn ich etwas weit weg bin, höre ich nicht; im Sprechen ist es zu verwundern, daß es Leute gibt, die es niemals merkten; da ich meistens Zerstreuungen hatte, so hält man es dafür. (...) Was es nun werden wird, das weiß der liebe Himmel. Vering sagt, daß es gewiß besser werden wird, wenn auch nicht ganz. Ich habe schon oft den Schöpfer und mein Dasein verflucht.«

Ein Jahr nach diesem Brief verfaßt Beethoven sein Heiligenstädter Testament als den verzweifeltsten Ausdruck seines Schicksalsschlages, dieser Verbannung in die Innerlichkeit, und die pathetischen Passagen sind über alle Gebühr seit anderthalb Jahrhunderten zitiert. Aber die Nachschrift, die schon kein »Testament« mehr ist, sondern ein Zurücktasten ins Weiterleben, greift, wie nach einem Rettungsanker, sofort wieder zu diesem Schlüsselbegriff Freude, zum Sesam-öffne-dich erfüllter Augenblicke: »- O Vorsehung – laß einmal einen reinen Tag der Freude mir erscheinen! – So lange schon ist der wahren Freude inniger Widerhall mir fremd. O wann – o wann, o Gottheit – kann ich im Tempel der Natur und der Menschen ihn wieder fühlen! – Nie? – nein – oh, es wäre zu hart! –«

Sieben Jahre später, 1809, wieder ein Schmerzensbrief; diesmal kommt das Elend von außen. Napoleon, der große Dekonstruktivist, der Europa neu bauen will, hat eingegriffen. Er erobert Wien, hält es von Mai bis November besetzt; es geht alles drunter und drüber. Beethoven ist tief verstört:

»Mein lieber Herr, sie irren sich wohl, wenn sie mich so wohl glaubten – wir haben in diesem Zeitraum ein recht zusammengedrängtes Elend erlebt, wenn ich ihnen sage, das ich seit dem 4ten May wenig Zusammenhängendes auf die Welt gebracht, beynahe nur hier oder da ein Bruchstück – der ganze Hergang der Sachen hat bei mir auf Leib und Seele gewirkt: (...) meine kaum kurz geschaffene Existenz beruht auf einem Lockeren Grund – selbst diese kurze Zeit habe noch nicht ganz die mir gemachten Zusagen in Wirklichkeit gehen sehen – von Fürst Kynsky, einem meiner Interessenten, habe ich noch keinen Heller erhalten – und das jetzt zu der Zeit, wo man es am meisten Bedürfte – der Himmel weiß, wie es weitergehen wird – Veränderung des Aufenthaltes dürfte doch auch mir jetzt bevorstehen – Die Kontributionen fangen mit heutigem dato an – welch zerstörendes wüstes Leben um mich her, nichts als Trommeln, Kanonen, Menschen-Elend in aller Art –«

Ein Gutes allerdings brachte der Umschwung mit: Es war wieder Zeit für »Monsieur Gille«, der Schiller-Bann in Wien war gebrochen. Und Beethoven schreibt an seinen Verleger Härtel (von Breitkopf und Härtel): »Vielleicht könnten Sie mir eine Ausgaben von Göthe's und Schillers vollständigen Werken zukommen laßen (...) – die zwei Dichter sind meine Lieblingsdichter so wie Ossian, Homer, welchen letztern ich leider nur in Übersetzungen lesen kann – da sie dieselben (Goethe und Schiller) so bloß mir aus Ihrer litterarischen Schatzkammer auszuschütten brauchen, so machen sie mir die größte Freude NB damit um so mehr, da ich hoffe den Rest des Sommers noch in irgendeinem glücklichen Landwinkel zubringen zu können – – –« Aber Härtel erfüllt seine Bitte nicht, jedenfalls finden sich die Bände nicht in Beethovens Nachlaß.

Drei Jahre später dann erneute Beschäftigung mit dem Lied an die Freude. Ins Jahr 1812 datiert die Beethoven-Biographik die Pläne zu dem, was man wohl als eine Schiller-Ouvertüre deuten muß. Alexander Wheelock Thayer zitiert als erster aus einem Skizzenbuch, in dem sich verstreute Notizen finden:

Freude schöner Götter Funken Töchter
Ouvertüre ausarbeiten

Und auf einem anderen Blatt:

*Freude schöner Götter Funken Tochter aus Elysium,
abgerissene Sätze wie Fürsten sind Bettler u. s. w.
nicht das Ganze.*

Und später auf derselben Seite:

*Abgerissene Sätze aus Schillers Freude zu einem
Ganzen gebracht.*

Dazu Notenbeispiele, Kompositionsansätze.

Diese wenigen Notizen bezeichnen eine neue Einstellung zum Gedicht, eine bizarre Umwidmung. Nichts mehr von einem Plan »Strophe für Strophe« wie zwanzig Jahre zuvor. Zweimal hintereinander die gleiche Wendung: »abgerissene Sätze«, »abgerissene Sätze«. Und der Vorsatz (dem er auch bei der Komposition des Chorfinales treu bleibt): »Nicht das Ganze.« Die Hymne soll auseinandergenommen, fragmentiert, zerfetzt werden. Denn es ist immer noch eine Zeit, die aus den Fugen ist, und ein Ganzes gibt es nicht mehr in Europa, in Österreich, nicht einmal mehr in Wien. Es ist eine bittere, skeptische Konzeption, die sich Beethoven da notiert: die Hymne als Abbild des Chaos, der Chor als Stimmengewirr der Zeit. Und die Fehlzitierung »Fürsten sind Bettler« (statt »Bettler werden Fürstenbrüder«, wie es in der Frühfassung des Gedichts heißt) spricht deutlich von Beethovens eigner Erfahrung: Einige seiner Mäzene waren wirklich verarmt, fielen, von den Kontributionen geschröpft, als Geldgeber aus.

Vor allem Fürst Kinsky, einer der Hauptsponsoren, hatte seine in einem »Vertrag« von 1809 gemachten Zusagen längere Zeit schon nicht mehr erfüllt – und Beethoven nahm für Versäumnis, was doch eher Bedrängnis war. Fürsten werden Bettler: Das betraf aber auch den Fürsten Lobkowitz und den Grafen Razumovsky, den Grafen Fries, der ein Bankier war und schon bald kein Geld mehr hatte.

Dieses Jahr 1812 brachte zwar die Vollendung der siebten und achten Sinfonie, aber es brachte auch die Abfertigung einer letzten Aussicht auf ein erfülltes, normales, bürgerliches, sprich: eheliches Leben. Der Brief an die »unsterbliche Geliebte« fällt in den Sommer des Jahres, das Dokument einer verzweifelten Leidenschaft, eines ebenso wilden wie widerstrebenden Begehrens. »Abgerissene Sätze« abermals: »Mein Engel, mein alles, mein Ich. – nur einige Worte heute, und zwar mit Bleistift (mit deinem) – (...) warum dieser tiefe Gram, wo die Notwendigkeit spricht – Kann unsre Liebe anders bestehn als durch Aufopferungen, durch nicht alles verlangen. Kannst du es ändern, daß du nicht ganz mein, ich nicht ganz dein bin – Ach Gott blick in die schöne Natur und beruhige dein Gemüth über das müßende – die Liebe fordert alles und ganz mit Recht, so ist es mir mit dir, dir mit mir – nur vergißt du so leicht, daß ich für mich und für dich leben muß, wären wir ganz vereinigt, du würdest dieses schmerzliche eben so wenig als ich empfinden...« Der Gewalt dieser Hingerissenheit entspricht, fast Wort für Wort, das Entsetzen vor ihr, vor der Bindung. Und da wir auf der biographischen Spur einer Emotion sind: Kein einziges Mal begegnet uns die »Freude«.

Kein Gedanke an Schiller in diesem Teplitzer Sommer 1812, sondern die reale Begegnung, endlich, mit Goethe, Konjunktion zweier europäischer Geister (wozu sie von den Medien alsbald gemacht wird), unausweichliche Promenade zweier grundverschiedener Temperamente. Von der Goethe, in einem Brief an Zelter, berichtet: »Beethoven habe ich in Töplitz kennen gelernt. Sein Talent hat mich in Erstaunen gesetzt; allein er ist leider eine ganz ungebändigte Persönlichkeit, die zwar nicht Unrecht hat, wenn sie die Welt detestabel findet, aber sie freilich weder für sich noch für andere genußreicher macht. Sehr zu entschuldigen ist er hingegen und sehr zu bedauern, da ihn sein Gehör verläßt, was vielleicht dem musikalischen Theil seines Wesens weniger als dem geselligen schadet. Er, der ohnehin lakonischer Natur ist, wird es nun doppelt durch diesen Mangel.«

Nach diesem Teplitzer Badeaufenthalt, nach der großen

Leere, die auf den Brief an die Geliebte antwortet (von dem man bis heute nicht weiß, ob er je abgeschickt worden ist und an wen er sich wendet: ob an die Gräfin Guicciardi, an Therese von Brunswick oder ihre Schwester Josephine Deym, an Therese Malfatti oder Dorothea Erdmann, an Amalie Sebald oder Antonie Brentano oder gar an Bettina von Arnim, an Elisabeth von der Recke oder die Fürstin Maria Lichtenstein nebst der Gräfin Anna Maria Erdödy), gerät Beethoven in eine tiefe Depression, die sich nicht dadurch bessern kann, daß er sich in Familienangelegenheiten seiner Brüder Nikolaus Johann und Caspar Carl einmischt; den einen zur Heirat mit seiner Haushälterin zwingt (als wolle er den eigenen Verlust kompensieren), dem andern, der todkrank darniederliegt, aber sich noch einmal berappelt, die Fürsorge für dessen Sohn Karl verspricht. Dem Erzherzog bekennt er seine Verwirrung, und aus dieser Zeit stammt die Vermutung eines Selbstmordversuchs: »In der Verzweiflung suchte er Trost bei seiner bewährten und vorzugsweise verehrten Freundin Gräfin Marie Erdödy auf ihrem Gute Jedlersee (war sie nicht auch unter den Kandidatinnen für den Brief?). Dort verschwand er aber, und die Gräfin glaubte ihn nach Wien zurückgekehrt, als am dritten Tag darauf ihr Musiklehrer Brauchle ihn in einem entlegenen Theile des Schlossgartens gewahrte.« So hat es Anton Schindler berichtet.

Keine gute Zeit für Gedanken an die »Freuden«-Hymne. Aber ein anderes Freudenwort Schillers vertont Beethoven in den folgenden Jahren (1813 und 1815). Er hatte inzwischen die »Jungfrau von Orleans« gelesen und sich mit den volkstümlichen Zitaten bewaffnet. So hatte er 1811 in einem Glückwunsch an Bettina zur Vermählung mit Achim von Arnim angefügt: »– – was soll ich den(n) von mir sagen ›Bedaure mein Geschick‹ rufe ich mit der Johanna aus, rette ich mir noch einige Lebensjahre, so will auch (ich) dafür wie für alles übrige wohl und Wehe dem alles in sich fassenden Höchsten danken – –« Und selbstverständlich fehlt in diesem Brief auch unser Stichwort nicht: »... ich komme diesen Morgen um 4 Uhr erst von einem Bachanal, wo ich sogar viel lachen mußte, um heute beinah eben so viel zu weinen. Rauschende Freude treibt mich oft gewaltthätig wieder in mich selbst zurück.«

Es ist der berühmte Schlußvers des Dramas, dieser »romantischen Tragödie«, der es Beethoven angetan hat, wenngleich er ihn beide Male in der epigrammatischen Form des Kanons abhandelt:

Kurz ist der Schmerz, und ewig ist die Freude!

Die Kurzangebundenheit des Rundgesangs erinnert in nichts an das groß ausschwingende Chorfinale, aber die insistierende Wiederkehr des Wortes »Freude« hat schon etwas vom Beschwörungspotential des späteren Werkes: Man kann die Freude nicht immer empfinden, aber man muß sie stets aufs neue herbeirufen.

Die Kanons sind beide nicht ins Register der Opuszahlen aufgenommen (WoO 163 und WoO 166). Gelegenheitsarbeiten, die vielleicht nicht mehr besagen, als daß das große Thema in ihm arbeitete. Aus dieser Zeit hat Carl Czerny Beethovens Äußerung überliefert: »Schillers Dichtungen sind für die Musik äußerst schwierig. Der Tonsetzer muß sich weit über den Dichter zu erheben wissen. Wer kann das bei Schiller. Da ist Goethe viel leichter.«

Der Satz verrät mehr als bloß Einsicht in den Grad der Sing- oder Komponierbarkeit. Beethoven begriff mit zunehmendem Alter, daß es nicht damit getan war, Schiller in Musik zu setzen, sondern ihn in Musik »aufzuheben«. In einer Musik, die sich mit seiner Hilfe selbst aufhob zu einer neuen Kunst.

Schiller preist den Chor

Aber Schillers Einfluß auf Beethoven ist nicht nur auf Wörter, Verse, Begeisterungsformeln beschränkt: Von ihm auch scheint die Motivation zur großen Regelverletzung der Neunten zu stammen, zur Durchbrechung jener Schallmauer, die die Instrumentalmusik seit mehr als hundert Jahren um sich herum errichtet hatte, zur Einführung des Chors. Denn zwanzig Jahre vor der revolutionären Beschäftigung Beethovens mit den Menschenstimmen in einer Sinfonie hatte Schiller Ähnliches im Drama versucht: die Wiedereinführung der antiken Tradition des Chors; in seinem späten Drama »Die Braut von Messina«, zumindest in dessen erster Fassung, tritt der Chor wieder auf, nach altem Brauch und Gebrauch, und der Tragödie ist eine Vorrede beigegeben, die mit ihrem präzisen Pathos Beethoven aus der Seele gesprochen haben mag, die aber vor allem die Kühnheit der Idee Chor, wenn man sie aus der Antike unmittelbar in die historische Realität, in die künstlerische Aktualität hereinholte, mit geradezu verführerischen Argumenten darlegte. Zunächst einmal war das gemeinsame Lösungswort wieder aufgerufen: »Alle Kunst ist der Freude gewidmet, und es gibt keine höhere und keine ernsthaftere Aufgabe, als die Menschen zu beglücken.« Aber diese Beglückung könne nur durch »die Freiheit des Gemüts in dem lebendigen Spiel aller seiner Kräfte« bewirkt werden; also gerade nicht in der Fesselung durch Stoff und sinnliche Effekte, sondern durch etwas Übergeordnetes, Ausbalanciertes, durch einen Kunstgriff im besten Sinne. Und dann ist es, als schreibe Schiller schon das Finale der Neunten um zwei Jahrzehnte voraus und wisse auch schon um ihre ganz besondere Wirkung:

»Der Chor ist selbst kein Individuum, sondern ein allgemeiner Begriff; aber dieser Begriff repräsentiert sich durch eine sinnlich mächtige Masse, welche durch ihre ausfüllende Gegenwart den Sinnen imponiert. Der Chor verläßt den engen Kreis der Handlung, um sich über Vergangenes und Künftiges, über ferne Zeiten und Völker, über das Menschliche überhaupt zu verbreiten, um die Resultate des Lebens zu ziehen und die Lehren der Weisheit auszusprechen. Aber er tut dies mit der vollen Macht der Phantasie, mit einer kühnen lyrischen Freiheit, welche auf den hohen Gipfeln der menschlichen Dinge wie mit Schritten der Götter einhergeht – und er tut es, von der ganzen sinnlichen Macht des Rhythmus und der Musik in Tönen und Bewegungen begleitet.«

Solche »Göttergunst« hatte Beethoven schon früher einmal besungen, den Chor ganz im Sinne Schillers einzusetzen versucht: in seinem op. 80, der »Großen Fantasie für Klavier mit Orchester- und Chorbegleitung«. Hier aber traten Chor und Gesangssolisten nicht in das Allerheiligste einer Sinfonie ein, sondern gesellten sich einer Klavierfantasie hinzu, die in ein konzertantes Wechselspiel mit dem Orchester übergegangen war. Dies war mehr Potpourri als Prophetie, mehr ein Feuerzauber als ein Vulkanausbruch, »in aller Eile als Schlußnummer seiner ohnehin schon überlangen Akademie vom 22. Dezember 1808 geschrieben«, wie Maynard Solomon urteilt. Beethoven leitete die Uraufführung im Theater an der Wien vom Klavier aus und machte den Titel »Fantasie« durchaus wahr, indem er weitgehend frei improvisierte. Immerhin thematisierte der Text das kompositorische Wagnis:

> Wenn der Töne Zauber walten
> Und des Wortes Weihe spricht,
> Muß sich Herrliches gestalten,
> Nacht und Stürme werden licht.

Aber es waren Verse, die das große Thema zwar schon benannten, doch eher verplätscherten:

> Fried' und Freude gleiten freundlich,
> Wie der Wellen Wechselspiel;
> Was sich drängte, rauh und feindlich,
> Ordnet sich zu Hochgefühl.

Man hat aus dem Variationsthema des Klaviers einen Anklang an die Freude-Melodie herausgehört, verführt vor allem durch das gleiche Metrum. Aber insgesamt wirkt das Werk weniger wie eine Vorstudie als wie eine vorzeitige Travestie des Chorfinales. Doch vielleicht treffen zwei Verse genau das, was Beethovens Faszination an der Schiller-Ode über die Erinnerung hinaus ins Traumatische transportiert:

> Hat ein Geist sich aufgeschwungen,
> Hallt ihm stets ein Geister-Chor.

Beinah ein Gassenhauer

Wenn es aber etwas gab, das dem hohen Ton des Schillerschen Vermächtnisses an Beethoven widersprach, so war es das Schicksal des Liedes »An die Freude« selbst. Als der Komponist sich um 1820 seines alten Lieblingstextes entsann, da war das Gedicht ja längst zersungen, halb Gassenhauer, halb Volkslied geworden, ein »standard« der Zeit, von dem es immer neue musikalische Coverversionen gab.

Im April 1818 hatte die Leipziger Allgemeine Musikalische Zeitung die Popularität des Liedes kritisch ins Auge gefaßt: »Schillers herrliches Lied an die Freude hat seiner ersten Erscheinung unzählige Compositionen veranlaßt (...) und auch nicht eine hat befriedigt. Es wird's auch keine; das liegt am Gedichte, seinem Stoff und seiner Form nach. Als Lied muß es doch behandelt werden: hält sich nun da der Componist an das Gemeinsame aller Strophen, so wird er so allgemein, daß er hinter dem begeisterten und doch scharf bezeichneten Flug des Dichters weit zurückbleibt; schließt er sich an Einzelnes, so paßt seine Musik, bey der großen Verschiedenheit des Stoffs der Strophen untereinander, kaum für einige gut, für einige noch nothdürftig, für die anderen gar nicht, und widerspricht ihnen wohl gar.« Aber schon 1806, im Jahr nach Schillers Tod, hatte die Berliner Musikalische Zeitung zum gleichen Thema bemerkt, das Lied »sei zum Volksgesang und allgemein beliebt geworden und werde noch jetzt von Tausenden gern gesungen.«

Begonnen hatte es mit der Vertonung durch Christian

Gottfried Körner, den Freund und Gönner Schillers, der seine Musik – wenn man sie so nennen darf – wohl noch nach dem Manuskript geschrieben hatte. Sie wurde 1786 dem »Zweiten Heft« der Thalia mit der Erstveröffentlichung des Gedichts beigeheftet, und zwar auf einem gefalteten größeren Blatt, das dann als Notenvorlage für die Klavierbegleitung benutzt werden konnte. Max Friedlaender bezeichnet das Stück in seinem Buch über »Das deutsche Lied im 18. Jahrhundert« als eine »von allen Musen verlassene dilettantische Composition« und bedauert, »daß Schiller sich von den Urtheilen dieses Musikstümpers so sehr hat beeinflussen lassen«. Aber schon im Frühjahr des Erscheinens gab es zumindest eine zweite Gesangsfassung, über die Schiller dem Freund Körner eher diplomatisch schreibt: »Der Wagner hat mir Naumanns Musik zu der Freude gespielt, wo die vorletzten Verse der Strophe vier mir sehr gefielen ... Überhaupt glaube ich, hast Du oder wer mir die Komposition tadelte, ihr zuviel getan. Dein Chor gefällt mir ungleich besser als seiner, aber im ganzen Lied ist ein herzlich strömendes Freudegefühl und eine volle Harmonie nicht zu verkennen.« Bemerkungen, aus denen man unschwer eine gewisse Reserve gegenüber der Körner-Fassung herauslesen kann.

Im Jahr 1800 erschien dann eine erste Sammlung von Vertonungen nur dieses einen Schiller-Gedichts, »Vierzehn Compositionen zu Schillers ODE AN DIE FREUDE«; eine Publikation, die nach Georg Günther »nicht nur die Popularität von Schillers Gedicht zu dieser Zeit (dokumentiert), sondern zugleich auch die musikalische Tradition, die sich speziell für die Ode herausgebildet hat: Die ersten acht Verse sind von einem Solisten vorzutragen, worauf die restlichen vier Verse vom (meist einstimmigen) Chor gesungen werden«.

Unter den hier vertretenen Komponisten sind neben etlichen unbekannten Namen und Anonymi auch Johann Friedrich Reichardt und Carl Friedrich Zelter zu nennen. Eine der anonymen Vertonungen hat sich bis heute als schwungvollvolkstümliches Lied in vielen populären Sammlungen gehalten. Zelters Fassung, die wie Beethovens Schlußsatz in D-Dur steht und die Vortragsbezeichnung »Feierlich und mit zunehmender Lebhaftigkeit« trägt, zeigt einen fast rezitativisch sparsamen Satz. Als Schiller im Jahre 1804 in Berlin war und die Singakademie besuchte, führte ihm der Komponist das gemeinsame Werk vor.

Beide waren seit 1796 in lebhaftem brieflichem Kontakt, und der Berliner Komponist hat zu etlichen Gedichten Schillers Musik geschrieben. Besonderes Interesse verdient »Die Gunst des Augenblicks«, weil diese Vertonung über die übliche Klavierbegleitung weit hinausgeht und in ein Finale mit großem Chor und Orchester mündet. Dieses Werk könnte um so mehr als eine kleine Hymne an die Freude bezeichnet werden, als auch das Gedicht selbst ein Echo des Götterfunkens von einst ist:

> ... Aber wem der Götter bringen
> Wir des Liedes ersten Zoll?
> Ihn vor allen laßt uns singen,
> Der die Freude schaffen soll! (...)
>
> Zückt vom Himmel nicht der Funken,
> Der den Herd in Flammen setzt,
> Ist der Geist nicht feuertrunken
> Und das Herz bleibt ungergetzt. (...)

Es war aber dann doch nicht Zelter, sondern ein weithin unbekannt (und unerforscht) gebliebener Komponist mit dem weltläufigen Namen Tepper de Ferguson, der das Lied an die Freude zum erstenmal in großem Stil verarbeitet hat. Er schuf eine Kantate für Vokalquartett, vierstimmigen gemischten Chor und Cembalo und scheint der erste gewesen zu sein mit der Idee, daß dem Wort »Freude« der Götterfunke, der Blitz von oben her, einkomponiert sein müsse: Nur leider verstand er ihn, spannungslos, als Oktavsturz, in C-Dur. Und mit der

Tempobezeichnung seines Werks bezeichnete er wohl schon die Qualität: »Freudig aber mäßig«.

Dies alles zusammengefaßt und pointiert resümiert: Die »Freude« war auskomponiert und ausgesungen, als Beethoven sie zu komponieren beschloß. Die Popularität des Liedes, die vielen Vertonungen mit ihren verschiedensten musikalischen Lösungen können nicht an ihm vorbeigegangen sein; es scheint eher, als habe ihn diese Vielfalt herausgefordert, der Sache sich erneut zu widmen, das Gesellschaftslied zur Hymne zu verklären, das Gassenhauerische aufzuheben in der Bergungsmacht und im Erhabenheitsbewußtsein einer Sinfonie.

Denn daß das Triviale ihn nicht abstieß, sondern faszinierte und all seine kompositorischen Kräfte mobilisierte, zeigt ja auch das (zum Teil parallele) Abenteuer der Diabelli-Variationen. Da komponierte er jahrelang nicht nur über die Schusterflecken des harmlosen Walzers von Anton Diabelli hinweg, sondern gewissermaßen gegen den Rest der Welt an: gegen die vierzig anderen Komponisten, die neben ihm von Diabelli gebeten worden waren, je eine Variation zu liefern. Von heute aus gesagt: je geringer der Anlaß, um so größer der Anreiz, ein Weltereignis daraus zu machen.

Noten, Nöte und Notizen

War Beethoven mit Schillers Gedicht und den Plänen, es in der einen oder anderen Form in Musik zu setzen, dreißig Jahre lang umgegangen, so hat es den Anschein, als habe auch die Arbeit an der neunten Sinfonie sich mindestens ein Jahrzehnt lang hingezogen. Erste Motive, etwa für den letzten Satz, finden sich schon in dem 1814 vertonten Lied »An die Hoffnung« (op. 94) nach einem Text von Christian August Tiedge; andere Spuren reichen noch weiter zurück; wollte man frühe Melodiepartikel, die er schon in der Josephs-Kantate von 1790 verwendet hatte, dazurechnen, so könnte man pathetisch formulieren, er habe sein ganzes Leben auf diese

Sinfonie hingearbeitet, sie sei in ihrem musikalischen und dramaturgischen Reservoir eine Biographie in Tönen. Martin Geck spricht von »einer geradezu exzeptionellen Latenzzeit« dieses Werks.

Aber mit größerer Plausibilität ließe sich sagen, daß gerade diese Sinfonie mit erstaunlicher Zügigkeit und Energie das Werk nur eines Jahres – 1823 – gewesen und damit viel ökonomischer ausgearbeitet worden sei als etwa die Missa solemnis oder die Diabelli-Variationen, die in die gleiche Schaffensperiode fallen. Denn selbst die vielen frühen Details, die Einzelmotive, die melodischen und rhythmischen Ansätze, die sich dann in der Neunten wiederfinden, weisen ja nicht von vornherein auf eine Sinfonie voraus, sondern sind Einfälle ad hoc, die spät erst ihre Bestimmung finden. Selbst der Begriff der »Latenz« könnte noch über den Umstand hinwegtäuschen, daß Beethoven jenes Material, das dann zum formsprengenden Werk zusammenschießen sollte, nicht eigentlich reifen, sondern schlicht über Jahre hinweg liegen ließ. – Setzen wir also einen biographischen Anlaß.

Im Frühsommer 1817, als Beethoven, wie es seine Gewohnheit war, aufs Land gezogen war, in jenem Jahr nach Nußdorf, erhielt er einen Brief aus London. Sein alter und dankbarer Schüler Ferdinand Ries schrieb ihm im Namen der Londoner Philharmonic Society und unterbreitete ihm einen Vorschlag, dessen einzelne Punkte Beethoven elektrisieren mußten:

»1tens Sollen Sie nächstkommenden Winter hier in London sein.

2t. Sollen Sie für die philharmonische Gesellschaft zwei große Symphonien schreiben, die das Eigenthum derselben bleiben sollen.

[...] 6ten Können Sie im Fall Sie das Engagement annehmen, und vielleicht Geld zur Reise haben müssen, 100 Guinees voraus haben.«

Der Brief traf den Komponisten in einer langen Phase der Depression und gelähmter Produktivität. Das Gehörleiden verschlimmerte sich weiterhin, das häusliche Chaos nahm zu und damit einhergehend die gesellschaftliche Isolation. Ein Tagebucheintrag etwa aus jener Zeit ist deutlich genug: »Etwas muß geschehen – entweder eine Reise und zu dieser die nöthigen Werke schreiben oder eine Oper – solltest du den künftigen Sommer noch hier bleiben, so wäre eine Oper vorzuziehen... Dich zu retten, ist keine anderes Mittel als von hier, nur dadurch kannst du wieder zu den Höhen deiner Kunst entschweben, wo du hier in Gemeinheit versinkst, nur eine Sinfonie... und dann fort.«

Beethoven nimmt sich nicht lange Zeit und verwendet große Sorgfalt darauf, auf die Londoner Einladung zu reagieren. Genau einen Monat nach dem vom 9. Juni datierten Brief antwortet er mit einem Elan, der wohl schon die eigenen Zweifel übertönen soll:

»1) Ich werde in der ersten Hälfte des Monats Januar 1818 spätestens in London sein.

2) Die zwei großen Symphonien, ganz neu componiert, sollen dann fertig sein, und das Eigenthum der Gesellschaft einzig und allein sein und bleiben.

3) Die Gesellschaft gibt mir dafür 300 Guineen und 100 Guineen für die Reisekosten, die mir aber weit höher kommen werden, da ich unumgänglich einen Begleiter mitnehmen muß.

4) Da ich gleich an der Composition dieser großen Symphonien zu arbeiten anfange, so weiset mir die Gesellschaft (bei Annahme meiner Äußerung) die Summe von 150 Guineen hier an, damit ich mich mit Wagen und anderen Vorrichtungen zur Reise ohne Aufschub versehen kann.«

Dem getreuen Ries widmet er noch ein paar persönliche Zeilen und versichert ihm, er werde alles daran setzen, »mich des ehrenvollen Auftrages einer so auserlesenen Künstlergesellschaft auf die würdigste Art zu entledigen.«

Beethoven wird nicht nach London fahren; nicht im Januar 1818 noch später in jenem Jahr. Das Projekt einer Reise nach

London (gar einer dauerhaften Anstellung dort) wird ihn in dem Jahrzehnt, das ihm noch zu leben bleibt, immer wieder beschäftigen, seine Unternehmungslust kitzeln, das seelische Gegengewicht bilden zum Ärger mit dem Wiener Kleingeist und den Rigiditäten der Politik. Nur – London bleibt ein unerfüllter Traum. Eine Stadt, die er nie erreicht.

Und natürlich schreibt er nicht in einem halben Jahr zwei Sinfonien (der Vorschlag allein ist zwar gut gemeint, aber im Grunde ein Akt der Banausie); er schreibt nicht einmal eine. Und trotzdem läßt sich auf Skizzenblättern für das zweite Halbjahr 1817 und die ersten Monate 1818 an einigen Eintragungen so etwas wie eine erste tastende Arbeit erkennen; dann aber versinkt die Beschäftigung vor der gewaltigen Arbeit an der Hammerklaviersonate, die wiederum von den drei letzten Klaviersonaten, den Diabelli-Variationen und der Missa solemnis abgelöst wird. Man kann also sagen: Die Londoner Offerte, die sich schon allein schon durch die Übereilung des Projekts ad absurdum führte, löste zunächst ein kurzes motivisches Brainstorming aus; mit der Hinfälligkeit des Termins entfiel aber auch die Fortführung. »Das Projekt der neuen Symphonie (Symphonien) ist stets präsent, macht aber keine Fortschritte«, urteilt Sieghard Brandenburg.

Seit Gustav Nottebohm vor 125 Jahren (1876) in mehreren Zeitschriftenaufsätzen die »Skizzen zur neunten Symphonie« vorgestellt und analysiert hat, kann man die Entstehungsgeschichte ziemlich genau verfolgen. Die Musikwissenschaft hat sich seit damals, über Nottebohm hinaus, um die genaue Ordnung der überlieferten Skizzenblätter und -hefte und ihre oft schwierige Entschlüsselung verdient gemacht: ein Unterfangen, das der Entzifferung der Hieroglyphen an Schwierigkeit kaum nachstand. Denn Beethovens Schaffensprozeß entsprach der Chaostheorie: Verzettelung als sicherster Weg zur Konstruktion; irgendwann schießt aus lauter Fraktalen ein Ganzes zusammen.

Immerzu hat Beethoven notiert: zu Hause in großen Skizzenbüchern, die er sich binden ließ, aber auch unterwegs in kleinen Notizheften, die er im Wirtshaus, auf Spaziergängen, im Reisewagen bei sich trug. Diese Notiergewohnheit war ein Mittel der Disziplin, inmitten des Tohuwabohus seiner sonstigen Lebensführung. Auch damit verknüpft sich übrigens ein Schillerwort: »Nicht ohne meine Fahne darf ich kommen«, antwortete er einmal einem verdutzten Begleiter (mit dem Satz der Jungfrau von Orleans), als der ihn auf so ein zerfleddertes Büchlein ansprach. Da hinein schrieb er musikalische Einfälle, Themenansätze, Melodieblitze; aber die Notizen zeigen auch, wie dieses Material schon in ihm arbeitet: sie sind voller Varianten, rhythmischer Verschiebungen, Minimalabweichungen. So wie die Besucher in seine Konversationshefte die alltäglichsten Dinge eintragen, so hält Beethoven in seinen Skizzenheften und -büchern all das fest, was ihm durchs innere Ohr geht. Der Chaot als Ordnungsfanatiker. Nur schreibt er, aus Platznot, meist drunter und drüber, mal mit starkem, mal mit kaum erkennbarem Stift, zu Hause oft mit groben Federstrichen.

Noch aus den Jahren vor dem Londoner Brief (1815/1816) stammt das sogenannte Scheide-Skizzenbuch mit zahlreichen Eintragungen, die später für verschiedene Werke relevant werden sollten; Sieghard Brandenburg bezeichnet dieses Heft (aus dem allerdings 17 Seiten fehlen) als einen »Ideenspeicher«, aus dem sich Beethoven immer wieder bedient habe. Hier findet sich das Thema des Scherzo-Satzes der Neunten vorgeformt. Aus dem Jahr 1817 ist kein häusliches Skizzenbuch überliefert; hier dient das Boldrini-Skizzenbuch – ein kleines für unterwegs – als Forschungsgrundlage; genauer gesagt: Es diente; denn seit der Auswertung und Abschrift durch Gustav Nottebohm ist es verschollen. »Boldrini«, vor allem für die Hammerklaviersonate ergiebig, enthält aus dem Frühjahr 1818 nur ganz verstreute Eintragungen zur »Neunten«; die Sache geht nicht weiter, es werden »ständig dieselben Motive und Gedanken umkreist« (Brandenburg).

Ein einzelnes Blatt bezeugt aber Beethovens gedankliche Beschäftigung mit einer Sinfonie, die möglicherweise schon ein vokales Finale haben soll. Da heißt es unter der Überschrift »Adagio Cantique«: »Frommer Gesang in einer Sinfonie in den alten Tonarten – Herr Gott Dich loben wir – allelujah – entweder für sich allein oder als Einleitung in eine Fuge. Vielleicht auf diese Weise die ganze 2te Sinfonie charakterisiert, wo alsdann im letzten Stück oder schon im Adagio die Singstimmen eintreten. Die Orchester Violinen etc. werden beim letzten Stück verzehnfacht. Oder das Adagio wird auf gewisse Weise im letzten Stück wiederholt, wobei alsdann erst die Singstimmen nach u. nach eintreten – im Adagio Text griechischer Mithos Cantique ecclesiastique – im Allegro Feier des Bachus.«

An dieser Eintragung ist nicht nur die Idee eines Sinfoniesatzes mit Gesang interessant, sondern auch der Hinweis auf »die ganze 2te Sinfonie«. Ries hatte ja, im Namen der Londoner Philharmonic Society, zwei Sinfonien von Beethoven gewünscht, und zwei waren ihm zugesagt worden. Je weniger konkret das Sinfonien-Projekt überhaupt war, je mehr also alle Notizen aufs Geratewohl für eine fernere Zukunft festgehalten wurden, desto einfacher ließ sich offenbar die Fiktion (oder der Wunsch) Beethovens aufrechterhalten, daß er sich mit zwei sinfonischen Werken zugleich befasse.

Diese »2te Sinfonie«, also Beethovens »Zehnte«, hat zu einer Geisterdebatte der Musikwissenschaft geführt, zu einer immer noch anhaltenden Mutmaßung über ein nichtexistierendes Werk. Nach Beethovens Tod kursierten die erstaunlichsten Berichte und setzten sich fast ein Jahrhundert lang in der biographischen Literatur fest. So hat der Geiger Karl Holz, der Beethoven in den letzten Jahren nahestand, behauptet: »Beethoven spielte die 10. Symphonie vollständig am Klavier, sie lag auch in allen Teilen in Skizzen vor, aber von Niemanden außer ihm zu entziffern.« Auch der Musikschriftsteller Friedrich Rochlitz berichtete nach Beethovens Tod, er habe ihm bei einer Begegnung im Sommer 1822 von zwei geplanten Sinfonien erzählt. Die Kontroverse über »die Zehnte« wird bis heute geführt. Ein Musikwissenschaftler sieht das Werk in deutlichen

Umrissen vor sich: »Die zentrale Idee des unausgeführten Werkes ist offenbar ein komplexer Satz gewesen, in dem sich zwei konträre musikalische Charaktere gegenüberstehen, ein sehnsuchtsvolles, kantables Andante (oder Adagio)..., und ein mit großer Gebärde einsetzendes, dahinstürmendes Allegro...« (Brandenburg). Ein anderer fertigt die sagenhafte Komposition kurz ab: »It was, in other words, a myth.« (Nicholas Cook) Ein dritter kleidet die Affäre in eine juristische Metapher: Stünde Beethoven vor Gericht, so könne man ihm höchstens zum Vorwurf machen, an eine zehnte Sinfonie gedacht zu haben (Robert Winter).

Ein Skizzenbuch aus den Jahren 1819–1820 zeigt Beethoven vor allem mit den Diabelli-Variationen und mit der Missa solemnis beschäftigt; nur gelegentliche Spuren verraten noch Gedanken an die sinfonische Arbeit, an die Neunte. Immerhin hat das »Abendlied unterm gestirnten Himmel« (WoO 150) aus dem Frühjahr 1820 einen Wortbezug zum Sternenzelt, das dann vier Jahre später besungen werden wird. Dann aber: zweieinhalb Jahre Funkstille. Kein Kritzel, keine Notiz, kein Merkzeichen erinnern an eine oder gar zwei Sinfonien. Die »Missa« füllt den Komponisten ganz aus. Aber als sie Mitte 1822 so gut wie vollendet ist und Beethoven aufatmen kann, nutzt er diese Rekreation zu neuer Geschäftigkeit. Am 6. Juli 1822, fast auf den Tag genau fünf Jahre nach der Zusage an die Londoner Philarmonische Gesellschaft, schreibt er wiederum an Ries und fragt in aller Unschuld, was die Society für eine neue Sinfonie zahlen werde. Und das Skizzenbuch Artaria 201 zeigt ihn im Oktober des Jahres erneut mit der d-Moll-Sinfonie beschäftigt. Über das Wiener Musikleben im Dezember 1822 weiß die AMZ zu berichten: »Beethoven hat nun auch seine zweyte große Messe vollendet, und wird sie kommende Fastenzeit in einem Concert aufführen. Gegenwärtig soll er sich mit der Composition einer neuen Symphonie beschäftigen.« Das Skizzenbuch enthält ein berühmtes, schwer entzifferbares, mehrfach überschriebenes Blatt mit der kräftigen Eintragung: »Finale Freude schöner

Götterfunken«. Nun also, Ende 1822, steht die Idee eines Chorfinales mit Schillers Lied fest.

Aber erst jetzt, mit Beginn des Jahres 1823, setzt (zunächst noch alternierend mit weiteren Variationen zu »Diabelli«) die intensive kompositorische Arbeit am ersten Satz der Sinfonie ein. Im Juni und Juli entsteht das Scherzo, im Herbst folgt das Adagio, und erst ganz spät, noch bis in den Februar 1824 hinein (der ja schon von den Vorbereitungen für die Uraufführung beansprucht wird), kann die Ausarbeitung des Schlußsatzes datiert werden. Bedeutendste Quelle für das Adagio und das Finale sind wiederum Taschenhefte, die zugleich ein weiteres Rätsel aufgeben. Es verbirgt sich unter der Chiffre »Finale instromentale«.

Zu den letzten Skizzen im Umkreis der Neunten gehören nämlich zwei Blätter, die den Eindruck erweckt haben, als habe Beethoven bis zum Schluß über eine Alternative zum Chorfinale nachgedacht; denn daß er sich der Problematik dieses Schlußsatzes, der formsprengenden Kühnheit seiner Komposition durchaus unbehaglich bewußt war, ist schon dargelegt worden. Also wäre nichts plausibler als die Spur eines Gegen- oder Nebenentwurfs. So auch hat Gustav Nottebohm vor 125 Jahren jenes »Finale instromentale« gedeutet, dessen Thema später in den letzten Satz des a-Moll-Streichquartetts op. 132 einging. Dieses »instrumentale Finale« interpretierte Nottebohm so, daß Beethoven bis zum Schluß um eine rein instrumentale Lösung für den vierten Satz der neunten Sinfonie gerungen habe.

Was er aber übersehen hat (oder nicht wahrhaben wollte), war der Umstand, daß diese Skizze einer anderen folgt mit einem in der gleichen Tonart stehenden ähnlichen Thema, die von Beethoven so kommentiert ist: »Finale/Vor der Freude«. Woraus zu folgern ist: Beethovens späte Alternativexperimente beziehen sich nicht auf den ganzen letzten Satz, sondern nur auf die großangelegte instrumentale Einleitung zum Chorfinale.

Der Spreng-Satz

Beethoven lehrt philosophieren, wenn nicht beten. Der banausischen Schlichtheit des »Song of Joy« (von dem später noch die Rede sein wird), der Polittüchtigkeit der »Europa-Hymne« steht die Sprache der Exaltation gegenüber, mit der heute in der Fachwelt vom Finale eine geradezu geweihte Rede ist. Fast möchte man die Musikwissenschaft, versucht sie sich dem Schlußsatz zu nähern, der Esoterik, einem Geheimzirkel zurechnen. Nicht, daß es sich um Fachjargon handelte – das wäre ja die Begriffswelt, mit der sich jede Wissenschaft erst staunend selbst schafft und dann verschanzt –, nein, die Musikologen haben sich auf Musikelogen kapriziert, die Wissenschaftler in Hymniker verwandelt. Den »Kult«, den man auf Seiten des Pop-Anspruchs vermuten könnte, betreibt in Wahrheit das Expertentum. Will man also sachgerechte Auskunft über den letzten Satz der Neunten, so erfährt man: »Die Attacke der Tuttifelder zu Beginn des vierten Satzes der Neunten Symphonie signalisiert das Entree zu einem ästhetischen Theater der Emanzipation, bedingt durch die Not der Zeit und mit Blick auf die ideale Zuhörerschaft.« (Johannes Bauer) Oder auch: »Beethoven ›dramatisiert‹ den Übergang von der abgelebten Vergangenheit in die glücklichere Zukunft. Es ist, als nähme die alte Welt alle Kraft zusammen, um ihren Untergang zu vereiteln. Dreimal bricht ihre fürchterliche Musik über den Hörer herein... Dreimal wird der Schrecken zurückgewiesen.« (Wilhelm Seidel) Dies über den Beginn des Finalsatzes.

Solche hochgestochene Metaphorik spiegelt eine elementare Verlegenheit. Das Hauptwort beim Versuch, das Chorfinale zu analysieren, heißt von allem Anfang an »heterogen«. Denn was beim ersten Hören wie eine Folge von immer wieder unterbrochenen Variationen über das »Freude«-Thema klingen mag, ist in Wahrheit eine Collage aus sehr disparaten musikalischen Elementen. Die Uneinheitlichkeit dessen, was heute als das Chorfinale meist sehnsüchtig erwartet und andächtig rezipiert wird, hat die Form-Exegeten des zwanzigsten Jahrhunderts immer wieder beschäftigt und ebenso oft leerlaufen lassen. Einer davon, James Webster, hat das unumwunden eingestanden: »Bei dieser Art von Sätzen versagt die Musikwissenschaft weitgehend. Unser Fach zieht es vor, bestimmte, wohlbekannte Formtypen zu untersuchen, wie z. B. die Sonatensatzform, das Rondo, das Menuett oder gar die Fuge, aber nicht Kantaten, Fantasien, durchkomponierte Werke oder gar Opern.« Denn Musik ist zuallererst die Kunst der Struktur, und wo sich alte Strukturmuster als untauglich erweisen und neue nicht abzuleiten sind, herrscht Betretenheit, die nur selten in ein so klares Bekenntnis mündet wie das von Webster: »›Die‹ Form des Finales von Beethovens neunter Sinfonie gibt es nicht und kann es nicht geben.« Wir empfangen es als frohe Botschaft: vielleicht ist es gerade das Erratische, das den Satz so widerstandsfähig macht gegen alle Abnutzung und Verschleifung. So sperrig gegen die Schubladen, in die man ihn stecken und in denen man ihn einsargen könnte.

Lassen wir dennoch ein paar Interpretationsversuche Revue passieren. Denn: so großartig zerrissen der Schlußsatz wirkte, so intensiv war das Bestreben, ihm dennoch eine Einheit zuzusprechen, ihn in ein musikalisches Schema einzubinden, die Zauberform(el) zu finden, kraft deren sich das Kaleidoskop als ein wunderbares Ganzes zu erkennen gibt. Die Nähe zu Rondo- und Variationsformen, die vielen Kritikern des 19. Jahrhunderts erkennbar war, führte analytisch wegen der vielen disparaten Zwischenteile nicht weiter. Vor etwa hundert Jahren (1910) hat Heinrich Schenker in einer noch immer unübertroffenen Detailanalyse das Finale als Folge dreier Großabschnitte gedeutet: Der erste umfaßt die instrumentale Einleitung und die vokale Variationenfolge einschließlich der Fuge; der zweite bestünde aus dem Andante maestoso und dem von Wilhelm Ambros so genannten »Sternenadagio«; der dritte begänne mit der Doppelfuge und mache den ganzen Schlußteil des Satzes aus. Etliche Jahrzehnte später hat der britische Musikologe Donald Francis

Tovey das Schenkersche Modell modifiziert und auf zwei Abschnitte zurückgeführt, indem er sein »Finale« im Finale schon dort beginnen läßt, wo Schenker noch vom Mittelteil spricht.

Aber da beide Konzepte keine eigentliche klassische musikalische Struktur für sich reklamieren konnten, ging die Suche nach der Einheit weiter: Ernest Sanders schlug 1964 das Muster eines Großsonatensatzes vor, der mit seiner vielfältigen, aber ausgefeilten Gliederung gewissermaßen reiche Unterbringungsmöglichkeiten für sperrige Teile enthält. Charles Rosen hat diese Idee aufgegriffen und abgewandelt, indem er als Modell die Konzertform (mit 1. und 2. Exposition) zur Diskussion stellte. Es war aber das Unbefriedigende aller dieser Modelle, das James Webster zur Negierung einer Idealform für das Finale veranlaßte.

Er selbst versuchte sich an einer Lösung, die der des gordischen Knotens ähnelt: das Finale sollte als ein »durchkomponiertes« Werk begriffen werden, also wie ein Lied, zu dem der Komponist für jede Strophe eine eigene Musik geschrieben habe. Den eigentlichen Zusammenhang sieht Webster in dem, was sich vielleicht in der banausischen Vokabel »drive« zusammenfassen läßt, in einer ständigen Steigerung aller musikalischen Parameter. »Vom Anfang an zielt das Finale der Neunten auf etwas hin, aber dieses ›Etwas‹ ist nicht nur das Freudenthema als solches, nicht bloß der Triumph von D-Dur über d-Moll, sondern sozusagen ein neuer musikalischer Wesenszustand.« Er weist detailliert hin auf »ein sich immer wiederholendes, großartiges Crescendo-Verfahren, das nicht nur die Dynamik, sondern auch die Besetzung und das Phänomen der Synthese einschließt, schließlich, last not least, die Zusammenwirkung all dieser Mittel im Dienste des Programms – das ich [...] als das Streben nach dem Elysium bezeichnen möchte.« Man sieht, daß also auch der pragmatische Webster zuletzt dem Worttaumel erliegt, den dieses Finale erzeugt.

Seltsame Koinzidenz, daß diese avancierteste Deutung mit einer der ältesten korrespondiert, wenngleich bei gegensätzlicher Bewertung. Was Webster ein »großartiges Crescendo-Verfahren« nennt, fand sich schon in einer Londoner Rezension aus dem Jahre 1825, wenn auch eher abfällig beurteilt: »... und zur Krönung des Ganzen die betäubende tobende Ausgelassenheit des Schlußteils, wo neben dem üblichen Anteil an Triangeln, Trommeln, Trompeten etc. etc. die altbekannten akustischen Raketeninstrumente zum Einsatz kamen, unterstützt von ihren tüchtigen Verbündeten, den Corps aus Sforzandos, Crescendos, Accellerandos und vielen anderen os, – so daß selbst der Boden unter uns in Wanken geriet...«

Eines der wichtigsten Indizien für Webster, daß es sich um ein durchkomponiertes Stück handele, ist seine Beobachtung, daß keiner der einzelnen Teile dieses Satzes wirklich abschließt, daß Neues unvermittelt, mitunter brüsk, einbricht und daß der Satz tonal nie zu einem Halt kommt (»keine Zäsur auf einem Tonika-Akkord in der Grundstellung«).

Wie aber vertont man eine Freuden-Hymne? Wie allein das Wort Freude? Muß es nicht gleich wie ein Jauchzer erklingen, einen Luftsprung in Tönen machen, sich in einem gewaltigen Intervall hochjubeln? So, wie es einige der früheren Liedkompositionen des Gedichts praktizieren. Kein solcher Freudensprung bei Beethoven. Gelassener könnte man nicht ans Werk gehen. Er, der nun gerade keine Liedvertonung will, beginnt im Volkston, auf einfachste Art, zu singen. Solche Art Weisen waren die Popsongs der damaligen Zeit; die »diatonische Schlichtheit« (Robert Winter) gehörte dazu: einfachste Fortschreitung auf der Tonleiter, keine Halbtöne oder Rückungen, und immer die sichere Grundierung von Tonika oder Dominante. So nun auch hier: Gemächlich wird die Freude angesungen, die zwei Silben desselben Wortes als zwei Töne auf derselben Stufe, und dann stürmt der Jubel nicht himmelan, sondern schreitet gelassen zwei Stufen hinauf, erreicht den Götterfunken, der nun aber keineswegs hinabzuckt und ekstatisch einschlägt, sondern ebenso behäbig, gemütlich gar, herabsteigt zum Grundton, Schritt für Schritt, fast wie ein unsicherer Zecher, der die kleine Treppe eines barocken

Wirtshauses abtastet, sich dann aber noch einmal besinnt, als habe er etwas vergessen, und das kleine Auf und Ab noch einmal absolviert (während der Text doch ganz andere Bewegungen verkündet:«Wir betreten feuertrunken, Himmlische, dein Heiligtum«). Singen kann das jeder. Eine Quinte Umfang hat jede Stimme. So macht man Popsongs. Gassenhauer. Hits. Fazit: Nicht am Ende, sondern schon am Anfang steht: der Song of Joy. Der Ohrwurm.

Die verblüffende Einfachheit des Beethovenschen Grundeinfalls, der Widerspruch zur ekstatischen Geste des Textes, hat früh schon die Exegeten nach einem Modell suchen lassen. Die Vermutung war einfach nicht aus dem Ohr zu kriegen, daß Beethoven sich eines schon vorhandenen Materials bedient haben könnte, wie es unter Komponisten der Zeit nicht etwa skandalöse, sondern selbstverständliche Übung war. Keinerlei Ehrenrührigkeit lag also in der Vermutung Romain Rollands (um 1900), Beethoven habe sein Thema in einem (inzwischen verschollenen) Volkslied gefunden und es gewissermaßen adeln wollen. Der Mozart-Biograph Alfred Einstein hat das Zitierverfahren geradezu sportiv beschrieben: »Mozart benutzt seine Modelle quasi als Sprungbrett – er fliegt höher und kommt weiter. Das ist keine Mozartsche Eigentümlichkeit; dergleichen findet sich auch bei Bach und Beethoven. Bach hat geradezu eine Neigung, nicht selber zu ›erfinden‹, sondern ein Thema eines Vorgängers zu leihen und in sein polyphones Erdreich zu verpflanzen... Bei Beethoven ist die Vorliebe für ein ›Sprungbrett‹ entsprungen aus der Lust am Wetteifer und aus Übermut, und das Objekt seines Übermuts ist meistens Haydn, seltener Mozart. Dennoch bestehen Spuren dieses Verlangens nach ›Rivalität‹... – wenn auch Beethoven im allgemeinen solche Rivalitäten mit Mozart scheut, weil er fühlt, daß bei Mozart wenig zu ›übertreffen‹ sei.«

Aber just bei Mozart glaubt die Musikwissenschaft in jüngster Zeit fündig geworden zu sein. Die Nähe zur »Zauberflöte« war schon früher hervorgehoben worden. Auf dem Beethoven-Kongreß 1990 in Bonn stellte der Musikwissenschaftler

Hans-Werner Küthen seine These vor, daß das Sprungbrett für Beethovens Freuden-Thema die Mozart-Motette nach dem 89. Psalm sei, »Misericordias Domini« (KV 222); er habe die sogenannte »Unendlichkeitsmelodie« (»Ewig erschalle mein Lob dem Herren, der sich unser erbarmt«) nahezu unverändert übernommen.

Küthen versucht den Nachweis, daß Beethoven das eher entlegene Mozartwerk gekannt habe, das am 24. März 1820 bei einem der Concerts spirituels aufgeführt wurde. Ob Beethoven gelegentlich selbst diese Konzerte besucht hat, ist nicht sicher, denn er nennt sie einmal »diese Winkelmusik«; immerhin waren in diesem Rahmen seine ersten acht Sinfonien aufgeführt worden. Erst recht zweifelhaft ist, ob der taube Komponist, wenn er denn im Saal gesessen hätte, etwas von Mozarts Musik mitbekommen hätte. Sehr viel wahrscheinlicher also, daß Beethoven das 1811 in Leipzig gedruckte Werk in der Musikaliensammlung des Erzherzogs Rudolf, seines Schülers, vorgefunden und studiert hat – so wie er bei der Arbeit an der »Missa solemnis« die Kyrie-Fuge aus Mozarts Requiem analysierte und exzerpierte.

Zur Genesis des Freuden-Topos, den Schiller mit seinem Gedicht gefeiert hatte, gehörte – wie gezeigt – der »Enthusiasmus«. Aber wenn Musik sich diesem Begriff nähert, tritt traditionell eine andere Herkunftsformel auf: die Delektabilität. Das Vergnügen. Die Kunst, Heiterkeit zu verbreiten. Noch für Mozart war das ein »Naturgesetz« der Musik. »Seit man über Musik nachdenkt, zählt dies zu ihren Daseinszwecken«, schreibt Wilhelm Seidel in seiner Analyse der neunten Sinfonie und weist darauf hin, daß um die Wende vom 18. zum 19. Jahrhundert just dieser Anspruch, diese Funktion der Musik abdanken zugunsten »der Wahrheit des Ausdrucks«, und daß niemand der Delektabilität nachhaltiger den Abschied gegeben habe als Ludwig von Beethoven. »Wenn es also Freude ist, auf die sich die Symphonie letztlich hinbewegt, so scheint sie der Tendenz der musikalischen Kunstgeschichte zu widersprechen, die Beethoven selbst so nachhaltig gefördert hat.« Will heißen: Wie kann einer, der zeitlebens mit seinen Kompositionen »die Hebel der Furcht, des Schauers, des Entsetzens, des Schmerzes« (E.T.A. Hoffmann) zu bewegen versucht hat, also das Gegenteil von Delektabilität, nun zu einer Freuden-Feier übergehen? Die Antwort darauf gibt, laut Seidel, die Symphonie selbst, oder besser: Sie spielt sich in ihr ab: »Das Finale der Symphonie unternimmt (...) den Versuch, den musikalischen Gestalten des Schreckens, der Unfreiheit und der Schwärmerei, die die ersten Sätze der Symphonie prägen, eine neue Delektabilität entgegenzusetzen. Diese neue Freude ist nicht wie die alte die ›natürliche‹ Mitgift der Materie, der Töne und Klänge. Sie ist das Produkt einer kompositorischen Leistung. Sie ist errungen; darin manifestiert sich ihre moralische Qualität.«

Ob das Wort von der »neue Delektabilität« Beethoven sehr erfreut hätte, darf bezweifelt werden; die »Freude«, an die sich der Komponist in seiner Sinfonie wagte, hat er wohl kaum mit einem alten musikalischen Begriff, selbst in revolutionärer Erneuerung, zusammengebracht. Sie war eben sein Schillersches Erbe und Trauma, sie war die Fehlstelle seines Lebens, ein »Ziel, aufs innigste zu wünschen«, Chiffre für einen seligen Zustand in einer unseligen Welt, sie war in Musik gesetzte Utopie.

Beethoven als Redakteur Schillers

Indem Beethoven sich zu Schillers Lied »An die Freude« entschließt, bekennt er sich zu *dem* Begleittext seines Lebens, zu jenen Strophen, die die Katastrophen seiner Existenz als Kontrapunkt begleitet und begütigt haben, zu einem Jubel, den man auch tauben Ohren predigen kann. Das Lied war zu Schillers Vermächtnis an Beethoven geworden, aber auch zum Vermächtnis seiner eigenen Jugend. Das Gedicht war für Beethoven nicht mehr Text-, sondern Lebensmaterial, ein biographischer Schatz, tief verborgen, aber angereichert mit

Leidenserfahrung und Resignation. Die »Freude« wurde ihm um so kostbarer, je mehr die Freude aus seiner Existenz wich. Nur kraft der Anverwandlung dieses Liedes konnte er sie noch wahrnehmen, herbeiführen.

Noch einmal die Vergegenwärtigung: Im Jahre 1792 hatte der Zweiundzwanzigjährige vor, »alle Strophen« des Liedes zu vertonen. Zwanzig Jahre später, an einem Tiefpunkt seiner Biographie, hatte Beethoven die Idee einer Collage aus »abgerissenen Sätzen«, einzelnen Versfetzen. Nun, 1823, als er sich zum Chorfinale entschlossen hat und dazu, es mit Schiller zu feiern, macht sich Beethoven an eine Textredaktion, die eine Kombination aus den früheren Vorstellungen ist: zwar durchaus einzelne Strophen bewahrend, aber aus diesem Versmaterial dann immer wieder einzelne Sätze herauslösend – nur eben nicht abgerissen, sondern sie gleichsam inthronisierend.

Wie also sieht Beethovens Schiller aus? Ist er noch Schiller, oder ist er nun ganz Beethoven geworden? Hat er das Gedicht, wie ein musikalisches Motiv, nur noch als »Sprungbrett« benutzt? Die extreme Position wird zum Beispiel von Andreas Eichhorn vertreten mit der Ansicht, »daß Beethoven sich im Grunde seinen eigenen Text geschrieben« habe: Dafür sprächen sowohl die Textauswahl als auch die von Schiller abweichende Anordnung. In der Tat scheint die Auswahl drastisch: Von den ursprünglich neun Strophen sind nur drei erhalten geblieben, von der vierten nur der Chorrefrain. Damit, so Eichhorn, habe Beethoven »die inhaltliche Vielfalt des Odentextes« eingeschränkt und zugleich die Strophen gesellschaftlichen und politischen Charakters ausgeschieden; auch alle Verse, die gewissermaßen nur als Erläuterung der ersten drei zu lesen seien.

Aber mit solchen Kürzungen verfolgt Beethoven nur eine Tendenz, die sich auch bei Schiller schon bald nach der Entstehung des Gedichts bemerkbar machte. Es schien, als sei ihm die allzugroße Streuung der Motive früh schon verdrießlich geworden. Kaum sah er, im Frühjahr 1786, das Lied »An die Freude« zum erstenmal gedruckt, da schrieb er seinem neuen Verleger Georg Joachim Göschen leicht verärgert, es sei ganz gegen seinen Wunsch, daß die letzten beiden Strophen mitabgedruckt worden seien, »welche aus dem Context herausgenommen, nicht gut auffallen und worin von der Freude selbst keine Silbe vorkömmt«, was ihm »eine höchst unangenehme Empfindung« mache. – Doch erst für die Ausgabe von 1803 macht Friedrich Schiller die Kürzung wahr, beschränkt sie allerdings auf die letzte Strophe.

Mit seinem Textarrangement steigert Beethoven das Gedicht vom Gesellschaftslied zur Hymne, von der Erhobenheit eines feuchtfröhlichen Kreises in die Erhabenheit, von der Brüderschaft, die man sich zutrinkt, in die Brüderlichkeit, die man sich zuschwört – aber alles, indem er beim Wortlaut des Dichters bleibt. Beethoven schreibt sich eben nicht »seinen eigenen Text«, sondern stellt die zentralen Aussagen auf ein gewaltiges Podest, auf dem sie immer fanfarenhafter nach Schiller klingen.

In den ersten drei Strophen folgt Beethoven dem Dichter Wort für Wort – nur daß er jeweils den Chorrefrain wegläßt: aus dem leicht erkennbaren, dramaturgisch wichtigen Grund, daß er das Sternenzelt, den lieben Vater, den Schöpfer, der über allem wohnt und thront, für den späteren Teil der Komposition aufheben will: zuerst das Diesseits der Freude, danach erst ihre Annäherung an die Sphärenharmonie eines guten, göttlichen Vaters. Das Konzept geht auch auf bis zu den zwei monströs kollidierenden Zeilen:

> Wollust ward dem Wurm gegeben.
> Und der Cherub steht vor Gott.

Hier ist Beethoven am weitesten von Schiller entfernt; sah dieser den Cherub eher als den äußersten Kontrast zur Niedrigkeit des doch auch wollüstigen, also freudeempfänglichen Wurms, so macht der Komponist aus diesem einen Vers einen gewaltigen Auftritt, ähnlich den großen Deckengemälden, die Gottvater aus den Wolken herab sich zu den Irdischen neigen lassen. Er gestaltet diesen Auftritt einerseits durch Wortwiederholungen

> Und der Cherub steht vor Gott,
> und der Cherub steht vor Gott,
> steht vor Gott, vor Gott, vor Gott

aber vor allem mit musikalischen Mitteln, mit einer »erhabenen Akkordprogression« (Eichhorn) bei der vierten Wiederholung der Worte »vor Gott«. Frühe Kritiker sprachen von einem »frappierenden« Schluß, von einem »überraschenden Ruhepunkt«, A. B. Marx von einer »feierlichen Wendung«. Der Musikkritiker F. F. Weber erläutert die musikalische Spannung: »Die Worte ›vor Gott‹ klingen das vorletzte Mal im A-Dur-Dreiklange, das letzte Mal im Dreiklange über F; dieser immer außerordentliche Fortschritt enthält vollständig die veränderte Schattierung, in der die Worte enden, es vermischt sich in ihm erhöhte Kraft, Feierlichkeit und Ernst.« Entscheidend aber für die Wirkung der Stelle ist die Fermate nach dem letzten Ausruf »Gott«; Oscar Pander spricht von einer »atemberaubenden Pause der Ergriffenheit, die auf diesen bekenntnishaften Ausbruch folgt«.

Vor allem Richard Wagner wußte diese Wirkung einzusetzen; über seine Aufführung 1872 in Bayreuth schreibt Heinrich Porges:

»Von der erschütterndsten Wirkung aber, so daß man glaubte, es würden die Fugen des Weltalls gesprengt..., war das Eintreten des F-Dur-Dreiklangs bei der Stelle: Und der Cherub steht vor Gott!‹ (...) Diese Fermate ließ W. ungeheuer lang aushalten und man empfand dabei nicht nur kein Nachlassen der Tonstärke, sondern diese schien vielmehr bis zum letzten Augenblicke des Absetzens noch fortwährend im Wachstum begriffen zu sein.«

Der Gottesfürchtigkeit dieser Fermate, diesem einkomponierten Staunen, folgt die überraschendste und eigenwilligste Wendung, musikalisch sowohl wie dramaturgisch. Denn just an diese Stelle schließt Beethoven den Chorrefrain der vierten Strophe an mit deren seltsam kriegerisch klingenden Versen:

> Froh wie seine Sonnen fliegen,
> Durch des Himmels prächtgen Plan,
> Laufet Brüder eure Bahn,
> Freudig wie ein Held zum Siegen...

Gewaltsamer kann man eine Strophe kaum aus dem Zusammenhang reißen; der Auftritt des Cherubs vor Gott gibt Beethoven offenbar die Vorstellung ein, auch wir, die Brüder, sollten es dem Cherub nun nachtun und durch des Himmels prächtgen Plan den Weg zu Gott finden. Aber die Verse werden ja durch eine »türkische Musik« eingeleitet, durch ein »alla marcia«, und sie selbst werden auch als Marsch intoniert, Allegro assai vivace, im Geschwindschritt gewissermaßen. Der Marsch, sagt uns die Musikwissenschaft, sei damals das Zeichen des Erhabenen gewesen; aber offenbar haben das die Zeitgenossen Beethovens nicht recht gewußt, denn sie fanden die Stelle außerordentlich bizarr; ein Kritiker rügt sogar den »Islamismus«, den der Komponist sich da geleistet habe. Wollte man das Befremden an dieser Stelle sarkastisch formulieren, so mit der Wendung: Alle Menschen werden Brüder, selbst die Türken sind dabei.

Aber der Hintergrund dieser Schiller-Strophe, mit der Beethoven uns den Marsch bläst, ist uralt, biblisch, mythologisch. Schon im 19. Psalm kommt die Wendung vor:
»Er hat der Sonne ein Zelt am Himmel gemacht; sie geht heraus wie ein Bräutigam aus seiner Kammer und freut sich wie ein Held zu laufen ihre Bahn.«

Christian Fürchtegott Gellert hatte dieses Bild für sein Gedicht »Die Himmel rühmen des Ewigen Ehre« verwendet, das Schiller gekannt und Beethoven vertont hat; schon früher also hatte er sich musikalisch mit dieser Vorstellung befaßt und sie »majestätisch und erhaben« ausgedeutet:

»Sie kommt und lacht uns von ferne, und läuft den Weg, gleich als ein Held!«

Doch die Metapher der Bahn war inzwischen von der Aufklärung längst der himmlischen Sphäre entrissen und auf dem Weg zur irdischen Karriere, wie sie Condorcet 1795 anvisierte: Der sah vor sich »dieses Gemälde des von seinen Ketten (...) befreiten, auf der Bahn der Wahrheit, der Sittlichkeit und Glückseligkeit mit festem und sicherem Schritt wandelnden menschlichen Geschlechts.«

Wir erkennen also, wie diese vier Verse zwischen Religion, Mythos und Fortschrittsglauben changieren und keineswegs verraten, welchem Helden da welcher Sieg zufallen soll. Ob sich Beethoven, wie Andreas Eichhorn vermutet, »der ideengeschichtlichen Konnotation« bewußt war, sei dahingestellt, widersprochen aber der Behauptung, diese Chorstrophe bilde »den gedanklichen Drehpunkt der Beethovenschen Textfassung«.

Die eigentliche Intention Beethovens hat schon um 1835 der Musikschriftsteller August Wilhelm Ambros benannt, als er die Besonderheit des Chorfinales gegenüber früheren »Freude«-Vertonungen hervorhob: »Es handelt sich bei Beethoven um einen anderen Gedanken, zu dem er die Worte in zwei Versen des Schillerschen Gedichts fand, die er daher auch oft genug und an verschiedenen Stellen jener großen Chöre wiederholen läßt: ›Alle Menschen werden Brüder‹ und ›Brüder, überm Sternenzelt muß ein lieber Vater wohnen‹. Alle Menschen Brüder und Gott im Himmel der Vater aller – das ist der Gedanke, den er aussprechen wollte und in diesem Gedanken Friede und Freude.«

Läßt man die religiösen Implikationen Ambros' beiseite, so hat man eine genaue und beinahe moderne Beschreibung von Beethovens Redaktionsarbeit. Es ist ein dialektischer Prozeß: Indem der Komponist den Wortlaut immer mehr einengt, verstärkt er zugleich dessen Dynamik; indem er die Verse in den Slogan treibt, gibt er ihnen deutlicher recht. Am Beispiel der von Ambros genannten Zeile

> Alle Menschen werden Brüder

läßt sich das besonders gut erkennen. Denn da heißt es im Schlußteil des Allegro ma non tanto:

> Alle Menschen, alle, alle Menschen,
> Alle Menschen, alle Menschen,
> alle Menschen! Werden Brüder...

Die Musik singt uns nicht bloß die Zuversicht vor, daß alle Menschen Brüder werden, sie wird zum Klangbild dieser Zuversicht. Zum Ruf, sich zu versammeln. Sie eröffnet gleichsam den freien Raum, auf dem die Menschen sich einfinden können. Immer mehr kommen da zusammen, finden nach und nach zueinander; man hört, wie die Menge, die Menschengemeinschaft wächst; man erfährt, wie die Hunderte zu Tausenden, zu Zehntausenden werden, wie immer aufs neue alle, alle, alle gemeint sind, weil erst in der Vielzahl und der Vollzahl der Satz wirklich wahr und singbar wird:

> Alle Menschen werden Brüder.

Solcher Vorgang wiederholt sich ähnlich in der Wortstretta des Presto mit dem Vers:

> Diesen Kuß der ganzen Welt!

Da wird dann nicht mehr die volle Zeile repetiert, sondern nur die Gesamtvision, die globale Einigkeit, die Erdenbürgerschaft, wenn der Komponist insistiert:

> Diesen Kuß der ganzen Welt,
> der ganzen Welt, der ganzen Welt,
> der ganzen Welt, der ganzen Welt,
> der ganzen Welt, der ganzen Welt.

Was Schiller hinausjubelte oder auch nur wie ein utopisches Juchhee hinschrieb, die liebevolle enthusiastische Umfassung der Welt, wird bei Beethoven zu einer Art von Beschwörungscluster, zum Einigungsruf: Man soll »die ganze Welt« nicht als einen Spruch nehmen, sondern sie kommen hören, indem man sie singen hört, wieder und wieder, nah und fern, hier und dort und überall. Und der Chor, der so singt, wird zum Abbild, zum Vorbild solcher Einigkeit der Welt.

Zur Dramaturgie eines Zwischenrufs

Nicht die bizarre Kühnheit der Exposition, nicht das Vokalfinale machen das eigentlich Konsternierende des letzten Sinfoniesatzes aus. Das revolutionär Verstörende ist der einkomponierte Zwischenruf. Inmitten der Erhabenheit des Schlußes ereignet sich eine fast außermusikalische Störung, die weniger die Musikwissenschaft angeht als die Medienästhetik. In die hochkomplizierte und hektische Konstruktion des Satzbeginns ist seine Dekonstruktion mit einer Rabiatheit eingesprengt, die erst in den Schockexperimenten des 20. Jahrhunderts ihresgleichen findet: Gemeint ist jener rezitativische Protest, der schneidend wie eine Guillotine in eine Hörerschaft hineinfährt (damals wie auch heute noch), die sich auf das Fest Musik eingelassen hat.

Man weiß ja, wie irritierend es ist, wenn man jäh aus der Hörkonzentration herausgerissen wird durch ein Räuspern, den klassischen Konzerthusten, eine fallende Handtasche, die klappende Tür eines Zuspätkommenden, das Knistern eines Bonbonpapiers, ja vielleicht durch eine vorsätzliche Agitation oder Provokation: Die Musikgeschichte des 20. Jahrhunderts war voll davon. Fast alle Werke, auf die es ankam, haben sich in den letzten hundert Jahren gegen die Empörung der Traditionalisten, gegen die Gestrigkeit der Zeitgenossen, gegen die Pfiffe der Philister durchsetzen müssen. Aber wann hätte es das je gegeben, daß ein Komponist Front macht gegen das eigene

Werk? Daß er sich wider seine Partitur zum Buhmann hergibt? Beethoven ist vieles zuzutrauen, aber auch dies, daß er aufbegehrt gegen die eigene Sinfonie, inmitten der Sinfonie? Daß er ins Auditorium, ja ins Orchester hineinruft:

> O Freunde, nicht diese Töne!

Denn das ist nicht Schiller, sondern authentischer Beethoven. Das ist der ungelenkeste Übergang in der Musik aller Zeiten, und der pathetischste dazu. Da klafft zwischen dem instrumentalen Beginn des vierten Satzes und dem neuen Gesellschaftschor, zwischen Klassik und Sinfonien-Revolution eine Fuge, und die soll nun überbrückt, ausgefüllt, vermittelt werden. Eine Fuge anderen Sinnes, als sie der Musik dreihundert Jahre lang ihre Struktur und ihre kanonische Selbstgewißheit gegeben hat; eine Fuge wie der Schritt aus der Tradition in die Zukunft, aber für Beethoven selbst auch der vom Altersrigorismus in den Jugendtraum Schiller. Gefordert war – um das Wortspiel denn doch zu wagen – eine neue Kunst der Fuge, und Beethoven hat sie, fast wie ein Maurer Mörtel zwischen zwei Steine klatscht, mit der ihm eigenen Unbedingtheit geschaffen. Mit einem schier unsingbaren Rezitativ den Übergang zum großen Weltgesang eröffnet, indem er sich von schillerschem Pathos animieren ließ:

> O Freunde, nicht diese Töne!
> Sondern laßt uns angenehmere anstimmen,
> und freudenvollere!

Aber welche Töne sind denn gemeint? Welche Musik ist es, die da verabschiedet, widerrufen, ja verrufen wird? Lange hielt sich die von Wilhelm von Lenz zuerst vorgetragene Meinung, Beethoven habe damit die ersten Sätze der Sinfonie überhaupt angesprochen; eine Ansicht, die vor allem deshalb plausibel schien, weil ja zu Beginn der instrumentalen Einleitung diese drei Sätze zitiert werden, wie kurze Spots, die sich ins

Unterbewußtsein einblenden sollen. Diese Vermutung ist keineswegs (wie gleich zu zeigen sein wird) obsolet geworden; durchgesetzt hat sich aber das Urteil, das auch durchs unmittelbare Hörerlebnis gestützt wird, daß Beethoven mit seinem »Nicht diese Töne!« auf die »Schreckensfanfare« zielte, jenen Höllenlärm der Blechbläser, diese Clusterkatastrophe, mit der der Anfang des vierten Satzes, als wolle er gar nicht in Gang kommen, dreimal obstinat unterbrochen oder eher verlärmt und verwüstet wird. Dagegen also der Protest:

Nicht diese Töne!

Aber der Einspruch ist nur deshalb so schockierend, weil er in Worte gefaßt ist. Musikalisch ist er ja schon mehrfach laut geworden: in den Rezitativpassagen der Bässe, die unisono, quasi als Einzelstimme sich gegen die Schreckenspassagen zum Instrumentalprotest vereinigt haben. »Als wolle die Musik sprechen«, hat Peter Rummenhöller den Charakter des Rezitativischen definiert. Hier, bei Beethoven, will das Unisono eine Art Abwehrzauber üben. Daß diese Passagen schon ein »Einspruch« gegen den Fanfarenlärm sein sollen, mag als dramatische Vokabel um so eher hingehen, als sie in den Entwürfen von Beethoven selbst mit Texten unterlegt waren; so als habe er schon hier die menschliche Stimme deutlich mitgehört. Dem ersten Baßrezitativ war in den Skizzen der Satz eingeschrieben: »Heut ist ein feierlicher Tag, dieser sei gefeiert mit/durch Gesang und Tanz«. Und das Zitat des ersten Satzes war schon mit Worten verabschiedet, die dem auskomponierten Zwischenruf nahekamen: »O nein, dieses nicht, etwas anderes gefälliges ist es, was ich fordere.« Das Vivace-Einsprengsel aus dem zweiten Satz findet ebenfalls keine Gnade: »Auch dieses nicht, ist nur Possen ... sondern nur etwas heiterer ... etwas schöners und bessers.« Nicht einmal das kurze Idyllen-Echo aus dem Adagio kann das geneigte Ohr des Komponisten erreichen: »Auch dieses (nicht) es ist zu zärtl. etwas aufgewecktes (?) muß man suchen wie die ... ich werde sehn daß ich euch selbst etwas vorsinge alsdann stimmt nur nach«. Als Beethoven kurz darauf, zum allerersten Male, nur vier Takte lang, von den Instrumenten das Freudenthema anklingen läßt (von dem wir Hörer ja noch nicht wissen können, daß es das erlösende sein wird), jubelt er sich mit dem in die Noten geschriebenen Eintrag zu: »Ha, dieses ist es. Es ist nun gefunden Freude...«

Der Zwischenruf »Nicht diese Töne!«, dieser rezitativisch gesungene Einspruch ist kein spontaner Einfall, sondern hat eine längere Vorgeschichte. »An die Ausarbeitung des vierten Satzes gekommen«, berichtet Anton Schindler, »begann ein selten bemerkter Kampf.« Es geht, in der zweiten Hälfte des Jahres 1823, nicht mehr darum, ob nun Schillers Freuden-Ode vertont wird oder nicht, sondern wie sie einzuführen wäre: ohne alle Vermittlung, mit einem Vorspiel oder gar expressis verbis? Und selbst als Beethoven sich zu einer programmatischen Annonce durchringt, fällt es ihm schwer, einen Wortlaut zu finden. Irgendwie scheint ihm sogar die Idee vorzuschweben, sich selbst zu Wort zu melden: »Ich selbst werde vorsingen«, lautet eine Notiz. Lange schwebt ihm die einfache Ankündigung vor: »Laßt uns das Lied des unsterblichen Schiller singen!« (die mitunter mißverständlich interpretiert wurde als der erste Einfall, die »Freude« in der Sinfonie zu verwenden). Die Unsingbarkeit des Rezitativs wird zum Zeichen seiner Unerhörtheit.

Es ist für den Beethoven dieser späten Jahre keine bloß ästhetische, keine musikalische, sondern eine existenzielle Frage. Und zugleich philosophische Verführung. Martin Geck nennt die Neunte »das erste philosophische« Ideenkunstwerk der Musikgeschichte, indem es die Gattung der Sinfonie »für Tugendpredigten öffnet«. Ob der Ausdruck Tugendpredigten nicht eine Verharmlosung des hymnisch-revolutionären Impetus ist, sei hier dahingestellt; Geck fährt fort: »Wie ernst es Beethoven damit meint, ist weniger die Verwendung der Ode an die Freude als die (...) Entscheidung für den Rezitativ-Vortrag ›O Freunde, nicht diese Töne‹.«

War aber Beethoven ein Philosoph? Die Skizzenbücher zeigen, daß er seine Kompositionen zunehmend literarisch-philosophisch unterfütterte. Daß er sie mit einer Aura aus Lesefrüchten und Zitaten zu umwinden suchte. Aus dem Jahr 1820 stammen zwei der berühmtesten Eintragungen in die Konversationshefte: »Socrates u. Jesus waren mir Muster« und die emphatische Abbreviatur: »Das moralische Gesetz in uns und der gestirnte Himmel über uns! Kant!!!« Beethoven hatte offenbar kurz zuvor in der »Wiener Zeitschrift« kosmologische Betrachtungen von Joseph Littrow gelesen, der mit dem originalen Kant-Zitat aus dem Jahre 1788 endete: »Zwei Dinge erfüllen das Gemüt mit immer neuer und zunehmender Bewunderung und Ehrfurcht, je öfter und anhaltender sich das Nachdenken damit beschäftigt: der bestirnte Himmel über mir und das moralische Gesetz in mir.« So heißt es im »Beschluß« der 1788 erschienen »Kritik der praktischen Vernunft«. Später wird Beethoven neben vielen abstrusen Ehrentiteln auch den eines »Kant unter den Komponisten« erhalten. Offenbar aber benutzt er dabei sein philosophisch-dichterisches Accompagnato in ganz anderer Weise denn als denkerischen Akt. Er betreibt nicht Philosophie, sondern er summt sich ein philosophisch Liedlein dazu. Er singt mit, wie Glenn Gould bei seinen Bach-Sachen mitsingt. Er braucht eine Begleitstimme für seine Avanciertheit. Er hält die Einsamkeit seiner Musik nicht aus, sondern sucht ihr Gesellschaft. Die Stimmen seines Alltags hört er nicht mehr; desto mehr ist er angewiesen auf die Stimmen der Menschheit.

Dennoch bleibt das Rezitativ ein Verstörungsintermezzo. Schon den Zeitgenossen fiel das auf. So schrieb die Berliner Allgemeine Musikzeitung empört: »Wie konnte ein Mann, der Göthes Geist im Egmont so tief erfaßt hat, solche Trivialität dem Schillerschen Hymnus zur Einleitung geben?« Bei einer Aufführung 1827 hält ein Kritiker den Moment fest, als »endlich die Baßstimme das Wort nimmt und in einem höchst prosaischen Aufruf (den man hier noch so gut, als es bei den verschnörkelten und verrenkten Figuren, welche der

Komponist in diese Partie gelegt hat, gehen wollte, verbesserte) ohngefähr die Worte recitirt: ›Ihr Freunde, ihr Brüder, nicht diese Töne, nein andere etc. laßt uns anstimmen.‹«

Es scheint auch in den ersten Jahren ironische Praxis gewesen zu sein, daß man die Wendung des Rezitativs »Laßt uns angenehmere anstimmen« wörtlich genommen und immer wieder neue Fassungen gedichtet hat. Selbst für die Aufführung beim Aachener Musikfest 1825, ein gutes Jahr nach der Uraufführung, die der Beethoven-Schüler Ferdinand Ries dirigierte, hat es, wie erstmals Alexander Wheelock Thayer überlieferte, eine Umtextung gegeben:

> Freunde, nicht doch diese Töne,
> Freuden Hymnen laß erschallen,
> Freud' im Herzen widerhallen!

»Stand also auch damals die Form des Übergangs noch nicht fest?« fragt Thayer mit Recht; denn bei anderer Gelegenheit gab es eine weitere Variante:

> O Freunde, nicht diese Töne!
> Verbannet des Kummers harte Klage;
> uns allen fließet erhebender Freude
> ewig sprudelnder Quell!

Der Beethoven-Biograph Maynard Solomon hat die Debatte über die Bedeutung des Zwischenrufes vor einigen Jahren neu eröffnet, indem er wieder der alten Lenzschen Lesart das Wort geredet hat. Gerade die Beethovenschen Kommentare bei den Zitaten aus den früheren Sinfoniesätzen, diese »Neins« und »Dieses nicht« seien doch Hinweise darauf, daß eben nicht nur die Höllenfanfaren vom Verdikt »Nicht diese Töne!« betroffen seien, sondern doch die ganze sinfonische Arbeit bis dahin. Solomon stellte die Frage, ob nicht Beethoven um den Preis dieses unerhörten Finales alles vorher Gehörte aufs Spiel setze. Durch die Zurückweisung der früheren Themen »werden wir plötzlich gezwungen zu bedenken, ob nicht die ersten Sätze der Sinfonie eher ideologische Konstrukte denn Musik sind.«

In seinem Vortrag über das Thema »The Sense of an Ending« beim Internationalen Beethoven-Kongreß 1990 in Bonn implizierte Solomon aber noch etwas Sensationelleres als die Wiederaufbereitung einer alten These. Er riskierte mit dem Ausdruck »ideological construct« eine Paradoxie des klassischen Finalproblems: Beethoven habe nicht Schwierigkeiten gehabt, ein Finale für seine neunte Sinfonie zu finden (er habe im Alter auch über Alternativen mit sich reden lassen), sondern eine Sinfonie für dieses spezielle Finale zu schreiben; denn auf Schiller habe er sich schon früh festgelegt. Sein Problem sei eher gewesen (wenn wir Solomon pointiert resümieren), zur Freuden-Hymne eine sinfonische Vorstufe zu komponieren, auf der diese sich erst zum Triumph erheben konnte.

Und er schreibt: »Die Ode an die Freude ist natürlich einzigartig selbst unter den außerordentlichen Finali der späten Schaffenszeit. Beethoven benutzte darin jede nur denkbare Strategie zur Realisierung seiner prophetischen und apokalyptischen Ziele, indem er mystische Szenarios, deskriptives Material, programmatische Hinweise, durchgehende Muster und charakteristische Stile aufbot, dazu jede Art von musikalischem Symbolismus, der ihm zur Verfügung stand. (...) Der Text der Ode an die Freude ist Beethovens Versuch, sich an das Ordnungsprinzip Wort in einem chaotischen Universum zu halten, so wie ein Schwimmer sich an eine Rettungsleine hält, während er sich immer weiter vom Ufer entfernt; in der neunten Sinfonie sucht Beethoven nach einem sicheren Hafen in tiefsten Wassern. Je größer das Hindernis, um so entscheidender der Einsatz: Statt sich mit Gefälligem oder einer leichten Eroberung abzugeben, ist er bereit, die Integrität seiner Kunst aufs Spiel zu setzen.«

IV
»Diesen Kuß der ganzen Welt!«
Berlin, London, Paris, New York

1
Zwischen Polemik und Prophetie
oder
Deutschland streitet um den letzten Satz

> In diesem letzten Satz vermochten wir nie mehr als den Riesenschatten zu sehen, den ein Riesenkörper wirft.
> Eduard Hanslick

Ein Brillantring und andere Abfertigungen

Der Vorgang ist in manchem symptomatisch für die Rezeption der neunten Sinfonie im ersten Vierteljahrhundert nach der Uraufführung: Beethoven schickt das Werk mit großen Erwartungen in die Welt, und die Welt reagiert mit Unverständnis, auch Hohn, mit Gedankenlosigkeit und leeren Floskeln. Im September 1826 fertigt er eine Abschrift des Manuskripts an den König von Preußen, Friedrich Wilhelm III., ab, nachdem fast ein Jahr lang umständlich geklärt worden war, ob dem Monarchen eine solche Zueignung auch willkommen sei. Der Schott Verlag hatte eigens die Versendung der bereits fertig gedruckten Partitur hinausgeschoben, damit sie nicht vor der Zusendung des handschriftlichen Exemplars auf dem Markt wäre. Aber nun sind die höfischen Finessen geklärt, und der Komponist taucht tief ein in die Tinte der Devotion:

Eure Majestät!
Es macht ein großes Glück meines Lebens aus, daß Ew. Majestät mir gnädigst erlaubt haben, allerhöchst Ihnen gegenwärtiges Werk zueignen zu dürfen.
Ew. Majestät sind nicht bloß Vater allerhöchst Ihrer Unterthanen, sondern auch Beschützer der Künste und Wissenschaf-

ten; um wie viel mehr muß mich also Ihre allergnädigste Erlaubniß erfreuen, da ich selbst so glücklich bin, mich als Bürger von Bonn, unter Ihre Unterthanen zu zählen.
Ich bitte Ew Majestät, dieses Werk als ein geringes Zeichen der hohen Verehrung allergnädigst anzunehmen, die ich allerhöchst Ihren Tugenden zolle.
  Ew. Majestät
  unterthänigst gehorsamster
  Ludwig van Beethoven

Der Preußenkönig antwortete mit banausischer Herablassung und in aller Kürze:

Bei dem anerkannten Werthe Ihrer Compositionen war es mir sehr angenehm das neue Werk zu erhalten welches Sie mir überreicht haben. Ich danke Ihnen für dessen Einsendung und übersende Ihnen den beigehenden Brillantring zum Zeichen meiner aufrichtigen Werthschätzung.
  Berlin, den 25. November 1826
  Friedrich Wilhelm

Beethoven war nicht enttäuscht; er war außer sich vor Entrüstung und Erbitterung. Er hatte sich nicht einen Ring erwartet, sondern – einen Orden! Aber da lag nun dieser Ring vor ihm, und dessen Fassung umschloß nicht einen Brillanten, sondern irgendeinen »rötlichen« Stein. Nicht einmal ein Brillant! War es Undank des Königs, Intrige von Höflingen oder gar Betrug des Überbringers? Beethoven ließ, wie Thayer berichtet, das Schmuckstück durch einen Wiener Hofjuwelier schätzen: Wert etwa 300 Gulden Papiergeld. Der Komponist war drauf und dran, den Ring zurückzugeben, verkaufte ihn dann aber für die genannte Summe dem Goldschmied.
  In Berlin immerhin scheint sich die Staatsaktion mit dem Widmungsexemplar herumgesprochen zu haben: Denn just in den Tagen, da der König seine Unterschrift unter sein Schreiben an den Komponisten setzt, gibt es in der Residenz-

stadt eine geradezu lebhafte Bemühung um die Sinfonie. Am 13. November veranstaltet der Berliner Konzertmeister Karl Möser eine Art Korrepetitionsaufführung in kleinem Kreis und kleinem Rahmen, bei der der siebzehnjährige Felix Mendelssohn (ein Genie des Vom-Blatt-Spiels) am Klavier den Orchesterpart spielt. Offenbar diente diese Gelegenheit der Vorbereitung der Orchesteraufführung, die zwei Wochen später, am 27. November, wiederum unter Leitung Mösers (von der ersten Geige aus), stattfand. Aber danach ließ es sich offenbar auch Mösers Vorgesetzter, Gasparo Spontini, als Kapellmeister der Königlichen Hofoper nicht nehmen, selber das Werk zu dirigieren: Am 18. Dezember erlebte die Neunte in der Hofoper ihr repräsentatives Debut; ob auch der beschenkte König zuhörte, ist nicht überliefert.

Ebenfalls in diesen Novembertagen des Jahres 1826 erscheint in Berlin eine eingehende Besprechung des Werkes. Verfasser ist ein junger Musikkritiker, Bernhard Adolph Marx, der wenige Jahre zuvor sein eigenes Blatt, die Berliner Allgemeine Musikalische Zeitung, gegründet hatte und später zu den großen Musiktheoretikern des 19. Jahrhunderts gehören wird. Noch ehe er eins der beiden Orchesterkonzerte gehört hat, analysiert er die Komposition und macht sich und seinen Lesern klar, was das eigentlich bedeute: eine Sinfonie mit einem Chorfinale. Hier nur ein paar Sätze aus seinen Gedankengängen, die erkennbar dazu dienen, eigene Zweifel durch eine übergeordnete Idee zu beschwichtigen, konkrete Einwände durch eine neue Konzeption zu moderieren:

»Schon der erste Blick in die Partitur belehrt uns, daß hier eine ganz neue Gestaltung vollendet worden, die nur aus einem neuen Grundgedanken abzuleiten und zu erkennen ist. Sobald Instrumente und Singstimmen zusammentreten, ordnen sich erstere den letztern unter wie alles, was ihn umgiebt, dem Menschen; denn im Gesange, der die Sprache und die dem Menschen innewohnende Tonwelt umfaßt, stellt sich das Menschliche dar, im Gegensatz zu den Instrumenten, als dem Außermenschlichen.«

Wenn aber gerade Beethoven als der Meister der Instrumentalmusik, dessen Kunst an die Vielfalt und Schönheit des Naturlebens heranreiche und dessen frühere vokale Werke allzuoft rein instrumental gedacht gewesen seien, wenn also dieser große Komponist nun eine Sinfonie mit einem Chor beschließe, so sei das ein Bekenntnis zum »ewig in sich reine(n) Gesang«. »Er selbst, herrschend in der zauberischen Instrumentenwelt, lauscht dem einfachen Gesang aus menschlicher Kehle; und die treu-unschuldige Liedesweise, des Menschen eigene Sprache (...) erhebt er auf den Thron, dem er selbst fern gestellt ist, um neue Reiche dem menschlichen Geiste zu öffnen und zu erwerben.« Aber eine gewisse Irritation schreibt an dieser Laudatio mit: »Diese Erhöhung (auf den Thron) schien ihm so sicher und unvermeidlich, das Singen schon an sich dem Menschen so innig angehörend und in ihm so mächtig: daß er die Stimmen hat gehen lassen und walten, daß sie gleichsam durch sich selbst siegen sollen, selbst ohne jene Sorgfalt des Tonsetzers für deklamatorische, melismatische und harmonische Bedeutsamkeit des Gesanges.« Was ja nicht viel anderes heißen dürfte, als daß man die Idee des Finales zwar bejubeln müsse, aber ihm nicht ganz leicht zuhören könne.

»Wo werden Sie uns noch hinführen??«

Von den früheren Aufführungen der Sinfonie ist die beim Niederrheinischen Musikfest in Aachen am 23. Mai 1825 besonders gut dokumentiert, weil es hier, sowohl bei der Vorbereitung als auch kurz danach, einen längeren Briefwechsel zwischen Beethoven und seinem einstigen Schüler Ferdinand Ries gegeben hat. Ries, inzwischen renommierter Komponist und Kapellmeister, war nach langen Jahren in London wieder in sein Elternhaus in Bad Godesberg heimgekehrt und hatte für das Jahr 1825 die Leitung des Festivals übernommen. Am ersten Tag dirigierte er eine eigene Sinfonie und Händels

Alexanderfest, und für den zweiten hatte er in mühevoller Arbeit die Neunte vorbereitet. Dazu gehörten nicht nur ungewöhnlich viele Proben, sondern auch die Zusammenstellung der Partitur des letzten Satzes, da Beethoven ihm dafür nur die Stimmen geschickt hatte. Ries hatte wohl vor dem Risiko des Chorfinales gewarnt und erwogen, es wegzulassen; gekürzt wurde dann aber an anderer Stelle; man habe, »zwar mit tiefem Bedauern, jedoch durch die Notwendigkeit gezwungen beschlossen, einige Stücke aus dem Adagio und das Scherzo bei der Aufführung zu übergehen«, heißt es in einer späteren Chronik.

Davon schreibt Ries seinem verehrten Meister natürlich nichts, sondern schickt ein reines Ruhmesblatt: »Seit einigen Tagen bin ich von Aachen zurück, und sage Ihnen mit dem größten Vergnügen, daß Ihre neue Sinfonie mit außerordentlicher Präzision aufgeführt und mit dem größten Beifall aufgenommen worden ist – es war eine harte Nuß zu brechen und den letzten Tag, habe ich am Finale allein 3 Stunden lang probirt (...) Es ist ein Werk, dem man keins an die Seite setzen kann, und hätten Sie nichts wie das geschrieben, so hätten Sie sich unsterblich gemacht – wo werden Sie uns noch hinführen??« Selbst wenn man den Schmeichelbonus des Schülers abzieht, ist dies die erste Stimme, die die Singularität des Werkes erkennt und klar ausspricht.

Dabei zeigt gerade die Selbstverständlichkeit, mit der selbst der ergebene Ries das Werk zurechtgestutzt hatte, daß die Neunte noch keineswegs als sakrosankte symphonische Einheit begriffen war. Beethovens Bruch mit der symphonischen Tradition schien der Komposition selbst eine gewisse Brüchigkeit zugefügt zu haben, die deren Fragmentarisierung nahelegte. Dazu kam die außergewöhnliche Dauer: Das Werk war ja zwei traditionelle Sinfonien lang (davon wird im nächsten Kapitel noch die Rede sein).

Fast zwei Jahrzehnte lang war die neunte Sinfonie in Gefahr, zum Torso zu werden und ihren letzten Satz einzubüßen. Es schien den Zeitgenossen offenbar, als habe Beethoven diesem Werk ein »ad libitum« einkomponiert und als sei das Finale gewissermaßen nur eine Zugabe. Der vierte Satz aber war den Zuhörern und den ersten Rezensenten nicht so sehr wegen des Tabubruchs suspekt, sondern wegen seines turbulenten Charakters. Nicht allein die oft zitierte und beklagte Unsingbarkeit war ein Argument gegen die Aufführung, sondern auch die Art, wie hier der Komponist mit dem Dichter umgesprungen sei.

Dieses Monitum steht im Mittelpunkt einer Rezension, die anläßlich der Leipziger Erstaufführung am 6. März 1826 geschrieben worden ist. Der Rezensent, der Gymnasiallehrer Christian Gottlob Rebs, hatte einen »ungünstigen Eindruck« vom Ganzen, gab eine reservierte Schilderung von den ersten beiden Sätzen, lobte den dritten als »eines der schönsten Adagio's welche Beethoven geschrieben« habe, machte aber dann seinem Unwillen Luft: »Nach diesem im Ganzen des Karakters herrlichen Satze kann man fast nur Unwillen empfinden über den vierten ›Finale; presto‹ in welchem die Masse des Orchesters mit der Masse der Stimmen vereinigt wird, um auf die bizarrste Weise auf der Welt das Thema von der Freude zu besingen (...) die Behandlung des Schillerschen Textes zieht das hohe schwungvolle Gedicht tief herab und mißhandelt die Poesie auf eine unbegreifliche Weise. Erstens ist das Gedicht ganz aus seinen Fugen gerissen, nicht blos abgekürzt worden (...), sondern in der That verstümmelt, indem ohne Sinn und Grund jetzt einzelne Strophen in ganz anderer Ordnung, wie Bruchstücke, die der Tonsetzer zufällig in seinem Gedächtnis fand, auf einander folgen, und die erste Strophe dazwischen immer wiederholt wird. Zweitens trägt die Hauptmelodie selbst auch nicht das Geringste von Schillers hohem Geiste in sich und verträgt sich, besonders wo sie schneller vorgetragen wird, weit eher mit einem gemeinen Weinrausche als mit dem begeisterten Schwung jenes Dichters.«

Der Verriß bezieht sich also auf drei Argumente: die nach Ansicht des Rezensenten willkürliche Redaktion des Gedichts, die Unangemessenheit des Freuden-Themas und nicht zuletzt eine ihm anstößig erscheinende Ausgelassenheit wie »bei einem gemeinen Weinrausche« oder, in anderer Formulierung, »wie bei einem wilden Bacchanale«. Dieser Vorwurf des Bacchantischen, des Bacchanals wird in der Folgezeit regelrecht zum Stichwort; am ausgiebigsten hat ihn Carl Loewe zelebriert, der sich geradezu selbst in einen verbalen Weinrausch verstieg bei der Schilderung all dessen, was nach seinem Eindruck im Finalsatz vor sich ging:

»Wir befinden uns also in einer fast erhitzten Gesellschaft, deren Braus und Saus aber besser durch ein vernünftiges Lied gedämpft und zu edleren Empfindungen (wenn auch nur durch Schillersche, freilich hochbegeisterte) hingeleitet werden soll. Viel geht an der Seele eines ungebundenen frohen Menschen bei diesem Tafel-Wirrwarr vorüber; aus dem Leben nämlich, – manneskräftige Thätigkeit, Knabenjahre, auch wohl ein zarter, höherer Gedanke ... Erst brummen einige für sich die Volks-Melodie ohne Text, es findet Theilnahme, an allen Enden der Gesellschaft wird eingestimmt, Volkslied ›Freude schöner Götterfunken‹. Auch die Frauen theilen endlich diese zarten und bessern Wendungen der Unterhaltung ...« Loewe folgt zwar auch dem Gang des Cherub, der vor Gott steht, ist aber am Ende, »unter Gläsergeklirr und lautem Gerufe« wieder bei der Szenerie eines tollen Gelages, das er aber freundlich bedenkt: »Oft lernt man ja Jemanden viel besser kennen in *einer* glücklichen Stunde, als wenn er uns im gewöhnlichen Alltagsleben Jahrelang begleitete.«

Carl Loewes Rezension der neunten Sinfonie ist insofern ein besonderer Fall, als sie sich auf eine Aufführung bezieht, die er selbst geleitet hatte, und zwar am 20. Februar 1827 in Stettin. Der dreißigjährige Loewe war dort zunächst Kantor und Organist, bald darauf städtischer Musikdirektor geworden. Und er versteht auch eine Menge vom Zusammenhang zwischen Text und Musik, denn er hat sich schon mit seinem Opus 1 (Herders »Edward«, Uhlands »Der Wirtin Töchterlein« und Goethes »Erlkönig«) als Balladenkomponist einen Namen gemacht; später wird er für das ganze 19. Jahrhundert der repräsentative Komponist für dieses Genre sein, bei dem sich ein dramatisches Gedicht und eine illustrierende Musik, eine Gesangsstimme und ein Klavier, die gute Stube und die wichtige Begebenheit begegnen und zueinanderfinden. Loewe weiß also, wie Texte beschaffen sein müssen, will man sie in Musik setzen, und wie nicht. Und die ganze Mühe, die er auf die Aufführung der Neunten gesetzt hat (zu der er Mendelssohn an die erste Geige gebeten hat), hindert ihn nicht, nunmehr in der (anonymen) Kritik auszusprechen, was den Finalsatz eigentlich zu Fall bringt; im Gegensatz zu Rebs ist ihm Schiller der Hauptschuldige:

Er spricht von einem rauschhaften Text, »der dem nüchternen ruhigen Denker nicht allein kaum verständlich ist, sondern in Bezug auf die Verknüpfung der heterogensten Dinge und Gedanken, fast unbegreiflich genannt werden könnte. Denn bald redet der Dichter von Göttern, denen gleich zu sein er schön nennt, bald spricht er auf das bestimmteste von Gott, den er über den Sternen, bald richtend mit der Wagschaale, bald als liebenden Vater zu ahnen glaubt, dann läßt er zuvörderst beim goldenen Wein schwören, dann endlich auch bei dem Sternenrichter (...) Genug, wer so in seiner Ruhe, wie zum Beispiel jetzt hier der Ref., alle diese zusammengewürfelten Redensarten so recht eigentlich gegeneinander hält, der könnte leicht an *dem* Genius irre werden, der sie schuf.«

Kann man den »Wahnsinns«-Charakter des Schillerschen Gedichtes knapper resümieren, das Potpourri gerade der sublimsten Assoziationen deutlicher benennen, als Loewe es hier tut? Den Rauschcharakter dieser Ode, das Impromptuhafte ihrer Verse, den Eklektizismus der Ekstase kühler auf den Nenner bringen? Und dennoch jenen Überschuß an Kritik der eigenen Urteilskraft aufbringen zu sagen: »Und demungeachtet ist nicht zu leugnen, daß es Momente der Aufregung im Leben giebt, wo man dieses seltsame Gedicht verstanden hat, wenn man es auch nicht kontinuierlich versteht.« Loewe weiß nichts von der lebenslangen Sympathie Beethovens für Schillers »Freude«, aber er ahnt die Momente einer emphatischen Übereinstimmung: »Im Kreise geselliger Brüder, an der Tafel, beim Pokale, mag er dieses Finale vorempfunden haben«, so wie Schiller »in den Momenten der Begeisterung«.

Etwa um die Zeit, da diese Rezension in der Berliner Allgemeinen Musikalischen Zeitung erscheint, am 26. März 1827, stirbt Beethoven. Es ist ein europäischer Todesfall, der die musikalische Welt erschüttert. Aber es ist auch ein Datum, das den Tonfall der kritischen Stimmen verändert. Es beginnt die Vergötterung, und zugleich ist es die Stunde der polemischen Nachfrage: War dieser Komponist zuletzt überhaupt noch bei Troste?

Die Woldemar-Polemik

Mit dem Komponisten schien zugleich ein Teil des Respektes vor ihm gestorben, jene rücksichtsvolle und sich rückversichernde Ehrerbietung, die ihm auch da noch Kredit gab, wo man ihm musikalisch nicht mehr folgen konnte oder wollte. Der Ton der Kritik änderte sich in Deutschland in den folgenden Jahren drastisch: Man konnte endlich die Hut, auf der man vor dem lebenden (und zürnenden und einflußreichen) Beethoven war, preisgeben und Klartext reden. Die Musikwissenschaft spricht von »einer konsequenten Beethoven-Polemik nach Beethovens Ableben« (Helmut Kirchmeyer).

Ende 1827 – ein gutes halbes Jahr nach dem Tod und dem ungeheuren, nach Zehntausenden zählenden Trauerzug in Wien – erscheint in der Mainzer Musikzeitschrift »Cäcilia« so etwas wie eine Generalabrechnung. Unter dem Namen »Woldemar« – dahinter verbarg sich der Berliner Musikkritiker Heinrich Hermann – wird nicht so sehr Beethoven als seinen Verehrern und schreibenden Verklärern der Prozeß gemacht. Schon ein Jahr vorher hatte dieser Woldemar in einer Zeitungskritik erklärt, daß man es bei den späten Werken Beethovens, der Missa solemnis und den letzten Streichquartetten, aber eben auch der neunten Sinfonie mit »den verworrenen

Reden eines im Delirio liegenden Kranken« zu tun habe. Diese Attacke wird nun auf breiter Front vorgetragen; das nationale Prestige steht auf dem Spiel: »Allein ob sich ein Mann (...) wie Beethoven dermaßen in düstere, leere, trockene, plan- und geschmacklose Speculationen – mit der schönsten der Künste, der Musik, verliert, daß man nicht bloß das Ruder des allgemeinen gesunden Menschensinnes, sondern selbst das seines eigenen früheren Verstandes darin vermißt; das hat allerdings sehr viel zu bedeuten, denn das kann die deutsche Nation um den schönen Ruhm bringen, auf den sie mit Recht bisher stolz war, nämlich in den Schöpfungen der Harmonie, wie der Melodie, die erste der ganzen gebildeten Welt zu seyn!«

Eigentlich wäre dies doch eine gute Gelegenheit für Bernhard Adolph Marx gewesen, Beethovens Ehrenrettung zu unternehmen und seine Berliner Musikzeitung gegen die »Cäcilia« in Stellung zu bringen; aber der junge Berliner Publizist schwieg in der Angelegenheit. Eine Erwiderung auf »Woldemar« erschien dann in der »Cäcilia« selbst, verfaßt von dem Leipziger Organisten C. F. Becker, der sich eher rührend ins Zeug legte: »Bekanntlich hat Beethoven an 130 und mehr Werke geschrieben. Ist es nun recht, einen Mann wie diesen nach dem Tode auf eine solche Art an den Pranger zu stellen wegen etwa dreier Werke, die er in den letzten Lebensjahren schrieb? – Sind sie wirklich, was Herrn Woldemar und zehn anderen, die eine solche Aufforderung machen können, schwer möchte zu beweisen sein, sind sie wirklich für ein Tollhaus gut?« Der Verteidiger Beethovens fürchtete vor allem, die Radikalität des Polemikers könnte Schule machen, denn er schließt: »Einer benimmt Beethovens letzten Werken keinen Werth; Einer giebt und raubt dem wahren Verdienst keinen Lorbeerkranz; Für Einen kein Wort mehr; aber für Andere, die so schwach vielleicht wären, ein ähnliches Urteil zu fällen«, sei seine Replik geschrieben.

Woldemar hat nur Spott für diesen Gegner: »Es geht ihm wie den meisten Enthusiasten; sie können in ihrem Eifer weder sehen noch hören.« Er selbst, Woldemar, habe doch Beethoven immer gelobt und hochgehalten; wenn der aber in seinen späten Jahren ein anderer geworden sei – müsse man das nach seinem Tode zur Ehre der Kunst nicht aussprechen? Damit trete man doch seinem wirklich errungenen Ruhm nicht zu nahe? Und er, der Kritiker, stehe mit seiner Meinung keineswegs allein da, sei nicht nur »Einer«, sondern spreche das Urteil vieler aus. Und den Beethoven-Verehrern ruft er zu: »Nur immer zu, vortreffliche Herren und Kenner der Musik (...), erklären Sie Töne, welche uns die Haut mit Gänsestoppeln überziehen, für das Non plus Ultra der Kunst« – wie es Marx im Falle der Neunten getan hatte –.

»Machen Sie Ihrer Welt begreiflich, daß gerade hier der Komponist die neue Bahn gebrochen hat.« Für ihn selbst seien es nichts als die »furchtbar tönenden und hin und wieder wirklich delirierenden Schwanengesänge des originellen Komponisten.« Der erzkonservative Geschmack des Kritikers entlarvt sich, als er dann »das größere Deutschland« auf Hasse, Graun und Gluck (neben Händel, Haydn und Mozart) zu verpflichten sucht.

Die Woldemar-Polemik mitsamt ihren Gegenstimmen ist nur das Modell einer deutschen Kontroverse, die sich über mehrere Jahrzehnte hinzieht. Was in der Polemik seinen hämischsten Ausdruck fand, das Befremden gegenüber dem Spätwerk Beethovens, kehrt als vielfältig formuliertes Unbehagen in fast allen Rezensionen der folgenden Jahre wieder. Vor allem die Taubheit Beethovens war Anlaß zu der Sorge und oft wiederholten Frage, ob der Komponist denn noch seinen Ohren selbst habe trauen können, ob man also dieses Oeuvre überhaupt noch mit kritischen Maßstäben messen dürfe. Man sah sich mit der Unsicherheit konfrontiert, ob da nun eine neue revolutionäre Tonkunst erklinge, die auch neue kritische Maßstäbe erfordere; oder ob man das, was der taube Kopf des Komponisten da geschaffen hatte, überhaupt noch als Kunst, als Musik, als bewußte Klangschöpfung bewerten könne.

Exemplarisch wird das Dilemma in einer Leipziger Kritik aus dem Jahre 1829 benannt: »Trüb und düster werdend, zog er (Beethoven) sich mehr und mehr von der Außenwelt ab und zurück, hörte keine Musik mehr, sah sie nur noch (...) Nach und nach nun wurde Beethoven und mußte den Umständen nach werden – – ein Augenkomponist. Er gefiel sich mehr und mehr in der Erfindung von sonderbaren Motiven und deren überkünstlicher und seltsamer Verarbeitung und Verflechtung; er baute eine Menge Gedanken übereinander; die standen auf dem Papier ganz klar da und vergnügten sein Auge, in der Ausführung aber wird es oft ein wüstes Gewirr.« Es ist aber nicht die Taubheit allein, die dem Kritiker zu denken gibt; ein alter, geradezu traditioneller Vorwurf kommt noch hinzu: »Geführt wurde Beethoven auf jenen falschen Weg nächst dem Verlust seines Gehörs auch noch durch das Hauptstreben seines Lebens nach Originalität. – – Er wollte, und vorzüglich in letzter Zeit, um jeden Preis neu seyn.«

Beethoven – ein Augenkomponist? Keiner scheint es weniger gewesen zu sein. Aber es geht uns hier nicht um die Stimmigkeit der These, sondern um den Beleg dafür, wie schwer sich die Kritik zumal mit der neunten Sinfonie tat und wie sehr sie, wenn nicht einen Zugang, so doch eine Motivierung für die Sperrig- und Sprödigkeiten des Werks zu finden suchte. Die schlechtesten Rezensenten waren es nicht, die ihre Schwierigkeiten offenlegten. Die ästhetische Zerrissenheit nimmt geradezu Bekenntnischarakter an; ein Leipziger Kritiker gesteht noch 1836, daß er nicht zu denen gehöre, die in der neunten Sinfonie »das Großartigste und Höchste (sehen), was die Tonkunst je geschaffen hat«, aber er hält sich nicht für unverbesserlich, sondern verspricht, sich »über dieses wahrhaft ungeheure Werk gebührend belehrende Zurechtweisung« zu erbitten. Und schließt mit dem Seufzer: »Hoffen wir also das Beste, auch in dieser Erdenwirre getheilter Gemüter...«

Der fünfundzwanzigjährige Robert Schumann hat diese Erdenwirre in einem übermütigen, aber scharfsinnigen Prosastück glossiert; als »Fastnachtsrede von Florestan, gehalten nach einer Aufführung der letzten Sinfonie von Beethoven« kapriziert er die gemischten Gefühle, verunsicherten Seelen und widerstreitende Urteile zu parodistischen Gedankensprüngen und macht sich lustig über die neue Feierlichkeit der Zuhörer:

Schumann verspottet den Kult

»›Was mag wohl Beethoven sich unter den Bässen gedacht haben?‹ – Herr, antwortete ich, schwerlich genug; Genies pflegen Spaß zu machen, – es scheint eine Art Nachwächtergesang: – – Weg war die schöne Minute und der Satan wieder los. Und wie ich nun diese Beethovener ansah, wie sie da standen mit glotzenden Augen und sagten: das ist von unserem Beethoven, das ist ein deutsches Werk – im letzten Satz befindet sich eine Doppelfuge – man hat ihm vorgeworfen, er prästire dergleichen nicht. – aber wie hat er es getan – ja, das ist *unser* Beethoven. Ein anderer Chor fiel ein: es scheinen im Werk die Dichtgattungen enthalten zu sein, im ersten Satz das Epos, im zweiten der Humor, im dritten die Lyrik, im vierten (die Vermischung aller) das Drama. Wieder ein anderer legte sich geradezu aufs Loben: ein gigantisches Werk wär' es, kolossal, den ägyptischen Pyramiden vergleichbar. Noch andere malten: die Symphonie stelle die Entstehungsgeschichte des Menschen dar – erst Chaos – dann der Ruf der Gottheit: ›es werde Licht‹ – nun ginge die Sonne auf über den ersten Menschen, der entzückt wäre über solche Herrlichkeit – kurz das ganze erste Kapitel des Pentateuch sei sie. – – Ich ward toller und stiller. Und wie sie eifrig nachlasen im Text und endlich klatschten, da packte ich Eusebius beim Arm und zog ihn die hellen Treppen hinunter mit ringsum lächelnden Gesichtern.«

Florestan, der die übermütige Rede hält, und Eusebius, der schwermütige Schwärmer, sind die beiden Seelen in der Brust des Komponisten Schumann, Ego und Alter ego, Temperamentsgegensätze in seiner Musik, aber auch publizistisch hervortretende Dialogpartner. So auch im Fortgang der kuriosen Begebenheit:

»Unten im Laternendunkel sagte Eusebius vor sich hin: Beethoven – was liegt in diesem Wort! schon der tiefe Klang der Sylben wie in eine Ewigkeit hineintönend. Es ist, als könne es kein anderes Schriftzeichen für diesen Namen geben. – Eusebius, sagte ich wirklich ruhig, unterstehst du dich auch, Beethoven zu loben? Wie ein Löwe würde er sich aufgerichtet und gefragt haben: Wer seid ihr denn, die ihr das wagt? – Ich rede nicht zu dir, Eusebius, du bist ein Guter – muß denn aber ein großer Mann immer tausend Zwerge im Gefolge haben?«

Schumann ist der erste, der gegen die Bequemlichkeit der Hörer angeht, gegen das Andachtsgetue, das sich um das Werk ausbreitet, gegen die Einvernahme in Bausch und Bogen und Banausie. »Ihn, der so strebte, der so rang unter unzähligen Kämpfen, glauben sie zu verstehen, wenn sie lächeln und klatschen? Sie, die mir nicht Rechenschaft vom einfachsten musikalischen Gesetz geben können, wollen sich anmaßen, einen Meister im Ganzen zu beurteilen? Diese, die ich sämmtlich in die Flucht schlage, laß' ich nur das Wort Contrapunkt fallen, – diese, die ihm vielleicht das und jenes nachempfinden und nun gleich ausrufen: o, das ist so recht auf unser Corpus gemacht, – diese, die über Ausnahmen reden wollen, deren Regeln sie nicht kennen, – diese, die an ihm nicht das Maaß bei sonst gigantischen Kräften, sondern eben das Übermaaß schätzen, – seichte Weltmenschen, – wandelnde Werthers Leiden, – rechte verlebte großtuige Knaben, – diese wollen ihn lieben, ja loben?«

Und mit durchtriebenster Liebenswürdigkeit präsentiert Florestan-Schumann am Ende seiner Fastnachtsrede den wahren Beethoven-Verehrer, einen schlesischen Landedelmann, der seinem Musikhändler folgenden Brief geschrieben habe: »Geehrter Herr, nun bin ich bald mit meinem Musikschrank in Ordnung. Sie sollten ihn sehen wie prächtig er ist. Innen Alabastersäulen, Spiegel mit seidenen Vorhängen, Büsten von Componisten, kurz prächtig. Um ihn aber auf das Köstlichste zu schmücken, bitte ich mir noch sämmtliche Werke von Beethoven zu schicken, da ich diesen sehr gern habe.« Sarkastischer hätte auch Karl Kraus nicht zitieren können.

Nicht nur Kritiker stritten über die Neunte und ihren Finalsatz; auch die jungen deutschen Komponisten hatten ihre Kontroversen. Robert Schumann begegnet uns noch einmal in einer kuriosen Auseinandersetzung mit Felix Mendelssohn. Der hatte die Sinfonie am 15. März 1837 im Leipziger Gewandhaus dirigiert; unter den deutschen Musikern war er wie kein anderer mit dem Werk vertraut. Am Tag nach der Aufführung besucht ihn Schumann schon früh am Vormittag; er muß sein Herz ausschütten, seinen Groll loswerden: »Den ersten Satz nahm M. unbegreiflich rasch, für mich so beleidigend, daß ich geradezu fortging. Ich sagte es ihm auch, sogar etwas grob und geradezu. Er war frappiert ›er hätte ihn sich ihn nie anders gedacht‹. Dann ›die drei ersten‹ Sätze wären *übertrieben* schön‹.« Schumann notiert noch über das Gespräch, daß Mendelssohn sich einige Änderungen in der Instrumentierung wünsche (wie sie dann Richard Wagner vornehmen wird), und dann kommt eine erstaunliche Äußerung: »Den letzten Satz verstünde er nicht.« Schumann dolmetscht es in seinen Tagebuch-Notizen so: »Damit sagte er: ›er gefiele ihm am wenigsten‹.«

Den letzten Satz verstünde er nicht. Mendelssohns Urteil ist weitgehend immer noch allgemeines Vorurteil. In den späten Dreißigern, Anfang der Vierziger des 19. Jahrhundert schien die Integrität des Werkes, die Geschlossenheit der Komposition noch immer nicht akzeptiert. Das Chorfinale hängt – nach dem Urteil der Kenner wie der Zuhörer – dem Instrumentalteil der Sinfonie wie ein Fremdkörper an und ist der Willkür der Dirigenten wie der Gunst der Aufführungsbedingungen preisgegeben.

Gerade in der Hauptstadt Berlin scheint unter dem Kapellmeister Möser (der das Werk ja eingeführt hatte) sich die Auslassung des vierten Satzes als Praxis zu etablieren. Am 18. April 1838 dirigiert er die Sätze eins bis drei und findet das

Verständnis der Leipziger Allgemeinen Musikalischen Zeitung, die es »für keinen wesentlichen Verlust hält, da überdies die Aufführung mit Solo- und Chorstimmen sehr schwer und selten gelungen ist.« Auch ein Jahr später, Frühjahr 1839, führt Möser nur die ersten drei Sätze auf. Als er nach Jahresfrist dann doch den Schlußchor wagt, findet der Kritiker seine frühere Bemerkung bestätigt: »Der Gesang ›An die Freude‹ wird bei dieser Behandlung der Singstimmen, besonders der hohen Soprane, selten ganz vollkommen gelingen.« Dennoch signalisiert dieser Kritiker den Wandel der Stimmung: Als Möser nach 1841 auch 1842 wiederum das Chorfinale wegläßt, notiert er: »*Leider* mit Ausnahme des letzten Satzes.«

Ein kleines Zeichen, und doch wohl ein Durchbruch: Die Torso-Phase des Werks ist damit, nicht nur für Berlin, beendet, die Gefahr des Ruinenkultes gebannt.

2
»Eine Stunde und zwanzig Minuten!«
oder
Wie die Londoner »ihre« Sinfonie verspielten

> Time is money.
> Benjamin Franklin

»Die Freude« für Engländer auf italienisch

Zu den Bizarrerien in der »Biographie« der neunten Sinfonie gehört der Umstand, daß Beethoven der Londoner Philharmonischen Gesellschaft ein Werk zugesagt und verkauft hatte, das nicht allein mit einem ungewöhnlichen Chorfinale, sondern dazu noch mit einer Sprachbarriere behaftet war. Ein Chor in deutscher Sprache, komponiert für ein Englisch sprechendes, Englisch hörendes Publikum – welch eine Absurdität! Daß Beethoven während der Arbeit die Auftraggeber völlig außer Acht ließ, läßt sich leicht verstehen; seine Kompromißlosigkeit kannte ja kaum Grenzen; aber je mehr er mit der Komposition ins reine kam, um so deutlicher scheint er sich des Problems der Verständlichkeit bewußt geworden zu sein.

In der letzten Phase der Ausarbeitung der Partitur oder kurz nach deren Abschluß, Ende Februar 1824, kamen Beethoven Bedenken: Er müsse den Londoner Auftraggebern doch wohl zumindest mit einer Übersetzung dienen. Und er hatte auch gleich eine ebenso praktische wie naive Idee: Da sein Neffe Karl, gerade achtzehn Jahre alt, seit neuestem Unterricht im Englischen hatte, fragte er ihn, ob er die Schiller-Ode, soweit er sie verwendet habe, nicht ins Englische übertragen könne. Karl muß einen gehörigen Schreck bekommen haben, denn das Konversationsheft verzeichnet seine perplexe Antwort: »Ich kann zwar sagen, ohne mich zu rühmen, daß ich fleißig im Französischen war, jedes Buch verstehe, auch fehlerfrey zu schreiben im Stande bin – aber darin Verse zu machen, erfordert eine Gewandheit, die der gleich ist, die wir in der Muttersprache haben. Und nun im Englischen, wo ich Anfänger bin! – Doch Schiller ist schon ganz ins Englische übersetzt; und es würde nicht schwer seyn, sich die Übersetzung dieses Chors zu verschaffen.«

Bei der erwähnten Übersetzung handelt es sich offenbar um eine englische Ausgabe, die 1810 in Berlin herausgekommen war und als Autor einen James Beresford nannte. Ob diese Übertragung den maßgebenden Herren der Londoner Gesellschaft bekannt war, ist nicht belegt; aber selbstverständlich hätten sie mit einer freien englischen Fassung gar nichts anfangen können; die Musik verlangte ja ihren besonderen Wortlaut, ihre eigene Metrik. Und so kam es vor der Londoner Erstaufführung am 21. April 1825 – also fast ein Jahr nach der Uraufführung in Wien – zu einer Verlegenheit, die sich in einer Protokollnotiz des Council der Philharmonic Society niedergeschlagen hat: »Die Schwierigkeiten, die sich beim Singen der englischen Worte ergeben, haben die Direktoren bewogen, es auf Italienisch zu Gehör zu bringen.« Das war nichts Ungewöhnliches, weil man damals in London alle Gesangsstücke, die nicht schon einen englischen Text hatten, auf italienisch sang. Man beauftragte also einen Herrn Pagliardino mit der Übersetzung der Freuden-Hymne; nach drei Tagen lieferte er die Arbeit ab. Immerhin hätte es mit dem jungen Thomas Carlyle, dessen große Schiller-Biographie ein Jahr zuvor erschienen war, einen kompetenten Berater gegeben.

Die Londoner Philharmonische Gesellschaft, eine private Vereinigung aus bekannten Musikern und wohlhabenden Kaufleuten, deren Orchester jeweils zu den Konzerten aus drei ständigen Londoner Ensembles zusammengestellt wurde, empfand sich ja zu Recht als die eigentliche Eigentümerin der Sinfonie und war seit einem Jahr im Besitz einer Partiturabschrift mit eigenhändiger Widmung Beethovens: »Geschrieben für die Philharmonische Gesellschaft in London«. 1813 gegründet, hatte sich die Gesellschaft immer wieder um die Aufführung seiner Sinfonien, Ouvertüren und Solokonzerte verdient gemacht; man war sich also der Verpflichtung bewußt, die mit einer Aufführung des schwierigen Werkes verbunden war.

Aber Zueignung bedeutet noch nicht Aneignung, zumal bei der Besonderheit des englischen Berufsmusikertums, das der junge Felix Mendelssohn wenige Jahre später so beschreibt:

»Die Musiker sind schlimmer als bei uns, denn es ist mehr Konkurrenz, und das macht sie nicht wie die Handwerker besser, sondern mißtrauischer und intriganter: Im Allgemeinen ist alles da was durch äußere Mittel, Einstudiren, Geld, Berechnung unddergl. hervorgebracht werden kann; so z. B. gute Stellung des Orchesters, Egalität und Kraft i. d. Saiteninstrum., sehr viel Geigen, gutes präcises Blech; alles Geistige fehlt; es ist kein Vorgeiger da, keine zarte Oboe, Clarinette oder Fagott, alles roh und plump; keine Lebhaftigkeit, sondern nur Schnelligkeit, kein Respeckt vor dem Kunstwerk, mit einem Wort kein Direktor (...); sie beten Beeth. an und kürzen ihn, sie beten Moz. an und langweilen sich dabei, sie beten Haydn an und hetzen ihn zu Tode. Die Musik ist Modesache.«

Die Londoner Aufführung unter dem Dirigenten Sir George Smart (mit F. Cramer als Chor-»Leader«) ging als ein solches Fiasko in die Londoner Musikgeschichte ein, daß es fast das Schicksal der Neunten in England besiegelt hätte. Aber es war eher ein Medien- als ein Musikfiasko, und es hatte auch nicht so sehr mit dem Konzert am 21. April zu tun als mit einer öffentlichen Probe drei Monate zuvor, zu der auch Kritiker eingeladen worden waren. Diese weitgehend improvisierte, immer wieder unterbrochene »Voraufführung« – eigentlich wohl eher eine Verständigungsprobe – setzte sich fatalerweise für fast ein Jahrzehnt in den Köpfen fest, wie sich an einem scheinbar nebensächlichen Detail belegen läßt – nämlich an den Angaben über die Dauer der Sinfonie. Beteiligt an dieser Medien-Mythe waren die beiden Musikjournale »Harmonicon« und »Quarterly Musical Magazine & Revue«.

Im Märzheft (1825) des »Harmonicon« urteilte der Rezensent, der die Januar-Probe gehört hatte, das Werk habe zwar genug Originalität, schöne Effekte und meisterhafte Züge; aber was für eine Sinfonie von normaler Länge und üblichen Dimensionen tauge, sei hier durch Überdehnung verdorben, thematisch verwässert. Und dann: »Wenn wir hinzufügen, daß die Zeit, die diese Komposition nach unserer Berechnung für ihre Aufführung beansprucht, nicht weniger als eine Stunde und zwanzig Minuten betragen kann, können unsere Leser selbst ermessen, wie wenig dieses Werk die Aufmerksamkeit irgendeiner Zuhörerschaft fesseln oder jene Faszination erzeugen kann, die die Bewunderer Beethovens sich ernsthaft wünschen.«

Immerhin korrigiert sich dieser Kritiker, nachdem er dann die eigentliche Londoner Aufführung gehört hat, in seiner Zeitmessung, ohne aber von seinen prinzipiellen Einwänden Abstriche zu machen: »Wir sehen keinen Grund, von unserer damaligen Meinung abzurücken. Wir müssen allerdings unsere Feststellung über die Dauer korrigieren. Bei einer Probe, wo so viele Unterbrechungen vorkommen, ist es fast unmöglich, die genaue Länge eines Stückes zu ermitteln: jetzt kommen wir auf eine Zeit von genau einer Stunde und fünf Minuten; eine schreckliche Spanne immer noch, die die Muskeln und Lungen des Orchesters und die Geduld des Publikums auf eine schwere Probe stellt.«

Eben diese Beschwerde wird nun auch vom »Quarterly« übernommen, allerdings schon mit der deutlichen Tendenz zu dem, was wir heute Quoten-Bewußtsein (oder besser: Bewußtlosigkeit) nennen: »Die Kosten, die eine solche Aufführung beansprucht mit dem Engagement eines Chors, der Notwendigkeit mehrerer Proben, könnten wohl einer weiteren Aufführung entgegenstehen, jedenfalls eine häufige Wiederholung oder eine allgemeine Rezeption erschweren.«

Aber damit ist die Achtzig-Minuten-Mythe keineswegs hinfällig. Denn es hat am 31. Januar 1828 eine erneute Probe-Aufführung des Werkes gegeben (offenbar als Gedenkkonzert für den am 26. März 1827 gestorbenen Beethoven). Und das »Quarterly« ist wieder einmal bestrebt, die Sinfonie mit der Zeit totzuschlagen: »Die Länge dürfte ein unfehlbarer Grund zum Einspruch all derer sein, denen ein solches Klangmonopol zuwider ist, da die Aufführung genau eine Stunde und zwanzig Minuten dauert und weder durch Schönheit noch durch Einheit der Form entschädigt.«

Von diesem Londoner Uhrenvergleich nimmt nun auch die deutsche Musikwelt Notiz. Die »Allgemeine Musikalische Zeitung«, die in Leipzig erscheint, zitiert den Kritiker des »Harmonicon«, der offenbar nach drei Jahren seine Korrekturen über die Dauer der Sinfonie vergessen hat, unter der Überschrift »Ein Londoner Urteil über Beethoven's letzte Symphonie«: »Es ist eine bizarre Komposition, und die heißesten Bewunderer dieses großen Meisters, wenn sie nur etwas Vernunft besitzen, müssen bedauern, daß sie zur Öffentlichkeit gebracht worden (ist). Welches Musikstück, das eine Stunde und zwanzig Minuten dauert, könnte man wohl ohne Ermüdung hören, selbst, wenn es voller Schönheiten ersten Ranges wäre? Wie aber, wenn es anders damit ist? (...) Die Freunde, welche ihm (Beethoven) geraten haben, dieses absurde Stück herauszugeben, sind gewiß die ärgsten Feinde seines Rufes.«

Aber ist die Zeitangabe wirklich nur mit Probenunterbrechungen zu erklären? Nehmen wir die Londoner Beschwerde doch zum Anlaß für die beiläufige Recherche: Wie lange dauern die heutigen Aufführungen der Sinfonie, soweit sie in Mitschnitten und Einspielungen vorliegen? Hat das Werk wirklich außerirdische Dimensionen? Lassen wir uns auf den – zugegebenermaßen banausischen – Gebrauch der Stoppuhr ein; vergleichen wir die Länge einiger Aufnahmen.

Nur zwei bleiben unter einer Stunde: Kurt Masur mit dem Leipziger Sinfonie-Orchester, der die unglaubliche Zeit von 52.33 Minuten erreicht, und John Eliot Gardiner mit dem Orchestre Revolutionnaire (59.42). Arturo Toscanini mit dem NBS Symphony Orchestra bleibt knapp darüber (60.29), ebenso wie Karl Böhm mit dem Sinfonieorchester des Hessischen Rundfunks (60.48).

In späteren Einspielungen sind aber sowohl Toscanini (64.43 mit dem New York Symphony Orchestra) wie Karl Böhm (69.25 wiederum mit dem HR-Orchester) in jenem Zeitfenster zu finden, das die meisten Aufführungen zeigt: zwischen etwa 64 und 69 Minuten. Karajan spielt mit dem Philharmonia Orchstra London nur wenig schneller (65.30) als mit den Berliner Philharmonikern (66.10), und so verschiedene Temperamente wie Günter Wand (66.21 mit dem NDR-Sinfonieorchester), Nicolaus Harnoncourt (66.38 mit dem Kammerorchester of Europe) und Ferenc Fricsay (68.24 mit den Berliner Philharmonikern) liegen dicht beieinander.

Um die siebzig Minuten pendeln sich Dirigenten wie Simon Rattle (69.57 mit den Wiener Philharmonikern), Rafael Kubelik (69.57 mit dem SO des Bayerischen Rundfunks), Bernard Haitink (69.50 mit dem Concertgebouw) ein, genau siebzig braucht Leonard Bernstein mit den New Yorker wie mit den Berliner Philharmonikern. Otto Klemperer (72.19) und Carlo Maria Giulini (72.40 mit dem Londoner Sinfonieorchester) gehören zu den langsamsten; auch der abgeklärte Karl Böhm kommt mit den Wiener Philharmonikern auf 72.12 und bleibt damit elfeinhalb Minuten hinter seiner kürzesten Aufführung zurück. Wilhelm Furtwänglers Aufnahme mit dem Festspiel-Orchester Bayreuth nimmt sich die Zeit von 73.50 Minuten, und auch die Einspielung von 1954 aus Luzern mit dem Philharmonia Orchestra London liegt in diesem Bereich. Und so wäre denn der »Eine-Stunde-und-zwanzig-Minuten!«-Seufzer nichts als ein Kritiker-Irrtum, eine Londoner Banausie? Ehe wir diese Zeitangabe aber vollends für einen Spleen erklären, hören wir in die grandiose Zeitdehnung hinein, die Sergiu Celibidache mit der Sinfonie betrieben hat: Mit seinen Münchner Philharmonikern bringt er das Werk auf die kleine Ewigkeit von 78 Minuten und 43 Sekunden.

Generation mit neuen Ohren

Aber diese frühen Londoner Berichte über die neunte Sinfonie, in denen zum Beispiel auch die irrige Information auftauchte, Schiller habe seine Freuden-Ode eigens für Beethoven gedichtet, werden hier nicht nur als eklatante Fehlurteile und banausische Reaktion vorgestellt, sondern wegen ihrer paradoxen Funktion. Nichts hat zur Karriere der Neunten in England so sehr beigetragen wie eben der snobistische Gestus ihrer ersten Abfertigung. Auch Hochnäsigkeit kann eine Form der Förderung sein; auch Überheblichkeit einem Werk gegenüber kann ihm dienen: Eine andere Generation will es genauer wissen.

Diese Revision ergab sich ziemlich genau zehn Jahre nach der Londoner Premiere, am 20. Juni 1835 in den Hanover Square Rooms, ebenfalls in London. Beteiligt war diesmal nicht die Philharmonische Gesellschaft, sondern die Royal Academy, also ein Konservatoriumsensemble. Im Orchester saßen viele Musikstudenten und deren Lehrer – was bedeutete, daß vor allem junge Kräfte sich des schwierigen Werks annahmen. Ein Zeichen dafür, daß man die Größe der Aufgabe begriffen hatte, war der Umstand, daß man sich nicht die ganze Sinfonie, sondern nur das Chorfinale vornahm. Dirigent war der gleichfalls zur Royal Academy gehörende Charles Lucas, der für diese Gelegenheit auch eine neue englische Übersetzung geschaffen hatte. Diese Fassung wurde von der Londoner »Times« als sehr gut gerühmt und wurde bis 1851 für alle weiteren Aufführungen der Sinfonie benutzt.

Die »Times« begriff den Umschwung, der mit diesem Konzert verbunden war, und trug mit ihrem Urteil nicht wenig zu einer neuen Bewertung der Neunten bei: »Dieses Werk stand bisher im Ruf, zu schwierig für das Publikum zu sein, aber es hat sich jetzt gezeigt, daß es nur gut ausgeführt sein muß, um selbst einem Ohr zu gefallen, das an komplizierte Musik nicht gewöhnt ist. Seine Struktur ist im wesentlichen einfach, und es war leicht, dem einfachen Gesang und dem schönen Thema, mit dem die Bässe beginnen, auch inmitten der offenkundigen Komplexität der weiteren Entwicklungen zu folgen.« Ein solcher Erfolg werde der Kunst selbst neue Impulse geben und andere Musiker ermutigen. Und dann der Vorwurf an die Philharmoniker: Es sei zu hoffen, daß die schlummernde Tugend der Direktoren der Philharmonic Society davon aufgeweckt werde: »Sie allein haben die Mittel, der Sinfonie vollends Gerechtigkeit widerfahren zu lassen, und eine weitere Vernachlässigung würde ihre Scham und Schande geradezu verdoppeln angesichts der Tatsache, daß Beethoven sie doch für die Society komponiert hat.«

Noch ließ sich die Philharmonische Gesellschaft Zeit. Erst einmal wagten sich die Studenten der Royal Academy 1836 an eine Aufführung des ganzen Werks; wiederum Lob von der »Times« für die jungen Orchestermusiker und Sänger; und das Finale wurde nun schon zu »einem großen ausgedehnten Geniestreich« erklärt. Am 17. April 1837 endlich nahm sich auch die »Society« der Neunten wieder an und versuchte, ihre Eigentumsrechte an dem Werk auch künstlerisch zu beglaubigen. Kein Geringerer als Ignaz Moscheles, der berühmte Pianist, war als Dirigent verpflichtet.

Bemerkenswert an der Presseresonanz der Aufführung aber war, daß nicht das Konzert selbst zunächst im Vordergrund stand, sondern die Abrechnung mit der alten Kritikergarde und den Versäumnissen der Orchestergesellschaft. Zwölf Jahre waren vergangen seit der Londoner Erstaufführung, aber nichts, so zeigte sich nun, war vergessen vom alten Hochmut und den Schmähvokabeln gegen Beethoven. Äußerungen wie die »Verwirrung eines großen Geistes« schlug nun auf den damaligen Urheber zurück; es standen »die alten Gentlemen« am Pranger, die sonst immer zu nichtssagenden Lobsprüchen bereit gewesen seien, aber ausgerechnet vor Beethoven versagt hätten. Ihre Verdammungsurteile hätten das Manuskript der Sinfonie in der Versenkung verschwinden lassen. »Die Wahrheit ist, daß beim ersten Mal die Sinfonie gnadenlos hingeschlachtet wurde«, empörte sich die neu gegründete »Musical World«.

Und diesmal? »Wir haben bei einem Konzert dieser Gesellschaft nie eine einmütigere Beifallsbekundung erlebt, nie eine von so großer Herzlichkeit.« Eine jüngere Kritikergeneration kam da zu Wort, und auch die »Times« sekundierte dem neuen Enthusiasmus. Es galt aber eben nicht nur, ein bis dahin verkanntes Werk neu zu entdecken und zu bewerten, sondern eine kulturpolitische Kampagne zu eröffnen: »Wenn die Musik in unserem Land sich jemals zur Würde der Kunst erheben sollte, statt ein Spielzeug der Gleichgültigkeit und der bloßen Laune zu bleiben, dann kann das nur durch solche Klangkörper geschehen, die uns ihre verborgenen Schätze offenbaren. Das Wunder des Abends war, wie da ein Werk, das sich bei früheren Versuchen als schroff, schwierig und schwerverständlich gezeigt hatte, auf einmal einfach, großartig und beeindruckend wirkte, weil die Beteiligten, wie es sich gehört, einen Funken vom Feuer des Komponisten verspürten.«

War es schon der Durchbruch für Beethoven? In den Musikzeitschriften gab es nun lange Werkanalysen, die von eingehendem Verständnis zeugten. Aber noch immer äußerten sich auch Stimmen, die hin- und hergerissen waren zwischen Enthusiasmus und Reserve. Typisch dafür ist ein Kommentar, der sich auf eine Aufführung der Sinfonie am 19. Juli 1837 bezieht. Der Kritiker schreibt:

Prophezeiung: Europa-Hymne

»Unsere Leser haben ja gewiß von dem Holländer gehört, der zwei dicke Bücher über den Flügel eines Schmetterlings geschrieben hat; sein Fleiß und seine Ausdauer könnten durchaus Konkurrenz bekommen durch die Auslegungen des Chef d'oeuvre von Beethoven. Jede Wiederholung der Grand Sinfonia zeigt den Geist ihres Schöpfers in einem neuen Licht; – welche ungewöhnliche Einheit des Grandiosen und des Intimen –; der romanhaftesten Bilderwelt und des präzisesten

Details!« Aber selbst in dieser Eloge auf die reinen Gedanken und den eleganten, natürlichen und reichen Ausdrucksgehalt der Neunten schwingt ein Unterton von ironischer Distanziertheit, von jenem behaglichen Spott mit, wie er an englischen Kaminen sich ausgebildet hat: Beethoven, jedem Gedanken an kurzes und bündiges Komponieren abhold und voller Hohn auf alle, die sich vor Originalität fürchteten, habe in dieser Komposition seiner Phantasie freien Lauf gelassen und sie mit dem unlöschbaren Feuer seines Genius erhellt. »Und ehe die letzten Töne verklungen sind, sind wir überzeugt, daß Beethoven, wäre er zu irgendeiner anderen Zeit oder in einem anderen Land geboren, er wohl wirklich ›wie ein Verbannter‹ hätte leben müssen (um seine eigenen Worte zu gebrauchen)...«

Das Stichwort der Ambivalenz, das im nächsten Kapitel thematisiert werden soll, gilt auch für diese Kritik. Der Rezensent rühmt Beethoven, aber eigentlich ist er ihm nicht ganz geheuer: »Wir wollen seine (Beethovens) Verdienste nicht bestreiten – aber andere Komponisten verdienen doch wohl eher ein Gedenken. Wer ist Beethoven, daß er Mozart oder Bach entthronen sollte?«

Und dann nimmt diese Rezension eine erstaunliche Wendung, die sie zu einem Meilenstein der Rezeptionsgeschichte macht: »Schließlich wäre das größte Monument, das man Beethoven widmen könnte, die angemessene Aufführung seiner Werke: die jährliche Wiederaufführung seiner Chor-Sinfonie mit tausend oder 1500 Personen – die große Freimaurer-Hymne Europas, getragen von tausend Stimmen, unterstützt von einem fünfhundertköpfigen Orchester – das wäre die Apotheose, die sich der Komponist gewiß selbst gewünscht hätte, wäre ihm ein längeres Leben vergönnt gewesen.«

DIE GROSSE FREIMAURER-HYMNE EUROPAS. Das ist ein außerordentlicher, zukunftwitternder Gedanke. Schon im Jahre 1837 spürt ein englischer Kritiker die gleichsam politische Dimension und Dynamik, die Hymnen-Verbindlichkeit für die Alte Welt. »Die große Freimaurer-Hymne Europas« –

das nimmt ja jenen Begriff fast wortgenau vorweg, der rund 150 Jahre später regelrechter Beschluß sein wird: »Europa-Hymne«. Daß noch die Freimaurer Pate stehen, macht den Vorschlag nicht suspekt: Von Freimaurerliedern hatte Schiller sich inspirieren lassen, so wie seine Hymne dann wiederum in die Freimaurerbewegung hineinwirkte: Denn diese klandestine Vereinigung war im späten 18. und frühen 19. Jahrhundert das gesellschaftlich Avancierteste, das sich denken und leben und zugleich feiern ließ.

Festzuhalten ist: Europa hatte seinen Anspruch auf das Werk angemeldet.

3

Pariser Ambivalenzen
oder
Berlioz – der Prophet als schräger Vogel

> Die Franzosen finden meine Musik unspielbar.
> Beethoven (Brief vom 14.3.1814)

Zwei Jahre Probenzeit

Paris ist ein Wunder. Anders als London, wo Nüchternheit und kältester Geschäftssinn zählen, ist Paris um 1830 die »schöne Zauberstadt«, wie Heinrich Heine sie nennt. Chopin, eben erst angelangt und im Begriff, sich zu etablieren, schreibt überwältigt: »Paris ist alles, was man will. In Paris kann man sich amüsieren, langweilen, lachen, weinen, tun, wozu man Lust hat. Niemand kümmert sich um einen, weil Tausende hier das Gleiche tun, jeder auf seine Weise.« Und Mendelssohn, zur gleichen Zeit hier auf der Durchreise, ist ähnlich überwältigt, wenn auch eher von Skepsis: »Hier werden keine andern Lieder komponiert als politische; ich glaube, ich habe in meinem Leben nicht zwei so unmusikalische Wochen zugebracht wie diese..., und wenn man mit den Musikern ist, wird es erst recht arg, denn die *streiten* nicht einmal über Politik, sondern jammern darüber. Dem einen ist seine Stelle, dem andern sein Titel, dem dritten sein Geld genommen.«

Dabei ist Paris voller Glanz, voller Luxus, die »Magasins des Nouveautés« flankieren die Straßen, und die neuen gläsernen Passagen wölben sich über einem einzigartigen Einkaufsparadies für die, die es sich leisten können. Louis Philippe, der Bürgerkönig, der seit 1830 von Gnaden der Bankiers regiert, hat die Losung ausgegeben: »Enrichissez-vous!«, und Saint-Simon hat seinen neuen Sozialismus verkündet, das Glücksversprechen für jedermann, ein egalitäres Schlaraffenland. Doch der intelligente Mendelssohn traut den vielen Verheißungen nicht: »Man versteht nicht, wo es hin soll, wenn sie die Sache so von außen anpacken: dem einen Ehre, dem Andern Ruhm, mir ein Publikum und Beifall, den Armen Geld versprechen – wenn sie alles Streben vernichten durch ihre kalte Beurteilung der Fähigkeit.« Überfluß als illusionäres Leistungsprinzip.

In eben diese Zeit, in diese Stimmung des kältesten Rausches fällt die erste Aufführung der Neunten in Paris. Sie findet am 27. März 1831 unter der Leitung von François Antoine Habeneck mit dem von ihm drei Jahre zuvor gegründeten Orchester der »Société des Concerts« statt, das vorwiegend aus Studierenden des Pariser Konservatoriums zusammengesetzt war. Eine Vorankündigung ließ Vorsicht walten: »Dieses Werk stellt einer Aufführung immense Schwierigkeiten entgegen; es ist um so nötiger sie zu überwinden und sich der Perfektion so weit wie möglich anzunähern, denn diese Symphonie ist eine der letzten Produktionen Beethovens und eine, wo die Gedanken des großen Künstlers immer verschwommener und immer schwerer zu verstehen waren.« Viele Pariser begriffen das offenbar als Warnung: »Sobald die Plakate gehängt waren, die dieses große Werk ankündigten, schickte eine große Anzahl von Leuten ihre Karten an die Kasse zurück.«

Habeneck war ein Mann, der den Modeströmungen und den Tageseuphorien zu widerstehen verstand, ein Verehrer Beethovens und ausdauernder Förderer seines Werks. Auch die Gründung der Konservatoriumsgesellschaft war ein Projekt, das er mit Beharrlichkeit betrieben hatte. Und mit der List des wahren Enthusiasten: Am 22. November 1826 hatte der virtuose Geiger und Bratscher Habeneck einige seiner Musikerkollegen zu einem Essen eingeladen, sie aber gebeten, ihre Instrumente mitzubringen. Bei ihrem Eintreffen bat er sie nicht zu Tisch, sondern legte ihnen Parts aus der »Eroica« vor und begann mit ihnen zu proben, so daß das Essen erst am späten Nachmittag serviert werden konnte.

Solche Proben wurden in der folgenden Zeit locker fortgesetzt, und 1828 erwirkte Habeneck von Luigi Cherubini, dem Leiter des Konservatoriums, die Erlaubnis, den großen Saal des Instituts für eine Aufführung auf eigene Kosten zu benutzen; mit diesem Konzert vom 24. März 1828 entstand die Société des Concerts und damit eins der wichtigsten Orchester des 19. Jahrhunderts.

Die Probenintensität Habenecks rühmt auch Anton Schindler in seinem Buch »Beethoven in Paris«, wenngleich es nicht sicher ist, ob er nicht die lange Vorbereitungszeit für die Eroica mit der der Neunten verwechselt, wenn er schreibt: »daß man im Conservatoire zu Paris zwei volle Jahre mit dem Einüben der 9ten Simphonie von Beethoven beschäftigt war. In zweifacher Hinsicht konnte diese Notiz bei dem deutschen Kunstfreund Zweifel erregen und er veranlaßt werden zu fragen: Sollte wohl in der Welt irgendwo ein Künstlerverein existieren, der so viel Kunstliebe und Ausdauer besäße, um zwei volle Jahre zum Studium eines musikalischen Werkes hinzugeben? Meine Antwort hierauf würde lauten: in Deutschland sicherlich nicht.«

Der Aufführung vom Januar 1831 widmete der damals führende Musikkritiker François Fétis (der auch ein renommierter Gesangslehrer war) eine ausführliche Besprechung. Schon drei Jahre vorher hatte er den englischen Kritiker, der Beethoven so vehement angegriffen hatte, zurückgewiesen und bemerkt: »Es liegt in dieser Tirade so viel Häme, daß man sich gegen das darin ausgesprochene Urteil wappnen muß. Vielleicht hat das Werk ja seine Schwächen; aber wenn es um einen Mann wie Beethoven geht, sollte man keine so ätzende und harte Sprache führen.« Aber nun, nachdem er die Sinfonie mit eigenen Ohren gehört hat, nähert er sich dem Werk mit einer deutlichen Ambivalenz, die seine Fürsprache von ehedem beinah widerruft. Er beschreibt zunächst, wie Beethoven sich in seinen späten Jahren kompositorisch immer mehr von allen Konventionen gelöst und von den Banden befreit habe, die ihn mit seinen Vorläufern verbunden hätten.

Nicht nur der melodische und harmonische Charakter seiner Ideen habe zu bizarrer Neuerung tendiert, sondern auch die Form des Ganzen. Und dann übernimmt Fétis doch eine der bösesten Vokabeln seines englischen Widersachers, die »aberration«, die Verirrung: »Eine erstaunliche Kombination der erhabensten Schönheiten und der peinlichsten Geschmacklosigkeiten, des feinsten Gespürs und der vollständigsten Verirrung zeigt die Sinfonie als ein Werk, das mit keinem andern zu vergleichen ist, weil es selbst dort, wo es am wenigstens verständlich oder am stärksten tadelnswert ist, eine gigantische Kraft erweist.«

Wiederum, wie bei vielen anderen Rezensenten, ist es der letzte Satz, der auch dem (aus Belgien stammenden) Pariser Kritiker zum Ärgernis wird: »Was hat sich Beethoven bei diesem Satz gedacht? Obwohl ich ihn studiert habe, konnte ich ihn nicht verstehen... Es tritt eine Melodie hervor, eine Art Choral, der dann als Chor auf Schillers Ode an die Freude wiederkehrt... Wenn man auf die Bedeutung von Schillers Versen achtet, findet man keinerlei Bezug darauf im musikalischen Ausdruck; Beethoven hat sogar den Zusammenhang zerrissen. Einige Funken eines seltenen und schönen Talents blitzen durch dieses Dunkel auf, aber im allgemeinen stellt sich als Haupteindruck Müdigkeit (ich würde sogar Langeweile wagen) ein.«

Dieser Einwand – die Unvereinbarkeit von Wort und Musik – wird auch von anderen Rezensenten übernommen. Über eine weitere Habeneck-Aufführung im Jahr 1834, in der die Neunte zweigeteilt dargeboten wurde (zwei Sätze zu Beginn des Konzerts, zwei Sätze als Beschluß) schreibt François Stoepel kritisch, es gebe da dieses Finale, das so viel kritisiert, so sehr bewundert und wohl niemals verstanden werde, nicht einmal von seinem Autor. »Er kannte nur seinen Gott, die Natur und die Musik. Und wenn er er erst einmal die fundamentale Idee eines Satzes erfaßt hatte, scherte er sich nicht mehr um den Rest. Bei dieser erhabenen Hymne Schillers wird Beethoven dem Dichter insofern gerecht, als es sich um die Sache der Freundschaft und eines göttlichen Schöpfers handelt; aber im übrigen gibt es nicht die Spur einer musikalischen Entsprechung zu den Worten... Deshalb sollte das Werk allein vom musikalischen Standpunkt aus beurteilt werden.«

Nach den Kritikern hatte dann ein Musiker das Wort, Hector Berlioz. Schon Ende der Zwanziger, noch vor der Pariser Erstaufführung, hatte er das Werk gepriesen, es gegen den Vorwurf der Inkohärenz verteidigt und proklamiert, daß damit die moderne Musik erst beginne. Seine Begeisterung nahm ekstatische Züge an wie die des Professors Kretzschmar in Thomas Manns »Dr. Faustus«; einer, der Berlioz bei seinen Exegesen beobachtet hat, berichtete: »Die Eloquenz seiner Worte wurde von seinem Ausdruck verstärkt, von Gesten, Stimme, Tränen, Ausrufen der Begeisterung und jenen jähen Funken leidenschaftlicher Ausschmückung. Beethovens Werk öffnete sich mir plötzlich wie eine große lichtdurchflutete Kathedrale.«

Berlioz, der Prediger und Verkünder Beethovens in Frankreich. Berlioz, der – vor Wagner – in Beethoven den Wegbereiter sah ins Neuland, das er selbst soeben mit seiner »Symphonie fantastique« betreten, erkundet und in Besitz genommen hatte. Beethoven als Vorbild einer Unbedingtheit, einer genialen Formsprengung, die der junge französische Komponist sich selber anzueignen versuchte. Der Enthusiasmus Berlioz' setzte auch ein moderneres Vokabular der musikalischen Analyse frei: »Eine neue Art des Sprechens über Musik erhob sich und führte in Sphären, die bis dahin fest verschlossen waren«, erkannte Leo Schrade.

Aber dann passiert etwas Merkwürdiges. Ein Jahrzehnt der Begeisterung für ein Werk, das einem als Ideal vorschwebt, als Anreiz zu eigenen Genietaten, verlangt endlich nach einer genaueren Analyse, die auch eine Art persönlicher Bilanz werden muß. Eine Aufführung vom 14. Januar 1838, wiederum unter Habeneck, bietet ihm Gelegenheit, zugleich mit dem Werk und mit sich selbst ins reine zu kommen; dabei zugleich kritische Meinungen aus fast anderthalb Jahrzehnten

Revue passieren zu lassen. Was Berlioz bald darauf in mehreren Nummern der »Gazette et Revue Musicale« publiziert – und später fast unverändert in seine »Kritischen Studien« übernahm – ist einer der spannendsten Texte zur neunten Sinfonie, weil er von einer vom Verfasser offenbar selbst nicht vorhergesehenen Ambivalenz ist; denn an einigen Stellen geht die Apologie in Polemik über.

Zunächst gibt er einen kurzen Rezeptionsüberblick: »Gewisse Kritiker betrachten sie als ›ungeheuerlichen Wahnsinn‹; andere erblicken darin nur den ›letzten Schimmer eines erlöschenden Genies‹; einige sind klüger und erklären, daß sie zwar vorerst nichts davon verstehen, daß sie aber die Hoffnung nicht aufgeben, es später wenigstens annähernd würdigen zu können ... Nur eine kleine Anzahl von Musikern versichert, nach reiflichem Nachdenken über die Gesamtkonzeption der Chorsymphonie, nach wiederholtem und aufmerksamem Studium und Hören dieses Werkes, daß es ihnen als die großartigste Äußerung von Beethovens Genies erscheint.« Berlioz läßt keinen Zweifel, daß er sich zu diesen Musikern zählt.

Dann spricht der Komponist der »Symphonie fantastique«, die ohne die Neunte kaum denkbar, nicht ausführbar gewesen wäre; er stellt gewissermaßen den Übergang zum eigenen Werk her: »Beethoven hatte schon acht Sinfonien vor dieser geschrieben. Um nun über den Punkt hinaus zu gehen, zu welchem er bis dahin mit Hilfe rein instrumentaler Mittel gelangt war, welcher Schritt blieb ihm übrig? Die Vereinigung der Singstimmen mit den Instrumenten ... Das instrumentale Rezitativ war die Brücke, welche er zwischen Chor und Orchester zu spannen wagte, um den Instrumenten den Übergang zur Vereinigung mit den Singstimmen zu ermöglichen. Hiernach mußte der Komponist bestrebt sein, die bevorstehende Vermengung anzukündigen und zu begründen, und so rief er denn selbst durch die Stimme des Chorführers und mit den Tönen des eben gebrachten instrumentalen Rezitativs die Worte: ›O Freunde ...‹ Damit ist also gewissermaßen die Allianz zwischen Chor und Orchester geschlossen ... Frei steht es nun dem Musiker, den Text für seine Chorkomposition zu wählen: Beethoven holt ihn bei Schiller; er bemächtigt sich des Gesanges ›An die Freude‹, taucht ihn in tausend Farbschattierungen, welche durch die Poesie niemals hätten bemerkbar gemacht werden können, und steigert bis zum Schluß Prunk, Größe, Glanz.«

So weit, so gut, so enthusiastisch, so kompositorisch zustimmend. Aber bei der Detailanalyse des Schlußsatzes bleibt von Prunk, Größe, Glanz nicht viel übrig. Es erweist sich, daß Berlioz seinem programmatischen Enthusiasmus gar nicht folgen kann; unversehens ist er dabei, sein Urteil zu widerrufen: »Wir nähern uns dem Augenblicke, wo die Singstimmen sich mit dem Orchester vereinigen werden. Die Violoncelli und Kontrabässe stimmen nach einer Einleitung, die in ihrer Rauheit und Heftigkeit an einen zornigen Aufschrei erinnert, das oben von uns erwähnte Rezitativ an. Der Sextakkord F, A, D, mit welchem dieses Presto beginnt, wird durch einen gleichzeitigen Vorhalt auf B in den Flöten, Oboen und Klarinetten alteriert; diese sechste Note der D-moll-Tonleiter reibt sich entsetzlich mit der Dominante und bringt eine äußerst harte Wirkung hervor. Das ist der Ausdruck der Wut und der Raserei; aber ich sehe hier wieder nicht recht ein, wodurch eine solche Stimmung erregt worden sein mag, wenn nicht etwa der Komponist, ehe er seinen Chorführer singen läßt (...) die sonderbare Laune gehabt hat, die instrumentale Harmonie verleumden zu wollen.«

Das, was Berlioz einen »zornigen Aufschrei«, den »Ausdruck der Wut und der Raserei« nennt, wird Richard Wagner dann als »Schreckensfanfare« bezeichnen. Den französischen Komponisten verstört es besonders in der letzten Zuspitzung; er reklamiert »das entsetzliche Tönegemisch F, A, Cis, E, G, B, D«. Berlioz fällt hinter »seinen« Beethoven zurück: Er betreibt Harmonielehre, wo es um Schockdramaturgie geht, nicht um alte Effekthascherei. Nur so kann es geschehen, daß ihm zu dieser Provokationsstelle ein ähnliches »Orchestergeheul« einfällt – eine Passage, mit der der französische Komponist Martin vor Jahrzehnten in seiner Oper »Sappho« den Sturz der Heldin in die Fluten instrumentiert habe. Bei Martin habe die Kombination aller diatonischen, chromatischen und enharmonischen Intervalle ja einen erkennbaren, ereignisillustrierenden Sinn gehabt, nicht aber bei Beethoven: »Aber nach einem Grunde für diesen Einfall habe ich vielfach gesucht und muß eingestehen, daß er mir unbekannt geblieben ist.«

Daß Berlioz sich mit diesem Vergleich vom Beethoven-Paulus zum Beethoven-Saulus gewandelt haben könnte, muß ihm klargeworden sein, als er bald darauf von dem deutschen Musikhistoriker Wilhelm von Lenz dafür zur Ordnung gerufen wurde. »Herr Berlioz möge uns entschuldigen, wenn wir der Meinung sind, daß man in der Naturgeschichte in demselben Ton vom Hering und von dem Walfisch sprechen kann, weil man behauptet, daß sie dasselbe Wirbelbein haben; aber es scheint uns weniger leicht, Martin, genannt Martini, und den Accord, bei welchem sich Sappho in einer Oper dieses Fischer-Martin ins Meer stürzt, neben dem furchtbaren Accord der neunten Symphonie anzuführen, wie er es thut.«

Berlioz war aber mit seiner Kritik noch nicht am Ende, hält sich an und über Kleinigkeiten auf, zum Beispiel bei der Instrumentation: »Nun ist es den Kontrabässen unmöglich, so rasche Notenfolgen zu spielen, und man kann es sich wieder einmal nicht erklären, wie ein so geschickter Instrumentationskünstler wie Beethoven sich so weit vergessen konnte, für dieses schwerfällige Instrument einen derartigen Lauf zu schreiben.« Und den Schluß beschreibt er so, als wisse er nicht recht, auf wessen Seite er sich schlagen solle: auf den frühen Enthusiasten Berlioz oder den eigenständigen Neuerer, dem nun manches an Beethoven einfach zu plakativ erscheint: »Das ganze Orchester kommt zum Ausbruch, Schlagzeug, Pauken, Becken, Triangel und große Trommel markieren kräftig die schweren Taktteile; die Freude reißt die Herrschaft wieder an sich, eine volkstümliche, lärmende Freude, welcher einer Orgie ähnlich sähe, wenn nicht zum Schluß alle Stimmen noch einmal auf einem feierlichen Rhythmus Halt machten, um der religiösen Freude in einer ekstatischen Ausrufung einen letzten Gruß der Liebe und der Achtung zu entbieten. Das Orchester schließt allein, nicht ohne in seinem feurigen Lauf Bruchstücke des ersten Themas hinauszuschleudern.«

Berlioz gehört aber auch zu denen, die immer wieder der Schiller-Hymne ihre Reverenz erweisen, indem er ihre genauere Übersetzung einfordert. Mehrfach besteht er darauf, daß die Zuhörer doch genau wissen sollten, wovon im Chorfinale eigentlich gesungen werde. So schreibt er nach der Aufführung vom 3. August 1840: »Man sollte den Zuhörern wirklich eine wörtliche Übersetzung des deutschen Textes geben, wenn dieses Werk im Conservatoire aufgeführt wird. Die französischen Verse, die gesungen werden, sind nur eine freie Paraphrase, von der noch dazu nicht ein Wort verstanden wird. Wie also sollte das Publikum da sämtliche Intentionen des Komponisten verstehen, den Grundzug des Plans, den er verfolgt und wie den Ausdruckswert der Melodien würdigen? Es ist bekannt, daß das Thema des Chors eine Ode von Schiller ist; aber die Bedeutung dieser Ode ist den meisten Leuten so wenig bekannt, daß ich neulich jemanden sagen hörte, es handele sich dabei um das berühmte Lied von der Glocke...«

Berlioz wird nicht müde, eine angemessene wortgetreue Übersetzung zu fordern, die vor jeder Aufführung der Neunten im Konzertsaal verteilt werden solle; dadurch werde »das Verständnis des zweiten Teils der Sinfonie, mit dem Chor, für das Publikum leichter«. Denn was da in Frankreich gesungen wird, hat mit Schillers Gedicht fast nichts mehr zu tun; schon Beethovens »O Freunde, nicht diese Töne!« ist nicht wiederzuerkennen, wenn der Bariton mit den Worten beginnt: »Divin délire! Le ciel m'inspire!« Und die französische Fassung der Verse ist so weit vom Original entfernt, daß es fast nicht wundernimmt, wenn die Leute dabei an die auch in Frankreich populäre und mehrfach vertonte Glocke dachten. Wer sollte auch bei diesem Vierzeiler den Götterfunken erkennen:

Frères, dans mon noble cœur
L'amour plus doux respire;
Déjà ma voix soupire
D'ivresse et de bonheur!

(Brüder, in meinem edlen Herzen
atmet die süßeste Liebe;
Schon seufzt meine Stimme
Voller Trunkenheit und Glück!)

Mit Beethoven ins Inferno

Während Berlioz sich im wesentlichen auf die musikalische Analyse des Werkes beschränkte und darauf, dem Schiller-Text zu seinem Recht zu verhelfen, war er zugleich Anreger für die erste »poetische«, um nicht zu sagen: ideologische Erzählung der Sinfonie. Der französische Bratscher und Geiger Chrétien Urhan, Freund Habenecks und Bewunderer Beethovens, nahm just Berlioz' ausgeschriebenes Programm für seine »Symphonie fantastique« zum Vorbild, um auch die Neunte gleichsam als Dichtung zu kommentieren, Beethoven als einen Philosophen auszurufen: »Obwohl er ein Musiker war, lebte Beethoven nicht allein in der Welt der Töne. Die geistige Welt, die Welt der Ideen war ein Buch, in dem er unentwegt las ... Schiller, Goethe, Shakespeare haben Beethoven nie verlassen, auch nicht beim Komponieren.«

Doch kurioserweise nimmt er dann nicht Schiller, auch Goethe und Shakespeare nicht zum Wegbegleiter seiner Exegese, sondern Dantes »Göttliche Komödie«! Er zitiert die ersten Verse:

Dem Höhepunkt des Lebens war ich nahe,
da mich ein dunkler Wald umfing und ich,
verirrt, den rechten Weg nicht wieder fand.
Wie war der Wald so dicht und dornig,

> o weh, daß ich es nicht erzählen mag
> und die Erinnerung daran mich schreckt.
> Viel bitterer kann selbst der Tod nicht sein.

Und erklärt dann plausibilitätsgewiß: »Wohlan! Beethoven begann wie Dante. Hören Sie nur den ersten Satz der Sinfonie! Welch ein Dickicht, welch eine Wirrnis. Ist das nicht der wilde und rauhe Wald vor uns? Ist es nicht das Porträt einer zermürbten Seele in einer jener schrecklichen Stunden, wenn jeder Mensch, und zumal der geniale Mensch, dem Hiob gleich wird? Verfolgen Sie es gut! Hören Sie die melodischen Phrasen, die seltsamen Akkorde, die brüsken Modulationen.«

Aber seine Analogie findet Urhan vor allem dadurch bestätigt, daß ja auch bei Dante alles auf einen großen Freudenrausch hinauslaufe, auf einen Kristallhimmel, auf ein hymnisches Allgefühl. Er bezieht sich da auf Verse wie:

> Und was ich sah war wie ein einzig Lächeln
> des Universums. Trunkenheit erfüllte,
> durch Ohr und Auge dringend, mein Gemüt.
> Unsagbar war der Jubel und die Freude,
> ein ganzes Leben voller Lieb und Frieden,
> ein sichrer Reichtum ohne Gier und Angst!

Und am Ende steigert sich der französische Musikerkritiker in eine Apotheose Beethovens hinein; er selbst sei ja der Cherub, der sich vor Gott gesehen habe: »Er war nur noch halb von dieser Erde; durch seine Taubheit von der Außenwelt getrennt, lebte er inmitten der Menschen völlig allein. Und sein einzigartiger Genius wurde in der Tiefe seines Gefängnisses entzündet! Wer weiß, ob es nicht Gott selbst war, der ihm die Tür verschloß, durch die die Geräusche der Welt zu ihm hätten dringen können, um seine Gedanken zu läutern und zu vergeistigen. Schließlich ist jeder große Mann ein Märtyrer, und alles Märtyrertum ist eine Quelle des Genius für den großen Mann.«

Urhan fällt aus allen Sternenwolken, als er am Abend nach der Aufführung, die der Anlaß seiner Spekulationen ist, einen Zuhörer sagen hört: Alles sei doch ganz klar; Beethoven habe in seiner Sinfonie das Freimaurertum feiern wollen; die ersten drei Sätze bezeichneten die verschiedenen Prüfungen und der letzte die Ekstase des Neuaufgenommenen, wenn er den Tempel Salomons betrete. Denn warum sonst hätte Schiller von den »Brüdern« gesprochen?

Chrétien Urhan schließt, ironisch-resigniert, mit den Worten: »Vielleicht sind wir ja genauso verrückt wie dieser Mann!«

4
Die Neunte in der Neuen Welt
oder
Der Abend der zwei Hymnen

> Wenn der Mensch nicht im Gleichschritt mit seinen Kameraden marschiert, dann vielleicht deshalb, weil er einen anderen Trommler hört. Laßt ihn doch der Musik folgen, die er hört – in welchem Takt oder aus welcher Ferne sie auch kommen mag.
> Henry David Thoreau

Mehr Richtfest als Musikfest

»Die ›Ode an die Freude‹ mißlang völlig. Die Stimmen blieben dieser Musik und diesen Worten alles schuldig. Dennoch konnte man einen Eindruck davon bekommen, was für Musik es wäre, wenn sie gut aufgeführt würde. Es war wirklich schade, solch ein Schreien, Kreischen und Durcheinander hören zu müssen, während ein solch weltumspannender Seelenstrom, der vom Dichter und vom Komponisten intendiert ist, eigentlich die edelsten Töne verlangt, Töne, die im vollen Einklang stehen mit allem, dessen die Natur nur irgend fähig ist. Bei all dem sind wir dennoch froh, das Werk gehört zu haben.«

Die Rede ist von der Ankunft der neunten Sinfonie in der Neuen Welt. Von ihrem Sprung über die fünftausend Kilometer Wasserwüste des Atlantik, von einer Passage, die auch um die Mitte des 19. Jahrhunderts immer noch ein Wagnis war. Die Rede ist von dem Abenteuer, das verstörendste Werk des alten Europa dem Geschäftssinn Amerikas auszusetzen. Aber konnte man es nicht auch so sehen: Ein revolutionäres Werk trifft auf eine noch immer revolutionäre Gesellschaft? Eine außerordentliche musikalische »novelty« auf Leute, denen Pioniergeist über alles geht? Ein Kuriosum der Musikgeschichte auf ein Land, in dem »curiosity« groß geschrieben wird?

Am 20. Mai 1846 wird die Neunte im Castle Garden auf dem einstigen Inselfort Clinton im Süden Manhattans aufgeführt. Das ist der riesigste »Saloon« der Stadt, ein Amphitheater mit zehntausend Plätzen, von denen an diesem Abend aber nur etwa zweitausend besetzt sind, wohl auch eine Folge der hohen Eintrittspreise: drei Dollar für die Herren, zwei für die Damen. Die Neunte ergreift von New York Besitz, noch nicht New York von der Neunten. Dennoch bleibt dieses Datum das der globalen Eroberung: Die Idee der »ganzen Welt« beginnt sich zu realisieren. Die Reise um die Erde hat ihre erste Station erreicht.

Daß das Werk just hier zur Neuen Welt kommt, hat fast symbolische Bedeutung. 1808 war die Anlage als Southwest Battery gebaut, das letzte der Forts zur Verteidigung der Halbinsel Manhattan, bald aber schon, zu Ehren des New Yorker Bürgermeisters De Witt Clinton in Clinton Fort umbenannt worden, ehe man 1824 das Militär abzog, die Schießstände zur Promenade machte, die Unterkünfte zu Bars, und Platz schuf für große Events. Die Konzertepoche dauerte aber nur gut dreißig Jahre. Von 1855 bis 1890 war der weiträumige Komplex dann Haupteinwanderungszentrum, das Tor nach Amerika, ehe dann Ellis Island an seine Stelle trat.

In Manhattan vollzieht sich die Vorbereitung des Konzerts nicht nur als Musikprobe, sondern als große handwerkliche Gemeinschaftsarbeit, als ein Happening der besonderen Art. Am Morgen des Aufführungstages gab es eine Generalprobe, die zugleich so etwas wie ein Richtfest war und deren Improvisationscharakter sich in folgendem Bericht widerspiegelt: »Was für eine turbulente Szene war diese Probe! Man selbst hätte sich mitten darunter befinden müssen, um in die wahre Stimmung für eine solche Aufführung zu kommen. Für ein oder zwei Stunden waren die Musiker zu Zimmerleuten geworden, schleppten und zogen Bretter und Bänke, um das Fundament ihres Parnaß zu bauen; Gäste kamen, um ihre Kräfte in den Dienst Beethovens zu stellen, schier endlos war das Händeschütteln, Erzählen, Lachen und Gestikulieren in kleinen Gruppen, die im ganzen Raum verteilt waren. Schließlich begann sich der Tumult zu legen, als der Dirigent beinah zornig zur Ordnung rief und die Probe begann. Es war erstaunlich zu sehen, wie diese tapferen Künstler die mit Schwierigkeiten so gespickte Musik angingen und meisterten...«

Es war das erste Mal, daß sich alle Beteiligten in diesem kolossalen Rund des Castle Garden zusammenfanden. Die eigentlichen Proben – jeweils getrennt für Chor und Orchester – hatten in der Woche zuvor an vier Tagen in den Apollo Rooms stattgefunden. Neben der Beethoven-Sinfonie standen auch noch einige Arien, Webers Freischütz-Ouvertüre und das g-Moll-Klavierkonzert von Mendelssohn auf dem Programm. Bei den Proben kamen den Initiatoren und den Musikern offenbar Bedenken; ein Insider schrieb in einem Brief: »Die Symphonie finden sie so schwer, daß sie es beinah bereuen, sie sich vorgenommen zu haben.«

Das Zustandekommen dieser Aufführung war im wesentlichen der Tatkraft und dem Organisationstalent *eines* Mannes zu danken: Ureli Corelli Hill. Er war Geiger, hatte in den dreißiger Jahren Europa bereist, bei Ludwig Spohr in Kassel studiert und wohl auch Mendelssohn kennengelernt. 1842 hatte Hill die New York Philharmonic Society gegründet, deren erster Präsident er wurde. An Spohr und Mendelssohn wendet er sich dann, als die Pläne für das »Festival Concert« in New York auftauchen – das übrigens gedacht ist als Fundraising für den Bau eines eigenen Konzertsaals (der dann aber weitere hundert Jahre, bis zum Lincoln Center, auf sich warten lassen wird). Schon gegen Ende 1844 schreibt er an beide deutschen Komponisten Briefe und lädt sie ein, nach New York zu kommen und das Konzert zu leiten. Aber seine Hoffnung, wenigstens einer werde zusagen, erfüllt sich nicht: Mendelssohn entschuldigt sich wegen seiner angegriffenen Gesundheit, Spohr wagt nicht, seinen Dienstherren, den Kurfürsten von Kassel, um die für die Reise nötigen drei Monate Urlaub zu bitten.

Die Anfrage bei Spohr erlaubt aber einen frühen Einblick in die Dimension der New Yorker Pläne. In dem Brief Hills vom 15. November 1844 ist die Rede von 500 Sängern, 250 Instrumentalisten und fünfzehn Vokalsolisten. Die Zahlen sind offenbar viel zu hoch gegriffen (nur etwa die Hälfte des Personals wirkte dann tatsächlich mit), gehörten aber offenbar zum Imponiergehabe Hills, der mindestens ebensosehr Manager wie Musiker, Impresario wie Instrumentalist war. Daß Konzerte für ihn Showgeschäft waren, bewies er 1871, als er Beethovens Pastorale aufs Programm setzte und die Idee hatte, den Sturm im dritten Satz mit elektrischen Blitzen und einer Donnermaschine aufzuwirbeln. Es scheint aber, daß gerade der Reiz der großen Massen die Faszination für Beethovens Neunte befördert hat: so, als habe der Komponist selbst schon den Umschlag des Konzerts in ein Gemeinschaftserlebnis anvisiert.

Die Übersetzungsmisere

Der Jahresbericht der New Yorker Gesellschaft für 1846 spricht dann eine nüchternere, wenn auch immer noch beeindruckende Sprache: Man ließ insgesamt 260 Chorstimmen drucken (80 Soprane, 50 Alts, 50 Tenöre, 80 Bässe) und alle mit einer englischen Übersetzung versehen, wozu der Musikwissenschaftler Andreas Eichhorn bemerkt: »Dieses in New York hergestellte Chormaterial hat insofern historische Bedeutung, als es sich um das erste englischsprachige Chormaterial dieser Symphonie handeln dürfte.« Dahinter steckt aber ein zugleich tieferer und praktischer Sinn: Das Chorfinale sollte dem fremdsprachigen Publikum verständlich sein, der Text sich geltend machen. Schiller sollte neben Beethoven gehört werden. Das Werk sollte sich nicht nur als großes Klangmirakel abspielen, nicht in unbegriffener Hermetik, sondern als begreifbare Botschaft eines Dichters, als Bejubelung jener Glückseligkeit, die sogar in der Verfassung stand.

Schiller war damals in Amerika kein Unbekannter. Schillerbände waren im Gepäck Zehntausender von deutschen Einwanderern, und Schiller war auch in Übersetzungen präsent. 1844 war eine Ausgabe »The Poems and Ballads of Schiller« erschienen, die Sir Edward Bulwer Lytton übersetzt hatte, ein einflußreicher englischer Diplomat und späterer Kolonialminister, aber auch ein vielgelesener Bestsellerautor, dessen Roman »Die letzten Tage von Pompeji« noch heute aufgelegt wird. Lytton hatte übrigens auch Richard Wagner inspiriert: sein Roman über Rienzi vom Jahre 1835 war die Vorlage zur gleichnamigen Oper. (Rolf Vollmann widmet in seiner Roman-Anthologie »Die wunderbaren Falschmünzer« diesem Autor ein geistreiches Apropos, das ein wenig auch für die Sinfonie zu gelten scheint: »Und so geht das, sehr souverän und gewandt, durch die Welten, durch die Zeiten... große Themen sind kombinierte Elemente des Erzählens geworden.«)

Für die New Yorker Aufführung war eine eigene Übersetzung angefertigt worden, die neben dem deutschen Original – das für die zahlreichen deutschen Einwanderer unter den Besuchern gedacht war – im Programm abgedruckt wurde. Verfasser der englischen Version war C. B. Burckhardt, dessen Arbeit aber offenbar höchst unzulänglich war, wenn man dem Kritiker der »New York Tribune« Glauben schenkt: »Es tat weh, die schwache Übersetzung beigefügt zu sehen, die denen, die des Deutschen nicht mächtig sind, nur ein verzerrtes Bild des Originals gab, in dem jedes Wort vom tiefsten Feuer des Herzens erglüht. Wenn irgend etwas, dann wäre nur eine wörtlich korrekte Übersetzung sinnvoll; aber es ist gräßlich, wenn sich ein gewöhnlicher Verseschmied über so etwas hermacht.«

Es bleibt merkwürdig, daß ein anderer Übersetzer Schillers dabei nicht zum Zuge kam, obwohl er beim Konzert anwesend war: John Sullivan Dwight hatte 1839 in Boston auf englisch einen Band »Selected Minor Poems of Goethe and Schiller« veröffentlicht. Von Dwight stammt auch die Beschreibung der turbulenten Generalprobe; und er gehörte zu den publizistischen Wegbereitern des Konzerts; Wochen vorher hatte er programmatisch geschrieben: »Für die Vorbereitung der Liebe zur Musik sind Erzieher nötig und beispielhafte Aufführungen, die es zum Genuß machen, wenn man Meisterwerke gut gespielt hören kann. Diese beiden Dinge kann es nicht geben, ohne entsprechend Leute bei uns einzuführen, besonders solche, die in den wahren Schulen der Kunst hervorragend ausgebildet und von der Atmosphäre ihrer Heimatländer inspiriert sind.«

Diese Sätze deuten an, daß die Aufführung der neunten Sinfonie zugleich vor dem Hintergrund einer großen amerikanischen Auseinandersetzung darüber stattfand, was denn nun amerikanische Eigenart, amerikanische Kunst sei und welche eigenen Werte und Werke die Neue Welt vorzuweisen habe. Dem Bildungsprogramm durch Kulturimport, wie es Dwight vorschwebte, stand seit einigen Jahren ein typisch amerikanisches Selbstbewußtsein gegenüber, das der Philosoph Ralph Waldo Emerson 1837 formuliert hatte. Vor seiner alten Studentenverbindung Phi Beta Kappa in Harvard hatte Emerson unter dem Titel »The American Scholar« einen Vortrag gehalten, der bei den studentsichen Zuhörern Furore machte: »Die jungen Leute gingen hinaus, als wenn ihnen ein Prophet verkündet hätte: ›Also spricht der Herr‹.« Oliver Wendell Holmes nannte die Rede »unsere intellektuelle Unabhängigkeitserklärung«. Der Philosoph hatte auf die Besonderheit der amerikanischen Gesellschaft gepocht und proklamiert: »Unser Tag der Abhängigkeit, unsere lange Lehrzeit bei den Wissenschaften anderer Länder nähert sich dem Ende ... Wir haben den erlauchten Musen Europas zu lange gelauscht. Wir werden von jetzt an auf unsern eigenen Füßen stehen; wir werden mit unseren eigenen Händen arbeiten; wir werden unsere eigenen Gedanken aussprechen.«

Der neue Patriotismus Amerikas

So wird, nicht zu Unrecht, diese berühmte Rede immer wieder resümiert und als der erste entschiedene Einspruch gegen die kulturelle Übermacht Europas angeführt. Und dennoch hat sie einen Kontrapunkt, der ihrem Tenor widerspricht; eine Wortwahl, die ihre Tendenz umkehrt: Es zeigt sich, daß selbst Widerspruch ein Apropos sein kann. Liest man Emersons (von gewaltigem, spontanem Applaus beantwortete) Ruhmesrede auf die Kraft Amerikas genauer, so könnte man sie zugleich als das schönste Entree bezeichnen, das der neunten Sinfonie in Amerika überhaupt bereitet worden ist, fast zehn Jahre vor dem New Yorker Konzert. Denn in Wahrheit ist dieser rhetorische Kraftakt so etwas wie eine amerikanische Ode an die Freude, eine Hymne in Prosa, ein Brüderlichkeitsgesang, der dem Gestus des Schillerschen Liedes ganz nahe steht: »Die Millionen, die um uns her ins Leben stürmen wollen, können nicht immerzu von den verdorrten Überresten fremder Ernten zehren wollen. Ereignisse und Taten werden geschehen, die gesungen werden müssen, die sich selber singen.«

Nicht, daß Emerson Schiller beim Namen nennt; er beruft sich auf Shakespeare, Milton, auf Swedenborg; er legt sogar ein Bekenntnis zu Goethe ab, nennt ihn, in der Aneignung der Antike, »den modernsten der Modernen«. Aber es ist sein Ton, der die Schillersche Musik macht; daß alle Menschen Brüder werden, hört sich bei ihm so an: »Wer sich in die Geheimnisse seines eigenen Geistes vertieft, erfährt, daß er sich in die Geheimnisse aller vertieft ... Je tiefer einer eintaucht in seine intimsten, geheimsten Empfindungen, um so mehr wird er, zu seinem Erstaunen, gewahr werden, daß er gültigsten, allgemeinsten und universellsten Wahrheiten auf der Spur ist. Die Menschen sind davon entzückt; der bessere Teil jedes einzelnen spürt: dies ist meine Musik, dies ist mein Ich.« Meint Emerson wirklich nur Amerika, wenn er seinen Götterfunken zündet: »Es gibt *ein* zentrales Feuer..., es gibt *ein*

Licht, das aus tausend Sternen strahlt. Es ist *eine* Seele, die alle Menschen beseelt.«

Und natürlich fehlt auch die Freude nicht; sie kommt mehrfach vor in seiner Harvard-Hymne; und sie bildet den rhapsodischen Schluß: »Die Furcht vor dem Menschen und die Liebe vor dem Menschen werden als Verteidigungsring und als Kranz der Freude alle umgeben. Zum erstenmal wird es eine Nation von Menschen geben, weil jeder einzelne sich von der göttlichen Seele inspiriert glaubt, die zugleich alle Menschen inspiriert.« Emerson jauchzte sich selbst gewissermaßen über den patriotischen Zweck seiner Rede hinaus. Der Abschied, den er der Alten Welt geben wollte, wurde ihm unversehens zum »Kuß der ganzen Welt«.

Aber der Tag der Erstaufführung der Neunten in New York zeitigte eine Parallelaktion. Am gleichen Abend, da das Festival Concert im Castle Garden stattfand, präsentierte sich amerikanisches Selbstbewußtsein von seiner martialischen Seite. Eine Woche zuvor hatten die Vereinigten Staaten Mexiko den Krieg erklärt; nun erreichten die ersten Siegesmeldungen New York und wurden von den Zeitungen ausposaunt: Die amerikanischen Truppen unter General Zachary Taylor hatten die völlig unterlegenen Mexikaner am Rio Grande geschlagen, ja niedergemetzelt. Und just an diesem 20. Mai, und just im Battery Park, der nur durch eine Brücke vom Castle Garden getrennt ist, strömen 50 000 New Yorker zu einer Siegesfeier, zu einer Kriegskundgebung, zu einer Patriotendemo zusammen, und es gibt Szenen, wie sie anderthalb Jahrhunderte später nicht viel anders geschildert worden sind: »... in jedem Gesicht spiegelte sich die Entschlossenheit ab, die elenden Horden der Freibeuter-Regierung Mexikos zu züchtigen und zugleich allen Monarchen Europas den Gruß zu entbieten, daß diese Nation keine Einmischung in den Kampf dulden, sondern zur Bestrafung der begangenen Schändlichkeiten gemäß ihrer eigenen Begriffe von Nationalehre und von der Unverletzlichkeit des Bodens, über dem das sternbesäte Banner des verbrüderten Amerikas weht, schreiten werde.«

Wieder ist es John S. Dwight, der beide Ereignisse zur Simultanbühne macht; auf dem Weg zum Konzert war er den Demonstranten begegnet: »Wir kamen am Park vorbei, wo zur selben Stunde ein riesiges schwarzes Meer von Köpfen versammelt war; moralisch gesehen war es eine Versammlung von Teufeln, die die Gelegenheit schreiend begrüßten, die sich ihnen bot, ihre niedrigen, wilden Leidenschaften zu entfesseln... Welche Erlösung war es, aus dieser bedrückenden Stimmung allmählich aufzutauchen... in den Kreis des Lichts und der Schönheit zu gelangen, wo Beethoven und Mozart als die wahren ›Demagogen‹, oder als Führer des Volkes im guten Sinne, hochgehalten wurden, indem sie ruhelose und widerstrebende Gemüter harmonisch vereinigten.«

Während Dwight die Idealität der Aufführung betont und sie gegen die politische Demonstration ausspielt, politisiert er sie zugleich und weist der Hymne jene enthusiastische Dimension zu, die an ihren Anfängen stand. Es habe sich eben nicht nur um ein Konzert mit seltener, außergewöhnlicher Musik gehandelt, sonden um ein Ereignis von großer moralischer Bedeutung. »Politische Ereignisse sind bei weitem nicht die bedeutsamsten. Stillerer Einfluß geht von den Schöpfungen und dem geheimnisvollen Leben der Genies aus, die die Gesellschaft durch und durch von den innersten Tiefen her formen.«

An solchen Sätzen erweist sich, daß Dwight nicht nur die Gedichte Schillers kannte, sondern auch dessen große Aufsätze gelesen hatte. Er paraphrasiert die Idee des Dichters in den »ästhetischen Briefen«, daß der Umwälzung der Gesellschaft die Wandlung des Individuums vorausgehen müsse, die innere Emanzipation der äußeren Freiheit den Weg bereiten solle und »daß das Individuum Staat wird, daß der Mensch in der Zeit zum Menschen in der Idee sich veredelt«.

Dwight hatte es nicht bei der Lektüre und der Übersetzung belassen; er hatte Schillers Ideen mit denen von Emerson amalgamiert und in der Praxis zu realisieren versucht. Mit einer Gruppe von Bostoner »Transzendentalisten« beteiligte er sich an dem Erziehungsexperiment der »Brookfarm«, an einem Schulmodell, das abseits staatlicher Reglementierung dem Ideal der Bildung im Schillerschen Sinn und den praktischen Forderungen Emersons nachkam: Kopf und Hand, Geist und Seele gleichermaßen auszubilden und der Macht des Geldes etwas entgegenzusetzen, von dem die Hymne sang: den Götterfunken Freude.

Das Licht, von dem Emerson gesprochen hatte, wird nun, wie eine Fackel, vom Schulgründer und Schillerübersetzer, dem Musik- und Gesellschaftskritiker Dwight noch einmal entzündet wie eine olympische Fackel: Die neunte Sinfonie sei Verheißung dessen, »daß Licht die Oberhand gewinnen wird, daß die Gesellschaft gerettet und zu einer wirklichen Gemeinschaft wird«; anders als »diese armselige Vereinigung isolierter und antagonistischer Interessen, die unsere Gesellschaft gekennzeichnet hat und immer noch kennzeichnet«.

Weniger idealistisch, aber nicht weniger deutlich kommentiert die »New York Tribune« die seltsame Konfrontation vom 20. Mai 1846, den Kriegstaumel und das Konzertwagnis. Manche dieser Worte wirken auch nach mehr als einhundertfünfzig Jahren nicht antiquarisch: »Vergeblich sind die Hoffnungen gewesen, die Siege dieser Nation würden Siege über Schlechtigkeit und Unwissenheit sein, und nicht bloße Unterwerfung anderer Menschen, um sich an ihrem Eigentum zu bereichern ... Unsere Sterne haben uns nur den Weg in die alte Barbarei gewiesen, den Weg der nationalen Überheblichkeit, und unser Adler – wie der römische – zieht es eher vor, seine Beute auf dem Feld zu schlagen, als sich in die Gefilde reineren Lichts zu erheben.« Und auch die Zeitung sieht in der Hymne den moralischen Appell: »Die Ode, die am gestrigen Abend aufgeführt wurde, wo die Zeilen vorkommen: ›Seid umschlungen, Millionen, diesen Kuß der ganzen Welt‹, scheint die Prophezeiung dessen zu sein, was dereinst in diesem Land erreicht werden könnte.«

Aber ganz so lehrhaft kann man die beiden Ereignisse nicht nebeneinander, gegeneinander stehen lassen. So nah sie sich in der Topographie Manhattans waren, so nah waren sie sich auch in ihrer Ausdrucksform: Auch bei der Siegesfeier gab es den großen Gesang. Während im Castle Garden die Freuden-Ode angestimmt wurde, ertönte bei der Demonstration im Battery Park eine von George P. Morris verfaßte »Nationalhymne«, offenbar ein Werk aus Spontaneität und Plagiat. Denn auch hier war das Schillersche Muster erkennbar, auch hier ein Echo seiner alten Worte zu vernehmen; auch hier wehte ein Hauch der Luft des europäischen Vormärz. Denn ein »sanfter Flügel« der Freiheit breitete sich auch über der patriotischen Kundgebung aus:

> Freedom spreads her downy wings
> over all created things

hieß es dort.

Und auch diese Hymne pries die Sterne; nur daß sie sich Amerika längst vom Himmel geholt und auf seine Nationalflagge gesetzt hatte.

Wie hatte Emerson in seiner aufrüttelnden Rede gesagt? Die Musik, die gesungen wird, die von allen gesungen wird. Das ist die eigentliche Botschaft der Parallelaktion: die neue gesellschaftliche Apotheose des Gesangs. Die Neunte wird zum Vorbild, zum Abbild des ungeheuren Bedürfnisses: Amerika will sich endlich selbst entdecken, indem es sich selbst singt. Und da ist die grandiose, wenn auch banausische Zweistimmigkeit des Konzerts im Castle Garden und der Spontankomposition im Battery Park nicht so widersinnig, widertönig, wie es Dwight empfunden hat: Denn eigentlich bestätigte selbst der rauhe Gesang der Siegestrunkenen doch Beethovens Dramaturgie: Menschen wollen nicht nur singen, sie wollen *sich* singen. Chor als Selbstvergewisserung. Und wie könnte man den Grölern ihre Siegestrunkenheit übelnehmen, ohne die Schiller-Beethoven-Ekstase zu vergessen: »Freudig wie ein Held zum Siegen!«?

Beethovens Sinfonie, Schillers Ode – das ist die Erkenntnis

gerade aus der mephistophelischen Duplizität von New York in der Mitte des 19. Jahrhunderts – werden das Modell des Durchbruchs zum Massengesang, zum Choral der Emotionen, zum Canto der Demokratie.

Und wenige Jahre später wird Walt Whitman zum Stimmführer des einen wie des anderen Gesangs werden:

Amerikaner! Eroberer! Märsche der Menschheit!
Vorderste! Jahrhundertmärsche! Libertad! Massen!
Für euch ein Programm von Gesängen!

Gesänge von den Prärien,
Gesänge von dem weithinströmenden Mississippi bis
   hinab zum mexikanischen Meer,
Gesänge von Ohio, Indiana, Illinois, Iowa, Wisconsin
   und Minnesota,
Gesänge, die vom Zentrum, von Kansas, ausgehen und von
   dorther gleichmäßig nach allen Seiten,
Gesänge, die mit endlosen Feuerpulsen zucken, um alles
   mit Leben zu füllen.

Der Götterfunken in der Neuen Welt.

V
»Ahndest du den Schöpfer, Welt?«
Der Auftritt der Retuscheure

1
Die Neunte als »Faust«-Stück
oder
Wie Richard Wagner Schiller abschreibt

> Eine große Sehnsucht erfaßte mich zur neunten
> Symphonie.   Richard Wagner

Der »Cagliostro der Modernität«

Ein knappes Vierteljahrhundert nach der Uraufführung der neunten Sinfonie, rund sechzig Jahre nach der Entstehung des Schillerschen Liedes beginnt das, was man die populäre Karriere, die Theatralisierung des Werkes nennen kann. Der Weg vom geschlossenen, ja verschlossenen Kunstwerk zum überwältigenden öffentlichen Ereignis. Die Neunte wird aus der Strenge des einsamen Kompositionswillen befreit und zum demonstrativen Gemeinschaftserlebnis umgedeutet. Sie spielt sich nicht mehr ab als die enigmatische Einzelgängerei eines weltmürrischen Genies, sondern wird, in neuer Zurichtung, gewissermaßen gesellschaftsfähig. Sie wird nicht mehr bloß musiziert, sondern inszeniert, nicht mehr aufgeführt, sondern auf besondere Weise zelebriert.

Der Beginn dieser Wandlung zu dem, was die Sinfonie in anderthalb Jahrhunderten werden sollte, ist genau zu datieren. Es ist der 5. April 1846, der Abend, als Richard Wagner Beethovens Neunte im alten Dresdner Opernhaus am Zwinger zum ersten seiner Gesamtkunstwerke hochstilisiert. Hier schon, nicht erst mit den eigenen Werken, tritt das zutage, was Friedrich Nietzsche später dem eben noch bewunderten Wagner nachsagen wird: »Wagner rechnet nie als Musiker, von irgendeinem Musikergewissen aus; er will die Wirkung, er will nichts als die Wirkung. Und er kennt das, worauf er zu wirken hat.« (Der Fall Wagner) Das wäre in diesem Fall nicht einmal üble Nachrede, da der Komponist selber bekannt hat, er wolle »die Möglichkeit einer hinreißend populären Wirkung dieser Symphonie« realisieren.

Noch will er emphatisch Beethoven dienen, aber doch schon mit dem Hintergedanken, »seine eigene Theorie zu stützen und die Qualität seiner eigenen Musik nachzuweisen« (Leo Schrade). Aber was er mit der Aufführung vom Palmsonntag 1846 zugleich betreibt, ist die Enteignung Schillers; mit einem Taschenspielertrick setzt er Goethe als den wahren Paten der Sinfonie ein und kommt damit – »Cagliostro der Modernität« (Nietzsche) – vor den Zeitgenossen durch.

Wagner hatte ein Anrecht auf diese Sinfonie. War er nicht der erste gewesen, den Beethoven in das Geheimnis dieses Werks eingeweiht hatte? Dem er im Vertrauen von der Kühnheit seiner Pläne berichtet hatte? »Man stelle den wilden, in das Unendliche hinausschweifenden Urgefühlen, repräsentiert von den Instrumenten, die klare bestimmte Empfindung des menschlichen Herzens entgegen, repräsentiert von der Menschenstimme. Das Hinzutreten dieses zweiten Elementes wird wohltuend und schlichtend auf den Kampf der Urgefühle wirken, wird ihrem Strome einen bestimmten vereinigten Lauf geben.«

Hatte nicht der sonst so ruppige Komponist dem jungen Mann, der ihm nach verzweifeltem Wettlauf mit einem spleenigen Engländer auf die verwahrloste Bude gerückt war, so freundlich Auskunft gegeben, als empfange er einen Marketingexperten? »Sie werden bald eine neue Komposition von mir kennenlernen, die Sie an das erinnern wird, worüber ich mich jetzt ausließ. Es ist dies eine Symphonie mit Chören. Ich mache Sie darauf aufmerksam, wie schwer es mir dabei ward, dem Übelstand der zu Hilfe gerufenen Dichtkunst abzuhelfen. Ich habe mich endlich entschlossen, die schöne Hymne unsers Schillers ›An die Freude‹ zu benutzen; es ist diese jedenfalls eine edle und erhebende Dichtung, wenn auch weit entfernt davon, das auszusprechen, was allerdings in diesem Fall keine Verse der Welt aussprechen können.«

Wagner also hat alles vorausgewußt, war Kronzeuge, von Beethoven selbst initiiert: Es ist ein hübsches Stück Cagliostro-Prosa, das der junge Komponist mit seiner Erzählung »Pilgerfahrt zu Beethoven« vollbringt, biographische Hochstapelei und musikphilosophische Usurpation. Die äußeren Umstände sind so handfest und detailliert erzählt, so realistisch trivial einerseits und andererseits so ergriffen scheu, so selbstironisch und doch souverän, daß der Bericht nicht nur das Timbre der Lebensechtheit hat, sondern fast schon den Stempel der Authentizität. Wären da nicht die Lebensdaten: Richard Wagner, 1813 geboren, wäre, als Beethoven ihm von seinen Plänen zur Neunten hätte erzählen können, gerade erst zehn Jahre alt gewesen. Non è vero, ma ben trovato.

Und dennoch kann von einer Irreführung des Publikums im eigentlichen Sinn keine Rede sein. Denn Wagner befand sich früh schon auf einer Pilgerfahrt zu Beethoven, die sich freilich nicht in einer wochenlangen Fußwanderung und tagelangem Antichambrieren vollzog, sondern in einem immer stärkeren Identifikationsprozeß. Beethovens musikdramatische Schwierigkeiten, seine Widerständigkeit gegen die herkömmliche, die italienische Oper, gegen den Zirkuseffekt der Bravourarien, machten ihn zum virtuellen Reisegefährten eines jungen Künstlers auf der Suche nach einer eigenen, nach einer neuen Form. Und bei dieser Suche war es nicht der »Fidelio«, sondern die neunte Sinfonie, die als postumes Gesprächsthema, als inneres Leitmotiv diente: Sie war für Wagner, der sie schon als junger Mann für Klavier transkribiert hatte, mehr als eine Komposition, sondern eine Vision. Er hörte sie nicht als ein Spätwerk, sondern als die erste Musik einer neuen Zeitrechnung, nicht als Resümee, sondern als Programm, und zwar nicht für Beethoven, sondern für niemanden anders als ihn selbst, Wagner:

»Es ist nicht möglich, daß je das Werk eines Meisters mit solch verzückender Gewalt das Herz eines Schülers einnahm, als das meinige vom ersten Satz dieser Symphonie erfaßt wurde. Wer mich vor der aufgeschlagenen Partitur überrascht und mein tobendes Schluchzen und Weinen wahrgenommen hätte, würde allerdings verwunderungsvoll haben fragen können, ob dies das Benehmen eines Königlich-Sächsischen Kapellmeisters sei.«

Als Richard Wagner mit dreißig Jahren diese Stelle in Dresden antritt, der Stadt seiner Jugend, hat er schon ein bewegtes Leben hinter sich, das sich allerdings nicht zur Karriere hat fügen wollen. Mit einundzwanzig war er Musikdirektor der Bethmannschen Schauspiel- und Operntruppe in Magdeburg geworden, durch die er seine erste Frau, Minna Planer, eine Schauspielerin, kennengelernt hatte. Mit ihr geht er bald darauf nach Königsberg, wo sie ein Engagement angenommen hat, er aber nur gelegentlich gastweise dirigieren kann. Der Osten bleibt zunächst sein Revier: 1837 wird Wagner Musikdirektor am Theater in Riga, wo er neben Werken von Mozart, Weber, Cherubini, Mendelssohn und eigenen Kompositionen alle Beethoven-Sinfonien von der dritten bis zur achten auf sein Programm setzt. Als er 1839 seine Stellung verliert, wagt er mit seiner Frau den Sprung nach Paris (der Sprung ist eine unendlich mühselige Schiffsreise), wo er seine Freiheitsoper »Rienzi« auf die Bühne zu bringen hofft. Trotz der Protektion durch Giacomo Meyerbeer schlägt dieser Plan fehl; auch zu einer Aufführung eines anderen Werks, »Das Liebesverbot«, kommt es nicht; das dafür in Aussicht genommene Renaissance-Theater macht im Frühjahr 1840, kurz vor der Premiere, Pleite.

Es ist eine elende Zeit, in der sich Wagner mit Verzweiflungsarbeiten durchschlägt; er schreibt Aufsätze für die »Revue et Gazette musicale«, fertigt Arrangements für den Verleger Maurice Schlesinger, kann auch gelegentlich »Einlege«-Arien für laufende Opernproduktionen liefern – und er komponiert und dichtet an neuen Projekten: »Der fliegende Holländer« entsteht, inmitten der drückendsten Geldsorgen (die ihn sogar ins Schuldengefängnis bringen) in Paris. Im Dezember

1840 schreibt er ein Gesuch an den König von Sachsen, seinen »Rienzi« am Hoftheater in Dresden aufführen zu lassen – und hat anderthalb Jahre später Erfolg: Die Uraufführung findet im April 1842 statt, und wird, mit Wagner als Zuhörer, ein großer Erfolg. Ein knappes Jahr später kann er den »Fliegenden Holländer« als Dirigent selber vorstellen. Einen Monat später erfolgt die Ernennung zum königlich-sächsischen Hofkapellmeister (neben C. G. Reißiger – also mit programmierten Kompetenzkonflikten). Wagner hat das erste Jahrzehnt einer ruhelosen, ruhmlosen, aber arbeitsintensiven Biographie hinter sich, die er als »Mein Leben« bewegend, ja beklemmend beschreibt. Er hat sich in Paris von Berlioz die Unbedingtheit der Künstlergebärde abgesehen, die er nun als halber Herr in einem großen, renommierten Opernhaus zu praktizieren versucht, im dauernden Widerstand gegen Theaterränkünen und -routinen. Er komponiert den »Tannhäuser«, und er schreibt am Prosaentwurf zum »Lohengrin« – denn anders als die meisten Komponisten hat er beschlossen, seine Libretti selbst zu verfassen, nein, zu dichten. Er ist, zwar immer noch von Schulden heimgesucht, am Beginn des Ruhms und einer ungewöhnlichen Selbstsicherheit, als er beschließt, die neunte Sinfonie Beethovens am Palmsonntag 1846 in einer Benefizveranstaltung als ein Beispiel dessen, was ihm als »Zukunftsmusik« vorschwebt, als ein Gesamtkunstwerk zu präsentieren. Zwei Musen dienen ihm dabei (wie überhaupt in seinem Leben): Ekstase und Organisation.

Der Dreiunddreißigjährige spürt den Widerstand der Dresdner Musiker und der Honoratioren, und gerade das reizt seine charismatischen Energien: »In der Tat bedurfte es meines ganzen Feuers und aller erdenklichen Beredsamkeit, um zunächst die Bedenken unseres Chefs« – des Generaldirektors von Lüttichau – »zu überwinden. Mit den Orchestervorstehern konnte ich aber nicht anders als mich vorläufig vollständig zu überwerfen, da ich hörte, daß sie die Stadt mit Wehklagen über meinen Leichtsinn erfüllten ... Die neunte Sinfonie ward somit für mich in jeder erdenklichen Hinsicht zu einer Ehrensache, deren Gelingen all meine Kräfte anspannten.« Zum Beispiel auch mit selbst verfaßten Leserbriefen, die er anonym dem Dresdner Anzeiger einsandte, in denen enthusiastisch für das angeblich so verrufene Werk Partei genommen wurde.

Die Arbeit am Klangraum

Und dann geht Richard Wagner sein Vorhaben als Klangarchitekt an; schlägt sich bis »zu fünf Stunden mit Zimmerleuten, Tischlern und Musikern« herum; er will dem außergewöhnlichen Werk ein besonderes Ambiente sichern. Er baut die Sinfonie auf wie fünfundzwanzig Jahre später sein Festspielhaus in Bayreuth für die eigenen Opern. Überm Sternenzelt mußte nicht nur ein lieber Vater wohnen, sondern ein Resonanzraum sich wölben, zum Publikum hin öffnen, der von anderen Dimensionen war als die bis dahin üblichen. »Ich trug aber auch Sorge, durch einen gänzlichen Umbau des Lokals mir eine gute Klangwirkung des jetzt nach einem ganz neuen System von mir aufgestellten Orchesters zu versichern. Die Kosten hierzu waren, wie man sich denken kann, unter besonderen Schwierigkeiten zu erwirken; doch ließ ich nicht ab, und erreichte durch eine vollständige neue Konstruktion des Podiums, daß wir das Orchester ganz nach der Mitte zu konzentrieren konnten, und es dagegen amphitheatralisch auf stark erhöhten Sitzen von dem starken Sängerchor umschließen ließen, was der mächtigen Wirkung der Chöre von außerordentlichem Vorteil war...« Damit hatte Richard Wagner das vorweggenommen, was seit der Eröffnung der Berliner Philharmonie mehr als hundert Jahre später zur auratischen Grundordnung aller großen Klangräume der Welt geworden ist.

Denn auf die Wirkung des Chores hat es Wagner vor allem abgesehen; er hat den Boden nicht nur für eine kleine Sängergemeinschaft bereitet, sondern gleichsam für die Stimmen der Völker, und es können ihm gar nicht genug sein: »Außer der gewöhnlichen Verstärkung unseres Theaterchors durch die etwas weichliche Dreißigsche Singakademie, zog ich, mit Überwindung umständlicher Schwierigkeiten, den Sängerchor der Kreuzschule mit seinen tüchtigen Knabenstimmen, sowie den ebenfalls für kirchlichen Gesang gutgeübten Chor des Dresdener Seminariums herbei.« Aber mit der Multiplikation war es nicht getan; es ging auch um den gehörigen Enthusiasmus.

»Diese ... dreihundert Sänger suchte ich nun auf die mir besonders eigentümliche Weise in wahre Ekstase zu versetzen; es gelang mir z. B. den Bassisten zu beweisen, daß die berühmte Stelle ›Seid umschlungen, Millionen‹, und namentlich das ›Brüder, über'm Sternenzelt muß ein lieber Vater wohnen‹ auf gewöhnliche Weise gar nicht zu singen sei, sondern nur in höchster Entzückung gleichsam ausgerufen werden könne. Ich ging ihnen hierfür mit solcher Ekstase voran, daß ich wirklich alles in einen durchaus ungewohnten Zustand versetzt zu haben glaubte...« Auf gewöhnliche Weise nicht zu singen: Knapp hundert Jahre später schreibt das Ernst Bloch seinem bewunderten Wagner nach, indem er raunt: »›Über Sternen muß er wohnen‹: Das Misterioso dieses Chors der neunten Symphonie ist von dem empirischen Zweifel eines bloß Kantischen Gottespostulats bewegt und umgeben, es landet nicht in transzendenter, in ausgesungener und aussingbarer Vollendetheit.«

Aber Wagners Bombastisierung der Neunten beschränkte sich nicht auf das Chorfinale. Er will Beethovens Triumph mit allen Mitteln, vor allem den seinen. Er will die Ehrenrettung des nach seiner Meinung verkannten Werks durch Nachbesserungen erreichen: »Was nun den künstlerischen Teil der Aufführung betraf, so arbeitete ich einer ausdrucksvollen Wiedergabe von seiten des Orchesters dadurch vor, daß ich alles, was zur drastischen Deutlichkeit der Vortragsnuancen mir nötig dünkte, in die Orchesterstimmen selbst aufzeichnete. »Eine der korrekturbedürftigen Stellen schien ihm die C-Dur-Wendung im zweiten Satz, wo die rhythmische Grundfigur der

Streicher gegen die Melodie der Holzbläser gesetzt ist – und nach Wagners Meinung die Bläser untergehen läßt. Er hat so wenig Skrupel, dergleichen zu ändern, daß er sogar mit seiner Eigenmächtigkeit kokettiert:

»Da mich nun keinerlei Buchstaben-Pietät vermögen konnte, die vom Meister in Wahrheit beabsichtigte Wirkung der gegebenen irrigen Bezeichnung aufzuopfern, so ließ ich hier die Streichinstrumente bis dahin, wo sie wieder abwechselnd mit den Blasinstrumenten die Fortführung des neuen Themas aufnehmen, statt im wirklichen Fortissimo, mit nur angedeuteter Stärke spielen: das von den verdoppelten Blasinstrumenten« – von Wagner verdoppelten – »dagegen mit möglichster Kraft vorgetragene Motiv war nun, wie ich glaube, mit bestimmender Deutlichkeit zu hören.« Das war aber kein Ausnahmefall, denn: »In ähnlicher Weise verfuhr ich durchgehends«, und »Nichts anscheinend schwer Verständliches durfte so zum Vortrag kommen, daß es nicht in bestimmter Weise das Gefühl erfaßte.«

Immerhin zeigt sich an solchen Retuschen schon der Meister der Instrumentation, vor allem auch Wagners Faible für die Holzbläser, das sogar ein Wagner-Kritiker wie Theodor W. Adorno ihm nachgerühmt hat und das er im Lohengrin zur Meisterschaft führt. Wenn er seine Vorliebe auch an dem bewunderten Werk des vergötterten Beethoven praktiziert, zeigt es wohl nicht so sehr Besserwisserei oder Besserkönnerei, sondern das Bestreben, das fremde Werk so aufzuführen, als wär's ein Stück von ihm. Er zelebriert es nicht nur, er beansprucht es auch. Er will den Erfolg nicht nur für Beethoven, er will ihn auch für sich.

Ein Vierteljahrhundert später, bei einer Aufführung der Neunten in Bayreuth, wird Beethoven eher eine Reminiszenz geworden sein, eine Nebensache der Pietät. (Davon spricht ein späteres Kapitel.) Jetzt aber, genau sechzig Jahre nach der ersten Publikation des Gedichts in der »Thalia«, geschieht die Verabschiedung Schillers. Denn viel gravierender als alle Retuschen in der Partitur, an der Besetzung, ist das, was man nicht anders denn als die Enteignung des Freude-Dichters bezeichnen kann, seine Tilgung aus dem Gemeinschaftswerk. Der junge Komponist betreibt etwas, das mit den historischen Retuschen der Stalinzeit auf den Revolutionsfotos vergleichbar ist, als plötzlich Trotzki nicht mehr aufzufinden war oder andere Lenin-Gefährten, die den Säuberungen zum Opfer gefallen waren. Wagner tilgt zwar nicht den Freuden-Text, aber er läßt den Namen Schiller unter den Tisch fallen. Denn: Er baut nicht nur die Bühne um, erweitert nicht nur den Chor ins Massenhafte, steigert nicht nur Beethovens Instrumentation in Wagnersche Dimensionen – sondern er verschafft dem Werk auch einen neuen Mitschöpfer.

Goethe statt Schiller

Wagner schreibt also eine groß angelegte Einführung in die Neunte, um dem Publikum das Verständnis zu erleichtern – eine verdienstvolle Sache, die er mit der »großen Eigentümlichkeit und noch gänzlich unnachgeahmten Neuheit« der Sinfonie zu Recht begründet. Aber indem er das tut, begeht er einen Cagliostro-Trick von so ungenierter Verwegenheit, daß man sich wundert, ihn von den Zeitgenossen nicht zurückgewiesen zu sehen, ja ihn bis heute nicht aufgeklärt zu finden. Kurz gesagt: Wagner fälscht das epochale Werk von einer Beethoven-Schiller-Konstellation in eine Goethe-Beethoven-Symbiose um. Auf den mehr als zwölf Druckseiten der einführenden Interpretation fällt nicht ein einziges Mal der Name Friedrich Schiller. Dagegen ist unentwegt von Goethe die Rede, und ein unbefangener Leser – auch heute noch –, der diesen enthusiastischen Text in die Hand bekommt, kann nicht anders als vermuten, daß die »Freuden«-Hymne von Goethe stamme.

Der Grund: Wagner will die Neunte als eine Art »Faust«-Sinfonie deuten; er will sich seiner Aufgabe dadurch nähern, »daß wir Worte unseres großen Dichters Goethe zur Hilfe nehmen«, »wenn sie auch keineswegs mit Beethovens Werke in einem unmittelbaren Zusammenhang stehen und auf keine Weise die Bedeutung seiner rein musikalischen Schöpfung irgendwie durchdringend zu bezeichnen vermögen...« Man muß sich das vergegenwärtigen: Goethes Worte stehen in keiner Beziehung zu Beethovens Sinfonie und sie tragen nichts zum musikalischen Verständnis bei – ich aber, Richard Wagner, mache mir meinen eigenen Vers auf die Musik, und den hole ich mir aus dem Faust: »Das große Hauptthema (1. Satz)... könnte dem Sinne der ganzen Tondichtung nicht durchaus unangemessen vielleicht übersetzt werden durch Goethes Worte: ›Entbehren sollst du! Sollst entbehren!‹« Und der weitere Verlauf des Satzes (»Gewalt, Widerstand, Aufringen, Sehnen, Hoffen, Fasterreichen, neues Verschwinden, neues Suchen, neues Kämpfen« – Wagner) wird mit einem Faustmonolog kommentiert: »Nur mit Entsetzen wach' ich morgens auf, /Ich möchte bittere Tränen weinen«...

So geht es weiter. Das wilde Scherzo wird abermals mit Goethe unterlegt; aber diesmal geschieht es auf so willkürliche Weise, als habe Wagner nicht recht auf die Worte gehört, die er zitiert:

> Von Freude sei nicht mehr die Rede,
> Dem Taumel weih' ich mich, dem schmerzlichsten
>   Genuß!

Wenn Wagner schon Schiller verrät – wie kann er dann aber das Werk verraten, dem er doch dienen will!? Wie kann er dessen Zauberwort, Erlösungsformel, dessen Schlußapotheose in so billige Münze verwandeln: Von Freude sei nicht *mehr* die Rede! Aber von Freude ist doch noch gar nicht die musikalische Rede gewesen in der Sinfonie, die Freude wird doch erst eingelöst, herbeikomponiert, aus dem Fundus des Entsagens befreit werden müssen. Wagner aber rettet sich, mit Faust, in die eigene Betriebsamkeit:

> Stürzen wir uns in das Rauschen der Zeit,
> Ins Rollen der Begebenheit!
> Da mag denn Schmerz und Genuß,
> Gelingen und Verdruß
> Miteinander wechseln, wie es kann,
> Nur rastlos betätigt sich der Mann.

Auch diese Zitatenhuberei ist eine Form der Aneignung. Wagner macht damit das Werk zu jener »Faust«-Sinfonie, an der er sich selbst in Paris versucht hatte, die aber nicht über einen ersten Satz (später »Faust«-Ouvertüre genannt) hinauskam. Es ist also einerseits Text-Reminiszenz an eigene Versuche, abermalige Beschäftigung mit einer für ihn zentralen Dichtung, in deren tragisch-erlösungshungrigen Helden er sich unschwer erkennen mochte, aber vor allem wohl der Wunsch, die fremde Sinfonie durch neues Verständnis zu der zu machen, die er selbst hatte schreiben, aber nicht vollenden können, weil sie schon fertig vorlag. Mit der Goethe-Interpretation zur Neunten legt Wagner zugleich die Abbreviatur seiner eigenen Faust-Aspirationen vor.

Und mit Faust durchlebt Wagner auch den dritten Satz:

> Ein unbegreiflich holdes Sehnen
> trieb mich, durch Wald und Wiesen hinzugehn,
> und unter tausend heißen Tränen
> fühlt' ich mir eine Welt entstehn.

Eigentlich müßte die Sinfonie mit diesem Adagio schon ihr Bewenden und Vollenden haben; löst es nicht schon alle Konflikte? Denn bei den Versen

> O tönet fort, ihr süßen Himmelslieder,
> die Träne quillt, die Erde hat mich wieder –

wirft sich Wagner »diesen holden Boten reinsten Glückes überwältigt in die Arme«!

Kein Zweifel, daß wir eine Goethe-Huldigung, eine »Faust«-Sinfonie hören, selbst dann noch, wenn der vierte Satz beginnt, den Wagner mit weiteren Versen des Dramas unterlegt, die in der Frage enden:

> Und schmacht ich so vergebens?

Dann aber muß, nach so viel »Faust«, doch endlich das Freudenlied Einzug halten, und es wird auch – komplett, wie Beethoven es komponiert hat – zitiert. Aber der Dichtername fällt immer noch nicht. Bis zu den Versen:

> laufet Brüder, eure Bahn,
> freudig, wie ein Held zum Siegen.

Hier kommentiert Wagner: »Wir sehen die Jünglinge mutig sich in eine Schlacht stürzen, deren Siegesfrucht die Freude sein soll.« Jetzt sollte doch endlich der Name des Dichters fallen, jetzt, bei der Siegesfrucht der Freude, muß doch Friedrich Schiller dazutreten, der gute Geist, das Ideengenie der Sinfonie, sein Denkmal bekommen, die Apotheose des Schöpfers!

Aber immer noch kein Schiller bei Wagner. Denn so fährt er fort: »Und noch einmal fühlen wir uns gedrungen, Worte Goethes anzuführen:

> Nur der verdient sich Freiheit wie das Leben,
> der täglich sie erobern muß.«

Was ist das? Der helle Wahnwitz oder der trübste Wagner? Ein Genie des qui pro quo? Der Ahnherr aller Retuschen? Nur der Cagliostro der Modernität oder schon der Virtuose einer Propaganda, die den Leuten alles einzureden versteht? Oder einfach nur die besessene Verfahrensweise eines genialen Mannes, dem ein fremdes Werk nur so lange und so weit gilt, wie er sich dadurch selbst in Szene setzen kann? Klaus Kropfinger, der Wagners Verhältnis zu Beethoven gründlich analysiert hat, kommt zu dem knappen Fazit: »Wagners Deutung der ›Symphonie mit Schluß-Chor‹ kann als die Geschichte einer interpretatorischen Annexion im Sinne und im Dienste eigener künstlerischer Intentionen gelten. So gesehen, wurde Beethovens ›Neunte‹ zu Wagners 9. Symphonie.« 26 Jahre später schreibt Cosima Wagner in ihr Tagebuch: »Dann sagte er mir, er wolle noch meine Bitte mir erfüllen und die große Messe von Beethoven aufführen, nur habe er seine eigenen Gedanken hierüber, er wolle das Orchester in der Mitte des Saales aufstellen und den Chor ringsum zirkusartig, alles müsse mitsingen (den lateinischen Text kaum hörbar), denn diese Musik sei nicht zum Zuhören da, den eigentlichen Eindruck habe nur, wer mit rase, er habe das bei der 9ten in Dresden erfahren.«

Die Spötter unter den Zeitgenossen hatten immerhin schon eine Ahnung von Wagners Besitzansprüchen; sie kommentierten die Dresdner Aufführung mit den Versen:

»Die Neunte Sinfonie, was wär' sie ohne ihn,
was ohne ihn die Zeit, der Thron, das Haus Wettin?
Steht er nicht größer da als Lamartine?
O lasset im Triumph uns seinen Wagen ziehn
und vor dem größten Geist der Mit- und Nachwelt knien.«

2
»Freiheit, schöner Götterfunken...«?
oder
Eine Geisterhymne beginnt zu spuken

> Nun geplündert und gestohlen!
> Denn der Censor hat befohlen,
> Und der Setzer steht auf Kohlen...
> Robert Prutz

Eine literarische Detektivgeschichte

Es war eine Sensation. Die Zuhörer mochten zunächst ihren Ohren nicht trauen: Als Leonard Bernstein anderthalb Monate nach dem Mauerfall 1989 – der ja nichts weniger als eine Weltwende war – die neunte Sinfonie Beethovens in Berlin aufführte (am 23. Dezember im Westen, am 25. im Osten der Stadt), da ertönte der Schlußchor mit dem nie zuvor gehörten pathetischen Wortlaut:

> Freiheit, schöner Götterfunken!

Und der nicht nur für seine Originalität, sondern auch für seine Eigenwilligkeiten berühmte Dirigent schrieb dazu im Programmzettel: »Es scheint eine Vermutung gegeben zu haben, daß Schiller neben der ›Ode an die Freude‹ einen weiteren Entwurf dieses Gedichts mit dem Titel ›An die Freiheit‹ verfaßt haben soll ... Ob wahr oder nicht – ich glaube, dies ist ein Augenblick, den der Himmel gesandt hat, um das Wort ›Freiheit‹ immer dort zu singen, wo in der Partitur von ›Freude‹ die Rede ist.« Und er setzte hinzu, um aller philologischen Debatte vorzubeugen: »Wenn es je einen historischen Augenblick gegeben hat, in dem man eine akademische Textdiskussion vernachlässigen darf – jetzt ist er gekommen, und ich bin sicher, daß Beethoven uns seinen Segen gegeben hätte.« Beethoven vielleicht; aber Schiller?

Der historische Augenblick mit all seinem »Wahnsinn« und Pathos ist vorbei, und noch immer klingt der »Freiheitsjubel« jener Berliner Weihnachtsaufführungen 1989 in unseren Ohren nach, die ketzerischste und leidenschaftlichste Darbietung der Neunten im späten 20. Jahrhundert. »Es scheint eine Vermutung gegeben zu haben...« Nun scheint es an der Zeit, dieser Vermutung nachzugehen, daß es eine Zweitfassung des »Freuden«-Gedichts gegeben habe; und es wird sich zeigen, daß man es dabei weniger mit einer akademischen Textdiskussion zu tun bekommt als mit einer literarischen Detektivgeschichte.

Zunächst einmal: Die Freiheitsversion ist in der Tat eine bis heute dem Schiller-Gedicht unterliegende Subversionslegende, die etwas Positives anzeigt, nämlich daß es in den großen Werken weiterarbeitet, daß sie nie zur Ruhe kommen und daß die jeweilige Zeit und Zeitgeschichte sich am *work in progress* beteiligen. Die Aufführungspraxis hält das Werk im Repertoire, aber die Geschichte will unentwegt ihr Wort im Schlußchor mitsprechen: So rumort es, inmitten der Musik, von Unerlöstem. Von unentdeckten Geheimnissen. Von ganz neuen Ursprüngen.

Freiheit, schöner Götterfunken?

Gibt es denn überhaupt eine Freuden-Hymne von Schiller? War das Gedicht nicht ursprünglich ein Trutzgesang auf die Freiheit? Muß nicht, mit dem Gedicht selbst, nicht nur seine Genesis, sondern die gesamte Wirkungsgeschichte umgeschrieben werden? Ist Beethoven einem frühen Fake aufgesessen, einer Verharmlosungsversion, einer aus Furcht vor dem Zensor entstandenen Placebofassung? Muß man nicht singen, wie Leonard Bernstein im wiedervereinigten Berlin singen läßt:

> *Freiheit* trinken alle Wesen
> An den Brüsten der Natur;
> Alle Guten, alle Bösen
> folgen ihrer Rosenspur.

War Schiller nicht, wenn je ein deutscher Dichter, der »Dichter der Freiheit«? Ihr Inbegriff? Ihre einzige deutsche Ikone? Und saß ihm nicht, als er das Gedicht zur Veröffentlichung vorbereitete, der Zensor im Nacken, eine dieser belesenen Kreaturen jeglicher Macht, die bis heute nicht ausgestorben sind?

Wir begeben uns auf die Spurensuche.

Erster Tatort ist eine deutsche Kleinstadt um 1835, in der ein Musikfest gefeiert werden soll. Es soll ein heiteres, beschwingtes, gesellschaftliches Ereignis werden unter einer Bedingung: kein Beethoven. Aber der Ortsgeistliche und sein Organist bringen das Konzept zu Fall und die beiden programmatischsten Sinfonien des Meisters ins Programm: die Dritte und die Neunte. Und es strömen die Beethoven-Enthusiasten in den Ort, vor allem auch die »Davidsbündler« aus Robert Schumanns Kreis. Spontini und Mendelssohn werden dirigieren. Es kommt zu Intrigen und zu großem Wiedersehen: Der Kontrabassist Hitzig erkennt in einem Pauker seinen verloren geglaubten Sohn wieder (aber leider macht er, von Beethovens Musik befeuert, seinem Namen alle Ehre, zerschlägt seinen Kontrabaß, wirft seinen Sohn aus dem Fenster, steckt das Gebäude in Brand und stürzt mit dem Kamin in die Tiefe). Soweit die Action.

Aber vor allem gibt es die musikalische Auseinandersetzung um Beethoven, die Abrechnung mit den Honoratioren und ihrer Spießermeinung: »Man ist bei dem Kerl nie sicher vor den schlechtesten Späßen.« Und dann kommt der für uns entscheidende Punkt bei der Aufführung der Neunten; als der Chor die »Freude« zu besingen beginnt, springt einer aus dem Publikum auf und ruft wie von Sinnen ins Auditorium und in die Schar der Mitwirkenden hinein: »Wer da weiß, welche öffentliche Metze diese verkappte ›Freude‹ Schillers von Geburt war, der fahe [fange] sie!« Die Leute sind zunächst so konsterniert wie wir auch: Die Freude eine Prostituierte, von Geburt an? Wie soll man das verstehen?

Nun, dieses Beethovenfest hat nie stattgefunden, außer in der Phantasie des Schriftstellers Wolfgang Robert Griepenkerl, der 1838 seine vielgelesene Novelle »Das Musikfest und die Beethovener« veröffentlicht und den merkwürdigen Zwischenruf mit einer Fußnote erklärt hat: »Es war die Freiheit.« Die Freiheit im Original, so soll das heißen, sei durch die Freude ersetzt, ja prostituiert worden. Dies ist der erste gedruckte Beleg für die Geisterversion, für die »Freiheits«-Hymne.

Es ist die Zeit des Vormärz, der revolutionären Gärungen im trüben Untertanengebräu der deutschen Kleinstaaten. Das Wort »Freude« im Schlußchor wirkt wie Verhöhnung des sozialen Elends und der gesellschaftlichen Mißstände, wie ein bizarres Palliativ. Daß Schiller ein so friedfertiges Wort zum Thema seiner Hymne gemacht habe, wollen die fortschrittlichen Köpfe nicht mehr glauben, wohl aber halten sie ihn für fähig, es dann, unter Druck, anstelle des ursprünglichen »Freiheits«-Begriffs eingesetzt zu haben. Man traut ihm einerseits nichts anderes als die »Freiheit« zu, andererseits aber die Feigheit, sie als »Freude« unkenntlich gemacht zu haben: Das hieße ein Gedicht retten, indem man es verrät.

Beim Beethovenfest Griepenkerls ist deshalb von Schiller nicht weiter die Rede: Aller Freiheitsruhm gebührt Beethoven. Nur er ist auf der Höhe der Zeit, seine Sinfonien sind Programme revolutionärer Ereignisse; ein Graf erklärt uns das Beethovensche Geschichtspanorama: »Das große Drama der Juli-Revoluzion hinter einem nur noch mühsam niedergehaltenen Vorhange der bewegten Völkerbühne ahnend, verachtete er die Tändelei mit den Formen. Seine Symphonieen waren in der Kunst das erste Feldgeschrei jenes Ereignisses... Mit Beethoven beginnt die erste Epoche dieser Kunst in welthistorischer Bedeutung. Was malt eine solche Symphonie!

Man denke sich nur die verschiedenen Instrumental-Charaktere als eben so viele verschiedene Völkerstimmen, zusammengehalten ... durch das gemeinschaftliche Interesse an einer mächtigen, erdumwälzenden Idee. Dazu hole man große Anschauungen aus der Geschichte: Ein Stück Völkerwanderung, ein Stück Kreuzzüge, ein Stück Reformazion, ein tüchtig Quantum französische Revoluzion mit einem ganzen Napoleon.«

Glaßbrenner entfesselt Schiller

Die Restaurationsepoche der Metternichzeit, die reaktionäre Politik der deutschen Fürsten nach der Niederlage Napoleons, die Auswirkung der restriktiven Karlsbader Beschlüsse hatten ein Gegenklima des Widerstands erzeugt, von dem die Schriften Heines, Börnes, Herweghs und anderer Zeugnis ablegen. Die Freudenhymne wurde gleichsam zum Palimpsest für das neu erwachte Freiheitsverlangen, zum geheimen Schlachtruf der Deutschen, die sich als Demokraten verstanden und als solche bewähren wollten. Während in den Auditorien die Freude besungen wurde, vernahmen immer mehr Zuhörer den Appell:

Freiheit, schöner Götterfunken!

Es sollte nicht lange dauern, bis diese Version sich selber geltend machte, bis die Fahndung nach dem wahren Gedicht selbst zum Gedicht wurde. 1844 – also sechs Jahre nach Griepenkerls berühmter Fußnote – erschien eine Neufassung, eine Kontrafaktur, in der das politische Rumoren eines ganzen Jahrzehnts und die Auseinandersetzung mit der Hymne in Verse gebracht wurde, deren erste Strophe so lautet:

>Freiheit, schöner Götterfunken!
>Sang das deutsche Dichterherz;
>Doch da fühlten die Halunken
>Schon des Feuertodes Schmerz.
>Solcher Funken muß entflammen,
>Haben weislich sie gedacht,
>Und in Trümmern stürzt zusammen
>Uns're Größe, unsre Macht.
>   (Chor)
>Freude haben wir gesungen
>Doch es ahnte das Gemüt,
>Als der Funke dort erglüht,
>Daß der Freiheit er entsprungen.

Genau 145 Jahre vor der Bernstein-Aufführung von 1989 war in der Tat zum erstenmal der Wortlaut publiziert, mit dem die Sänger im wiedervereinigten Berlin, in der neu vereinten Welt, ihren Schlußchor begannen. Der Dichter war kein Poet reinsten Wassers, sondern ein Publizist, ein Humorist, ein Volkssänger, der erste Stadtreporter Berlins und Verkünder ihres O-Tons: Adolf Glaßbrenner (1810–1876). Ein junger Mann, der das Ohr am Puls der Zeit hatte und deshalb schon mit 31 Jahren in sein erstes Exil gehen und Berlin verlassen mußte.

Glaßbrenners Nachdichtung ist ein aggressiver Geniestreich: Er erzählt die Subversionstradition, die sich unterhalb der Schillerschen Hymne gebildet hat, er gibt ihr feste Form, wie wenn sie auf gesicherter Recherche beruhte, und er erzählt sie eben im Versmaß und mit dem Pathos des originalen Gedichts. Der Freiheitsgedanke hat sich vollends des Liedes bemächtigt; aber anders als Griepenkerl setzt Glaßbrenner Schiller nicht beiseite, gibt ihm nicht Schuld für Vertuschung oder Vertauschung; sondern macht den Aufpassern, Zensoren, den »Herrschenden« der Schiller-Zeit seinen poetischen Prozeß:

Und den schönen Götterfunken
Löschten die Verruchten aus;
Feuersicher, siegestrunken
Saßen sie im stolzen Haus.
Und als rings in armen Gauen
Freude! Freude! nun erklang,
Riefen sie, die Falschen, Schlauen,
Höhnisch lachend: Gott sei Dank!

So sehr hat sich Glaßbrenner auf die Freiheitsversion kapriziert, daß ihm die »Freude« vollkommen diskreditiert erscheint, ein leeres Wort, ein falsches Gefühl, eine hohle Beteuerung:

(Chor)
Freude, sangen wir in Tränen,
Freude, in dem tiefsten Leid;
Unser Lied war Fröhlichkeit,
Wenn wir knirschten mit den Zähnen.

Das Gedicht ist zugleich von Schiller-Verehrung diktiert wie vom Unbehagen oder Unglauben vor dem tradierten Wortlaut. Glaßbrenners Verse wollen dem alten Lied Reverenz erweisen und es gleichzeitig zurechtrücken. Getragen sind sie vom Pathos der Vermutung, ja Gewißheit, daß man es, ob in geselliger Runde gesungen oder im Konzertsaal gehört, mit einem verderbten Text zu tun hat. Nein, schlimmer: Mit einer bösen Fälschung, mit einer Tyrannenlist:

Freiheit! Freiheit! Soll erklingen
Unser deutsches Lied fortan,
Und wer's also möchte singen
Wie's die Tyrannei ersann:
Fort, hinaus mit dem Halunken,
Der noch vor Halunken kniet!
Freiheit! Schöner Götterfunken!
Heißt das ewge deutsche Lied.

Glaßbrenner ist um diese Zeit schon aus Berlin ausgewiesen und lebt in der nicht allzu fernen Provinz, in Neustrelitz, in der Verbannung. Auch sein Gedicht ist gewissermaßen exiliert: Es steht in den »Verbotenen Liedern, Von einem norddeutschen Poeten«, die 1844 in Bern erschienen waren und deren Titel die deutschen Zensoren nun wirklich alsbald wahr machten, indem sie die Verbreitung des Buches untersagten. Sie auch, läßt sich vermuten, legten den Gedanken an den Schillerschen Zensor und seinen Eingriff nah.

Es war die Zeit, da in den deutschen progressiven und revolutionären Kreisen das Lied an die Freude und die Marseillaise immer stärker harmonierten. Neben der Beethoven-Hymne hielten sich ja auch die zahlreichen frühen Vertonungen des Gedichts, und so konnte die Annäherung nicht ausbleiben. Der Sohn des Vormärz-Schriftstellers Jakob Venedey berichtet in seinen Erinnerungen, daß das Lied an die Freude des Vaters »Leiblied« gewesen sei und für ihn mit der Marseillaise verschwommen sei: »Das Lied Schiller's und das Lied Rouget's de Lisle wurden zu jener Zeit nach derselben Weise gesungen, und man sagte auch, daß Schiller sein herrliches Lied zur Marseillaise gemacht, ja daß es ursprünglich geheißen habe:

Freiheit, schöner Götterfunken!«

Vom Furor der Marseillaise wird auch Glaßbrenner erfaßt, wenn er am Ende die Schillerschen Sterne vom Himmel holt und sie zu Insignien der Infamie macht:

Sternenrichter! Feuertrunken
Hat der Sänger das erdacht,
Als der Freiheit Götterfunken
Seine Liebe angefacht:
Der in immer naher Ferne
Alle Menschen wollte frei,
Er wird richten auch die Sterne
Auf der Brust der Tyrannei.

Das ist nun eine tolle, aberwitzige Wendung, die das Oberste zuunterst kehrt. »Die Sterne auf der Brust der Tyrannei« – das sind die Ordenssterne der Fürsten und ihrer Liebediener, ihrer Kammerherrn und Günstlinge. Schiller selbst wird aus der Aura seines Gedichts herausgelöst und zum Sternenrichter ernannt; er wird in die Kabinettssäle und Schlösser geschickt, in die Tafelrunden und Amtszimmer, wo er den Mächtigen im Namen der Ohnmächtigen die Orden von den Uniformen und Roben reißen und für irdische Gerechtigkeit sorgen soll. Schiller – der rächende Sternenrichter: Das ist nun wahrhaft revolutionärer Umgang mit einem Gedicht.

Der Gedanke an Zensur und Zensor im Zusammenhang mit dem Lied »An die Freude« bleibt in den folgenden Jahrzehnten virulent und wird endlich selbst parodiert. So in Albert Hopfs Kontrafaktur aus dem Jahr 1867, die den Untertitel trägt: »Gedicht von Schiller, neu glossiert von dem Zensor Freiherr von Rotstift auf Schwarzendruck«, wo es mit etwas gequälter Witzigkeit heißt:

> Freude, schöner Götterfunken,
> (»Aus Funken entsteht die Flamme des Aufruhrs«)

oder:

> Bettler werden Fürstenbrüder
> (»Freche Majestätsbeleidigung«)

oder:

> Wem der große Wurf gelungen
> (»Nachts in die Fensterscheiben, Straßenunfug«)
> Eines Freundes Freund zu sein,
> (»Verbrüderungen – Demagogentum«) . . .

Aber bei soviel allgemeinem Verdacht gegen die »Freuden«-Fassung stellt sich doch die Frage: Sollte das wirklich nur Wunschdenken einiger Revolutionsromantiker sein? Hirngespinst einer ambivalenten Schillerverehrung? Lesartenschwindel aus Freiheitsbegeisterung? Hat nicht jede Legende auch ihren Bodensatz an Wahrheit, ohne den sie gar nicht hätte gedeihen können? Gilt nicht auch für solche Spekulationen das Sprichwort: Kein Rauch ohne Feuer? Haben wir es vielleicht doch nicht mit einer Phantasterei zu tun, sondern mit einer verschütteten Originalfassung? Stand das F-Wort allen Ernstes zuerst für die Freiheit? Was nun not täte, wäre eine Information aus der Umgebung, aus dem Freundeskreis des Dichters. Wenn schon nicht ein Wort von Schiller selbst, so doch ein Indiz aus seiner Zeit.

Und siehe: so einen Bericht gibt es. Auf einmal taucht er auf aus dem Milieu der gescheiterten Revolutionäre von 1848. Im »Bremer Sonntagsblatt« vom 16. Juli 1854 erscheinen »Stammbuchblätter und Zeitbetrachtungen« von Friedrich Ludwig Jahn, dem sogenannten Turnvater, einem Mann, dessen Lebensweg ihn, kurz gesagt, vom Rebellen zum Reaktionär gemacht hat, der aber auch in späten Jahren dem Freiheitsrausch seiner Jugend die Treue gehalten hat. In diesen Erinnerungen, die er mit dem 18. Februar 1849 datiert hat, also in die Zeit der Niederschlagung der Revolution, gibt es eine Episode, die die Legende auf festen Fuß zu stellen scheint.

Die Szene ist wieder einmal eine jener studentischen Geselligkeiten, die sich um das Lied »An die Freude« gebildet haben. Der alte Jahn berichtet, wie er 1796, knapp achtzehn Jahre alt, von Halle aus einen Besuch in Jena gemacht habe und in einen Kreis schillerbegeisterter Leute geraten sei. Und bald darauf in einen handfesten Streit, weil er selbst das Sakrileg begangen habe, ausgerechnet in dieser Runde den Dichter zu kritisieren, vor allem eben dessen »Freude«, die er als »grobe Lüge« bezeichnet habe. Und dann Jahn wörtlich:

»Das gab Hader und Zank, und hätte bald was Ernsthafteres

gegeben, wenn nicht eine alte Muse dazwischen gesprochen (hätte) ›Der von Halle hat Recht. Schiller hat nie ein ›Lied an die Freude‹ gedichtet, und es hieß erst: ›Freiheit, schöner Götterfunken‹, aber der Censor strich Freiheit, da mußte Freude eingetauscht werden. Und nach meiner Handschrift ist es gedruckt worden, ich war damahls‹« – dieses Damals läge elf Jahre vor der Szene – »›Schreiber bei Schiller.‹ Der Mann hieß Heubner, und hatte nur Eine Hand. Von diesem Augenblick war ich mit Schiller ausgesöhnt.«

Also doch? Also gibt es doch einen klaren Beleg für die Freiheitshymne? Die Schiller-Philologie fertigt die Erinnerung Jahns kurz und bündig ab. Norbert Oellers spricht in seinen Anmerkungen zu den frühen Gedichten von einer »Anekdote« und urteilt lapidar: »Um sie als erfunden zu erkennen, genüge der Hinweis, daß Schiller 1785 keinen Schreiber hatte und daß von Gottlieb Leonhardt Heubner (geb. 1767), der ihm später zuweilen in Jena zu Diensten war, nicht bekannt ist, daß ihm eine Hand fehlte. Möglicherweise hat Jahn einen Studentenspaß ernst genommen.« Und ein anderer Philologe, Herbert Meyer, ergänzt die Argumentation mit der Überlegung, daß sich Schiller 1785, als die Reinschrift des Gedichts erfolgte, gar keinen Schreiber habe leisten können.

Aber mit dieser Widerlegung wird der Fall erst interessant und gibt der Jahnschen Erzählung eher Substanz. Denn immerhin wird da bestätigt, daß es einen Schreiber namens Heubner gegeben und dieser zumindest in der Jenaer Zeit für Schiller gearbeitet habe. Der Name Heubner ist den Spezialwissenschaftlern bekannt – wie aber hätte Friedrich Ludwig Jahn von ihm wissen sollen, wenn er ihn nicht wirklich getroffen hätte? Und wenn er ihn getroffen hat – könnte dann nicht auch dessen Auskunft stimmen?

Auch das andere Argument, Schiller sei um 1785 zu arm für einen Schreiber gewesen, hält nicht stand: Ob er sich damals einen solchen Helfer leisten konnte oder nicht – er hatte einen, wenn auch nur für kurze Zeit. Am 6. September schreibt er von Gohlis aus an den Freund Körner: »Dieser Tage habe ich einen Secretär im Haußе, dem ich den Fiesco nach der Veränderung für das Theater dictiere. Übermorgen in 14 Tagen wird er hier« – in Leipzig – »gegeben.« Diese Schreibhilfe hatte einen ganz triftigen Grund: Am 12. August hatte er das neu vermählte Paar Körner zusammen mit dem gemeinsamen Freund Huber zu Pferd von Leipzig aus bis nach Hubertusburg begleitet; auf dem Ritt zurück stürzt Schiller, quetscht sich die rechte Hand und wird dadurch einen Monat lang am Schreiben gehindert. Welch eine bizarre Fügung: Ein Sturz vom Pferd könnte der Freude den Garaus machen und die Freiheit beglaubigen! Und wie ein ironischer Kommentar zur ganzen Spurensucherei könnten die Verse aus einem viel späteren Gedicht Schillers verstanden werden, dem berühmten »Reiterlied«, das so beginnt:

> Wohl auf, Kameraden, aufs Pferd, aufs Pferd!
> Ins Feld, in die Freiheit gezogen!

Also doch die Freiheit? Also hatte Bernstein recht, wenn er singen ließ:

> Freiheit, Tochter aus Elysium!?

Hinter solcher Detektivarbeit stehen nicht nur Lesartenzweifel, sondern auch ideologische Konflikte. Der jüngste und entschiedenste Verfechter der »Freiheits«-Hymne, Uwe Martin, beschreibt die Haltung der traditionellen Philologie als einen Erbfehler der deutschen Germanistik überhaupt: »Die ausschließliche Entscheidung für den Freudentext hat vielleicht damit zu tun, daß in unserer deutschen Geschichte außer zur Zeit des jungen Schiller, des Vormärz und der Achtundvierziger Revolution selten nur die Idee politischer und individueller Freiheit in das Zentrum eines allgemeineren deutschen Interesses gelangte, und daß man Schiller einer wie immer gearteten opportunistischen Regung nicht für fähig hielt. Um eine solche aber würde es sich handeln, wenn der

Dichter in der ihn umgebenden repressiven Feudalwelt seine Freiheitshymne in eine Freudenode umgesetzt hätte.« Also auch der Apologet Martin erkennt, daß man das Gedicht nur »retten« könnte, wenn man zugleich den Dichter preisgibt. Und noch mehr: Weil die Deutschen immer schon ein verqueres Verhältnis zur Freiheit hatten, haben sie sich mit der handzahmen »Freude« zufriedengeben können.

Nun verläßt also der Streit die kleine Stube in Gohlis, in der sich Schiller einquartiert hat, verläßt die Gestalt des Schreibers, von dem nicht sicher ist, ob es jener Heubner aus der Jenaer Zeit war, sieht auch vom damals stadtbekannten Zensor Friedrich August Wilhelm Wenck ab und begibt sich auf die höhere Ebene des literarischen Profiling und der Textanalyse. Mit einfachen Worten: Die eigentliche Antwort kann nur das Gedicht selber geben.

Freude oder Freiheit? Wenn wir die Probe aufs Exempel mit dem veränderten Wortlaut machen, wird sich alsbald zeigen, daß die »Freiheit« eher wie ein Fremdwort, ein allzu aufgeregter Slogan erscheint. Mag sie in der Anrufung

> Freiheit, schöner Götterfunken
> Tochter aus Elysium

noch ohne weiteres plausibel sein, so wecken schon die Verse Zweifel:

> Deine Zauber binden wieder
> Was der Mode Schwert geteilt
> (oder: Was die Mode streng geteilt)

Die Zauber der Freiheit!? Entlarvt das nicht schon den ganzen Freiheitszauber um die Hymne? Und die Freiheit bindet doch gerade nicht, sie entbindet von Fesseln und Zwängen, sie zerreißt, sprengt, bricht entzwei. Denn sie ist eine leidenschaftliche, auch brachiale Tugend, die vom weiteren Fortgang des Gedichts in ein immer schieferes Licht gesetzt würde:

> Bettler werden Fürstenbrüder,
> wo dein sanfter Flügel weilt.

Ist es nicht geradezu absurd, dem Dichter die Freiheit unterzujubeln, nur um dieser Freiheit dann gleich wieder »sanfte Flügel« anzulegen? Was ist eine Freiheit noch wert, die derart domestiziert wird? Was ist der Sinn der ganzen Revision, wenn sie dabei ihre Vision einbüßt?

Uwe Martin belegt sein Plädoyer vor allem mit Hinweis auf Schillers Arbeit an seinem »Don Carlos«, in deren Umkreis auch das Gedicht anzusiedeln ist. Und in diesem Zusammenhang stellt er zwei Texte, gleichsam geschwisterlich, nebeneinander:

Zu den Versen

> Freude trinken alle Wesen
> an den Brüsten der Natur...

stellt er den Satz des Marquis von Posa:

> Sehen Sie sich um in der herrlichen Natur!
> auf Freiheit ist sie gegründet –
> und wie reich ist sie durch Freiheit!

Aber Martin übersieht (oder übergeht), daß es im gleichen Monolog den deutlichsten Beleg dafür gibt, daß Schiller wirklich die Freude meinte, als er sein Gedicht schrieb, jene Freude nämlich, die wir längst aus dem englischen »enthusiasm« hergeleitet haben, einer Grundstimmung der »Begeisterung«, die von der Vernunftepoche an die Zeit der Empfindsamkeit weitergegeben wurde. Derselbe Marquis Posa, den der »Freiheits«-Kämpfer Martin für seine Version sprechen läßt, gibt dem alten König einen Rat für seinen Sohn Don Carlos, der nichts anderes ist als leidenschaftliches Plädoyer für solche Begeisterung; noch einmal zitieren wir die Passage:

> Sagen Sie
> Ihm, daß er für die Träume seiner Jugend
> Soll Achtung tragen, wenn er Mann sein wird.
> (...) daß er nicht
> Soll irre werden, wenn des Staubes Weisheit
> Begeisterung, die Himmelstochter, lästert.

Begeisterung, die Himmelstochter! Das schreibt Schiller in der Tat parallel zu seinem Gedicht, und so hätte es dort lauten können, wenn die Begeisterung gegenüber der Freude nicht den poetologischen Nachteil hätte, daß sie sich nicht rhythmisch bändigen läßt.

Auch bei Uwe Martin kommt zunehmend die Freude ins Spiel. Bei der Interpretation der Zeilen:

> Ihr stürzt nieder, Millionen?
> Ahndest du den Schöpfer, Welt?

mixt er die Begriffe: »Wie in den früheren Chorversen sind alle Erdbewohner angesprochen. Die Überwältigung durch Freude ist es, durch eine Freude, die dem Erlebnis oder der Ahnung von Freiheit entspringt...«

Das gleiche Quiproquo auch etwas später bei der Interpretation der Chorstrophe:

> Duldet mutig, Millionen!
> Duldet für die beßre Welt!
> Droben überm Sternenzelt
> wird ein großer Gott belohnen.

Diese beßre Welt, für die Millionen mutig dulden, kann, laut Uwe Martin, »nur eine Welt in Freiheit sein, in der dann auch die Freude ihren Platz hat. Nicht Leiden für die Freude, sondern Kampf und Leiden für die Freiheit wird der große Gott belohnen. Etwas anderes ergibt keinen logischen und poetischen Sinn.«

Man sieht, wie die Freude immer mehr durch die Hintertür ins Geschäft kommt, das der Interpret mit dem Gedicht betreibt. Man liest aber auch, wie er sich in der Schlinge seiner Argumentation verfängt: Denn just diese Strophe stellt der Freiheit, wäre sie denn gemeint, das fatalste Zeugnis aus und lieferte das ganze Gedicht dem schieren Duckmäusertum aus. Das Dulden als Apotheose der Freiheit? Das »duldet«, »duldet« als Stichwort für einen Kampfgesang? Hier ist ein Quietismus, eine Ergebenheit gefragt, die selbst der Vorstellung von begeisterter Freude nicht behagen kann, die aber dem Postulat der Freiheit, der Energie des Freiheitswillens, der Dynamik eines Freiheitsrufs (den ja Schiller an anderen Stellen durchaus leidenschaftlich laut werden läßt) ad absurdum führt. Wer also mit seiner »Freiheits«-Fanfare auch noch diese vier Zeilen plattbügelt, versenkt auch den Sinn seines Einspruchs. Den Kampfruf »Freiheit« kann man nicht deutlicher beerdigen als mit der biblischen Tradition, im Jenseits werde sich's schon richten.

Zensor in eigener Sache

Aber lesen wir das Gedicht noch einmal mit den Augen und Ängsten des Zensors. Dieser Herr Wenck, der übrigens Schiller wohlgesonnen war, hätte also die »Freiheit« getilgt aus Rücksicht auf einen möglichen Skandal und dennoch die folgenden Passagen ohne weiteres freigegeben:

> Männerstolz vor Fürstentronen, –
> Brüder, gält es Gut und Blut –
> Dem Verdienste seine Kronen,
> Untergang der Lügenbrut!

Und er hätte auch keine Bedenken gehabt, die neunte und letzte Strophe stehen zu lassen, deren Anfang so lautet:

> Rettung von Tirannenketten,
> Großmut auch dem Bösewicht,
> Hoffnung auf den Sterbebetten
> Gnade auf dem Hochgericht!

Fragen über Fragen. Dieser Zensor hätte also die eigentlich brisanten Zeilen des Liedes übergangen? Den »Untergang der Lügenbrut!« ebenso wie die »Rettung von Tirannenketten«? Und sich auf einen simplen Wortwechsel zur Entschärfung des Gedichts beschränkt?

Was diese letzten beiden Strophen angeht, so gab es in der Tat eine Art Zensur; aber erst ein halbes Jahr später und vom Autor selbst, als er sein Werk zum erstenmal gedruckt sah. Schon bei Gelegenheit der Beethovschen Redaktion des Gedichts haben wir auf den Brief an den Verleger Göschen hingewiesen, mit dem Schiller sich unwirsch zeigte über den Abdruck der letzten beiden Strophen, »worin von der Freude selbst keine Silbe vorkömmt«. Ob das der eigentliche Grund für seine Demarche gewesen ist oder ob ihm nicht doch der Ton der Schlußstrophen zu scharf erschien, lassen wir dahingestellt.

Das Schreiben an Göschen enthält aber auch schon ein weiteres Argument dafür, daß die »Freuden«-Fassung die ursprüngliche und unverfälschte sei: Es ist die vollkommen unverlegene, selbstverständliche Art, in der Schiller in seinen Briefen immer von »meiner Freude«, von »der Freude« spricht. Zur selben Zeit wie an Göschen schreibt er an eine ältere Leipziger Dame: »Noch einmal, liebste Freundin, vergessen Sie meiner nicht ganz, wenn der Zirkel beisammen ist. Ich habe ja ein Gedicht auf die *Freude* gemacht, ich bins also doch werth, daß man in der Freude meiner gedenkt.« Und bei anderer Gelegenheit spricht er von der Gemütslage, die er mit seinem Lied habe ausdrücken wollen: »Guter Humor, Freundschaft und ein Glas alter Rheinwein werden schon noch zuweilen einen Funken der Begeisterung aus mir schlagen.« Da ist er wieder, der Funke, der Götterfunke Begeisterung. Oder ein andermal, als er der Schauspielerin Corona Schröter zugehört hat: »Sie sagte mir die Freude auswendig und auch vieles aus dem Carlos.«

Und all diese Unbefangenheit soll just der hochempfindliche, selbsttrotzige Schiller an den Tag und in seine Korrespondenz gelegt haben, wenn es um ein gegen seinen Willen »umgedrehtes« Werk gegangen wäre? Hätte er nicht vor Scham und Verlegenheit schwitzen müssen, wann immer in seiner Gegenwart das Lied angestimmt wurde – und es wurde ja immerzu angestimmt und neu komponiert! Das Freudenlied wäre ja dann nichts weniger gewesen als der Cantus auf die eigene Feigheit, aufs Kleinbeigeben! Schiller wäre als sein eigenes Fake durch die geselligen Zirkel in Leipzig, Dresden, Jena und Weimar gegangen.

Noch ein weiteres Argument zugunsten der »Freude«-Fassung: Hätte Schillers Gedicht tatsächlich den Titel »An die Freiheit« gehabt, es wäre ja durchaus nicht der große Affront gewesen, den die Anekdote mit dem Zensor zu behaupten sucht. »An die Freyheit« hatte sich dichterisch schon derselbe Uz gewandt, der Schiller auch schon mit einem »Freuden«-Gedicht voraufgegangen war, und selbst Uwe Martin gibt den Hinweis: »Sehr viel deutlicher finden sich Freiheitsliebe und Tyrannenhaß artikuliert in Gedichten von Klopstock, Bürger und F. L. Stolberg, die Schiller zweifellos auch gekannt hat.« Warum denn aber sollte ein Lied an die Freiheit anstößig gewesen sein, das so deutlich das Temperament nicht des Tumults, sondern des Trinkliedes offenbarte?

Vier Jahre nach der Publikation des Liedes, als Schiller schon Professor in Jena war, 1790, entsteht dort ein veritables Freiheitsgedicht, das den sanften Flügel der Freude ganz anders schlagen läßt, nun eben im Namen und im Schwunge der Freiheit:

> Wo dein hoher, kühner Flügel rauschet
> stehn entschlossen Nationen auf,
> fühlen ihre Kräfte, richten mutig
> zu des Ruhmes Tempel ihren Lauf.

Und es wird, genau ein Jahr nach dem Sturm auf die Bastille, emphatisch die Freiheit besungen:

> Freiheit adelt! und nach ihr zu ringen
> ist der Kräfte jedes Edlen werth,
> ist auch jedem nicht die Siegespalme
> von des Schicksals hoher Hand beschert.

Aber dieses Gedicht mit dem Titel »Bey Frankreichs Feier« (nämlich der Republikgründung in Paris) stammt nicht von Schiller, sondern von jener Sophie Mereau, deren Gedicht »Feuerfarb'« Beethoven zwei Jahre später vertont hatte. Gerade die Anklänge an Schillers Hymne in manchen Metaphern lassen ihr Poem wie eine leise Kritik an der (vorrevolutionären) Freuden-Hymne lesen.

Um die Absurdität der Freiheits-Legende vollends zu erweisen, kehren wir noch einmal – virtuell – an den Schauplatz der Jahn-Anekdote zurück, in einen Kreis von jungen Studenten und literarisch interessierten Leuten, wie es der Schreiber Heubner sicher war. Damals, 1796, lebt Schiller schon nicht mehr in Jena (wo die Szene spielt), sondern in Weimar; ist aber in Jena nach wie vor eine verehrte, bewunderte Kultfigur, also tatsächlich Gesprächsstoff. Und da käme nun der Schreiber Heubner mit der Sensationsnachricht heraus, Schiller habe gar nicht die Freude, sondern die Freiheit angedichtet. Habe zugelassen, daß sein Gedicht vom Zensor verhunzt wurde! Habe dazu nicht nur geschwiegen, sondern mitgesungen all die Jahre!

Und dieser Scoop soll nun unter den Tisch gefallen sein, an dem er erzählt wurde, soll dort fünfzig Jahre lang begraben worden sein, bis sich ein alter, kranker, reichlich wirrer Mann der Sache erinnerte! Keiner von den anderen Anwesenden soll begriffen haben, was er da hörte, und auch der Sekretär Heubner soll nur dieses einzige Mal von seinem Wissen Gebrauch gemacht haben? Da wäre keiner von den jungen Herren aufgestanden und hätte am nächsten Tag Skandal geschlagen? Oder er hätte nicht die kleine Halbtagesreise nach Weimar unternommen, um Schiller zur Rede zu stellen: Verehrter Meister, geliebter Dichter, Herr Professor – es gibt da ein Gerücht, einen Rumor, eine Unglaublichkeit, die man Ihnen nachsagt. Bitte erklären Sie sich!

Und Schiller wäre in sein grellstes Gelächter ausgebrochen.

VI
»Was die Mode streng geteilt...«
Kult, Konflikte, Klassenkampf

1
Denkmäler als Unruhestifter
oder
Verehrung aus einem Guß

> So lange der Tüchtige lebt und thut,
> Möchten sie ihn gern steinigen.
> Ist er hinterher aber todt,
> Gleich sammeln sie große Spenden
> Zu Ehren seiner Lebensnoth
> Ein Denkmal zu vollenden.
> Doch ihren Vortheil sollte dann
> Die Menge wohl ermessen,
> Gescheuter wär's, den guten Mann
> Auf immerdar vergessen.　　　　Goethe

> Wir würden am Ende noch dem lieben Gott ein Denkmal setzen.　　　　Börne

Zwei neue Evangelisten

Es ist ein seltsames Unisono der Verehrung, das Schiller und Beethoven in Deutschland um die Mitte des 19. Jahrhunderts begleitet. Die Bewunderung hat sich in Andacht verwandelt, der Kult reichert sich mit religiösem Vokabular an. Das Zauberwort heißt »Evangelium«. Es fällt, im Jahr 1852, bei verschiedener Gelegenheit für beide und bezeichnet gewissermaßen den Zenit ihrer gemeinsamen Entrückung; bald danach wird Schillers Stern sinken, Beethovens gleichsam zum Universalgestirn aufglühen.

Ein konservativer Verehrer, Ferdinand August Kühne, urteilt 1852 über Friedrich Schiller: »Ihrem Inhalte nach waren seine Dichtungen Prophetien. Ihr Inhalt ist das Evangelium der freien Menschenwürde, ein Ruf nach den verlorenen Menschenrechten. Dieses Evangelium erscholl zuerst mit ihm aus der Angst, aus dem Jammer der bedrückten Menschheit heraus, als ein Notschrei der nach Erlösung ringenden Kreatur, zu einer Zeit, wo die Knechtschaft das sicherste Erbe der Menschheit zu sein schien, in Deutschland Totenstille auf der Masse lag, in Frankreich nur ferne Wetterzeichen über den Horizont stiegen.«

Im gleichen Jahr erscheint Franz Brendels »Geschichte der Musik«, in der die Neunte nicht der Analyse, sondern der »geweihten Stunde« empfohlen wird, nicht dem Detailstudium, sondern der Einstimmung aufs Ganze, und wo es dann heißt: »Wenn die neunte Symphonie nach dieser Methode studiert, durchdrungen und ausgelegt wird, erscheint sie unfehlbar als die größte That der Geschichte seit der Gründung des Christentums und als das künftige Evangelium der Menschheit.«

Das Evangelium der freien Menschenwürde – das künftige Evangelium der Menschheit: Solch Überschwang ist nicht nur zu belächeln, sondern auch zu bedenken. Wenn Ergriffenheit so zeitgleich den Begriff ersetzt, fängt auch sie an, Wahrheit oder zumindest Konkretes zu transportieren.

Evangelium – es steckt darin das Potential des Utopischen, ja des Revolutionären. Hinter der scheinbaren Frömmelei verbirgt sich der Gedanke, daß im Werke beider Genies Kunst transzendiert wird von einem Anspruch auf Zukunft, auf einen humanen, humanitären Messianismus. Nachdem Ludwig Feuerbach Gott als irdische Projektion behauptet hatte, war auch der Begriff Evangelium erdenfest geworden. Vor allem Richard Wagner war wieder einmal Wortführer geworden, hatte in seiner Schrift »Über die Revolution« »das neue Evangelium des Glückes« verkündet und wenig später die Neunte »das menschliche Evangelium der Kunst der Zukunft« genannt. In einer Kritik unserer Tage heißt es in ähnlichem Sinn: »Klassik befriedigt eben nicht ausschließlich emotionale Bedürfnisse, sie enthält auch immer einen Überschuß an kritischem Potential, das nach wie vor grundlegende

Fragen zum Thema Menschsein aufwirft und oft auch beantwortet...« (Reinhard J. Brembeck). Vermutlich ist das »Evangelium«, wie es die zwei Essayisten um die Mitte des 19. Jahrhunderts verstehen, nichts Bombastischeres als das, was knapp hundert Jahre später »Das Prinzip Hoffnung« heißen wird.

Die großen Worte – und die Denkmäler. Für jenen historischen Moment ist es hilfreich, die Konzertsäle und die Podien zu verlassen, vom Kritikerstreit abzusehen, die Eitelkeiten eigenwilliger Interpreten beiseite zu setzen und die Spuren der Verehrungsgeschichte in einer breiteren Öffentlichkeit zu verfolgen. Schiller und Beethoven haben nämlich auch eine Simultanhistorie als Denkmalsherren oder -opfer. Denn das Standbild ist gleichsam die gegossene oder gemeißelte Entsprechung zum Evangelium, die Mumifizierung des Bewunderungsbedarfs. Im Denkmal leistet die Nachwelt Abbitte für das, was die Mitwelt den Genies an Anerkennung versagt hat, und belohnt sich zugleich mit einem Monument besserer Einsicht.

Aber aussagekräftiger als die Denkmäler selbst sind die Geschichten ihres Zustandekommens, sind die Kampagnen und Werbefeldzüge, ist die Mobilisierung von Solidarität und Spendenbereitschaft, die Demokratisierung der Dichterliebe und Musikleidenschaft: Alle Menschen müssen Spender werden, damit eines schönen Tages die Stuttgarter die Schillerstatue des dänischen Bildhauers Bertel Thorwaldsen aufstellen können und die Bonner mit der Bronze des Dresdner Künstlers Ernst Julius Hähnels einen Beethoven zum Anfassen bekommen.

Obwohl Schiller 22 Jahre vor Beethoven gestorben war, ergab sich doch eine verblüffende Gleichzeitigkeit der Projekte. Im Mai 1835 erneuerte der Stuttgarter Schillerverein ein früheres Vorhaben und wandte sich mit Aufrufen an »Deutschlands Schriftsteller und Künstler«, »An die deutschen Frauen« und »An die Theater Deutschlands«. Die einen sollten Texte für ein Album schreiben, die Damen Spenden sammeln und die Bühnen Benefizvorstellungen geben. Und noch im gleichen Jahr ergeht von Bonn aus, unter Vorsitz von August Wilhelm Schlegel, der Appell an die europäische Musikwelt, für ein Beethovendenkmal zu spenden. Während aber der Schiller-Aufruf noch von lokalpatriotischem Geiste durchweht war, »des Unsterblichen« als »des Wirttembergers« gedachte, während Schiller in Stuttgart vor allem als eine nationale Figur beschworen wurde (»Wie ehrt Deutschland *seinen* Schiller, auf den es gegen das Ausland so stolz ist?«), ließ die Bonner Deklaration europäische, ja kosmopolitische Gesinnung erkennen, wenn sie von Beethoven als dem Mann sprach, »dessen Ruhm durch die außerordentlichen Schöpfungen im Gebiete einer schönen und edlen Kunst nicht nur zu allen gebildeten Völkern Europa's, sondern selbst in ferne Weltteile gedrungen ist«. (Es sollte aber nicht lange dauern, bis auch Beethoven von nationaler Borniertheit mit Beschlag belegt wurde.)

Aber wie immer, wenn hochherzige Projekte konkret werden und es ums Geld geht, geraten sie erst einmal ins Stocken. So hatten die Stuttgarter schon jahrelang Geld zu sammeln versucht, und der Aufruf von 1835 war eher eine dringende Erinnerung daran, daß es noch immer kein finanzielles Fundament für das Denkmal gab. Und ähnlich erging es der Beethoven-Kampagne, so daß Franz Liszt Ende 1839 (also vier Jahre nach dem ersten Appell!) konsterniert an Hector Berlioz schrieb: »Beethoven! Ist es möglich, was ich lese? Die Sammlung für das Denkmal des größten Komponisten unseres Jahrhunderts hat in Frankreich 424 Fr. 90 c ergeben. Welche Schande für alle! Welcher Kummer für uns! Es darf nicht sein, daß die Dinge so bleiben, nicht wahr? Es darf nicht sein, es wird nicht sein. Immense Summen werden für seine Durchführung nicht nötig sein.« Und Liszt, am Beginn seines europäischen Virtuosenruhms, bietet an, für das Denkmal zu spielen: »Drei Konzerte in Wien, Paris und London werden beinah genügen ... Wenn sich also kein von meinem Willen unabhängiges Widernis ergibt, wird das Denkmal in zwei Jahren auf seinem Platz stehen.«

Aber es war ja nicht nur Kleinlichkeit, die den Plan aufhielt. Es gab eben auch Motive, wie sie Robert Schumann im Namen seines Florestan aussprach: »Deine D-moll-Symphonie aber, Beethoven, und alle deine hohen Lieder des Schmerzes und der Freude dünken uns noch nicht groß genug, dir *kein* Denkmal zu setzen, und du entgehst unserer Anerkennung keineswegs!« War also die ganze Unternehmung nicht Anmaßung? Und ein anderer Schumann-Alias, Jonathan, erschrak bei dem Gedanken, daß neben Bonn demnächst auch Wien und Leipzig Beethoven auf den Sockel stellen könnten, und winkte mit den Worten ab: »Ich sage, schon *ein* Denkmal ist eine vorwärts gewandte Ruine (wie diese ein rückwärts gedrehtes Monument) und bedenklich, geschweige zwei, ja drei. Erlaßt es mir über ein Denkmal für Beethoven meine Wünsche auszusprechen.«

Während also Liszt sich für Beethoven in die Tasten stürzte, wurde am 8. Mai 1839 in Stuttgart das Denkmal Schillers enthüllt und das Ereignis mit einem großen Volksfest begangen. Dabei erwies sich, daß der Dichter damit keineswegs zu einem Säulenheiligen geworden war, sondern nach wie vor die Gemüter in Württemberg erhitzte. Ein enthusiastischer Berichterstatter beschrieb die latente Dynamik des Ereignisses so: »Fragen wir vorerst, *wer* dieses Fest gefeiert habe, – so ist die Antwort: das Volk, und um es noch deutlicher zu sagen, der dritte Stand, eben derjenige, welchen das neunzehnte Jahrhundert zu seinem Rechte gebracht hat. Und wie eigentümlich auch hier wieder für Schwaben, daß der Gesang das bindende Mittel für das Volk sein mußte! (Aber) nicht die Kunstbegeisterung, sondern ein allgemeines menschliches Interesse, der Drang nach geistiger Freiheit war es, was in Schiller seinen Repräsentanten erkannte ... der Umstand, daß den ganzen Tag über, der doch in bedeutender Lustigkeit zugebracht wurde, kein Exzeß vorfiel, ist der beste Beweis dafür, wie richtig das Volk seine ehrenhafte Stellung bei der ganzen Angelegenheit aufgefaßt hatte; denn weder vom Militär, noch von Polizei war etwas zu sehen ...«

Zum Spielverderber, zum Störenfried beim Fest wird nicht

das Volk, auch nicht der württembergische Hof, sondern die pietistische Geistlichkeit, der christliche Fundamentalismus. Dessen Vertreter machten einen Skandal daraus, daß bei der Denkmalsenthüllung die Glocken der Kirchen läuten sollten, und sahen darin einen Frevel am Christentum. Von dumpfem Fanatismus und unerträglicher Borniertheit spricht unser Chronist und greift die Frommen an: »Man konnte fragen, warum doch diese Leute sonst so stille seien, wo es gelte, sich zur Opposition zu ermannen? Aber freilich – von Unbefangenheit ist bei einer Partei nicht die Rede, die deutlich genug darauf ausgeht, einen protestantischen Papismus ins Werk zu richten, die das Volk dumm macht und seine Leidenschaft gegen alles, was Bildung heißt, aufstachelt, um in der dumpfen Bigotterie der Menge einen Bundesgenossen zu haben, der freilich nur zu mächtig ist. (...) Und was ist das denn für ein Christentum, dem es vor der edelsten Blüte der Humanität übel wird, das von der tatsächlichen Offenbarung des ewigen Geistes Bauchgrimmen bekommt und gegen die ganze Kunst die Zähne fletscht? So führt denn nur euren Vorsatz aus, ihr Heiligen, nie mehr den Platz zu betreten, auf welchem Schillers Monument steht! Es soll uns lieb sein, wenn ihr uns die Sozietät nicht verderbt.«

Beethoven kehrt den Rücken

Sechs Jahre später dann die Ehrung für Beethoven in Bonn. Liszt hatte, als wichtiger Finanzier des Projekts, den italienischen Bildhauer Lorenzo Bartolini vorgeschlagen, aber das Komitee hatte sich für den Dresdner Plastiker Hähnel entschieden, wohl weil man das Beethoven-Monument einem deutschen Künstler anvertrauen wollte. Dieses Fest im Sommer 1845 wird eine eher absurde Veranstaltung, ein Jahrmarkt aller möglichen Eitelkeiten, eine Mischung aus Volkstrubel und Sängerwettstreit, aus Honoratiorenstolz und Weihespiel, aus Künstlerversammlung und Königstreffen, aus Umzügen und Gelagen. Von Beethoven ist viel die (oft gereimte) Rede, auch viel zu hören. Aber von seinem Geist ist eher wenig zu spüren, selbst bei Liszt nicht, dem Promoter und Star aller Ereignisse, denn der hat sich just in diesen Tagen auf ein Techtelmechtel mit Lola Montez eingelassen. Und das große Abschiedsessen gerät fast zur Duellszene zwischen den Musikern aus vieler Herren Ländern.

Und dennoch war es Beethoven, der, selbst in Bronze, für den größten Affront sorgte. Am 23. Juli war das Denkmal, symbolträchtig genug, per Schiff auf dem Rhein nach Bonn gelangt (aus Nürnberg, wo Jakob Daniel Burgschmiet das Modell Hähnels gegossen hatte). Ein zeitgenössischer Bericht beschreibt den Vorgang: »Das in Stoff gehüllte Monument wurde umgehend an Land und auf einen blumengeschmückten Wagen gesetzt, der es auf den Münsterplatz transportierte. Vor und hinter diesem Wagen gingen die jungen Männer mit ihren Fackeln und sangen Nationallieder. Alle Fenster der Häuser in den Straßen, die der Umzug durchlief, waren mit Kerzen beleuchtet und an fast allen Geschossen hingen Fahnen.« Der bürgernahe Standort, mitten auf dem Münsterplatz, war ein Sieg der Bonner über den preußischen König, der ja Landesvater war und den revolutionär umwitterten Komponisten lieber idyllisch in den Rheinauen oder im Hofgarten gesehen hätte. In den Denkmalssockel hatte man übrigens Partituren der Missa solemnis und der neunten Sinfonie eingemauert.

Am 10. August dirigierte Ludwig Spohr das Eröffnungskonzert in der eigens und eilends errichten Beethoven-Halle, einer zeltartigen Konstruktion, die bis zu zweitausend Menschen Platz bot. Auf dem Programm stand die klassische Kombination: die Missa solemnis und die neunte Sinfonie. Am Tag darauf versammelten sich alle Beteiligten zu einer Rheinfahrt. Denn die wichtigsten Teilnehmer ließen noch auf sich warten: König Friedrich Wilhelm IV. und seine Gemahlin mit ihren englischen Gästen, Queen Victoria und Prinzgemahl Albert (von Sachsen-Coburg-Gotha). Die hohen Herrschaften wollten dem Fest die Ehre geben, aber sie legten es ungefähr so lahm, wie heute ein Staatsbesuch des amerikanischen Präsidenten eine ganze Metropole in Ausnahmezustand versetzt. Bis dann, am 13. August, Beethovens Auftritt kam.

Die königlichen Besucher waren auf dem Balkon des Palais des Grafen Fürstenberg untergebracht, dem einzigen Platz, der dem Trubel des nach Tausenden zählenden Publikums hinreichend entrückt war und den besten Blick auf das erhöhte Monument bieten sollte. Sie hatten sich dort immerhin einer langen Rede des Bonner Komponisten Heinrich Carl Breidenstein ausgesetzt (der auch noch mit einem »Männerchor zur Inauguration der Bildsäule Beethovens« die Geduld strapazieren sollte) und hatten mit huldvoller Geduld auf das Breidensteinsche Stichwort gewartet: »Wohlan! der Augenblick ist gekommen. Er ist da. Es falle die Hülle, die sein ruhmgekröntes Haupt umgibt und den Hochgefeierten unsern Blicken verbirgt, sie falle und zeige den Meister: Ludwig van Beethoven!«

Und dann geschah es: Die Hülle fiel, und der Genius kehrte den Monarchen die Rückseite zu. Nicht gerade den Hintern, denn er trug ja (und trägt immer noch) einen langen Mantel, aber doch die Kehrseite. Queen Victoria sollte in ihr Tagebuch schreiben: »Als das Denkmal enthüllt wurde, wandte es uns leider den Rücken zu.« Die publizistische Deutung ließ nicht auf sich warten: »Das Denkmal ahmte die streng republikanische Gesinnung des überlegenen Geistes nach, dessen Abbild es war.«

Wie sehr aber auch Schiller den Konservativen, den Orthodoxen aller Couleur, den Fundamentalisten der Gestrigkeit ein Dorn im Auge geblieben war, zeigte sich gut zwei Jahrzehnte später, 1859, bei Gelegenheit der Grundsteinlegung für eine Schillerstatue auf dem Berliner Gendarmenmarkt. Die reaktionäre »Neue Preußische Zeitung« (Kreuzzeitung) sprach das Gefühl einer doch etwas peinlichen Außenseiterhaltung aus, als sie behauptete, es hätten »die ersten Unternehmer der Schillerfeier in Berlin es so einzurichten gewußt, daß die Deutsche und die christliche, also die konservative Gesinnung sich mit Notwendigkeit davon abwenden mußte«. Was damit gemeint war, erklärte das folgende: »Zunächst freilich fällt es auf und gibt der Sache eine ganz eigene, nicht eben Deutsche Färbung, daß, ähnlich wie bei den *politischen* Nationalitätsbestrebungen, so auch bei der Feier dieses gewiß doch *Deutschen* Dichters, das Element des *modernen* Judentums (dort der Vaterlandsjude, hier der Kunst- und Literaturjude) mit seinem reformatorischen Lichte eine so hervorragende Stellung einnimmt.« Es meldete sich also ein antisemitischer Affekt zu Wort.

Im übrigen gibt die Kreuzzeitung zu bedenken, daß man doch um einen Dichter nicht so viel Gewese machen solle; die Banausie des Junkertums wird auf das Volk übertragen: Denn »das Volk kennt überhaupt mehr die, welche große Taten tun, als die, welche sie beschreiben und besingen«; es liege also eine tiefe Unwahrheit darin, »die bunte Menge zur Verherrlichung von Schillers Dichtergenie zu requirieren«. Zehn Jahre nach der Niederschlagung der deutschen Revolution, des Berliner Märzaufstandes von 1848, nach den Verfolgungen und der Exilierung der Wortführer, gehen, nicht nur in Preußen, bei der Nennung Schillers noch immer die Alarmanlagen an. Man traut dem eigenen Kommandofrieden nicht und möchte das schillerbegeisterte Berlin für so dichtungsdumm verkaufen, wie man selber ist.

Und immer noch spricht eine bigotte Geistlichkeit ihr »Gottbehüte!« mit. Zur Schillerfeier auf dem Gendarmenmarkt war auch eine Lichtergirlande geplant, aufzuhängen über den Portalen der beiden großen Kirchen, des Französischen und des Deutschen Doms, die die Inschrift tragen sollte: »BRÜDER, ÜBERM STERNENZELT MUSS EIN LIEBER VATER WOHNEN!« Darüber erregte sich nun das konservative Blatt ganz im alten orthodoxen Stil, den schon 1793 Christian Demme verspottet hatte. Der Verfasser scheint nichts zu wissen von dem doppelten »Evangelium«, nichts von der inzwischen internationalen Rezeption, die die Zeile dank der Beethovenschen Musik gefunden hat, wenn er sich aufs neue in eine siebzig Jahre alte Debatte stürzt: »Es ist wirklich zu geschmacklos, diese nicht einmal sehr glücklich ausgesprochene und jedenfalls mehr philiströse als poetische halb zweifelnde Vermutung von dem Dasein eines Gottes, gleichsam als eine neue Offenbarung, von christlichen *Kirchen* (...) auf das gesamte Volk herableuchten zu lassen.« Die Gotteshäuser würden dadurch zu »provisorischen Tempeln des Deismus« gemacht. Und nachdem der Verfasser ausführlich beklagt hat, daß Schiller und Goethe nicht gerade vorbildliche Christen gewesen seien, bekennt er im Namen des vaterländischen Junkertums: »Aber in einen heidnischen Kultus des Genies vermögen wir nicht einzustimmen und glauben mit unserem Widerspruch den Dichter selbst nur zu ehren.«

2
Beethoven zwischen den Fronten
oder
Wagners deutsch-französischer Krieg

> Wo immer er auftritt, wirkt, stürzt oder steigt,
> da wird ein Stück gegeben: Wagner als Gesamt-
> kunstwerk.   Peter Wapnewski

Ein Feldzug gegen »die Mode«

Im Januar 1871 stehen deutsche Truppen vor Paris; der Krieg ist so gut wie gewonnen, Versailles schon eingenommen und zur Proklamation des deutschen Kaisers mißbraucht. Auch Richard Wagner ist berauscht von den militärischen Erfolgen und verfaßt, von Bayreuth aus, ein Gedicht »An das deutsche Heer vor Paris« mit den Versen:

> »Die deutsche Wacht,
>   da steht sie nun in Frankreichs eitlem Herzen«.

Zugleich schreibt er an den letzten Seiten seines großen Aufsatzes über Beethoven, an einem Epilog, der so etwas wie eine private Abrechnung mit jenem Frankreich ist, das ihm zweimal in den Bedrängnissen seines Lebens Zuflucht gewesen und eben deshalb wohl Trauma geworden war. Und er bringt seinen Beethoven-Enthusiasmus und die Siegesbegeisterung überein in einem tollen Vergleich: »Und nichts kann sich den Siegen seiner (des deutschen Volkes) Tapferkeit in diesem wundervollen Jahr 1870 erhebender zur Seite stellen als das Andenken an unsern großen Beethoven, der nun vor hundert Jahren dem deutschen Volke geboren wurde. Dort, wohin jetzt unsre Waffen dringen, an dem Ursitz der ›frechen Mode‹ hatte sein Genius schon die edelste Eroberung begonnen... So feiern wir denn den großen Bahnbrecher in der

Wildnis des entarteten Paradieses! Aber feiern wir ihn würdig, – nicht minder würdig als die Siege deutscher Tapferkeit: denn dem Weltbeglücker gehört der Rang noch vor dem Welteroberer!«

Wagner plant damals sein Festspielhaus in Bayreuth. Sein Gönner, Ludwig II., ist in das Geschäft der Kaiserproklamation involviert: Er hat dem Handel, einen preußischen König zum Kaiser zu küren, trotz vieler Bedenken zugestimmt, weil er ihm Geld verschafft, seine Luftschlösser in Architektur zu verwandeln. Auch Wagner wird davon profitieren: Auf dem grünen Hügel entsteht in den kommenden Jahren der Resonanzboden für die »Zukunftsmusik«.

Wagner schreibt gewissermaßen parallel zum Feldzug; er verliert Beethoven immer mehr aus dem Auge, seine Feder wird zur patriotischen Streitaxt: »Während die deutschen Waffen siegreich nach dem Zentrum der französischen Zivilisation vordringen, regt sich bei uns plötzlich das Schamgefühl über unsre Abhängigkeit von dieser Zivilisation, und tritt als Aufforderung zur Ablegung der Pariser Modetrachten vor die Öffentlichkeit.« Und nicht nur das: »Unser ganzes Grundwesen müsse sich nämlich derart ändern, daß der Begriff der Mode selbst für die Gestaltung unseres äußeren Lebens gänzlich sinnlos zu werden hätte.«

Und damit ist Richard Wagner zum erstenmal in seinem Umgang mit der neunten Sinfonie bei Schiller. Wenn auch aus polemischem Elan erweist er dem Dichter textkritisch die Ehre. Hatte er in seinem Dresdner Programm den Namen Schillers nicht einmal erwähnt, so kommt er ihm in dieser kriegerischen Ekstase gerade recht; er richtet seine kritische Lupe auf eine einzige Zeile. Der Vers

Was die Mode streng geteilt

wird ihm zum Ausgangspunkt einer groß angelegten Polemik gegen Frankreich, französische Lebensart, Paris, Mondänität.

»Denn so weit unser Auge schweift, beherrscht uns die Mode«, ruft Wagner aus, und just im historischen Augenblick der französischen Niederlage kommt ihm zu Bewußtsein, daß es die Mode des Feindes ist, die seit Jahr und Tag und Jahrhunderten auch die Deutschen am Gängelband hält. Er nimmt Schillers Stichwort zum Anlaß für eine große kulturpolitische Abrechnung, wobei er bemüht ist, den Verdiensten der Pariser Vorherrschaft Gerechtigkeit widerfahren zu lassen: »Denn es ist nicht eine zufällige Laune unseres öffentlichen Lebens (...), daß die Launen des Pariser Geschmacks uns die Gesetze der Mode diktieren. Wirklich ist der französische Geschmack, d.h. der Geist von Paris und Versailles seit zweihundert Jahren das einzige produktive Ferment der europäischen Bildung gewesen; während der Geist keiner Nation mehr Kunsttypen zu bilden vermochte, produzierte der französische Geist wenigstens noch die äußere Form der Gesellschaft, und bis auf den heutigen Tag die Modetracht.«

Wagner nimmt in seiner Schrift viele der wertkonservativen Argumente vorweg, die knapp fünfzig Jahre später Thomas Mann in seinen »Betrachtungen eines Unpolitischen« ad infinitum ausspinnt, und vor allem spricht er immer wieder den Argwohn gegen die »Zivilisation« aus. In der konkreten Analyse der Situation zeigt er Hellsichtigkeit, prangert den Eklektizismus, den Stilmix seiner Gegenwart, der beginnenden Gründerzeit an: »Der Mode stellt sich, bei dem steten Bedürfnis nach Neuheit, da sie selbst nie etwas wirklich Neues produzieren kann, der Wechsel der Extreme zu Gebote... Jetzt wechseln Antike und Rokoko, Gotik und Renaissance unter sich ab; die Fabriken liefern Laokoongruppen, chinesisches Porzellan, kopierte Raffaele und Murillos, heturische Vasen, mittelalterliche Teppichgewebe...« Das Originelle an diesem Durcheinander sei die Originalitätslosigkeit; sei der beliebige Geschmack für jeden. Das neue Humanitätsprinzip sei die »Demokratisierung des Kunstgeschmacks«, die aber im »Untergange unserer Zivilisation« münde und »alle Geschichte über den Haufen« werfe.

Worauf aber will Wagner hinaus? Wie will er solchen Untergang verhindern? Reicht es, wenn man zum Beispiel der französischen Modetracht eine deutsche, eine womöglich altdeutsche Kleiderordnung entgegensetzte? Nein, auf eine so spießige Alternative will er sich nicht einlassen, die sieht er »als einen vergeblichen Reaktionsversuch gegen den Geist unserer Zivilisation« an. Der Cagliostro der Modernität zeigt sich auf einmal als ein Zauberer von ganz altem Schlage, er greift tief in die Schatzkiste heiliger Werte:

»Aber neben dieser Welt der Mode ist uns eben gleichzeitig eine andere Welt erstanden. Wie unter der römischen Universalzivilisation das Christentum hervortrat, so bricht jetzt aus dem Chaos der modernen Zivilisation die *Musik* hervor. Beide sagen aus: ›unser Reich ist nicht von dieser Welt‹. Das heißt eben: wir kommen von innen, ihr von außen; wir entstammen dem Wesen, ihr dem Scheine der Dinge.« Jahrhundertelang aber habe sich auch die Musik dem Diktat der Mode unterworfen, bis endlich Beethoven »der Musik selbst ihre unsterbliche Seele wiedergegeben habe«.

Und dann spitzt Richard Wagner seinen Kulturkampf im Namen Beethovens zu: »In dem Gedichte Schillers (...) erkannte er vor allem die Freude der von der Herrschaft der ›Mode‹ befreiten Natur. Betrachten wir die merkwürdige Auffassung, welche er den Worten des Dichters:

Deine Zauber binden wieder
Was die Mode streng geteilt

gibt«. Die merkwürdige Auffassung: Damit meint Wagner, daß der Komponist den Vers beim ersten Ertönen »ohne jede besondere Hervorhebung der Worte an uns vorübergehen« läßt; dann aber fasse er sie mit verstärktem dramatischen Effekt auf und lasse sie »in einem fast wütend drohenden Unisono wiederholen«.

Verdrucktes und Verdrucktes

Und um seinem Feldzug gegen die Mode zum rechten Schwung zu verhelfen, zettelt Wagner an dieser Stelle einen veritablen Lesartenstreit an, bei dem »die Mode« in immer schieferes Licht geraten soll. Er sieht Beethovens musikalische Zuspitzung als Beleg dafür, daß ihm »das Wort ›streng‹ für seinen zürnenden Ausdruck nicht genügend« gewesen sei. In der Tat habe der Vers ja in Schillers erster Fassung gelautet:

Was der Mode Schwert geteilt.

Und nun erteilt Wagner neue Urheberrechte: »Dieses ›Schwert‹ schien nun Beethoven wieder nicht das Richtige zu sagen; es kam ihm, der Mode zugeteilt, zu edel und heroisch vor.« (Nein, denn Beethoven hatte, als er das Finale komponierte, eben Schillers spätere Fassung vor sich, in der das Schwert schon fallen gelassen und durch ›streng‹ ersetzt worden war.) Aber eben dieses ›streng‹ sei Beethoven nicht streng genug gewesen: »So setzte er denn aus eigener Machtvollkommenheit ›frech‹ hin, und nun singen wir:

Was die Mode frech geteilt!«

Und Wagner fragt sich und uns: »Kann etwas sprechender sein als dieser merkwürdige, bis zur Leidenschaftlichkeit heftige künstlerische Vorgang? Wir glauben *Luther* in seinem Zorne gegen den Papst vor uns zu sehen!«

In der Tat: dieses »frech« steht in verschiedenen früheren Vorlagen, die aber alle aus derselben Quelle stammen: der Stichvorlage des Kopisten, von der sich sowohl der Erstdruck der Partitur (Schott) aus dem Jahr 1826 als auch die gleichzeitige Ausgabe der Vokalstimmen herleiten. Dieses »frech« war aber eine *Verlesung* des in deutschen Buchstaben geschriebenen »streng«, wie es sich nicht nur im Autograph Beethovens findet, sondern auch in jenem Vokalmaterial, das Beethoven zum Musikfest nach Aachen geschickt hatte: dort ist die Lesung besonders eindeutig, da Beethoven das Wort in »stre-ng« geteilt hat.

Wagner konnte sich natürlich auf die Schott-Edition berufen; aber er hatte ebenso die neue Ausgabe von Breitkopf & Härtel vor sich, in der, neben vielen anderen Fehlern, auch die Lesart »frech« aufgrund der Einsicht in die Handschriften korrigiert worden war. Aber statt sich davon überzeugen zu lassen, statt zu bedenken, daß Beethoven mit Schiller nie so robust umgegangen wäre wie er selbst mit Beethoven, polemisiert er gegen die Wiederherstellung des Urtextes, als wäre sie just die Verfehlung, die sie aufgehoben hat: Es sei da, schreibt er in einer Fußnote, »auf S. 260 u. f. der Partitur der neunten Symphonie dieser so sprechende Zug vertilgt, und für das ›frech‹ der Schottschen Originalausgabe das wohlanständige, sittigmäßige ›streng‹ eigenmächtig hingestellt worden. Ein Zufall entdeckte mir soeben diese Fälschung, die, wenn wir über ihre Motive nachdenken, wohl geeignet ist, uns mit schauerlichen Ahnungen über das Schicksal der Werke unseres großen Beethoven zu erfüllen, wenn wir sie für alle Zeit einer in diesem Sinne progressiv sich ausbildenden Kritik verfallen sehen müßten.« Wagner braucht das »frech«, damit seine Kanonade gegen die Mode, gegen Frankreich, gegen die Zivilisation überhaupt Zunder hat.

Dabei verkennt er völlig die Bedeutung des Begriffs Mode bei Schiller. Nein, er verkennt sie nicht, er will sie nicht wahrhaben. Oder gar: Sie interessiert ihn nicht im mindesten. Desto mehr sollte sie uns interessieren: Was soll der Begriff sagen? Was ist das für eine Mode, die zuerst mit dem Schwert, dann nur noch streng teilt? Mit dem Schwert teilen – das heißt ja scharf, unerbittlich, tödlich dreinfahren wie ein Scharfrichter. Nur wenige Jahre nach der Entstehung des Gedichts hätte man dabei auch an die Guillotine denken können, die das Ancien régime von der Republik, die Adelswelt von den Revolutionsherren trennte, bis die letzteren sich gegenseitig aufs Schafott intrigierten. Vielleicht war gerade die allzu konkrete

Umsetzung seiner Metapher für Schiller der Anlaß, seinen Vers weniger schneidend zu fassen und es bei einer »strengen« Teilung zu belassen. Und er sagt, als wäre es eine Abfertigung des späteren Auslegers, in den Xenien:

> Lächerlichster, du nennst das Mode, wenn immer
>   von neuem
> Sich der menschliche Geist ernstlich nach Bildung
>   bestrebt?

Aber die Art, wie Wagner die Mode interpretiert, ist selber modisch; ist jene trübe Mode, mit den stärkeren Bataillonen zu marschieren, das Mäntelchen nicht nach Paris, sondern nach dem Wind zu hängen. Schiller meint etwas Elementareres, sonst wäre ihm die Metapher »Schwert« nie eingefallen: die Mode als Kastengeist, als Klassenkostüm, als das, was die Menschen erkennbar trennt, was sie unterscheidet nach Ornaten und Uniformen, nach Arm und Reich, nach Purpur und »Lumpen«-Pack. Die Kleiderordnung war eine der Zuchtruten der Gesellschaft.

Holen wir uns Rat bei Georg Simmel, der zwar einräumt, »daß Moden immer Klassenmoden sind, daß die Moden der höheren Schicht sich von der tieferen unterscheiden« und gewisse Gruppen gegeneinander abschotten sollen; der aber dann auf die Dynamik dieser Unterscheidung hinweist, auf das Unruheelement der Mode: »Darum wird das gesellschaftliche Leben als der Kampfplatz erscheinen, auf dem jeder Fuß breit von beiden umstritten wird« – den Bewahrern wie den Neuerern – und dennoch »der weiterwirkende Antagonismus beider die äußere Form einer Kooperation angenommen hat«.

Simmel scheint Schiller zumindest im Hinterkopf zu haben, denn an einer zentralen Stelle seines Essays über »Die Mode« bedient er sich einer Formulierung, die dem Vers »deine Schleier binden wieder« nicht nur dem Wortlaut, sondern auch der Funktion nach nahe kommt; es geht um Ausgleich, Versöhnung, Schlichtung: »Damit ist ein Triumph der

Seele über die Gegebenheit des Daseins erreicht: (...) daß nämlich der Feind selbst in einen Diener verwandelt wird, daß gerade das, was die Persönlichkeit zu vergewaltigen scheint, freiwillig ergriffen wird (...), daß sie einen Schleier und Schutz für alles Innere und nun um so Befreitere abgibt. Der Kampf zwischen dem Sozialen und dem Individuum schlichtet sich hier, indem die Schichten für beides sich trennen.«

Aber der martialisch gestimmte Wagner will weder vom Verbindenden des Schillerschen Gedichts etwas wissen noch von den Schleiern der Freude, die alle Gegensätze aufheben. Er gibt der Mode ein für allemal den Abschied und macht damit Front sowohl gegen den Geist des Liedes wie auch gegen den Verbrüderungsgestus der Sinfonie. Unsere Zivilisation, schreibt Wagner, könne nur aus dem Geist der Musik, aus der Musik Beethovens neu beseelt werden, und solche Beseelung »kann ersichtlich nur dem deutschen Geist beschieden sein«, wenn er sich von den falschen Tendenzen der Mode lossage. Am deutschen Wesen soll die Welt genesen: »Und diesen Weg aus tief innerstem Erlebnis hat der deutsche Geist sein Volk zu führen, wenn er die Völker beglücken soll, wie er berufen ist. Verspotte uns, wer will, wenn wir diese unermeßliche Bedeutung der deutschen Musik beilegen; wir lassen uns dadurch so wenig irre machen, als das deutsche Volk sich beirren ließ, da seine Feinde auf einen wohl berechneten Zweifel an seiner einmütigen Tüchtigkeit hin es beleidigen zu dürfen vermeinten. Auch dies wußte unser großer Dichter« – es ist inzwischen wieder Goethe – »als er nach einer Tröstung dafür suchte, daß ihm die Deutschen so läppisch und nichtig in ihren, aus schlechter Nachahmung entsprungenen Manieren und Gebahrungen erschienen; sie heißt: ›Der Deutsche ist tapfer.‹ Und das ist etwas!«

Frankreich nimmt Revanche

Und auf der Gegenseite? Im Reich der Mode? Frankreich hatte sich den Sieg entwinden lassen, Elsaß und Lothringen abgetreten, seinen Kaiser geopfert – aber Beethoven ließ es sich nicht so leicht nehmen. Wagners Alleinvertretungsanspruch der Deutschen auf die Neunte, auf den Komponisten blieb nicht unwidersprochen. Denn so wie Wagner Ludwig van Beethoven für den Sieg der deutschen Waffen heranzog, so bedurfte das Nachbarland des verehrten Komponisten für die Aufrichtung nach der Niederlage, zum Trost in dem, was man eine nationale Depression nennen mußte. »Frankreich liegt im Sterben«, hatte Jules Renan bitter diagnostiziert.

Der Musikwissenschaftler Leo Schrade hat die Stimmungslage der Franzosen nach 1871 so beschrieben: »Dort also, in dem Komponisten, und hier, in der Stimmung der Zeit, wird eine Gemeinsamkeit begründet. Man leidet unter dem Leben, das doch weitergehen muß. Beethovens ›einsame und gequälte Seele‹, wie es Octave Fouqué ausdrückt, und die gequälte Seele der damaligen Zeit verschmelzen ineinander. Sie tragen eine gemeinsame Last. Es spielt keine Rolle, ob die Interpretation (...) auf den historischen Beethoven zutrifft oder nicht. Die Menschen in Frankreich sind sich dessen sicher, ihn besser zu verstehen, weil sie der Schwermut seines Lebens näherstehen. Die Schule des Leidens hat sie verstehen gelehrt.« Einig war man sich diesseits wie jenseits des Rheins im Pathos des Vokabulars: »Wir kennen das Geheimnis seiner nicht versiegenden Tränen: Seine Freude und sein Leid sind zwei tiefe Brunnen, aus denen sich durstige Seelen unaufhörlich laben.« (Fouqué) Sollte sich in solchen Sätzen wirklich französischer Modegeist aussprechen?

Aber noch auf einer anderen Ebene setzte Frankreich dem Wagnerschen Anspruch »Die Neunte ist unser!« Widerstand entgegen. Man erinnerte sich nicht nur der Sympathien Beethovens für Buonaparte, man wußte auch um die revolutionären Impulse Schillers, um den »Citoyen«-Brief des französischen Nationalkonvents. Und Schillers Werk war soeben erst in einer neuen Übersetzung und in einer großen Ausgabe in Paris erschienen. Welches Recht sollte also gerade dieses neue Bismarck-Reich auf eine Sinfonie haben, deren Schöpfer, wenn man so wollte (und die Franzosen wollten es so), zwei Freiheitskämpfer, zwei Republikaner waren?

Und so erstand dem zeittypischen Patriotismus Wagners ein Pendant unter den französischen Beethoven-Verehrern. So wie Wagner Beethoven als Vertreter deutschen Geistes und deutscher Seele gerühmt hatte, so pries ihn nun Edgar Quinet als einen Repräsentanten des wahren, des revolutionären und humanitären Frankreich. Und hatte der eine das Ereignis Beethoven mit dem Auftauchen des Christentums verglichen, so sprach der andere ebenfalls in religiösem Vokabular von ihm als »Consolateur«, dessen Musiksprache oft »den heiligsten Worten eines Plato, eines Christus, eines Epiktet« ähnele. Auch für Quinet grenzte die Musik an die »Regionen des Unendlichen«. In der gleichsam religiösen Beanspruchung Beethovens könnten sich Wagner und Quinet nicht näher sein. Nur daß die Religion jeweils im Dienste des Chauvinismus steht.

Steigert sich Wagner in einen wahren nationalistischen Rausch, setzt er Triumph der Musik und Sieg der Waffen gleich, so klammert sich Quinet, ebenfalls rauschhaft, an einen Beethoven des Revanchismus, an einen Helden, der Frankreich dazu aufrufe, »für 1870/71 Rache zu nehmen« (Leo Schrade). Denn, so schreibt Quinet wörtlich, der letzte Satz (nicht der neunten, sondern der fünften Sinfonie) »ist wahrlich eine heroische Tat, ein Sieg, etwas wie die Rückkehr Elsaß-Lothringens ins Vaterland Frankreich.«

Dabei war für Quinet die Niederlage Frankreichs, der Sturz Napoleons III., selbst so etwas wie ein Sieg gewesen: Er, der leidenschaftliche Republikaner, konnte 1872 nach zwanzigjährigem Exil wieder nach Paris zurückkehren und noch drei Jahre lang, bis zu seinem Tod 1875, den Ruhm als eines einst einflußreichen Intellektuellen genießen. Wie wenig er dem Wagnerschen Verdikt eines »Mode«-Mannes entsprach, läßt sich am deutlichsten daran ablesen, daß er Herders »Ideen zur Philosophie der Geschichte der Menschheit« übersetzt hat, also dem deutschen Idealismus näher stand als Wagner selbst. Und daß er 1875 an Beethovens Todestag, dem 26. März, gestorben ist, kann zwar nicht als Legitimation seiner Beethoven-Deutung gelten, aber doch als eine auratische Koinzidenz.

In seinen Ausführungen zur neunten Sinfonie fügt Quinet der Interpretationsgeschichte eine weitere »Erzählung« hinzu: Hatte Urhan Dantes »Inferno« zum poetisch-philosophischen Horizont gewählt, Wagner den ersten Teil des »Faust« heraufbeschworen, so sieht nun Quinet das Werk »als eine erhabene Kosmogonie, in welcher der Ursprung des Lichtes, die Morgenröte, die Entstehung der irdischen Welt, der Materie und die Herausbildung menschlicher Empfindungen, die durch das Herz versinnbildlicht wird, Gegenstand der Darstellung ist« (Schrade).

Aber die Kosmogonie läuft denn doch auf ein sehr republikanisches Telos hinaus, auf eine Hymne an die Freiheit. Denn die Freiheitslegende, die mit Schillers Gedicht seit dem deutschen Vormärz lebendig war, war auch nach Frankreich gelangt und hier um 1848 gehörig diskutiert worden; nun taucht sie bei Quinet in einer aparten Variante wieder auf: Schiller habe zunächst eine Ode an die Freiheit geplant, doch Goethes diplomatischer Einspruch habe ihn veranlaßt, einen unverfänglicheren Titel und Begriff, eben die Freude, zu wählen.

Und so wird die Sinfonie, die Wagner den Franzosen entrissen zu haben glaubt, nun durch Quinet zum Vermächtnis Beethovens an Frankreich gemacht, zu einer Freiheitsfeier, »wie sie der Gerechte, der Weise, der Heros versteht«. Und wie in direktem Widerruf der Wagnerschen Polemik spricht der französische Autor vom Chorfinale als »der Hymne der Erlösung, der neu entstandenen Freiheit, der Wiedergeburt Frankreichs, der Hymne einer Republik, die unerschütterlich und fest steht, wenn sich alle Franzosen in einem ungeheuren Patriotismus zusammenfinden.«

Noch einmal zurück nach Bayreuth. Als Richard Wagner dort, aus Anlaß der Grundsteinlegung für das geplante Festspielhaus, am 22. Mai 1872 die Neunte dirigiert, hat er sich dann doch zur Lesart von der »strengen« Mode bekehrt. Das geht aus der berühmten, geradezu hymnischen Rezension hervor, die der Bewunderer Heinrich Porges über die Aufführung geschrieben und als Broschüre veröffentlicht hat. Porges bietet eine detaillierte Analyse der Wagnerschen Auffassung (vor allem der vielfachen Tempowechsel und Dehnungen), und er überliefert Bemerkungen Wagners zu einzelnen Stellen wie »Schrei des geängstigten Willens« (1. Satz, Takt 531), »Wie ohne alles Gefühl« (3. Satz, T. 12 Holzbläser), »Keine Gefühlsnuance! Kein Affect! Wie hinter einem Schleier muß das klingen!« (zum Hornsolo im 3. Satz) und »Als wenn alle Pauken der Welt da wären« (4. Satz, Presto, T. 208ff) usw. Aber er beschreibt das Ereignis nicht zuletzt als eine Art Friedensfeier, denn »die Welt soll umgeschaffen werden als ein Abbild des Ideals, sie soll aufhören, eine Stätte des Jammers und Entsetzens zu sein (...); und jetzt glauben wir in dem mit brausendem Tosen erschallenden Jubel des Orchesters die Antwort einer entsündigten Welt zu vernehmen, der als neues Evangelium diese den Lebenstrieb selbst heiligende und segnende Botschaft verkündet worden war.«

3
Die Proletarier und die Menschheit
oder
Der Sozialismus entdeckt die Neunte

> Menschenstimmen stürmen an,
> Sinfonie wird Kantate, Fremdes
> verbindet sich, Grenzen stürzen ein,
> Alle Menschen werden Brüder.
> Heinrich Wiegand

Mit den Ohren von Karl Marx

18. März 1905. Ein revolutionäres Datum in der Geschichte der Rezeption der neunten Sinfonie. Schon der Ort der Aufführung signalisiert den Beginn eines ganz anderen Zugangs zum Werk, den Auftritt einer neuen Hörerschaft. Dreitausend Berliner Arbeiter versammeln sich in einem Brauereisaal, dem später so genannten Saalbau Friedrichshain. Ausgemergelte, abgearbeitete Gestalten strömen herbei, um die berühmte Sinfonie Beethovens zu hören. Oder auch: Das Proletariat nimmt ein Werk des klassischen Kulturerbes in Besitz, eine Schöpfung des deutschen Idealismus.

Gut achtzig Jahre hatte das Bürgertum gebraucht, den Schock von 1824 in Weihegefühle zu verwandeln, in gesellschaftlichen Comment, in eine hehre Repräsentationspflicht, die zu immer eitlerem Ritus versank. Nun aber, am Gedenktag der Gefallenen der Märzrevolution von 1848, schlug dem Werk eine neue historische Stunde, wurde es neuen Zielen dienstbar gemacht. Und so wie Richard Wagner sechzig Jahre zuvor bei seiner Dredner Aufführung der deutschen Bourgeoisie ein Drehbuch mit »Faust«-Motiven geschrieben hatte, um ihr das noch immer befremdende Werk nahezubringen, so brachte nun der Arbeiterführer und Intellektuelle Kurt Eisner den Berliner Arbeitern den tieferen Sinn, die politische

Dimension des Ereignisses bei, zu dem sie sich aufgerafft hatten (denn wäre ein normaler Feierabend nicht willkommener gewesen?).

Eisner reklamiert das Werk für eine ganz neue Zuhörerschaft, indem er sich immer wieder auf den Schillerschen Wortlaut bezieht. »Die Millionen aber, zu denen das Werk zu sprechen begehrte, starben dahin, ohne auch zu wissen, welche Herrlichkeit für sie geschaffen war und auf sie wartete. Die Neunte Symphonie, die nach der Menschheit schrie, fand ach! nur ein Publikum. Und die Menschheit, die Millionen, die zur Freude geboren, wußten gar nicht, wie reiche Erben sie waren. Die bürgerliche Gesellschaft hat das Erbe erschlichen und die Berechtigten darum betrogen ... Dann aber kam der Sozialismus, weckte und wuchs, und nun sah die Erde auf einmal statt einiger Raubtiere, die sich Menschen nannten, die Menschheit.«

Es ist eine hübsche Antithese: Dort das Publikum, hier die Menschheit, zumal wenn die Leute, die man zur Menschheit zählt, in eben diesem Augenblick Publikum werden. Aber die Menschheit, von der Kurt Eisner so emphatisch spricht, ist nicht nur Phrase, sondern auch Kampfbegriff, der sich gegen all die Deutungen der Neunten richtet, die in ihr das Ringen eines einzelnen sahen, das Ringen des Künstlers, ja, die einen biographischen Bezug zu Beethoven ableiteten. Diesem hochgestochenen »Individualitätskultus« sagt Eisner jenen Kampf an, den er auch mit der Aufführung führen will, den Klassenkampf.

»Solch ein Heldenkampf des einzelnen, den der Individualitätskultus der im Innersten zur Unfruchtbarkeit verdammten Zwitterkünstler unserer Tage als Höchstes, Erlesenes vergöttert, steht tief unter dem Interesse der Neunten ... In Beethovens Neunter aber tönt und singt die Menschheit, die das Erhabene der gesetzmäßigen Bewegung des gestirnten Himmels, die Sphärenmusik des Gesetzes zum Wesen der menschlichen Gesellschaft gestalten muß.«

Der Rückgriff des sozialistischen Wortführers Eisner auf das

Vokabular des deutschen Idealismus und seiner Idee von der Perfektibilität des Menschen, von der Erziehbarkeit aller, zeigt sich am deutlichsten in der Hinwendung zu Kant. Wieder, wie ein leuchtendes Beispiel über mehr als ein Jahrhundert hinweg, taucht sein berühmtes Gleichnis vom bestirnten Himmel und dem Sittengesetz auf, als wäre es inzwischen selbst ein weithin sichtbares Sternzeichen der Humanität geworden. Gleichsam über Beethoven und Schiller hinweg sucht er den Elan für das, was zu Beginn des zwanzigsten Jahrhundert zu tun wäre, beim Königsberger Philosophen:

»Das moralische Gesetz und der gestirnte Himmel erzeugen im kleinen elenden Bewußtsein des Menschen das schaffende, Ewigkeiten errichtende Bewußtsein der Menschheit, indem Wissen und Willen aus dem Chaos dunkler Wirren zu der gesetzmäßigen Ordnung nach Erkenntnissen der Vernunft, zu der immer aufs neue rastlos sich begrenzenden Arbeit am Unendlichen und ins Unendliche empor dringen. Und die Kunst schreitet vorahnend diesen Weg der Einheit und Vollendung der Kräfte des Menschen im Bewußtsein der Menschheit.«

Und vor allem über die Köpfe derer hinweg, denen sein Engagement gilt, über die hageren, abgekämpften Gesichter, formuliert Eisner im Stile eines weltfremden Experimentators: »In der Neunten, dieser Missa solemnis irdischer Weltfreude, gesellt sich Stimmung und Richtung der zwei Erhabenheiten, in denen und durch die nach dem Philosophen die einzelnen armseligen Menschentiere zu der Sonnenkultur eines ringend sich befreienden Menschengeschlechts aufsteigen.« Ob die dreitausend im Brauereisaal versammelten armseligen Menschentiere ihm diesen Satz nicht um die Ohren geschlagen hätten, wenn sie das erste Heft der Zeitschrift »Die neue Gesellschaft«, in der er erschienen war, zu lesen bekommen hätten?

Wenn er auch den Widerspruch seiner eigenen Worte zur Wirklichkeit nicht wahrgenommen haben sollte – von der Differenz der Neunten zur gesellschaftlichen Realität wußte und sprach er wohl. Die neunte Sinfonie sei das Leitideal der proletarischen Bewegungen im Klassenkampf, sei Ansporn im Ringen um eine noch zu verwirklichende sozialistische Gesellschaft.

Dient Kurt Eisners Aufsatz mehr der »ideologischen Unterfütterung« (Eichhorn) der Aufführung, so hatte Leopold Hirschberg eine praktische Einführung im Sinn, als er wenige Tage vor dem Konzert einen Vortrag hielt mit dem Titel: »Beethoven und seine Sinfonien pianistisch und gesanglich erläutert«. Dennoch war die Aufführung vom 18. März dann zwar gut besucht, aber kein »Durchbruch«: Bei einer weiteren Darbietung knapp zwei Monate später blieben viele Plätze leer.

Die »Neunte« im Berliner Brauereisaal war gewissermaßen nur die Fanfare für die Feier einer größeren Besitzergreifung. Das Jahr 1905 hat ja einen weiteren historischen Bezug; eine Säkularerinnerung steht an: der hundertste Todestag Schillers am 9. Mai. Und er wird gefeiert als Anspruch der Arbeiterbewegung auf den Dichter des »revolutionären Idealismus« (Kurt Eisner). Das klassenkämpferische Vokabular, das Eisner für die Aufführung mobilisiert hat, wird nun erweitert zu einem großen, keineswegs einstimmigen, durchaus nicht immer harmonischen Konzert der sozialistischen Interpreten. Das Finale der neunten Sinfonie ist allenfalls der Versöhnungschor, zu dem sich die widerstreitenden Stimmen der Arbeiterbewegung bei der Deutung Schillers gerade noch vereinen lassen.

Denn es war Schiller, um den sich die erstarkende Arbeiterbewegung immer mehr scharte – aber auch stritt. Ein bürgerlicher Beobachter, Adolf Dörrfuß, hat das sehr genau beschrieben: »Als eines der unterscheidendsten Merkmale, das die Schillerfeier 1905 gegenüber derjenigen des Jahres 1859 aufzuweisen hat (...), sei die überaus starke Beteiligung des seit jenen Tagen überhaupt erst zu eigener Bedeutung herangewachsenen Arbeiterstandes genannt. Die Presse und die Redner der sozialdemokratischen Arbeiterbewegung haben nicht selten Schiller so ausschließlich für sich in Anspruch genommen, daß sie jegliche andere Feier als ›Leichenpredigten‹, ›Heuchelei‹, ›Firlefanz‹, ›eitle Selbstbespiegelung‹, ›Zweckesserei‹, ›Schillerrummel‹ und dergleichen abtun zu dürfen glaubten.« Die Frage, warum »sich die Arbeiterklasse so mächtig zu Schiller hingezogen fühlte«, beantwortet sich der Verfasser selbst mit ein paar charakteristischen Zitaten.

»Zu essen gebt ihm, zu wohnen«

Der österreichische Sozialist Engelbert Pernerstorffer erkennt in Friedrich Schiller »unser größtes moralisches Genie, unseren mächtigsten Erzieher« und folgert: »Darum laßt uns Schiller feiern als den Dichter der Freiheit, den Bahnbrecher für die Menschlichkeit und den Herold einer neuen Zeit.« Es ist weniger das Werk als das Beispiel des Menschen Schiller, das er, wie auch andere, dabei im Blick hat. Karl Kautsky betont das »revolutionäre Sehnen über das Bestehende hinaus«, das Kämpferische, und formuliert: »Durch sein revolutionäres Temperament bleibt er der Dichter jeder revolutionär aufstrebenden Klasse.« In diesem Punkt trifft sich der Revisionist Kautsky sogar mit dem viel kritischeren Franz Mehring: »Solange sie (die Arbeiterklasse) mitten in dem heißen Kampfe um der Menschheit höchste Gegenstände steht, wird sie gern die tönende Stimme dieses Kämpfers hören, der aus seinem tapferen Herzen den unversieglichen Mut schöpfte, alle Plagen einer geknechteten Welt zu überwinden.«

Man sieht: Die Sozialisten feiern Schiller nun so überschwenglich (und mit so bombastischem Vokabular), wie die Bourgeoisie ihn knapp fünfzig Jahre vorher bejubelt hatte. Hatte sich das bürgerliche Deutschland 1859 um »Das Lied von der Glocke«, die Balladen und den »Wilhelm Tell« geschart, so werden nun zwei Äußerungen Schillers für die Sozialdemokratie zentral. Das erste ist das berühmte Distichon:

Würde des Menschen
Nichts mehr davon, ich bitt' euch. Zu essen gebt ihm,
  zu wohnen;
Habt ihr die Blöße bedeckt, gibt sich die Würde von selbst.

Und das andere sind Sätze aus einem der Briefe an den Herzog von Augustenburg: »Erst muß der Geist vom Joche der Notwendigkeit losgespannt werden, ehe man ihn zur Vernunftfreiheit führen kann... Der Mensch ist noch sehr wenig, wenn er warm wohnt und sich satt gegessen hat, aber er muß warm wohnen und satt zu essen haben, wenn sich die bessere Natur in ihm regen soll.«

Aber zugleich scheiden sich an solchen Sätzen die revolutionären und die reformerischen Geister: Wie konnte sich Schiller nach so klaren, materialistischen Einsichten dennoch mit der Idealität begnügen, in die Nähe eines Hofes begeben, von Fürstengunst abhängig machen?

Den einen ist just das Ideale an Schiller beispielhaft: »Jene Beherrschtheit von der Idee, jener gewaltige, lebensvolle (...) Idealismus, der in seinen Gedichten Gedanke und tönendes Wort geworden, er erfüllt auch die Seele des Arbeiters, wirkt aus ihm in Handlungen, die gegen eine Welt von Hemmnissen und in tausendfältiger Not und Gefahr (...) das Bild des innerlich mit Begeisterung Erschauten gestalten sollen. Die Grundeinstellung zum Leben (...) ist in dem Proletariat als Gesamtheit betrachtet und in dem großen Dichter des Ideals dieselbe.« (Wiener Arbeiterzeitung)

Andere erhoben Einspruch gegen soviel Feier des Idealismus; so Franz Mehring, der schon »Die Lessing Legende« mit einem temperamentvollen Buch zerstört hatte, nämlich die Mär einer Entente zwischen Friedrich II. und dem deutschen Aufklärer, und der sich 1905 mit einem Schiller-Buch an die deutsche Jugend wandte. Er schreibt zwar, man solle »in bewundernder Dankbarkeit auf dies Leben der Arbeit, des Kampfes und des Leidens blicken«, aber Schillers Werk habe »als Weltanschauung für die moderne Arbeiterklasse nur den

Wert einer blinkenden Glasperle, denn diese Klasse braucht sich kein Reich in die Wolken zu bauen, da sie ihr Reich auf der festen Erde gründen kann und gründet.«

Bis dann Rosa Luxemburg, einige Jahre später, in einer Rezension des Mehringschen »Schiller« mit dem eisernen Besen des Marxismus eine Art Kehraus der diversen Meinungen veranstaltet, die Debatte aber zugleich honoriert: Denn die Bedeutung liege nicht darin, »was Schiller mit dem Gehalt seiner Dichtungen in den Emanzipationskampf der Arbeiterschaft hineintrug, als umgekehrt darin, was die revolutionäre Arbeiterschaft aus eigener Weltanschauung, aus eigenem Streben und Empfinden in die Schillerschen Dichtungen hineinlegte.«

Sie, die vom Marxschen Begriff des wahren Revolutionärs ausgeht, wehrt sich vehement dagegen, »Schiller als den Apostel der bürgerlichen Revolution in Anspruch zu nehmen«, sie hält überhaupt die Verehrung Schillers »als eines revolutionären Dichters« für verfehlt, und schon gar nicht teilt sie Eisners Verdikt, Schiller habe den »revolutionären Idealimus« zugunsten der »höfischen Akklimatisation« preisgegeben. Schiller, so ihre These, konnte seine Situation historisch noch nicht erkennen, zum Revolutionär habe es ihm nicht an Charakter, sondern an den objektiven Zeitumständen gefehlt. Fazit: »Um Schiller als Philosoph zu verstehen, muß man eben vor allem – Karl Marx verstehen.«

Wer da auch immer im Namen der Arbeiterbewegung sprach: Es war vor allem ein Begriff, den man bei Schiller für den eigenen Klassenkampf entlehnte. Es war der Kampf, das Kämpferische, das Beispiel des »Kampfes und des Leidens«. »Sein heldenhaftes Kämpfen und Leiden« rühmt ihm eine sozialistische Zeitung nach. Das Wort Kampf war mit Schillers Leben verbunden wie ein Siegel, es bezeichnete eine Dynamik, von der man sich offenbar um so mehr Nachwirkung versprach, als sie gewissermaßen in Schillers späterem Leben hatte leerlaufen müssen und nun erst in einer adäquaten historischen Situation ihre Energie neu freisetzen konnte.

Rolland: »Durch Leiden zur Freude«

Wurde auf Schiller, zu Beginn des zwanzigsten Jahrhunderts, das Begriffspaar »Kampf und Leiden« gemünzt, so schreibt sich zur gleichen Zeit für Beethoven die Deutung von »Ringen und Leiden«, das Schlüsselwort von der »Überwindung« fest. Wird der Dichter von der Arbeiterbewegung unter die Lupe und in die Pflicht genommen, so wird zur selben geschichtlichen Stunde der Komponist für die ganze Menschheit reklamiert, zumindest für jenen Teil von ihr, der nicht rebelliert, sondern sich tapfer sagt, »daß das Leben nie größer, nie fruchtbarer und niemals glücklicher ist – als im Schmerz«. Das Pathos des »Duldet für die beßre Welt« wird nun auf Beethovens Schulter geladen: »der Unglückliche möge sich trösten, da er in Beethoven den Starken findet, der trotz aller Hindernisse der Natur, alles getan hat, was in seiner Macht stand, ›um in die Reihe würdiger Künstler und Menschen aufgenommen zu werden‹«. Und dann, rasch ins Positive gewandt: »Sein Beispiel belebe in uns aufs neue den Glauben des Menschen an das Leben, an den Menschen!«

Solche Phrasen-Fanfaren, solche Pathos-Posaunen stehen im Vorwort eines kleinen Buches, mit dem Anfang des Jahrhunderts ein französischer Schriftsteller europäische Furore machen sollte: Romain Rolland veröffentlichte im Januar 1903 sein »Vie de Beethoven«, das alsbald zu einem viel übersetzten Bestseller wurde und für Jahrzehnte, über die Katastrophe des ersten Weltkriegs hinweg, das Beethoven-Bild mit seinem Schlußmotto bestimmen sollte: »Durch Leiden zur Freude«. Dieses Bändchen von knapp hundert Seiten (mit etwa fünfzig Seiten Dokumentenanhang) traf offenbar, in Frankreich wie in Deutschland, auf eine Stimmung der Décadence, der Erschlaffung, der Kulturmüdigkeit, die einen Zuruf, eine Aufmunterung, ja einen Helden brauchte.

Rollands Beethoven-Bild ist von ungenierter Gefühligkeit und kitschbedrohtem Vokabular. Es will bourgeoise Beethoven-Verehrung durchbrechen und wird doch ihr triefendstes

Monument. So etwa baut der Autor seinen Helden auf: »Die Nase war kurz und eckig, breit, der eines Löwen nicht unähnlich... Die mächtigen Kinnbacken hätten Nüsse zermalmen können.« Später dann: »Der Löwe ist verliebt, er zieht seine Krallen ein.« Und dann geht es ins Große, Politische: »Das Charakteristische dieses Löwenantlizes mit dem fest verschlossenen Mund, den Furchen, die Kummer und Jähzorn gezogen haben, ist der Wille, der recht eigentlich napoleonische Wille.« Trotzdem fasziniert Rollands Buch durch seine emphatische, fast expressionistische Konzentration auf den leidenden Beethoven, der die Überwindung im Werk gesucht und vollbracht habe. Gerade die Passage über das Freuden-Finale macht klar, mit welcher gefühligen Verve dieser Autor seine Verehrung intoniert:

»Versunken in diesen Abgrund von Leid schrieb Beethoven seinen Dithyrambos an die Freude. (...) Ehe das Freudenthema, getragen von der menschlichen Stimme, zum erstenmal erscheint, hat das Orchester eine Pause; eine gespannte, plötzliche Stille tritt ein, die jetzt einsetzende Stimme muß geheimnisvoll, göttlich wirken. Und siehe, es ist wahr! Wie ein Gott schreitet das Thema einher. Vom Himmel herab naht sich die Freude, unendliche Seligkeit ausgießend. (...) Noch klingt es unbefreit von Erdenschwere, bis sich nach und nach die beschwingte Freude aller Kreatur bemächtigt und im Kampf gegen die Macht des Schmerzes Siegerin bleibt. Und nun schreiten im Marschrhythmus ganze Armeen einher, das feurige, atemlos vorwärtsdrängende Solo der Tenöre erklingt...«

Der Erfolg von Romain Rollands »Beethoven«-Buch beruht nicht zuletzt darauf, daß es die Bewunderung eines ganzen Jahrhunderts aufgreift und konzentriert; daß es mit Leidenschaft ein Denkmal aus den Wortbausteinen errichtet, die von Rezensenten, Musikern, Verehrern, Biographen des 19. Jahrhunderts bereitgestellt worden sind, ein Denkmal, das »die Verkörperung des Heldentums in der ganzen modernen Kunst« darstellen soll. Rolland enthüllt, mit dem raschen Gestus eines schmalen Buchs, einen Beethoven, der immer schon mit ganz wenigen Vokabeln modelliert worden ist.

Der Musikwissenschaftler Hans Heinrich Eggebrecht hat eine Wortgeschichte der Beethoven-Verehrung vorgelegt und ist dabei zu dem Ergebnis gekommen, »daß die Geschichte der Beethoven-Auffassung in ihren Grundlinien und -farben unter eine kleine Zahl von Begriffsfeldern subsumabel ist«; daß also in der Rezeption immer schon dieselben Wörter vorkommen. Der Komponist, so fand er in seiner Untersuchung heraus, hat gewisse Termini angezogen wie ein Magnet die Eisenspäne; zudem sei dieses Vokabular gleichermaßen für den Menschen wie für sein Werk verbindlich geworden; aber vor allem: Viele von diesen geradezu liturgischen Chiffren seien von Beethoven selbst inspiriert worden.

Charakteristisch dafür ist die berühmt gewordene Formel »Durch Leiden zur Freude«, mit der Rolland sein Buch beschließt und dem er die knappe Fußnote beigibt: »An die Gräfin Erdödy, 19. Oktober 1815«. Bei genauerer Betrachtung der Briefstelle erkennt man die pathetisierende Plakatierung, mit der der Schriftsteller zu Werk geht; denn bei Beethoven heißt es: »Wir endliche mit dem unendlichen Geist sind nur zu Leiden und Freuden geboren, und beinah könnte man sagen, die ausgezeichnetsten erhalten durch Leiden Freude.« Hier spricht ein Mensch, dort ein Rhetor.

Durch Leiden zur Freude – das aber ist der Refrain, den die Beethoven-Verehrung mit immer neuen Stimmen singt. Da war sich sogar Robert Schumann, der von den »hohen Liedern der Schmerzes und der Freude« spricht, mit Richard Wagner einig, der da schwärmt: »Aus diesem letzteren Grunde der Leiden (...) dürfte uns der Musiker fast mit einem Anspruch an Heilighaltung erscheinen.« Schon Franz Grillparzer hatte in seiner Grabrede auf Beethoven dessen Misere beklagt: »Des Lebens Stacheln hatten tief ihn verwundet, und wie der Schiffbrüchige das Ufer umklammert, so floh er in deinen Arm, o du des Guten und Wahren gleichherrliche Schwester, des Leides Trösterin, von oben stammende Kunst.« Ludwig

Nohl, der Beethoven-Biograph, setzt den christologischen Akzent der Leidensnotwendigkeit: »Und wir, wir können (...) selbst dieses furchtbare Leid (Taubheit) nur preisen und segnen. Denn gewiß, ohne solch schwerste Prüfungen wäre Beethoven nicht Beethoven.«

Und so ergibt denn Eggebrechts Recherche als das exemplarische Beethoven-Stereotyp die Rede von der »Überwindung«. Dieses Stichwort meint Vokabeln wie Schicksal, Leiden, Schmerz, Einsamkeit, Abkapselung – es umfaßt aber auch Widerstände und Kämpfe, denen dann nicht nur der Sieg folgt, sondern auch Freude, Hoffnung, Trost und Versöhnung. Auch hier wieder hat Beethoven (mit einer Tagebucheintragung des Jahres 1816) den Tenor vorgegeben: »Ertragung – Ergebung – Ergebung! So gewinnen wir noch beim höchsten Elend und machen uns würdig, daß Gott unsere Fehler...« Hier bricht die Notiz ab.

Zu Beginn des 20. Jahrhunderts könnten die Ansprüche an die neunte Sinfonie nicht konträrer sein als in den Auslegungen Romain Rollands und Kurt Eisners. Was sie allenfalls eint, ist die Hypertrophie des Ausdrucks, die Unmäßigkeit des Vokabulars. Der eine fabuliert eine allgemeine Erlösung herbei, der andere schwärmt von der Befreiung des Proletariats; der eine betet gutbürgerlich das heldenhafte Künstlerschicksal an, das den Bourgeois aus seiner Lethargie reißen soll, der andere erhofft sich nichts Geringeres als die Emanzipation einer ganzen Klasse, die Ermächtigung der Unterprivilegierten. Hören wir noch einmal auf die doppelten, dissonanten Fanfarentöne:

Romain Rolland: »... uns streift der Atem des Schöpfers, Beethovens selbst. Das ist sein Herzschlag, der Rhythmus seiner verzückten Rufe, wenn er durch Feld und Wald irrte, seine Werke tragend, vom eigenen Dämon erfüllt, wie König Lear im Gewitter. Die Kampfesfreude geht über in eine von allem Irdischen entrückte Ekstase, und auf die folgt der Dithyrambos, das Delirium der Liebe. Die ganze vom Jammer befreite Menschheit reckt in unermeßlichem Jubel ihre Arme zum Himmel, der Freude entgegen.«

Kurt Eisner: »In dem gewaltigen Klassenkampf des Proletariats glüht der Götterfunke der Freude, der aus der Gesellschaft des Elends und des Zufalls zu dem Kunstwerk der neuen Gesellschaft leuchtet. Wenn die Menschheit, durch den Kampf des proletarischen Sozialismus befreit und gereift, dereinst an dem Welthymnus der Neunten erzogen wird, wenn sie zum Katechismus ihrer Seele wird, dann erst ist Beethovens Kunst zur Heimat zurückgekehrt, aus der sie floh.«

Ein Jahrzehnt später fand sich die eine wie die andere Menschheit in den Schützengräben des ersten Weltkriegs wieder; keine Sinfonie, kein Schiller-Appell hatten sie vor dem Wahnwitz der Kriegsbetreiber retten können.

VII
»Ihr stürzt nieder, Millionen...«
Wie die neunte Sinfonie zum Teufel ging

1
»Bollwerk Beethoven« und »Kampfgenosse Schiller«
oder
Die Nazis und die Neunte

> Und wenn ein deutscher Musiker wie Gustav Havemann in Berlin aus Idealismus ein Kampfbundorchester ins Leben rief und mit ihm Beethovens 9. Symphonie aufführte, so ist diese Kulturtat aus dem Geiste Adolf Hitlers heraus geboren. Zeitschrift für Musik
> April 1933

> Die Kunst ist eine erhabene und zum Fanatismus verpflichtende Mission. Adolf Hitler
> Dezember 1933

Das Stürmende und der Stürmer

Hitler an der Macht: Das war nicht nur der Beginn von Terror. Es war die Stunde der Niedertracht. Rang wurde verdrängt durch Ranküne, Denkfähigkeit ersetzt durch Denunziation. Die Geburt der Nation vollzieht sich als Ausgeburt der Miesen; die Zukurzgekommenen wollen auch einmal vornean sein. Das Chorische steigert sich zum Gebrüll. Lakaienhaft dankt die Intelligenz ab vor dem Popanz der »deutschen Seele«. Die Musiker, die Kritiker, die Musikwissenschaftler wissen von einem Tag auf den andern nicht mehr, was »Konzertieren« heißt, nämlich Wettstreiten; sie schwören sich ein auf eine pathetische Duckmäuserei: »Daß die deutsche Musik nicht wieder zum Klangspiel, zum Dissonanzensport, zur Unzucht der Harmonie und zum Chaos der Form werde, dafür ist heute gesorgt. Dagegen ist uns Beethoven ein Bollwerk.«

Dafür ist gesorgt. Wie, und auf welche Weise, schon wenige Monate nach dem 30. Januar 1933 dafür gesorgt war, durch welche Gesetze, durch welche bürokratische Willkür, durch welche Krawalle und staatliche Rüpelaktionen, durch welche Verleumdungsbriefe und Diffamierungskampagnen – das hätte niemanden mehr entsetzt als Beethoven; daß er zu seiner Vergötzung einen Text wie den oben zitierten hätte lesen sollen, der wie eine Zusammenfassung all der Vorwürfe wirkt, die ihm zeitlebens gemacht worden sind, hätte ihn vollends irre gemacht an der Zeit, der er als Bollwerk dienen sollte. Nicht nur die Barbaren hatten das Zepter ergriffen, sondern auch die Idioten, und mit ihnen im Bunde die Kriecher auf dem Katheder, am Schreibtisch und in den Redaktionen. Die Wollust, die ihnen gegeben war, war die Wollust schleimender Selbsterniedrigung, der Cunnilingus im Schoß einer Zeit, die ihre Dumpfheit als »völkisches Erwachen« feierte.

Und dennoch: Dies alles kam nicht über Nacht. Mitten in der europäischen Beethoven-Feier des Jahres 1927 waren auch schon Stimmen laut geworden wie die des NS-Ideologen Alfred Rosenberg (»Der Mythus des 20. Jahrhunderts«), der im Jubiläumsjahr Beethoven für die immer mutwilliger werdende Nazi-»Bewegung« in Dienst stellte: »Wer begriffen hat, welches Wesen auch in unserer Bewegung wirkt, der weiß, daß ein ähnlicher Drang in uns allen lebt, wie der, den Beethoven in höchster Steigerung verkörperte. Das Stürmende über den Trümmern einer zusammenbrechenden Welt, die Hoffnung auf einen neue Welten gestaltenden Willen; die starke Freude durch leidenschaftliche Trauer hindurch (...) Einen Tag lang wollen wir uns gestatten, an der größten Herzenserweiterung teilzunehmen im Bewußtsein, daß der Deutsche Beethoven über alle Völker des Abendlandes hinausragt (...) Dann aber wollen wir daran denken, daß Beethoven für uns den treibenden Willen zu Deutscher Gestaltung abgeben kann und muß. Denn wir leben heute in der Eroica des deutschen Volkes.« Und acht Jahre später, als die Machtverhältnisse durch »das Stürmende« und die »Stürmer« und den »Stürmer« geklärt sind, schreibt derselbe Rosenberg triumphierend: »Wir dürfen wieder aufblicken zu Beethoven. Wir brauchen die Augen nicht mehr niederzuschlagen. Wir können ihm heute, an seinem 165. Geburtstag, die Verehrung eines gereinigten Deutschlands zu Füßen legen.« Wohlgemerkt: eines gereinigten, nicht geeinigten.

Gereinigt war Deutschland von der gesamten modernen Musik des ersten Drittels des 20. Jahrhunderts; man verhöhnte »die Hoch- und Blütezeit des musikalischen Bolschewismus«, man verkündete stolz, daß die (in Anführungszeichen gesetzte) Atonalität begraben, daß man »gegen ein Konzertwesen des Verfalls« eingeschritten sei; und man hatte die berühmtesten Komponisten, Dirigenten, Solisten, weil sie Juden waren, schon in den ersten Monaten außer Landes getrieben. Beschworen wurde: »Die hehre deutsche Kunst!«

»Kokettieren, Paktieren, Kooperieren.« Das wirft der exilierte Bronislaw Hubermann, der berühmte Geiger, deutschen »Geistesführern« wie Richard Strauss, Wilhelm Furtwängler, Gerhart Hauptmann, Werner Krauß, Ferdinand Sauerbruch und Max Planck vor, die doch »bis gestern noch das deutsche Gewissen, den deutschen Genius« dargestellt hätten. In aller Schärfe aber benennt Hans Eisler den Konflikt zwischen Phrase und Terror, zwischen holder Kunst und den staatlichen Unholden. Als Wilhelm Furtwängler 1934 in der Pariser Oper ein Gastspiel gibt, läßt Eisler vor den Eingängen ein Flugblatt verteilen, das bei aller Rage Klartext spricht:

»Eine furchtbare Nachricht für alle Menschen, die Musik lieben: Beethoven – einer der größten Komponisten der Musikgeschichte – mißbraucht von Mördern. Wir klagen Herrn Staatsrat Dr. Furtwängler der Begünstigung an wie: Mord – Brandstiftung – Raub – Diebstahl – Betrug – Folterung von Wehrlosen und vor allem: Verschweigung der Wahrheit. Staatsrat Dr. Wilhelm Furtwängler hat durch Taten und Worte bewiesen, daß er das blutbefleckte Henkerregime Hitlers mit seiner Kunst und unter gleichzeitigem Mißbrauch der großen

Werke der Klassiker ›verschönern‹ und ›decken‹ will. Er ist Staatsrat von Gnaden Görings und Goebbels'! Staatsrat Furtwängler hat, ohne Protest zu erheben, zugelassen, daß die besten deutschen Künstler wie: Otto Klemperer, Bruno Walter, Artur Schnabel, Arnold Schönberg aus ihrer Heimat Deutschland herausgetrieben wurden. Staatsrat Furtwängler hat nie protestiert gegen die Folterungen der sozialistischen Arbeiter und deren Hinrichtung. Staatsrat Furtwängler hat alles verziehen und alles verstanden. Das heißt: er hat sich gegen die Wahrheit auf seiten der Mörder gestellt. Staatsrat Furtwängler ist unwürdig, wahrheitssuchenden freiheitsliebenden Menschen noch ferner große Musik vorzuführen.«

Im Rampenlicht, im Zwielicht

Solcher Vorwurf mußte Furtwängler um so heftiger treffen, als er selbst sich, jedenfalls in den Anfangsjahren der Hitler-Herrschaft, eher zu den Opfern als zu den Mitläufern oder gar Mittätern zählen durfte. So sehr er den Emigranten der frühen Jahre als komplizenhafter Schweiger erscheinen mochte, so sehr war er den neu ernannten Kulturverwesern der Partei als Querkopf und Protestierer zum Ärgernis geworden. Furtwängler war sich seines Rangs als eines der ersten deutschen Musiker, als Doyen der Dirigenten, viel zu sehr bewußt, begriff sich selbst durchaus als kulturpolitische Instanz, als daß er zu den rabiaten Maßnahmen der Reichsmusikkammer ja und amen gesagt hätte. Von Goebbels ist der Ausspruch überliefert: »Es gibt überhaupt keinen dreckigen Juden mehr in Deutschland, für den sich Herr Furtwängler nicht eingesetzt hätte.«

Wie sehr solche abwehrende Haltung zum nervenzehrenden Kleinkrieg werden konnte, macht ein Vorfall noch aus dem Frühjahr 1933 deutlich. Furtwängler gastierte mit den Berliner Philharmonikern in Mannheim, wo er von 1915 bis 1920 Hofkapellmeister gewesen war; es war ein Benefiz für die Mannheimer Musiker, die mit den Berlinern zusammen musizieren sollten. Als Furtwängler darauf besteht, daß sein Konzertmeister Simon Goldberg am ersten Pult sitze, weigern sich die schon gleichgeschalteten Mannheimer zu spielen. »Im Sinne der neuen Zeit« lasse sich kein Mannheimer Streicher von einem Juden anführen. Furtwängler weist auf der ersten Probe den Mannheimer Geiger mit der Hakenkreuzbinde vom Podium und setzt Goldberg ans Pult. So auch beim Konzert am nächsten Tag. Mit der Folge, daß hinterher der Mannheimer Orchestervorstand ins Künstlerzimmer dringt und dem Dirigenten Vorhaltungen wegen seines »Mangels an nationalem Empfinden macht«. Furtwängler wirft den Herren die Partitur vor die Füße; verläßt das Haus und weigert sich von da an (bis 1953), je wieder in Mannheim (wo er Ehrenbürger ist) zu dirigieren.

Mannheim war ein lokales Ereignis; der »Fall Hindemith« ist ein »nationaler« Eklat, der auch international Aufsehen erregte: zum erstenmal wurde das, was die Parteifunktionäre für Kulturpolitik hielten, prinzipiell herausgefordert. Paul Hindemith, seit 1927 Kompositionslehrer an der Berliner Musikhochschule, war den Nazis als einer der »Bannerträger des Verfalls« verdächtig; seine »musikalischen Erzeugnisse« entsprächen »einer Atmosphäre, die durch die Namen Alban Berg und Arthur Honegger, Béla Bartók und den Viertelton-Mixer Alois Haba gekennzeichnet ist«. Nachdem 1933 Furtwängler die Aufführung von Hindemiths neuer Oper »Matthis der Maler« verboten worden war, führte der Dirigent im Oktober 1934 eine Sinfonie auf, die aus dem musikalischen Material der Oper bestand. Danach brach eine allgemeine Hetze über Hindemith herein, der sich Furtwängler mit einem Aufsatz in der »Deutschen Allgemeinen Zeitung« widersetzte. Es war, trotz einiger taktischer Formulierungen, eine volle Breitseite gegen die staatliche Borniertheit: »Sicher ist, daß für die Geltung deutscher Musik in der Welt keiner der jungen Generation mehr getan hat als Paul Hindemith. (...) Es handelt sich hier, viel mehr noch als um den besonderen ›Fall Hindemith‹, um eine allgemeine Frage von prinzipiellem Charakter (...) wir können es uns nicht leisten, angesichts der auf der ganzen Welt herrschenden unsäglichen Armut an wahrhaft produktiven Musikern, auf einen Mann wie Hindemith ohne weiteres zu verzichten.«

Daß es eine Frage von prinzipiellem Charakter war, ließ sich dann wenige Tage später daran ablesen, daß Goebbels selbst die Antwort gab und über Hindemith den Stab brach: »Wir verwahren uns auf das energischste dagegen, diesen Künstlertypus als deutsch angesprochen zu sehen, und buchen die Tatsache seines blutsmäßig reingermanischen Ursprungs nur als drastischsten Beweis dafür, wie tief sich die jüdisch-intellektualistische Infizierung bereits in unserem eigenen Volkskörper festgefressen hatte.« Darauf legte Furtwängler Anfang Dezember 1934 die Leitung der Berliner Philharmoniker und sein Amt als Direktor der Berliner Staatsoper nieder. Aber schon ein Vierteljahr später war er seiner eigenen Entschiedenheit nicht mehr gewachsen: Nach einem Gespräch mit Goebbels bedauerte er »die Folgen und Folgerungen politischer Art, die an seinen Artikel geknüpft worden seien«; es habe ihm völlig ferngelegen, »in die Leitung der Reichskunstpolitik einzugreifen«.

Aber sosehr der Eislersche Rigorismus an der Person Furtwängler vorbeizielt, fehlgeht, leerlaufen mag, so genau bringt er doch das Problem auf einen historischen, ästhetischen, moralischen Punkt: Muß sich Musik alles gefallen lassen? Ist der Anspruch großer Musik nicht so unüberhörbar, ihr Wahrheitspochen nicht so apokalyptisch, daß man sie vor Usurpation, Schändung, zynischer Inanspruchnahme bewahren muß. Hat sie nicht ein Recht darauf, ihre Majestät geschützt zu wissen? Und wer, wenn nicht die Musiker selbst, die Dirigenten, sollten auf solchem Schutz bestehen? Muß einer wie Furtwängler nicht sagen: Alles kann ich dirigieren – nur die Neunte nicht; die erhebt doppelten Einspruch: durch Schiller, durch Beethoven. Oder sagt er sich eher: Ich setze ja gerade auf diesen doppelten Einspruch, auf diesen auskomponierten Protest im Namen der Humanität, indem ich das Werk dirigiere, auch unter den Nazis, also gegen die Nazis? Das Werk als Konterbande, Widerspruch, Gegenhymne, Freudenbotschaft inmitten der Diktatur?

Die »deutsche Seele« rüstet auf

Aber Beethoven war ja eben von den Nationalsozialisten als Bollwerk reklamiert, und als ein Bollwerk, hinter dem man sich verschanzen, zumindest bedeckt halten konnte, diente er auch vielen Musikwissenschaftlern und -kritikern. Beethoven war gesichertes Terrain, auf dem man sich relativ ideologiefrei bewegen konnte. Nur so erklärt sich, was Heribert Schröder in seiner Dokumentation über »Beethoven im Dritten Reich« festgestellt hat: »Ein erster oberflächlicher Blick in das Beethoven-Schrifttum der Jahre 1933–1945 läßt den Eindruck entstehen, als unterscheide sich das Geschriebene nur wenig von dem, was in Kaiserreich und Weimarer Republik zum Thema ›Beethoven‹ veröffentlicht wurde.« Denn das Arsenal des Beethoven-Bombastes war ja auch vorher schon reich bestückt. Man brauchte nur in die schon im 19. Jahrhundert angefertigte Wort-Wundertüte hineinzulangen, sich beim »Titanengeist« oder aus dem »Gefäß des Überirdischen« zu bedienen, man mußte nur das »heroisch- titanenhafte Ringen mit dem Schicksal« herbeizitieren, altbewährte Andachtsvokabeln wie »Gewaltiges«, »Begnadetes«, »Ewiges«, »Übermenschliches« abrufen, um auch der neuen Sicht auf den »Stürmer« Beethoven gerecht zu werden.

Was die Äußerungen zum klassischen Komponisten neu färbte, das war die zunehmende Militanz der Vokabel »deutsch«, die immer stärker zur Kampfparole und zum Germanenkult geriet. Da wurde Beethoven zum »Symbol deutscher Selbstbehauptung«, zum »germanischen Meilensteinmensch(en)«, zum »Sinnbild des kämpferischen germanischen Menschen«, zum »Sieger im Zeichen deutscher Kraft und

Selbstbehauptung«. Aber es waren nicht etwa nur Parteipropagandisten und Kulturfunktionäre, die Beethoven dieses Germanengewand überwarfen. Auch Musiker und Musikwissenschaftler hörten ganz anders hin: »Nicht nur seine Muttersprache – auch seine Tonsprache ist deutsch«, sagte der Cellist (und Musikprofessor in Berlin) Ludwig Hölscher, und Hans Joachim Moser spürte schon bei wenigen Takten Beethovens »den heiligen Blutkreislauf unseres Volkes pochen«.

Aber selbst beim Gebrauch des unbegriffenen Begriffs »deutsch« konnten die nationalsozialistischen Wortführer auf eine beträchtliche Vorarbeit zurückgreifen und auf eine noch größere Gesinnung an Chauvinismus. »Es zahlt sich teuer, zur Macht zu kommen: die Macht verdummt«, hatte Nietzsche bald nach dem Sieg 1871 geschrieben, und während Wagner noch den Sieg der deutschen Waffen und Beethoven zusammenreimte, fragte der Philosoph: »Die Deutschen – man hieß sie einst das Volk der Denker: denken sie heute überhaupt noch?«

Schon im Ersten Weltkrieg jedenfalls waren sie durch die Schiller-Beethovensche Koproduktion äußerst verwirrt gewesen. In Leipzig hatten sich 1916 Mitglieder des Gewandhauschores geweigert, an einer Aufführung der Neunten mitzuwirken, weil sie über den »Schillerschen Menschheitsverbrüderungsgedanken« mitten in den Schlachten entrüstet waren. Daraufhin wurde ihnen von der Zeitschrift »Merker« erst recht der nationale Marsch geblasen: »Es gibt einen Schiller-Beethovenschen Winkel in jedem Deutschen, den uns auch dieser zerstörende Krieg nicht vernichten darf! Die streikenden Herren vom Leipziger Gewandhauschor haben unrecht. Wir würden innerlich verarmen, wenn wir uns gegen Beethoven sperren würden. Das eben ist deutsche Kraft: den Säbel in der Rechten, Beethoven im Herzen!«

Wie sehr Schillers Worte der deutschen Musikwelt in Kriegszeiten zu schaffen machten, wie sehr sein Versöhnungsgedanke dem Schlachtenwahnsinn widersprach, wie sehr daher die krausesten Rechtfertigungen in Blüte standen, läßt auch die Argumentation des Dirigenten Sigismund von Hausegger erkennen, der im letzten Kriegsjahr, 1918, schrieb, man müsse »die Deutung, welche Beethoven dem Freuden-Hymnus gab, auch in unseren Tagen anders verstehen lernen, denn als unzeitgemäßen Ruf kleinmütiger Versöhnlichkeit«. Denn »das Dichterwort ›Seid umschlungen Millionen, diesen Kuß der ganzen Welt‹ wird nicht in schmerzlichen Kontrast zu den Weltbegebenheiten treten, die uns zu hassen gelehrt, wo es uns zu lieben verlangte, wenn wir es (...) als Appell an das eigene Innere richten, das Menschheitsevangelium, wie es der deutsche Genius uns geschenkt, treu und unbeirrbar zu bewahren. Dieses Heiligtum zu schirmen, gelte nach außen allein die Tat. Im Innern aber leuchte der Stern der Liebe.«

Der Universitätsphilosoph und konservative Essayist Paul Natorp, der 1918, im letzten Kriegsjahr, sein Buch »Die Seele des Deutschen« herausbrachte, vollzog am Beispiel der Neunten den raschen Übergang vom Neukantianismus zum siegestrunkenen Chauvinismus: »Nur ist es nicht das bloße Wissen, die bloße ›Idee‹, die den Menschen über sich hinaushebt, es ist die ewige Macht Gottes in ihm, die jedem Schicksal gewachsen ist, nie ganz niedergebeugt werden kann, zuletzt ihm obsiegen muß. Darum zuletzt nichts mehr von stöhnender Klage, nichts von bangem Zweifel, sondern kindliche selige Gewißheit: Brüder, überm Sternenzelt muß ein lieber Vater wohnen! Darum Freude! Freude über Freude! Freude, schöner Götterfunken ... Wir sind zugelassen, wir haben die volle Erfahrung davon, nicht bloß die ›Idee‹!« Und dann die Fanfare: »Das ist deutsches Empfinden. Möge nie in der Seele des Deutschen der Götterfunken dieser Freude verlöschen, so wird er seine Bahn laufen, auch im Allerschwersten. Freudig wie ein Held – zu seinem Sieg. Solcher Zuversicht ein Bürge ist uns die Musik dieses Deutschen.« Für alle diese Äußerungen aus dem ersten Weltkrieg kann als Resümee der Satz von Karl Kraus dienen: »Deutsch ist die Sprache derer, die deutsch fühlen, aber nicht Deutsch können.«

Das Verdikt kann freilich für einen anderen Autor nicht

gelten, der ebenfalls im Krieg von deutscher Seele phantasierte, der »die internationale Fremdheit und Unheimlichkeit der deutschen Seele« bejubelte, »die, wenn sie freilich nicht die Ursache des Krieges ist, doch vielleicht diesen Krieg überhaupt erst möglich gemacht hat«. Der, ganz im Stile Wagners, die Frage nur rhetorisch stellte, denn er hatte sie längst bejaht: »Sind es nicht völlig gleichnishafte Beziehungen, welche Kunst und Krieg miteinander verbinden?« Und der dann einen geradezu spukhaften Satz niederschrieb, eine grausige Prophetie, deren Wortlaut, zwar anders gemeint, sich binnen kurzer Zeit erfüllen sollte:

»Dieser Krieg (...) warum hat Deutschland ihn begrüßt und sich zu ihm bekannt, als er hereinbrach? – Weil es den Bringer seines *Dritten Reiches* in ihm erkannte. – Was ist denn sein Drittes Reich? Es ist die Synthese von Macht und Geist.« Es war, der dies schrieb, derselbe Thomas Mann, der genau dreißig Jahre später, drei Jahrzehnte nach diesen unsäglichen »Gedanken im Kriege« seine Empörung über die Kulturverhunzung in einem höllisch anderen »Dritten Reich« zum Ausdruck bringen sollte. Nein, natürlich war es nicht derselbe Thomas Mann, sondern ein gewandelter, einer, der den Prozeß der »Demokratie« erst spät und unter Schmerzen und dann unter dem Haß der Zurückgebliebenen auf sich genommen hatte; aber mußte nicht doch ein fernes Echo des eigenen Seelenchauvinismus und des Kunst-Kriegs-Dünkels ihm bei seinem Rigorismus anno 1945 in den Ohren liegen? Hatte er nicht selbst, wenn nicht den Boden, so doch den Phrasensumpf bereiten helfen, aus dem dann, im zweiten Krieg, solche Sprechblasen aufsteigen sollten:

»Die kämpferische Haltung in den Werken eines Bach und Beethoven wird uns immer von neuem emporreißen. Das fühlte schon Bismarck, als er beim Anhören von Beethovens Appassionata (Werk 57) gestand: ›Wenn ich diese Sonate häufiger hörte, würde ich immer sehr tapfer sein.‹ Es ist einmal sehr schön gesagt worden, daß wir in der ›Eroica‹ des deutschen Volkes leben. In der Tat ist das Ethos des Kampfes wohl kaum eindringlicher und mitreißender in Tönen dargestellt worden als im ersten Satz der Heldensinfonie.«

Ganz in diesem Sinne wurden während des zweiten Weltkriegs die Sinfonien Beethovens anfeuernd »eingesetzt«. Auch die Neunte wurde immer wieder in die Schlacht geworfen. Eine Statistik führt für die Wintersaison 1941/42 31 Aufführungen der Chorsinfonie an, die damit an der Spitze aller Werke des Komponisten steht. Im Jahr darauf sind neben 29 Konzerten mit der Fünften jeweils 25 mit der Dritten und der Neunten verzeichnet.

Aber wieder, wie schon im Ersten Weltkrieg, meldet Schillers Text Widerspruch an gegen kriegslüsterne Inanspruchnahme, und entsprechend verquer, in trüber historischer Imitation, sind denn auch die Interpretationen: Schillers »der ganzen Welt« wird nunmehr so gedeutet, daß das deutsche Volk, in inniger Verbundenheit »mit diesem deutschesten aller musikalischen Meister«, »heute den Kampf gegen Ungeist und Barbarei siegreich für die ganze Welt gewinnt«. Und je weiter die Zerstörung der Städte geht, um so trutziger wird Beethoven in die Bresche geworfen: »Beethovens Symphonien erklingen heute in Sälen, deren Wände die Spuren von Terrorbomben tragen, manche Musikhallen, in denen seine Werke herrliche Triumphe gefeiert haben, stehen nicht mehr. Dafür aber hat sich der ganze Weltraum der Musik Beethovens geöffnet.« Daß er das tatsächlich getan hat, daß auch in den Konzertsälen der Kriegsgegner, oft von den vertriebenen Künstlern dirigiert und musiziert, nach wie vor Beethoven gespielt wird, empört die Nazis: »Da stehen sie der Reihe nach: Amerikaner, Engländer, Juden und schreien, für die Sicherung der heiligsten Güter der Menschheit kämpfen zu wollen, und können sich auf nichts anderes berufen als auf die ewigen Werte, die von dem Volk geschaffen wurden, dessen Vernichtung sie anstreben.«

Beethoven – nicht »nordisch« genug

Trotz aller Usurpation und Indienstnahme: Beethoven war den Nazis nie ganz geheuer. Mochten sie seine Musik berauschend finden – seine Erscheinung fanden sie immer eher verstörend. Während Schiller schon früh »als Kampfgenosse Hitlers« (Hans Fabricius) rekrutiert worden war, bereitete Ludwig van Beethoven den »Rasse«-Kundlern des Nationalsozialismus ein dauerndes Kopfzerbrechen, das sich in Texten spiegelt, die dem Nonsens nahekommen und dem Gelächter verfallen müßten, wenn die Gesinnung dahinter nicht millionenfache Morde auf dem Gewissen hätte. Da schreibt etwa ein Dr. Walther Rauschenberger:

»Man wird fragen: Wie ist es möglich, daß ein äußerlich so wenig nordisch aussehender Mensch eine so starke nordische Seele besitzt? Nun, derartige Überschneidungen kommen nicht allzu selten vor. Ein blond aussehender Spanier hat erfahrungsgemäß trotz seiner Blondheit in der Regel eine mediterrane Seele, und umgekehrt ist es möglich, daß ein dunkel aussehender Germane eine nordische Seele besitzt. Außerdem ist vieles an Beethoven fälisch, und dieser fälische Einschlag kommt auch in seinem Äußeren zum Ausdruck... Nordisch ist vor allem das Heroische, Heldische seiner Werke, das nicht selten zu titanischer Größe sich erhebt (...) Nordisch ist Beethoven in der völligen Selbständigkeit, mit der er seine eigenen Wege in der Musik geht. (...) Nordisch ist ganz besonders sein Zug zur reinen Instrumentalmusik, zur absoluten Musik, in der er bisher das Größte geleistet hat. Nordisch ist, daß er alles ins Ungewöhnliche, Außerordentliche erhebt.«

Und der Rassenideologe Richard Eichenauer kann nicht umhin zu erklären: »Daß Beethovens Familie rassisch stark gemischt war, wird auch durch das gänzlich verschiedene Aussehen des Meisters und seiner beiden Brüder sehr wahrscheinlich gemacht.«

Aber auch dieses Vokabular ist nicht erst mit dem 30. Januar 1933 aufgebracht worden, auch solche Rassenwissenschaft spukte bereits durch die Weimarer Republik, und ein Ludwig Ferdinand Clauß hatte schon 1926 Beethoven zu einem nordischen Menschen erklärt, auch wenn sein Leib »ziemlich rein ostisch« gewesen sei. Aber, o Wunder: »Immerhin lehrt ein Blick in jedes einzelne seiner Bildnisse, daß er es vermocht hat, auch diesem ostischen Leibe einen nordischen Ausdruck abzuringen.«

Die Reserve der Nationalsozialisten gegenüber dem Typus Beethoven bringt auch Hans F. K. Günther, der schon 1930 den ersten deutschen Lehrstuhl für Rassenkunde in Jena übernahm und einer der führenden »Experten« auf diesem Gebiet wurde, Mitte der zwanziger Jahre zum Ausdruck, wenn er Bach, Händel und Gluck den Vorzug gibt. »In Beethovens Werk treibt (oder treibt mit) eine ›dunkle‹ Gewalt, die oft zu mächtig ist, als daß sie noch von nordischer Strenge (die doch Beethoven sowohl in hohem Maße besitzt wie als künstlerisches Erbe übernommen hat) durchdrungen, umspannt werden könnte: Bach ist Adel, Beethoven sucht Adel – so könnte man sich schlagwortartig und übertreibend ausdrücken.«

Aber daß Beethoven trotz dieser ›dunklen‹ Gewalt sein Werk geschaffen habe, hält ihm Günther zugute: »Ob wir den Kampf des Überwindens ermessen können, der dahinter liegen muß, wenn diese neunte Symphonie entstehen soll? Bis es zu diesem ›Freude, schöner Götterfunken‹ im letzten Satz der Neunten gekommen ist, zu diesem ›Seid umschlungen, Millionen!‹ – bis solche Liebe des Helden ausbrechen kann, müssen die nächtlichen Kämpfe mit Tod und Teufel bestanden sein.«

Es klingt dann fast wie eine Parodie auf all diesen Einordnungswirrwarr, wenn J. Schmidt-Görg 1938 über Beethovens Ahnenerbe schreibt: »Daß auf diesem Gebiet noch vieles zu tun bleibt, wird jedem klar, der die vielfachen und häufig nicht widerspruchsfreien Angaben vergleicht, die im rassenkundlichen wie im musikwissenschaftlichen Schrifttum zerstreut sind. Da sieht der eine Ähnlichkeiten des Beethovenschädels mit dem Batavus genuinus von Blumenbach, ein anderer spricht von der Cro-Magnon-Rassegruppe und dalischer Rasse, ein dritter von fälisch-nordisch-ostisch-westischer Mischung.«

Einen besonderen Eiertanz vollführten die Rasse-Ideologen und in ihrem Gefolge die Musikwissenschaftler im Fall von Beethovens Vater. Daß Johann Beethoven ein schwerer Trinker war, ist biographisch verbürgt; etwa durch das Detail, daß Ludwig, der Älteste, mit seinen zwei Geschwistern den Vater des öfteren aus einem Wirtshaus holte; und »suchten ihr Pappa auf die feinste Art, um das es nur kein Aufwannt gab, im stille nach Hauß zu begleiten«. Wie konnte es sein, so die Frage an und für die Rassegläubigen, daß der doch als »nordisch« reklamierte Künstler Beethoven von einem so bohemienhaften, verwahrlosten Vater abstammen konnte? Ob vielleicht die »erbbiologische« Lehre doch nicht so verläßlich war wie immer behauptet?

Da hieß es denn mit erkennbarer Verlegenheit, es hätten manche »auf eine nicht ungeschickte Weise gegen die neuen erbgesundheitlichen Maßnahmen Sturm zu laufen (versucht) etwa mit Worten wie: ›Nie wäre Ludwig van Beethoven geboren worden, wenn‹ ... usw. Krankhaft ist die Verblendung zu nennen, mit der noch immer von gewisser Seite versucht wird, gegen rassenhygienische und erbgesundheitliche Fragen und Maßnahmen Stellung zu nehmen.«

Während also Zweifler für krank erklärt wurden, erfuhr Johann van Beethoven eine ideologische Genesungskur, war nicht nur gesund, sondern wurde zu »einer heldischen Kämpfernatur nordischen Wesens« stilisiert, und seine Ausfälle, auch gegen den genialen Sohn, zu »fälischen und fälisch-nordischen Seelenmerkmale(n), wie Eigenwilligkeit und Eigensinn.« Und selbst der Beethoven-Forscher und langjährige Leiter des Beethoven-Hauses in Bonn, Ludwig Schiedermair, mußte einsehen, daß die Fachwissenschaft der Rassenkunde unterlegen war: »Die üble Legende, als ob Beethovens Vater in jenen Jahren der Zeugung seiner Kinder ein notorischer Trunkenbold gewesen wäre und als ob ein Genie aus einem Familiensumpfe hervorgehen könnte, wird doch wohl schon aus erbbiologischen Erwägungen endlich zerflattern.«

Die wohl monströseste Aufführung der Neunten und jene, mit der Furtwängler seinen Ruf am stärksten ramponiert und sich Thomas Manns verächtliche Bezeichnung »Furchtwängler« am ehesten verdient hat, fand am 19. April 1942, am Vortag von Hitlers 53. Geburtstag, in der Berliner Philharmonie statt. Fast alle hohen Parteimitglieder nahmen in Uniform teil; nur der zu Ehrende fehlte. Hitler hielt sich, wie meist in jener Zeit, in seinem ostpreußischen Hauptquartier, der »Wolfsschanze« auf. (Aber auch dort konnte er, dank Furtwängler, Musik hören; denn der Dirigent hatte ihm im gleichen Jahr ein Magnetophon-Standgerät und dazu eigene Aufnahmen von Beethoven, Bruckner und Wagner geschenkt. Erst nach der Niederlage von Stalingrad soll Hitler auf Musikabende verzichtet haben.)

Bernd W. Wessling schreibt in seiner ausdrücklich als »kritisch« bezeichneten Furtwängler-Biographie zu diesem gespenstischen Konzertnachmittag (wegen der nächtlichen Luftangriffe fand die Aufführung schon bei Tage statt): »Wer 1942, als Hunderttausende in den Gaskammern auf grauenhafteste Weise umkamen, den Initiator des ›Holocaust‹ mit Beethovens Neunter feierte, im exklusiven Kreis, nichts als Mörder, Erpresser, Haudegen und Kriminelle im Parkett, der muß sich etwas dabei gedacht haben. Der Völkische Beobachter sprach von einer ›grandiosen Demonstration für den Führer‹; und Furtwängler verdiente sich von Goebbels in einer Ansprache das Lob, der sei ›der einzig wirkliche Beweis für die künstlerische Großtat des neuen Großdeutschlands‹.«

Furtwängler selbst hat über seine Teilnahme und die vorhergegangenen Pressionen später zu Protokoll gegeben: Er habe sich der Sache entziehen wollen, indem er frühzeitig ein Konzert in Wien, gleichfalls im dortigen Parteiauftrag, terminiert habe. Dann aber sei plötzlich aus Berlin die Aufforderung gekommen, »ich sollte diesen Geburtstag Hitlers dirigieren. Es war eine neue Idee von Goebbels, der infolge der etwas gefährlicher werdenden Kriegslage es für nötig hielt, als Propagandaminister den Namen Hitlers in jeder Beziehung mehr in den Vordergrund zu schieben. (...) ER hielt da eine Rede und stellte das Ansinnen, daß ich und nur ich diese Feier dirigieren müsse.« Hinter diesem Wunsch stehe der »absolute Wille des Führers selber«.

Ja, Goebbels hielt da eine Rede, und sie klang so:

»Diesmal sollen die Klänge der heroischsten Titanenmusik, die je einem faustischen deutschen Herzen entströmten, dieses Bekenntnis in eine ernste und weihevolle Höhe erheben. Wenn am Ende unserer Feierstunde die Stimmen der Menschen und Instrumente zum großen Schlußakkord der Neunten Symphonie ansetzen, wenn der rauschende Choral der Freude ertönt und ein Gefühl für die Größe und Weite dieser Zeit bis in die letzte deutsche Hütte hineinträgt, wenn seine Hymnen über alle Weiten und Länder erklingen, auf denen deutsche Regimenter auf Wache stehen, dann wollen wir alle, ob Mann, ob Frau, ob Kind, ob Soldat, ob Bauer, ob Arbeiter oder Beamter, zugleich des Ernstes der Stunde bewußt werden und in ihm auch das Glück empfinden, Zeuge und Mitgestalter dieser größten geschichtlichen Epoche sein zu dürfen.«

Aber die Rede vom »faustischen deutschen Herzen« war, über Abgründe hinweg, über Millionen von Toten, von Ermordeten hinweg, über ein zerstörtes Europa hinweg, dennoch so etwas wie ein Stichwort, ein wenn auch perverses Apropos zu einer Prosaapokalypse, die sich um diese Zeit abzuzeichnen begann, zur Vision von einem Pakt Deutschlands mit dem Teufel, zu Thomas Manns Roman »Doktor Faustus«.

2
»Ich will es zurücknehmen«
oder
Adrian Leverkühn verwirft die Neunte

> Gibt es eine Zurücknahme der Neunten Symphonie in unserem Jahrhundert dergestalt, daß eine jede Aufführung des Freudenhymnus bloß den schmerzlichen Abstand erkennen macht zu Beethoven wie zu Schiller, zur Welt der Aufklärung und zum Postulat der Brüderlichkeit?
>
> Hans Mayer

Der Bannspruch des Jahrhunderts

Eine seltsam beiläufige Szene geistert seit fast sechzig Jahren durch die Geschichte der neunten Sinfonie, beschäftigt Musikwissenschaft, Kulturkritik und Rezeptionsforschung und hat sich wie ein Schatten über das Werk gelegt. Ja, es ist nicht einmal eine richtige Szene, sondern eher nur ein knapper, unverhoffter Wortwechsel, aber auch der nicht im Sinne einer aggressiven Auseinandersetzung, sondern als eine Äußerung der Resignation, ein verzweifeltes Ach.

Es ist eine Szene aus Thomas Manns »Doktor Faustus«; der Chronist Serenus Zeitblom beschreibt seinen dämonischen Helden Adrian Leverkühn in dem Augenblick, als er sein Liebstes verloren hat, das Kind Nepomuk, genannt Echo; verloren, wie Adrian sich sagen muß, durch eigene Schuld; denn der Teufelspakt, den er um seiner Kunst, um des »Durchbruchs« willen eingegangen ist, hatte ihm Liebe, auch Kindesliebe verwehrt. Und nun, unter der noch nicht voll begriffenen Wucht des Schmerzes, diese Wendung:

»Ich wollte gehen, aber er hielt mich auf, indem er mich bei meinem Nachnamen rief: ›Zeitblom!‹, was ebenfalls sehr hart klang. Und als ich mich umwandte:

›Ich habe gefunden‹, sagte er, ›es soll nicht sein.‹

›Was, Adrian, soll nicht sein?‹

›Das Gute und Edle‹, antwortete er mir, ›was man das Menschliche nennt, obwohl es gut und edel ist. Um was die Menschen gekämpft, wofür sie Zwingburgen gestürmt, und was die Erfüllten jubelnd verkündigt haben, das soll nicht sein. Es wird zurückgenommen. Ich will es zurücknehmen.‹

›Ich verstehe dich, Lieber, nicht ganz. Was willst du zurücknehmen?‹

›Die Neunte Symphonie‹, erwiderte er. Und dann kam nichts mehr, wie ich auch wartete.

Verwirrt und gramvoll begab ich mich hinauf in das Schicksalszimmer.«

Diesem Wort von der Zurücknahme der Neunten, dieser Willenserklärung eines fiktiven Komponisten, diesem jähen Einspruch des Moralisten Thomas Mann kam um die Mitte des 20. Jahrhunderts, knapp nach dem katastrophalen Weltkrieg und den immer noch nicht ins Vorstellungsvermögen eingedrungenen Greueln des Holocaust, die Kraft eines Bannspruchs zu, eines gewaltigen »Wehe!«. Es war, als sei ein Tabu verhängt worden: Die Neunte haben wir, die Deutschen zumal, verwirkt. »Das soll nicht sein.« Aber im Roman ist an dieser Stelle von Politik, Krieg, Grauen, Deutschland gar nicht die Rede; ein engelhaftes Kind ist gestorben, und ein Mann reagiert mit Bitterkeit auf den Verlust. Ein Komponist will ein früheres Werk, einen Freudenjubel, aus der Welt schaffen, weil seine einzige Freude die Welt verlassen hat.

Verwirrt wie Serenus Zeitblom machen wir uns an die Erkundung: Wie sollen wir das Wort von der »Zurücknahme« der Neunten verstehen? Einigermaßen undeutlich äußert sich Thomas Mann selbst. In den Wochen, da er an diesem und den folgenden (Schluß-)Kapiteln des Romans schreibt, erwähnt er in einem Brief diese Szene; einem alten Münchner Freund, dem Bildhauer Emil Preetorius, gibt er, über die Distanz der »tausend Jahre« hinweg, also eher reserviert, diese Auskunft: »Eben imaginiere und komponiere ich für meinen

Musiker die ›Symphonische Kantate‹, mit der er vom geistigen Leben Abschied nimmt, ›D. Fausti Wehklag‹ (nach dem Volksbuch), ein Lied an die Trauer, da die ›Freude‹ der Neunten Symphonie offenbar nicht sein soll und ihre Verkündigung zurückgenommen werden muß.«

Da die ›Freude‹ nicht sein soll – die unverbindliche Formel verdankt sich offenbar dem Wunsch, diesem Preetorius (und sich selbst) die eigentlich gebührende politische Schärfe und Härte zu ersparen. Aber neben die umdüsterte Aura der Buchstelle gehalten, hat der Satz doch etwas fast unerlaubt Banales: als zuckte ein Allerweltsmensch resigniert mit den Schultern und sagte: Ach, es ist so wenig Freude in der Welt, da kann man die Neunte doch gar nicht mehr hören.

Thomas Mann hörte sie übrigens in jenen Tagen. Ende Dezember 1946 notierte er in seinem Tagebuch: »Die ›Neunte Symphonie‹ erklang, sehr passend zu meiner Beschäftigung, beim Abendkonzert. Nie hatte ich das Scherzo und das Adagio mehr bewundert – und brachte wieder einmal keine Liebe auf für den verzettelten letzten, den Variationensatz.« Auf den aber, wegen der »Verkündigung« der Freude, sich das Wort von der »Zurücknahme«, doch eigentlich bezieht.

Aber die Sache hat natürlich eine eminent politische Bedeutung. Durch die Korrespondenz mit Preetorius wird der Schriftsteller an einen Brief erinnert (mit Vorwürfen erinnert), den er anderthalb Jahre vorher, am 7. September 1945, also wenige Monate nach dem Kriegsende in Europa und der deutschen Niederlage, die so total war wie der von den Nazis ausgerufene Krieg, an den konservativen Schriftsteller Walter von Molo geschrieben hatte; einen Brief, der in der alten Heimat immer noch die Gemüter bewegte und Diskussionen entzündete, an denen sich ablesen ließ, wie wenig Deutschland und die Deutschen noch begriffen hatten von dem, was in ihrem Namen geschehen war und was sie selbst mit sich hatten geschehen lassen. Molo hatte damals mit einer biederen Nonchalance, als sei in der Tat nichts vergangen seit 1933 als nur die Zeit, Thomas Mann aufgefordert, zurückzukehren aus der Emigration; und der fragte, mit kaum verhaltener Erregung, zurück: »Sind diese zwölf Jahre und ihre Ergebnisse denn von der Tafel zu wischen und kann man tun, als seien sie nicht gewesen?«

Und dann wird die Erregung Zorn, wird alttestamentarischer Ausbruch. Gerecht kann es nicht dabei zugehen; sogar sich selbst fällt er in den Rücken: als er von den Büchern, die ihn aus Deutschland neuerdings erreichten, bekennt, daß er sie nicht gern gesehen und bald weggestellt habe, und dann fortfährt: »Es mag Aberglaube sein, aber in meinen Augen sind Bücher, die von 1933 bis 1945 in Deutschland überhaupt gedruckt werden konnten, weniger als wertlos und nicht gut in die Hand zu nehmen. Ein Geruch von Blut und Schande haftet ihnen an; sie sollten alle eingestampft werden« –, als er das schreibt, hatte er da vergessen, daß von diesem Verdikt auch drei seiner eigenen Werke, die ersten Bände des Josephs-Romans darunter, betroffen waren? Hatte er nicht, zur Empörung seiner eigenen Kinder, jahrelang nach 1933 darum gekämpft, seine Bücher für die deutschen Leser verfügbar zu halten?

Aber der eigentliche Rigorismus setzt erst jetzt ein; mit den folgenden Zeilen bekommt das spätere Wort von der »Zurücknahme« seine bilderstürmende Anschaulichkeit: »Es war nicht erlaubt, es war unmöglich, ›Kultur‹ zu machen in Deutschland, während rings um einen das geschah, wovon wir wissen. Es hieß, die Verkommenheit beschönigen, das Verbrechen schmücken. Zu den Qualen, die wir litten, gehörte der Anblick, wie deutscher Geist, deutsche Kunst sich beständig zum Schild und Vorspann des absolut Scheusäligen hergaben. Daß eine ehrbarere Beschäftigung denkbar war, als für Hitler-Bayreuth Wagner-Dekorationen zu entwerfen« – dies zielte auf Emil Preetorius und traf ihn – »sonderbar, es scheint dafür an jedem Gefühl zu fehlen. Mit Goebbelsscher Permission nach Ungarn oder sonst einem deutscheuropäischen Land zu fahren und mit gescheiten Vorträgen Kulturpropaganda zu machen fürs Dritte Reich – ich sage nicht, daß es schimpflich war, ich sage nur, daß ich es nicht verstehe und daß ich Scheu trage vor manchem Wiedersehen.«

Und endlich kommt er auf Furtwängler zu sprechen: »Ein Kapellmeister, der, von Hitler entsandt, in Zürich, Paris oder Budapest Beethoven dirigierte, machte sich einer obszönen Lüge schuldig – unter dem Vorwande, er sei ein Musiker und mache Musik, das sei alles.« Und nun die Stretta des Furioso: »Lüge aber vor allem schon war diese Musik auch zu Hause. Wie durfte denn Beethovens ›Fidelio‹, diese geborene Festoper für den Tag der deutschen Selbstbefreiung, im Deutschland der zwölf Jahre *nicht* verboten sein? Es war ein Skandal, daß er nicht verboten war, sondern daß es hochkultivierte Aufführungen davon gab, daß sich Sänger fanden, ihn zu singen, Musiker, ihn zu spielen, ein Publikum, ihm zu lauschen. Denn welchen Stumpfsinn brauchte es, in Himmlers Deutschland den ›Fidelio‹ zu hören, ohne das Gesicht mit den Händen zu bedecken und aus dem Saal zu stürzen!«

Ist dieser Zorn nicht gewissermaßen die Rohfassung dessen, was anderthalb Jahre später die »Zurücknahme« der Neunten genannt werden wird? Ist dieser Ausbruch – unter dem Thomas Mann selbst nicht wenig litt – der eigentliche Affekt, den man der kalten Erklärung Leverkühns unterlegen muß? Aber andererseits: Ist die Erregung überhaupt so spontan, wie es uns der Brief an Walter von Molo glauben machen will; ist er nicht vielleicht das Echo eines anderen Aufbegehrens, das aus einem anderen Krieg stammt und aus einem anderen Land, von einem französischen Chauvinisten, dem Publizisten Maurice Mauclair? Der hatte 1918, als die deutsche Niederlage im ersten Jahrhundertkrieg sich abzeichnete, ausgerufen: »Ach, daß man ihnen nicht die Neunte Symphonie *wegnehmen* kann! Die Neunte deutsch? Niemals! An dem Tag, da die vereinigten, befreiten Völker sich auf den Ruinen dieses Auswurfs einer Rasse umarmen, wäre die Neunte Symphonie die herrlichste Dankmesse und der schönste Gesang der Fraternität. Ein Deutscher schrieb sie, doch ganz Deutschland hat jedes Recht verloren, sie zu besitzen.«

Wie aber sollte Thomas Mann auf diesen entlegenen Text gestoßen sein, über den doch die Geschichte hinweggegangen war? Die Sache erklärt sich mit einer Tagebuch-Eintragung vom 4. Juli 1942: »Gelesen in ›Beethoven in France‹ by Leo Schrade (Yale).« Schrade, Emigrant wie Thomas Mann, war seit 1938 Professor für Musikgeschichte an der Yale University; im Frühjahr 1942 war sein Buch über die französische Beethoven-Rezeption erschienen, ein Werk, das in der ideologischen Auseinandersetzung zwischen Frankreich und Deutschland kulminiert; dort eben tauchte auch der Polemiker Mauclair mit seiner Invektive gegen Deutschland auf – kein Zweifel, daß Thomas Mann diese Tirade gelesen und sich zumindest den Tenor, den Enteignungsgestus, gemerkt hatte.

Teufelspakt und »Gegen-Neunte«

Daß Thomas Mann seinen Brief an Walter von Molo zu Teilen dann doch als »Solidaritätserklärung« verstanden wissen will, zeigt sich nicht zuletzt daran, daß er vom Roman-Projekt »Doktor Faustus«, zwar nur in Andeutungen, aber doch grundsätzlich berichtet. Wieder einmal (wie in vielen anderen Briefen jener Jahre) skizziert er das große Thema, sein nationelles Gleichnis, die düstere Deutschland-Parabel: Er spricht von Deutschland, das »einen Pakt mit dem Teufel schloß« (und der Teufel ist der Nationalsozialismus). »Der Teufelspakt ist eine tief-altdeutsche Versuchung, und ein deutscher Roman, der eingegeben wäre von den Leiden der letzten Jahre, vom Leiden an Deutschland, müßte wohl eben dieses grause Versprechen zum Gegenstand haben. Aber sogar um Faustens Einzelseele ist, in unserem größten Gedicht, der Böse ja schließlich betrogen, und fern sei uns die Vorstellung, als habe Deutschland nun endgültig der Teufel geholt. Die Gnade ist höher als jeder Blutsbrief, ich glaube an sie, und ich glaube an Deutschlands Zukunft...«

Aber der Teufelspakt ist eben nicht nur überwölbende epochale Polemik-Parabel, nicht nur auf Deutschland und Hitler gerichtet, sondern ganz konkret, lebens- und todesnah, auf den Komponisten Adrian Leverkühn, der sich, im 25. Kapitel des Romans, um der Kunst, um des Durchbruchs zu einer neuen Kunst willen, dem Teufel verschreibt. Und dies, so will es Thomas Mann, wird ein Pakt ohne Erlösung sein und wie im alten Volksbuch in ›D. Fausti Wehklag‹ enden, in der tiefsten Verzweiflung. Eben dieses Gedicht nun wird zur letzten großen Komposition Leverkühns, avancierteste Kunst und gotischer Schauder, die Fugentechnik als eine Flucht nach vorn, ins Nichts. Und hier erst klärt sich das Wort von der »Zurücknahme« der Neunten wirklich. Denn nichts Geringeres schwebt Leverkühn, schwebt seinem Chronisten Zeitblom, schwebt dessen Erfinder Thomas Mann vor als die Imagination einer »Gegen-Neunten«.

Und so wird das Werk dem Leser vorgestellt, nein, geradezu vorgespielt: »Ein ungeheures Variationswerk der Klage – negativ verwandt als solches dem Finale der ›Neunten Symphonie‹ mit seinen Variationen des Jubels – breitet es sich in Ringen aus (...) Alle aber gehen, als auf das Thema, auf eine höchst bildsame Grundfigur von Tönen zurück, die durch eine bestimmte Stelle des Textes gegeben ist.« Und immer wieder und weiter wird die Komposition vor dem Horizont der ›Neunten‹ abgehört, wird die Zurücknahme als work in progress (eben nicht als bloße Behauptung) vollzogen: »Rein orchestral ist der Schluß: ein symphonischer Adagio-Satz, in welchen der nach dem Höllengalopp mächtig einsetzende Klagechor allmählich übergeht, – es ist gleichsam der umgekehrte Weg des ›Liedes an die Freude‹, das kongeniale Negativ jenes Übergangs der Symphonie in den Vokaljubel, es ist die Zurücknahme. (...) Kein Zweifel, mit dem Blick auf Beethovens ›Neunte‹, als ihr Gegenstück in des Wortes schwermütigster Bedeutung, ist es geschrieben. Aber nicht nur, daß es diese mehr als einmal formal zum Negativen wendet, ins Negative zurücknimmt; es ist darin auch eine Negativität des Religiösen, womit ich nicht meinen kann: dessen Verneinung.«

Man hat diese Musik inzwischen wiedererkannt. Nicht bei Schönberg, dessen Zwölfton-Kompositionsweise Thomas Mann im Roman weidlich benutzt hat, nicht bei Hugo Wolf, dessen Dämonie er seinem Leverkühn einverleibt hat. Man ist bei jenem Komponisten fündig (oder besser: hellhörig) geworden, der in der riesigen Quellen-Aura um den »Doktor Faustus« herum am wenigsten eine Rolle spielt, obwohl – oder weil? – er dem Schriftsteller schon einmal, im »Tod in Venedig«, Modell gestanden hatte: Gustav Mahler. Theodor W. Adorno, der von Thomas Mann während der langjährigen Arbeit am Roman als musiktheoretischer Famulus herangezogen worden war und ihm ganze lange Passagen fiktiver Kompositionen zu Papier brachte, der es also wissen muß wie kein Zweiter, wie wohl nicht einmal der Dichter selbst, hat bekannt, Leverkühn habe von Mahler »mehr als bloß das hohe g der Celli vom Ende der ersten Nachtmusik der Siebenten Symphonie«. Aber selbst, wenn es nur dies wäre, dieser Ein-und-alles-Ton, so setzte Mahler damit den entscheidenden Akzent, stiftete den Ausklang der Gegenkomposition wie des ganzen Buches:

»Hört nur den Schluß, hört ihn mit mir: Eine Instrumentengruppe nach der anderen tritt zurück, und was übrigbleibt, womit das Werk verklingt, ist das hohe g eines Cellos, das letzte Wort, der letzte verschwebende Laut, in Pianissimo-Fermate langsam vergehend. Dann ist nichts mehr, – Schweigen und Nacht. Aber der nachschwingend im Schweigen hängende Ton, der nicht mehr ist, dem nur die Seele noch nachlauscht, und der Ausklang der Trauer war, ist es nicht mehr, wandelt den Sinn, steht als ein Licht in der Nacht.«

Der Hinweis auf Mahler ist aber nicht allein musikalisch-motivisch zu begründen. Es geht, an dieser Schlüsselstelle des Romans, bei der Erschütterung durch den Kindestod, auch um eine enge biographische Analogie der Erfahrung des fiktiven mit dem realen Komponisten; um die Übereinstimmung von familiärer Katastrophe und schöpferischem Reagieren, von Schicksalsschlag und Schicksalsmusik. Mahler hat, wie Leverkühn (dessen eigener Sohn dieser Nepomuk wohl war), den Verlust eines Kindes erlitten, ihn schwer und lange getragen und endlich »verarbeiten« können. Er hatte mit seiner Frau Alma zwei Mädchen, Maria Anna (geboren 1902) und Anna Justine (1905). Der Tod der älteren mit nur fünf Jahren verstörte ihn um so mehr, als er nur wenige Jahre vorher fünf »Kindertotenlieder« vertont hatte, eine Auswahl aus den gut hundert Gedichten, die Friedrich Rückert nach dem plötzlichen Tod seiner Kinder geschrieben hatte. Es kam Mahler so vor, als habe er mit diesem Werk das Leben seines Kindes aufs Spiel gesetzt. Wie Leverkühn rettet er sich in neue Arbeit, neue Werke, fängt mit Skizzen zum »Lied von der Erde« und seiner eigenen neunten Sinfonie an, in deren Finaladagio der Schluß des vierten Liedes, ›Oft denk ich, sie sind nur ausgegangen‹, zitiert wird.

So suggestiv die Parallelen sind (die insbesondere Michael Maar dargelegt hat), so läßt sich indessen Mahlers »Neunte« durchaus nicht als Zurücknahme der neunten Sinfonie Beethovens verstehen. In der dramatischsten Interpretation wäre sie der Bruch eines selbstverhängten Tabus. Denn Mahler (so die Biographik übereinstimmend) scheute sich, mit seinem symphonischen Schaffen bis zur Zahl 9 vorzudringen. Alma Mahler hat überliefert, »daß er sich trotz der bald erkennbaren sinfonischen Tendenz der Lieder nicht entschließen konnte, das Werk ›Sinfonie‹ zu nennen, um der ›Schicksalszahl‹ einer 9., die dann – wie bei Beethoven und Bruckner – ebenfalls seine letzte sein ›müsse‹, auszuweichen.« Als er sich dann doch an seine Neunte wagte, war es nichts weniger als »Zurücknahme« der Beethovenschen, sondern, nach dem Urteil Rudolf Mengelbergs, »die organische Weiterentwicklung des Beethovens Neunter Symphonie inhärenten Kunstideals« (Gülke). Immerhin hatte Alfred Casella Gustav Mahler zu seinem 50. Geburtstag (1910) gegrüßt »als den einzigen Menschen, der die wahre Tragweite der Ode an die Freude erfaßt hat«.

Das Echo als Hoffnungszeichen

Und noch einmal: die Zurücknahme. Sie hat, auch bei Thomas Mann, eine andere, weniger aggressive, Intonation. Sie ist eingebettet in einen Kontext von Geben und Nehmen, von einem musikalischen Widerhall. Das Kapitel, das zum Vorsatz: »Ich will es zurücknehmen« führt, beginnt mit einem ähnlich brüsken Satz: »Er wurde uns genommen, das seltsam-holde Wesen wurde von dieser Erde genommen.« Das Wesen, wie es am Ende des gleichen Kapitels noch einmal verabschiedet wird, ist »Nepomuk Schneidewein, Echo, das Kind«. Den Kosenamen Echo hat es sich, als Verballhornung des Kurznamens Nepo, »in wunderlicher Verfehlung der Mitlaute«, selber zugezogen. Aber indem Echo stirbt, wird alles in dem Roman Echo, musikalisch, biographisch, dramaturgisch. Und wiederum in Anlehnung an Mahler kehren dessen Echo-Wirkungen auch in der Klage-Kantate Leverkühns wieder. Ja, es geschieht, daß das Echo selbst zum Musterfall der »Zurücknahme« wird, zur Aufhebung, zu einer sanften Furie des Verschwindens: »Das Echo, das Zurückgeben des Menschenlautes als Naturlaut und seine Enthüllung als Naturlaut, ist wesentlich Klage, das wehmutsvolle ›Ach, ja!‹ der Natur über den Menschen und die versuchende Kundgebung seiner Einsamkeit (...) In Leverkühns letzter und höchster Schöpfung aber ist dieses Lieblingsdessin des Barock, das Echo, oftmal mit schwermütiger Wirkung verwendet.«

Alles wird Echo; auch die Szene der »Zurücknahme« selbst kehrt, in der Chronik Zeitbloms, bald darauf wieder, ein »wehmutsvolles Ach, ja!« geworden: »Wie oft habe ich, in dem Werk seines Nachlasses, seines Unterganges lesend, das soviel Untergang seherisch vorwegnimmt, der schmerzhaften Worte gedacht, die er beim Tode des Kindes zu mir sprach: des Wortes, es solle nicht sein, das Gute, die Freude, die Hoffnung, das solle nicht sein, es werde zurückgenommen, man müsse es zurücknehmen! wie steht dieses ›Ach es soll nicht sein‹, fast einer musikalischen Weisung gleich, über den

Chor- und Instrumentalsätzen von ›Dr. Fausti Wehklag‹, wie ist es in jedem Takt und Tonfall dieses ›Liedes an die Trauer‹ beschlossen!«

Aber dann findet ja auch der letzte Ton, das »Licht in der Nacht«, ganz am Ende des Buches sein Echo; als Zeitblom seine und seines Autors bange Frage stellt: »Wann wird aus letzter Hoffnungslosigkeit, ein Wunder, das über den Glauben geht, das Licht der Hoffnung tagen?« Die Zurücknahme der Zurücknahme ist immerhin denkbar.

VIII
»Nicht diese Töne!«
Kubrick, Kagel und Europa-Hymne

1
Die »Methode Ludovico«
oder
Die Neunte als Psychoterror

> Boy, thou uprorious shark of heaven,
> Slaughter of Elysium.
> Hearts on fire, aroused, enraptured,
> We will tolchok you on the rot and kick
> your grahzny vonny bum.
>
> Anthony Burgess,
> »Clockwork Orange«

Rauschmittel Beethoven

Und irgendwann, 175 Jahre nach der Entstehung des Liedes »An die Freude«, rund 140 nach der Uraufführung der Sinfonie, schlägt die Neunte zurück. Zu Beginn des letzten Drittels des 20. Jahrhunderts lehnt sie sich zynisch auf gegen den Mißbrauch durch die Nazis, gegen die Aufführungen als Kompensation des Terrors. Sie singt sich nicht mehr, sondern ruft den Widerstand aus auch gegen die kommune Vernutzung und Verhunzung, gegen die Gala- und Silvesterkonzerte, gegen den Weihekult und die Staralüren, gegen die Sektempfänge nach dem Freuden-Jubel und gegen die Unsäglichkeiten des über sie Gesagten. Die Gewalt, die ihr, auch durch unbarmherzige Verehrung, immerfort angetan wird, hat sie nicht verinnerlicht, sondern aufgestaut, akkumuliert zu äußerster Brisanz. Die bricht nun aus ihr hervor. Die Explosion geschieht erst in einem Buch, dann, als Generationsschock, in einem Film: »Clockwork Orange«. Die Neunte ist nicht mehr zurückgenommen, sie kehrt als Folterinstrument wieder.

Es ist die Geschichte des fünfzehnjährigen Alex, des Anführers einer Jugendgang, die in irgendeiner namenlosen Stadt eines Orwell-Staates sich gegen das Establishment auflehnt, mit Überfällen, Raubzügen, Villenvandalismus, Vergewaltigungen, Messerstechereien und Bandenkriegen. Schierer Gewaltrausch und zugleich Protest gegen die von oben verhängte Totalmonotonie. Aber der Autor Anthony Burgess (dessen Frau selbst Opfer eines solchen Überfalls geworden war) gibt dem jugendlichen Gangster keinen billigen Pardon; er gewährt ihm nur die Liebe zu Beethoven, die Gier nach der neunten Sinfonie. Der Frühkriminelle holt sie sich eines Tages aus dem Plattenladen, wo er sie bestellt hatte, ab, nimmt sie wie einen Schatz mit nach Hause; aber zwei ganz junge Mädchen auch, die er unter Alkohol und Drogen setzt, und dann:

»Ich holte die Injektionsspritze und hielt sie wie irgendein seltsam nackter Doktor gegen das Licht, und dann gab ich mir den alten Schuß von Dschungelkatzensaft in den Arm. Dann zog ich die köstliche Neunte aus ihrer Hülle, so daß Ludwig van nun auch nagoi war, und ich setzte die Saphirnadel zum letzten Satz auf, der ganze Seligkeit war. Da war es dann, und die Kontrabässe govoriteten mächtig von unter meinem Bett zum Rest des Orchesters, und dann kam die männliche Goloß und sagte ihnen allen, freudig zu sein, und dann die liebliche, selige Ode an die Freude, die so was wie ein schöner Götterfunken ist, und dann fühlte ich den alten Tiger in mir springen, und dann sprang ich auf diese zwei jungen Titsas...«

Die Spur des Verbrechens an diesem Tag zieht sich bis zum Überfall auf eine alte Frau, die später sterben wird. Auch dabei kommt Beethoven, in Gestalt einer Büste, ins Spiel. Alex findet sich in dieser Nacht in einer Polizeizelle wieder, wo er mit Pennern und Betrunkenen und Kleinkriminellen eingesperrt ist und sich eine Pritsche erbeutet, auf der er einen wirren wilden Traum träumt: »Und dann erhob sich Ludwig van wie die Sonne am Himmel, mit donnergrollendem Litso und Krawatte und wilder Mähne, und dann hörte ich die Neunte, letzter Satz, und die Slovos waren alle ein bißchen durcheinander, als ob sie selbst wüßten, daß es so sein müßte, weil es ja nur ein Traum war:

> Junge, Hai im Himmelslichte
> Schlächter aus Elysium,
> Deinem blut'gen Arschgesichte
> Schlagen wir die Nase krumm.«

Und als der junge Delinquent dann zum Verhör geholt und durch die langen Korridore geführt wird, begleitet ihn wiederum die Melodie: »und die ganze Zeit jubelte die Freude schöner Götterfunken in mir fort.«

Der knappe, in einem fremden, kalten, codierten Jargon erzählte Roman ist vom Autor als Zukunftsvision konzipiert, als Ausblick in eine andere Schöne Neue Welt des Grauens. Aber die Geschichte wirkt zugleich auch als eine überraschende Rückblende in die Zeit der Schiller-Beethoven-Connection, in die Motivgeschichte des Liedes »An die Freude«. So ultramodern der Plot erscheint, so klassisch zeitlos sind seine Bezüge. Die Jugendbande mit ihren sadistischen Exzessen ruft die Erinnerung an »Die Räuber« wach; die Lust an den Orgien der Gewalt, wie sie Alex und seine Kumpane genießen, haben ihren Voraustext in den wüsten Tiraden, mit denen ein Spiegelberg sich seiner Grausamkeiten rühmt. Die Räuber Schillers sind aus den böhmischen Wäldern ins Dikkicht der Städte eingefallen, aus den Felsenverstecken in die Straßenschluchten der Moderne, die Räuberromantik ist zum Drogenrausch geworden, aber das Muster der Brutalität ist das gleiche geblieben, und das Entsetzen der Opfer auch. Aber so wie Alex sich an der Neunten weidet, sie sich reinzieht, so konsumierte ja auch Karl Moor den Rausch der Gesetzlosigkeit; für ihn wie für Alex ist der gewalttätige Ausbruch aus den Normen der Gesellschaft nur eine, wenn auch negative Form der Utopie. Durch die Verbrechen schimmert die Sucht nach Idealität.

»Dem Manne kann geholfen werden.« Der Schlußsatz des Karl Moor macht durch sein pointiertes Pathos fast vergessen, was er konkret besagt: daß der Räuberhauptmann, indem er sich stellt und einem armen Tagelöhner zur ausgesetzten Belohnung verhilft, einen schimpflichen Tod, am Galgen, sterben wird. Bei Burgess läßt sich der Satz auf den Täter beziehen: Auch diesem Gang-Youngster Alex kann geholfen werden, aber zynisch: nicht durch physische, sondern psychische Vernichtung. Der junge Mann bekommt nach zwei Jahren im Gefängnis eine makabre Chance: Er nimmt teil an einem Umerziehungsprojekt, einem Besserungsprogramm, das den höhnischen Namen »Ludovico-Methode« hat.

Denn nun wird er mit Beethovens Musik, mit dem Schlußsatz der Neunten, gepeinigt. Bisher war der Komponist für ihn zugleich Droge und Trost, Komplize und Guru; aber nun ist er, wie seine früheren Kumpane, einer, auf den kein Verlaß ist, der ihn verrät, der sich breitschlagen läßt zum Folterer. Alex nimmt teil an einer Horror-Schock-Therapie, die ihn binnen vierzehn Tagen zu kurieren, von allen Gewaltgelüsten zu befreien verspricht. Stundenlang, Ewigkeiten lang, werden ihm Dokumentarfilme vorgeführt mit den Greueln des zwanzigsten Jahrhunderts, Szenen aus den KZ der Nazis, Massenerschießungen, Liquidationen, Kriegsverbrechen – und dazu immer wieder Beethoven und Schillers schöner Götterfunken. Der Schlußchoral als Exorzismus, als Klanghölle, tönendes Inferno.

Man versteht, warum dieser Plot, diese extreme und geradezu gewaltneurotisch wirkende Handlung (die das Buch lange verdächtig gemacht hat) nach einem anderen Medium, dem Film, geradezu schrie: nicht wegen der Action, sondern weil zwei Elemente des Romans erst durch das Kino vor Augen geführt und um die Ohren geschlagen werden konnten:

die grauenhaften Dokumentarbilder und die durch sie pervertierte Musik. Und so hat erst Stanley Kubrick mit seinem inzwischen selbst klassisch gewordenen Schocker »Clockwork Orange« die »Methode Ludovico« in aller Härte vorgeführt, nein exekutiert; und zwar so, daß die Qualen der Prozedur nicht nur am armen Alex sichtbar und an seinen Schreien hörbar wurden, sondern auch dem Zuschauer eingebleut und zugemutet werden. Der Kinobesucher wird nicht nur zum Zeugen der Tortur, er wird ihr selbst unterworfen.

Die Wiederkehr der »Pflanzschule«

Aber auch solcher brutale Zynismus ist nicht Willkür eines Autors, eines Filmemachers des zwanzigsten Jahrhunderts; ist nicht bloß der schneidende Bilderkontrast, der die Bedingungen einer Furtwängler-Aufführung der Neunten widerspiegelt, während gleichzeitig Deportationszüge in die Vernichtungslager rollen; er ist auch ein Höllensturz in jene Vergangenheit, in der das »Lied an die Freude«, als Gegengesang, entstanden ist. Die »Methode Ludovico« ist gewissermaßen die bürokratisch-kafkaeske Entsprechung zur »Pflanzschule«, in der der junge Schiller abgerichtet werden sollte zum funktionierenden Diener seines Landesherrn, zur katzbuckelnden Kreatur, zum rückgratfreien, speichelleckenden Staatsdiener. Beide, Film und Buch, waren nicht nur Kritik am Beethoven-Kult eines staatsterroristischen Jahrhunderts und der monströsen Liebedienerei der Künstler; sie waren auch drastische Vergegenwärtigung der Entstehungsbedingungen dessen, was ein Kult, was ein Weltkunstwerk werden sollte. Burgess, schärfer noch Kubrick zeigten, daß das Lied »An die Freude«, daß auch die Neunte eben nicht so sehr Evangelium sind, sondern der knappe Jubel nach dem Durchleiden des Inferno.

Für Alex, den Unterworfenen, wird die Sinfonie nach der vierzehntägigen Tortur eins mit dem Grauen der Bilder, die er dazu sehen muß, eins mit den Schrecken der Welt. Nach der Methode Ludovico ist er geheilt, indem er zerstört ist: ein willenloser, gezähmter, abgerichteter Mensch, eine auf Unterwerfung programmierte Kreatur: ein Uhrwerk Orange, ähnlich den Küchenweckern, die außen irgendwelche Früchte imitieren und innen einen Zählmechanismus haben. Jetzt rächen sich seine früheren Opfer, wenn sie denn überlebt haben, an ihm, der nur noch Sanftmut verkörpert und seinen eingeimpften Frieden will; zum Spielball der Politik geworden und wieder durch Musik gepeinigt, springt er aus dem Fenster; überlebt nicht nur, sondern spürt wieder den alten zerstörerischen Adam in sich, als er im Krankenhaus erwacht. Und er spürt es eben daran, daß er wieder dem alten Rausch gewachsen ist, daß er die Methode Ludovico überwunden hat. In sein Krankenzimmer wird eine Stereoanlage getragen, und er verlangt auf einmal Beethoven zu hören.

»›Die Neunte‹, sagte ich. ›Die herrliche Neunte‹

Und die Neunte war es, o meine Brüder. Alle gingen leise und wie verstohlen raus, während ich mit geschlossenen Glotzies dalag und die wunderbare Musik sluschte. (...) Oh, es war die Herrlichkeit und alles. Als das Scherzo kam, konnte ich mit meinen wie inneren Augen sehen, wie ich auf sehr leichten und wie beschwingten Nogas rannte und rannte und das Litso der ganzen kreischenden Welt mit meiner Britva aufschlitzte. Und den langsamen Satz und die liebliche Schlußode hatte ich noch vor mir. Ich war geheilt, kein Zweifel.«

Kagels ›Ludwig van‹

Der ›Ludwig van‹ geistert und schreckt aber nicht nur auf den Seiten des Romans von Anthony Burgess und in den Szenen und im Soundtrack des Kubrickschen Filmes. Es scheint, als habe die flotte Abbreviatur des jungen Ganoven Alex in dem Jahrzehnt nach Erscheinen des Buches unter europäischen

Künstlern Furore gemacht. Ludwig van räumt Beethoven ab, räumt mit der ganzen Beethoven-Tradition auf. Der Name Beethoven wird zurückgenommen, wird zur Leerstelle, wird geopfert.

Noch vor Kubricks verstörender Verfilmung macht sich ein Komponist an ein ähnlich schockierendes Filmprojekt. Mauricio Kagel entwirft Ende der Sechziger Jahre das Szenario zu seinem ›Ludwig van‹, einer halluzinatorischen Hommage an den Komponisten zum 200. Geburtstag; der Film wird am 28. Mai 1970 im Wiener Künstlerhauskino uraufgeführt und wenige Tage danach vom WDR im Fernsehen ausgestrahlt. Es ist die Zeit der gesellschaftlichen Erschütterungen von Berkeley bis Berlin, und es ist das Ende eines Jahrzehnts der künstlerischen Dekonstruktionen und der provokatorischen Happenings, der umgestürzten Klaviere und der zertrümmerten Konventionen. Es ist die Zeit der Bilderstürze. Der Straßenradikalität.

Und die Beethoven-Büsten haben endlich ausgedient. Wo bei Burgess noch eine als Schlagwaffe hatte dienen können, rangiert sie Kagel gründlich aus: In einer Sequenz des Films wird der Blick freigegeben auf einen mit Beethoven-Büsten ›gepflasterten‹ Bürgersteig, wo zwei Gestalten diese aus Schmalz und Marzipan gefertigten Kultwerke zerschlagen und anschließend wegkehren.

Und wie bei Thomas Mann und Burgess ist es der Schrekken des Nazi-Terrors, der auch bei Kagel in die Ludwig-van-Erkundung schockartig eindringt, ja sie unterwandert. Der Museumsführer im (filmisch-fiktiven) Beethoven-Haus in Bonn, der den heimkehrenden Ludwig in Empfang nimmt, ist wie auferstanden aus den letzten Tagen der Reichskanzlei: »Dieser zeigt eine frappierende Ähnlichkeit mit einem anderen deutschen Führer unseligen Angedenkens... Die Kamera verdichtet auf das Gesicht des Führers. Ein dunkles Erstaunen ist in seinem Gesicht bemerkbar.«

Werner Klüppelholz schreibt zu den Intentionen Kagels: »Kein Gran der geschichtlichen Patina ist den Partituren abzukratzen, unauflöslich ist die Musik Beethovens verschmolzen mit allem, was je ihr widerfuhr.«

Am Ende des Kagelschen Films ertönt das Freudenthema der neunten Sinfonie. Es spielt sich wie von selbst, als gleichsam natürliche Begleitmusik ein. Und ein Naturereignis sind auch die Filmbilder, die man dazu sieht: eine Horde Affen, die sich gegenseitig lausen. Und dazu, als unterlegter Kommentar, die Frage Mauricio Kagels, ob nicht wenigstens alle Tiere Brüder werden könnten?

Die Frage ist so provokatorisch nicht, wie sie uns erscheinen mag und vielleicht von Kagel gemeint war. Denn die Antwort ist ja nicht nur der Sinfonie, sondern schon dem Schillerschen Gedicht eingeschrieben: Wollust ward dem Wurm gegeben. Das Höchste orientiert sich am Niedrigsten.

Eine ähnliche Vision, ohne alle Polemik, hatte auch schon Friedrich Nietzsche, als er in der »Geburt der Tragödie« schrieb: »Man verwandele Beethovens Jubellied der ›Freude‹ in ein Gemälde und bleibe mit seiner Einbildungskraft nicht zurück, wenn die Millionen schauervoll in den Staub sinken: so kann man sich dem Dionysischen nähern... Singend und tanzend äußert sich der Mensch als Mitglied einer höheren Gemeinsamkeit... Aus seinen Gebärden spricht die Verzauberung. Wie jetzt die Thiere reden, und die Erde Milch und Honig gibt, so tönt auch aus ihm etwas Übernatürliches: als Gott fühlt er sich, er selbst wandelt jetzt so verzückt und erhoben, wie er die Götter im Traum wandeln sah.«

Es gab also keinen bösen Blick, der nicht längst seine Verklärung gefunden hatte.

2
Raumordnung im Elysium
oder
Eine Hymne für Europa

> FOTOGRAF
> Ich fotografiere euch so lange, bis ihr *ein* Gesicht seid.
> Ein Kopf – ein Mund – ein Blick. Ein Antlitz!
>
> ALLE leise
> Wir sind der Chor..
>
> Botho Strauß, Schlußchor

Keine Worte – nur ein Bläsersatz

Die Sitzung des Ausschusses für Raumordnung und Gemeindefragen des Europarates war keine satirische Erfindung von Kagel, Burgess oder Kubrick; sie fand allen bürokratischen Ernstes am 9. Juli 1971 in Westberlin statt. Und es scheint, als hätten sich die beratenden Herrn selbst zur höheren Ordnung gerufen, denn der französische Vorsitzende dieser Kommission, René Radius, leitete die Sitzung mit den Worten ein: »Zu dieser Stunde, die von eigennützigen Berechnungen gekennzeichnet ist, zu dieser Stunde, da die Zahlen, Tarife und Handelsspannen die Debatten über Europa beherrschen, sollte sich die Versammlung mehr denn je bemühen, eben diese Debatte wieder auf jene Ebene zurückzuführen, auf der sie vor fünfundzwanzig Jahren begonnen hat.«

Es war eine höhere Ebene, von der Radius sprach; es war der erhabene Wunsch der sich zusammenraufenden Europäer, ihr Zusammenraufen durch eine gemeinsame Hymne zu übertönen, zu läutern und bei festlicher Gelegenheit zu bekunden. Der Ausschuß wurde an diesem Tag seinem höheren Auftrag gerecht, so als sei er auch für die Raumordnung des Elysiums zuständig. Er faßte den Beschluß, einige Takte aus dem Schlußsatz der neunten Sinfonie zur Europa-Hymne zu erklären, eine Entscheidung, die dann im Dokument 2978, im »Rapport sur un hymne européen«, näher erläutert worden ist:

»Es erscheint angemessen, ein Musikwerk zu wählen, das charakteristisch für den Genius Europas ist und dessen Verwendung bei europäischen Veranstaltungen bereits ansatzweise eine Tradition bildet. Was den Text für eine solche Hymne angeht, wurden gewisse Vorbehalte geäußert, die sich auf den eigentlichen Wortlaut der Ode an die Freude beziehen, da hier kein spezifisch europäisches, sondern eher ein universelles Bekenntnis vorliegt.« Aber: »Wir haben uns auch gefragt, ob ein als ›europäisch‹ anerkannter Text nicht letztlich vor einer Sprachbarriere stünde und nie in andere Sprachfamilien als die europäischen übersetzt werden könnte.«

Da also Schiller zu universal war, die Hymne aber sich auf Europa konzentrieren sollte, wählte man als Text – eben keinen. Man entschied sich für ein politisches Lied ohne Worte. Wie es Politikerbrauch ist, legte man sich aber nicht völlig fest, sondern vertagte das Problem: »Wir haben es daher vorgezogen, zunächst keinen Text vorzulegen, sondern nur die Melodie für eine Europahymne, und zunächst etwas Zeit verstreichen zu lassen. Vielleicht wird es irgendwann einen Text geben, den die Europäer ebenso spontan übernehmen, wie es mit Beethovens unvergänglicher Melodie der Fall war.«

Der Berliner Beschluß wurde am 19. Januar 1972 vom Straßburger Ministerrat abgesegnet, der zugleich über die praktische Ausführung entschied: Denn damit, daß Schiller ausgeschieden wurde, war es ja nicht getan; auch Beethovens Finalsatz mußte erst auf ein politkompatibles, fernsehtaugliches, nutzungsfreundliches Feiertagskürzel reduziert werden. Nicht Komposition, sondern Kondensation war gefragt, und der Maestro dafür rasch benannt: »Herr Herbert von Karajan wurde mit der musikalischen Gestaltung beauftragt.«

Am 5. Mai 1972 spielte der Dirigent für die Deutsche Grammophon seine Fassung der Hymne mit den Berliner Philharmonikern europagültig ein: einen Bläsersatz, der sich nach vier Einleitungstakten der Takte 140-187 aus der instrumentalen Einleitung des Schlußsatzes bedient. Damit hatte der Europarat »die Europäer mit einem Mittel ausgestattet, ihren Glauben jenseits der Spracheigenheiten auszudrücken«, wie es der Generalsekretär des Rates, Lujo Toncic Serinij, in hoffnungsfrohem Bürokratismus formulierte.

Ein alter Traum

Aber die Europa-Hymne war ja nicht wirklich Verwaltungsbeschluß: Sie war so etwas wie die Erfüllung eines alten Traums. Erinnern wir uns: Schon um 1837 hatte ein englischer Kritiker die Ode an die Freude als eine Art europäischer Hymne vorgeschlagen. Seit damals war die Idee nie verblaßt und durch die »Freiheits«-Legende des Vormärz erst recht bestärkt. Nur daß man den Schillertext damals als Alternative zur Marseillaise sang und nicht unbedingt zur Melodie Beethovens. Den nächsten, diesmal praktisch gemeinten, Vorschlag machte Pierre de Coubertin, der das »Freude«-Thema für die ersten olympischen Spiele der Neuzeit im Jahr 1896 als Hymne empfahl.

1930 kam aus Amerika ein erster internationaler Impuls, der wie eine Vorwegnahme der europäischen Bemühungen wirkt. In ihrem Buch »Shakespeare and World Peace/With an Essay on Beethoven and World Brotherhood« regte die Schriftstellerin Pauline Jennings die Einführung eines »International Song of Peace« nach der Freudenmelodie an. Die sei so einfach gestaltet, so klar in den Harmonien, so leicht zu erfassen und zu behalten und zugleich so ausdrucksvoll, daß sie sich gut als Friedenslied für die Welt eigne. »Denn – ohne den Nationalhymnen nahetreten zu wollen, die jedes Land für sich wertschätzen muß – es fehlt an einem Lied für alle Nationen.« Aus diesem Vorschlag resultierte dann 1933 ein Wettbewerb für eine »Hymn of Nations«, der von einer »League of Nations, Inc.« ausgeschrieben worden, aber nur Amerikanern vorbehalten war: Es ging darum, zur Freudenmelodie einen englischen Text zu dichten.

Freude, schöner Götterfunken als Verlegenheitslösung: Bei den olympischen Spielen von 1952 bis 1964 diente die erste Strophe des Liedes und Textes als Olympia-Hymne der gesamtdeutschen Mannschaft; einem Auftreten, das eher eine Zerreißprobe war und den gemeinsamen Gesang ad absurdum führte; erst im Rückblick scheint es so, als habe er schon damals nicht nur das geteilte Land, sondern die gespaltene Welt für Augenblicke versöhnt.

Aber schon längst wartete in jenen Jahren Europa auf sein einigendes Lied. In einem Brief vom 3. August 1955 hatte der altgediente Paneuropäer Richard Coudenhove-Kalerghi die »Hymne der 9. Symphonie« als Europa-Hymne vorgeschlagen und vom Europarat die Antwort erhalten, man werde versuchen, »die Aufführung der Hymne an die Freude aus der 9. Symphonie bei allen europäischen Veranstaltungen zu begünstigen«. Diese Initiative lief aber parallel zu einer Art Wettbewerb, bei dem eine große Zahl von neuen Kompositionen und Texten in Straßburg eingingen, bis der Pressechef des Rates dem anbrandenden Dilettantismus Einhalt gebot und in einem Brief vom 3. März 1962 schrieb: »Meiner eigenen Ansicht nach sollte man vermeiden, ein neues und x-beliebiges Lied in Umlauf zu bringen; und ich persönlich hielte es für ausgesprochen vorteilhaft, einige Takte aus einer bekannten Partitur zu übernehmen, zum Beispiel die ›Hymne an die Freude‹ von Beethoven oder Händels ›Feuerwerksmusik‹. Man könnte den Text anpassen, der ausgesprochen einfach sein müßte, um gewisse Komplikationen zu vermeiden, die unseren europäischen Institutsmachern ohnehin zu oft Kopfzerbrechen bereiten.« Immerhin war schon drei Jahre vorher eine Vorentscheidung gefallen, als man zur Feier des zehnten Jahrestages der Gründung des Europarats Schillers und Beethovens Hymne an die Freude gesungen hatte.

Daß Schiller auf der Strecke geblieben ist, kann nicht wundernehmen, kann auch nicht der Banausie von Politikern und Eurobürokraten zugeschrieben werden. Naiv wäre eher die Erwartung, daß es eines Tages einen neuen Text zur Hymne geben könnte; wenn nicht derlei Erwartungen der Funktionäre zum Vertröstungscharakter des Politikgeschäfts gehörte. »Vielleicht wird es irgendwann einen Text geben« – das heißt im Klartext, daß es so einen Text nicht geben wird, nicht geben kann, weil die Hymne eben, auch wortlos, schon gesättigt ist mit den Jubel-Assoziationen Schillers. Selbst in den zweieinhalb Minuten des Karajan-Kürzels singt sich nicht nur die Sinfonie weiter, sondern auch das Lied an die Freude. Die alte Gassenhauerqualität des Textes ist nicht auszulöschen, der Götterfunken zuckt auch aus dem Bläsersatz hervor: Die fast zweihundert Jahre, die zwischen der Entstehung des Gedichts und der Verfertigung der Hymne liegen, haben die Melodie selbst zum Klartext werden lassen, zum Memorial eines enthusiastischen Gedankens, ja zum reinen Wort-Laut. Nüchtern gesagt: Auch in der Hymne spricht immerzu Schiller sein Wort mit: Freude, Joy, Gioa, Joie.

Dies, abermals, gegen Wagner; und erst recht gegen Nietzsche. Denn so wie Wagner im Programm seiner Dresdner Aufführung Schiller vergessen hatte, so wollte er später auch Schiller in der Sinfonie vergessen machen. Da der Dichter ihm nichts sagte, sollte er auch in der Sinfonie nichts mehr zu sagen haben, sollte nicht mehr hineinreden dürfen in den Gesang: »Denn in Wahrheit ist es nicht der Sinn des Wortes, welcher uns beim Eintritte der menschlichen Stimme einnimmt, sondern der Charakter der menschlichen Stimme selbst. Auch die in Schillers Versen ausgesprochenen Gedanken sind es nicht, welche uns fortan beschäftigen, sondern der trauliche Klang des Chorgesangs, an welchem wir selbst einzustimmen uns aufgefordert fühlen...«

Für Nietzsche, der ja nicht just an diesem Stück die Ideologie des Gesamtkunstwerkes ausgearbeitet hatte und nicht, wie Wagner, den Zusammenhang von Musik und Wort als elementar weiterhin behaupten mußte, lag der Fall des Chorfinales noch anders: Er hatte den (Hör-)Eindruck, daß der Text von der Musik erschlagen werde, und zwar zu ihrem Glück. »Daß dem dithyrambischen Welterlösungsjubel dieser Musik das Schillersche Gedicht ›an die Freude‹ gänzlich incongruent ist, ja wie blasses Mondlicht von jenem Flammenmeere überfluthet wird, wer möchte mir dieses allersicherste Gefühl rauben? Ja wer möchte mir überhaupt streitig machen können, daß jenes Gefühl beim Anhören dieser Musik nur deshalb nicht zum schreienden Ausdruck kommt, weil wir, durch die Musik für Bild und Ton völlig depotenziert, bereits gar nichts von dem Gedicht Schiller's hören?« Und dann fährt er mit seiner Argumentation so fort, als habe nicht Beethoven Schillers Verse vertont, sondern als habe der Dichter sich nachträglich der Musik an den Hals geworfen: »Aller jener edle Schwung, ja die Erhabenheit der Schillerschen Verse wirkt schon neben der wahrhaft naiv-unschuldigen Volksmelodie der Freude störend, beunruhigend, selbst roh und beleidigend: nur daß man sie nicht hört, bei der immer volleren Entfaltung des Chorgesangs und der Orchestermassen, hält jene Empfindung der Incongruenz von uns fern.« (Geburt der Tragödie) Und noch einmal kommt er, diesmal auch mit deutlicher Tendenz gegen Wagners Gesamtkunstwerk, auf seine Rezeptionsbedenken zurück: »Nicht nach dem Wort, aber nach dem ›angenehmeren‹ Laut, nicht nach dem Begriff, aber nach dem innig-freudenreichsten Ton griff der erhabene Meister in der Sehnsucht nach dem Gesammtklange seines Orchesters.« Nur um das zu erreichen, habe er »den überzeugenden Ton der Menschenstimme« gebraucht.

Das konnte doch Nietzsche, als er es wahrnahm, nicht eigentlich für wahr genommen haben. Dazu hatte doch Beethoven – wie an früherer Stelle gezeigt – viel zu sehr auf die Akzentuierung einzelner Passagen gesetzt: hatte er doch aus dem Gedicht Pathos-Partikel kompositorisch geballt, zu Leitmotiven verdichtet, die er, zum Beispiel durch Repetition, einhämmerte und immer gedrungener werden ließ. Wobei das musikalische Wunder geschah, daß er das Gedicht damit eben nicht zerstörte, sondern stärkte; daß er es nicht mundtot machte, sondern ihm Gehör verschaffte. Das vielfache Echo des »Alle Menschen werden Brüder« in Gestalt des »Alle Menschen« und letztlich nur des »Alle, Alle« bündelt gleichsam den Sinn, fokussiert das Freudenerlebnis auf den Moment, löst die Brüderlichkeit ein, hier und jetzt, mit und mitten in der Aufführung.

Und selbst wenn Nietzsches Höreindruck recht hätte, daß der Chorgesang das Gedicht über*tönt* – was für einige Passagen gewiß zutrifft –, so bleibt festzuhalten, daß er es dennoch nicht über*stimmt*, sondern erst recht beglaubigt, weil der Chor noch im äußersten Jubel und Fortissimo, in der schwierigsten und schrillsten Stimmführung eben das vollbringt, wovon er singt: daß alle Menschen Brüder werden.

Es gereicht der Europa-Hymne nicht zur Ehre, daß sie sich noch dazu als Echo einer Pop-Version etablierte, als Nachhall des »Song of Joy«, der nur zwei Jahre vorher, 1970, die allersäußerste Abbreviatur des Liedes an die Freude und des Chorfinales geliefert hatte. Als »Himno a la Alegria« präsentierte sie der sechundzwanzigjährige Amateursänger Miguel Rios nach einem Arrangement seines Namensvetters Waldo de los Rios. Gedacht als »Hommage« zum 200. Geburtstag Beethovens (und später mit einem englischen Text von Ross Parker), sang sich das Stück bis in die amerikanischen, englischen und nicht zuletzt deutschen Charts; hierzulande eroberte es für kurze Zeit sogar die Spitze. In einem ebenso brillanten wie melancholischen Aufsatz hat Hans Mayer die Verhunzung beklagt, die dem Original dadurch widerfahren sei: »Der ›Song of Joy‹ ist freudlos. Er verwertet das schwer errungene musikalische Gleichnis als hübsche Melodie und wirft den Rest in den Kübel. Erklingt die Ode im Olympiastadion bei der Siegerehrung, so wird auch hier bloß der Abstand spürbar. Dies ist nicht Olympia und Arkadien. Unsere Freude ist Freude in dürftiger Zeit.«

Aber Hans Mayer hat seinen Aufsatz denselben Berliner Philharmonikern gewidmet, die dann mit der Aufnahme der

Europa-Hymne nicht viel anderes getan haben als die Rios-Konsorten: die Einspielung, Kleinspielung, Scheinspielung eines Werks der Widerständigkeit.

In die Tasche gesteckt

Und endlich haben wir die Neunte nicht nur zur Europa-Hymne eingeschrumpft, zum Song of Joy miniaturisiert, wir haben sie auch in die Tasche gesteckt. Unter den Absurditätsgeschichten um die Sinfonie ist dies die absurdeste: Wir verdanken Beethoven das Format unseres gängigsten Tonträgers, der Compact Disc. Denn daß die kleine Silberscheibe gerade so groß ist, wie sie ist, hat mit dem Weltkunstwerk zu tun. Eine Industrienorm bestimmt sich nach seinen Dimensionen. Als die Welt wieder eine Scheibe wurde, haben Schiller und Beethoven ihre Ausdehnung bestimmt. Aber ein ebenso musikbegeisterter wie geschäftstüchtiger Japaner hatte auch noch seine Hand im Spiel.

Als Anfang der Achtziger die Lasertechnik so weit gediehen war, daß man an die Produktion der CDs gehen konnte, rätselte, beriet und stritt man über das Format. Norio Ohga, damals Vizepräsident von SONY, plädierte dafür, es müsse so gewählt werden, daß die neunte Sinfonie zur Gänze aufgenommen werden könne. Da die Länge der einzelnen Aufführungen stark differierte (siehe Seite 175/76), suchte man nach der seinerzeit längsten und wurde bei Furtwänglers Bayreuther Aufführung mit fast 74 Minuten fündig.

Da aber Sony die Entwicklung nicht allein betrieb, sondern in Kooperation mit Philips, kam von dort ein praktischer Einwand, der von keinerlei Ästhetik getrübt war: Die Beethoven-Dimensionen schön und gut, aber das neue Ding dürfe nur so groß werden, daß es auch bequem in eine Anzugtasche passe. Und was tat nun der Beethoven-Liebhaber Ohga, um seine Idee dennoch durchzusetzen? Nahm er die Fermaten aus der Furtwängler-Neunten, kürzte er die Pausen zwischen den Sätzen? Beschwor er seine Ingenieure, den Laserstrahl noch enger wandern zu lassen? Versuchte er womöglich, die Firma Philips feindlich zu übernehmen? Er entschied sich für etwas weniger Kostspieliges und auf einfache Weise Überzeugendes: Er ließ in der ganzen Welt Anzüge aufkaufen, von den erstklassigen Schneidern bis zu den letzten Konfektionshäusern, probierte das von ihm gewünschte Format aus, und siehe, der Prototyp der Neunten mit seinen 14,2 mal 12,5 Zentimetern glitt fast überall hinein. Er verschwand »anstandslos« in den Innentaschen jener Jacketts, die heute zu den Uniformen der globalisierten Welt, zum nadelgestreiften Universum des Big Business, zur High Performance bei Konferenzen und Parteikongressen, Flugreisen und Candlelight-Dinnern gehören. Wieder einmal hat Beethoven Maßstäbe gesetzt.

Und ist dennoch Opfer geworden. Denn dieses In-die-Tasche-Stecken hat ja eine (Neben-)Bedeutung, die erschreckend und entlarvend ist; den Beiklang einer finalen Erledigung des Werks, die schaudern macht. Die aber vielleicht doch nur die ehrlichste Auskunft ist über unsern wahren Umgang mit dem einst so brisanten Werk: Indem wir es überallhin mitnehmen können, deuten wir an, wie sehr die knapp zwei Jahrhunderte »Gebrauch« es mitgenommen haben.

Wir können die Sinfonie »in die Tasche stecken« – mit diesem Ausdruck des höhnischen Einsackens, Erledigens, Abfertigens geben wir ihr den kulturgeschichtlichen Rest. Was im Konzertsaal über uns kommt als auskomponierte Katastrophe, als knapp strukturiertes Chaos, als der Kampf des Jubelrufs mit dem Schmerzensschrei – dieser rabiate Prozeß wird jetzt mit einem Handgriff abgetan, in ein Accessoire verwandelt, dem man als Äußerstes nachrühmen kann, daß es nicht auffällt, nicht aufträgt. Der Beethoven-Verehrer Norio Ohga hat uns das Werk unterm Sakko ans Herz gelegt und es so gründlich mit der »Furie des Verschwindens« (Hegel) gestraft wie noch kein Kritiker vor ihm.

Die Begeisterung des japanischen Industriellen für Beethoven (die mit solchen Überlegungen nicht in Frage gestellt werden soll) ist nicht nur persönliche Marotte, sondern so etwas wie eine japanische Nationalleidenschaft. Auch für Japan gilt der Gestus des »Beethoven ist unser«, auch in Japan, ähnlich wie in Deutschland, ist die Neunte ein festlich-übliches Ritual geworden, auch dort stehen vor allem die Silvesterabende im Zeichen der Freudenchöre. Anders als in deutschen, in europäischen Aufführungen liebt man in Japan aber die großen, bombastischen Dimensionen, so daß Aufführungen mit 3000, 5000, ja einmal sogar mit 7000 Chorsängern in Sporthallen und Stadien veranstaltet werden.

Stärker als in Europa setzt man im fernöstlichen Inselreich auf das Gemeinschaftserlebnis aller, das ein Kritiker so beschrieben hat: »Wenn der Bariton das Wort ›Freude‹ ausruft und der Chor diese Worte widerhallen läßt, singen auch die Zuhörer auf ihren Sitzen innerlich mit. Dirigent, Instrumentalisten, Chorsänger, Solisten und das Auditorium – sie nehmen alle gleichermaßen an der Aufführung teil. Und darin, scheint mir, liegt das Geheimnis der Vertrautheit und Harmonie zwischen der Musik und dem geistigen Leben der Japaner.« Kein Wunder also, daß es dank der Erfindung des Herrn Ohga inzwischen auch eine Karaoke-Version der Neunten auf CD gibt.

Legendär ist eine der frühesten Aufführungen der Neunten; sie fand 1918 im Kriegsgefangenenlager Bando statt und hat ihre Spuren in einem berühmten Comic-Heft hinterlassen. 1944, während des zweiten Weltkriegs, führt man die Neunte zu Ehren der an der Front stehenden Studenten der Tokioter Universität auf, die, vom Radio übertragen, »auf das Schlachtfeld Erinnerungen schicken sollte, die uns nahe gehen, die unser Heimatland symbolisieren.« Wieder einmal sollte der Freudenjubel als Kampflied dienen, ja die Kamikazeflieger motivieren.

Alte Zöpfe, neue Frisuren

Eine völlig andere Rolle hat die neunte Sinfonie im kommunistischen China gespielt, und ihr wechselnder Verlauf kommt der berühmten »Geschichte vom Haar« sehr nahe, die der Autor Lu Xun in den zwanziger Jahren geschrieben hat. Das ist eine ebenso simple wie böse Satire über den Wandel der Haarmode in der chinesischen Geschichte, über abgeschnittene und wieder nachgewachsene Zöpfe, über geflochtenes und offenes, kurzes und langes Haar als Spiegel der verschiedenen Staatsformen und Regimes, über eine Leidens- und Anpassungskultur, die der Schriftsteller mit dem Seufzer resümiert: »Haar ist unwichtig; aber ich möchte nicht wissen, wie viele Chinesen nur deswegen ihr Leben lassen mußten.«

Auf die Neunte übertragen: Zuerst war sie eine vielbestaunte exotische Haartracht, bald darauf ein alter, verräterischer Zopf im China des großen Vorsitzenden Mao, aus dem man seinen Verehrern einen Strick drehen konnte; dann wieder ein aparter und eleganter Import aus dem Westen, dem man bei der einen oder anderen Gelegenheit interessiert und distanziert Beifall spenden konnte; vor allem aber war sie Anlaß zu endlosen ideologischen Haarspaltereien. Interessant an der bis heute nicht beendeten Debatte ist aber, daß sie einige der Auseinandersetzungen widerspiegelt und wiederholt, die im 19. Jahrhundert Europa beschäftigt haben. Und nicht von ungefähr kommt auch Schiller wieder ins Spiel, wird die alte »Freiheits«-Legende noch einmal zum Leben erweckt.

In den fünfziger Jahren, also kurz nachdem Maos Kommunisten die Macht in China erobert und die Kuomintang-Truppen aus dem (Fest-)Land geworfen hatten, gab es ein eher entspanntes Verhältnis zur westlichen Musik. 1954 wurden viele europäische Klassiker aufgeführt, 1956 gab es sogar ein »Jahr der klassischen Musik«. Gewissermaßen als Höhepunkt dieses Interesses fand 1959 eine Aufführung der neunten Sinfonie durch das Zentrale Philharmonie Orchester in Peking statt. Es blieb, auf Jahrzehnte hinaus, ein singuläres Ereignis.

Schon vor der Ausrufung der Kulturrevolution 1966, die eine bilderstürmende Revolution gegen die Kultur war, vor allem aber eine anarchische Dekonstruktion der Gesellschaft, mit der Mao seine Macht neu festigen wollte, gab es Anzeichen für einen brüsken Wechsel auch in der Musikpolitik. Aus dieser Zeit ist Maos Ausspruch überliefert: »Wer Beethoven spielt, ist reaktionär!« Parteiideologen ließen die Varianten folgen: »Beethoven-Vergiftung ist durch Parteimusik zu heilen«. Der Autor Ma Ting Heng schrieb: »Wenn man westlicher Musik weiter zuhört, dann bringt das den Klassenstandpunkt bei der Einsicht in die Probleme durcheinander.« Er nennt als Beispiel just das Chorfinale der neunten Sinfonie, weil es »die Illusion erzeuge, daß eine fortschrittliche und gerechte Gesellschaft ohne Klassenkonflikt geschaffen werden könne«.

Dann aber, Anfang der Siebziger, wieder so etwas wie eine neue Mode: 1973 gibt es eine ganze Reihe von Gastspielen großer westlicher Orchester. Die Londoner und die Wiener Philharmoniker spielen in Peking, und aus Amerika kommt das Philadelphia Orchestra. Aber es scheint im nachhinein, als seien diese Konzerte nicht Anzeichen einer Lockerung, sondern fast so etwas wie der inszenierte Anlaß eines neuen Rigorismus, den einer der führenden Kulturfunktionäre, Tschu Lan, im Jahr darauf in der »Roten Fahne« festschreibt: »Die Anbetung alles Ausländischen und die Wiederbelebung des Alten ist auf dem Gebiet von Literatur und Kunst eine Widerspiegelung des klassenmäßigen und nationalen Kapitulantentums, das nichts von einem revolutionären Standpunkt und von revolutionären Prinzipien an sich hat.« Wer sich so vor dem Fremden in den Staub werfe, der »ziele auf die Verneinung der Großen Proletarischen Kulturrevolution ab«.

Aber für China bedeuteten solche Wendungen und ideologischen Kehren noch etwas anderes als in der Sowjetunion oder in anderen kommunistischen Staaten zur gleichen Zeit; sie waren nicht nur der Parteiideologie geschuldet, sondern konnten sich auf eine alte chinesische Tradition berufen, die immer schon die Musik und den Staat, die Tonkunst und die

Dynastien miteinander verknüpft hatte. In ihrer Untersuchung »Dangerous Tunes« hat Barbara Mittler dargelegt, wie entscheidend schon im klassischen China diese Verbindung gewesen sei; sie zitiert aus einem der ältesten chinesischen Musikbücher, dem »Yueji«, das vor etwa zweitausend Jahren dekretiert hatte: »Wenn alle Noten unsauber sind und unangenehm aufeinandertreffen, wird es eine allgemeine Konfusion geben, und in der nahen Zukunft werden Unglück und Vernichtung über Staat und Volk hereinbrechen.« Und Mao hätte wohl auch diesen alten Satz gelten lassen: »Es besteht eine Verbindung zwischen der Musik und der Art von Regierung, die ein Volk hat.«

Gegen Ende der Siebziger setzte dann wieder eine Entkrampfung ein, und wieder war es die Neunte, die exemplarisch neu durchgekämmt wurde. In einem Aufsatz aus dem Jahr 1979 setzte Yan Bao Yu Beethoven und Schiller kenntnisreich in ihren historischen Kontext und versuchte sich an einer für China neuen Argumentation: »Auch kapitalistische Humanisten kann man als Verbündete des Proletariats ansehen«, erklärte er; denn das Ideal des Humanismus, wie es in Beethovens Musik und in Schillers Versen zutage trete, bedeute einen Schritt über den damals in Deutschland und in Österreich herrschenden Feudalismus hinaus.

Es ist eine hübsche historische Pointe, mit der das Werk – für kurze Zeit – wieder ins Repertoire kommt; Schiller verhilft seinem alten Bewunderer Beethoven zu neuen Aufführungsrechten; aber es ist der mißverstandene Schiller aus dem Vormärz. Denn der chinesische Musikwissenschaftler ist belesen genug, um die alte Debatte darüber zu kennen, ob es nicht ursprünglich »Freiheit« statt »Freude« geheißen habe; ja, er weiß sogar, daß es sich dabei nur um eine Legende handelt; und dennoch läßt er die fiktive Lesart im Sinne seines Plädoyers durchgehen: Ein Dichter, der solche Fehlschlüsse nahelege, könne ja kein Reaktionär gewesen sein.

Denn die Freiheit ist ja immer auch dort ein schönes Wort, wo es keine gibt.

IX
Finale
Die Freude nach dem Fun

Der moderne Komponist schreibt seine Werke,
indem er sie auf der Wahrheit aufbaut.
Claudio Monteverdi, 1605 (!)

Erben und werben

Im Jahr 2002 widerfuhr der neunten Sinfonie eine besondere Ehrung: Sie wurde aufgenommen in das sogenannte »Weltkulturerbe« der UNESCO. Es war das erste Musikstück, das den Schutz der Liste »Memory of the World« genoß, also Platz nahm in der Ehrenloge des Menschheitsgedächtnisses.

Es ist aber nicht das klingende Ereignis der Komposition selbst, es sind nicht die gesungenen Verse Schillers, die so pompös gefeiert und fixiert werden; es ist eine Partitur Beethovens, ein Manuskript, das geehrt wird, und zwar jenes Widmungsexemplar für den preußischen König Friedrich Wilhelm III. (der den Komponisten dann mit irgendeinem undefinierbaren Ring abfand), das heute (bei wenigen Fehlblättern) in der Musiksammlung der Staatsbibliothek Preußischer Kulturbesitz zu Berlin liegt. Wobei als Kuriosum zu vermerken ist, daß es zwar das besterhaltene und schönste Dokument der Sinfonie ist, aber doch nur eine Kopistenhandschrift und eigentlich jenes Exemplar, von dem am wenigsten Wirkung ausgegangen ist. Zweiundzwanzig Jahre lang lag es in den Regalen des Königs; 1846 erwarb es die Königliche Bibliothek, die um 1900 die aus dem Finale noch fehlenden Blätter dazuerwerben konnte. Dies war immer eher ein Exemplar für die Wissenschaft und für die Korrektur von Lesarten als für das Musikleben. Dieses Manuskript ist nie erklungen.

Längst hat auch die Werbung, längst hat auch das Trivialleben die Neunte vereinnahmt, und es gibt keinen Karl Kraus mehr, der die Erde erbeben lassen könnte vor Zorn und gerechter Raserei. In der Sprache der Reklame, der Public Relations hat die Neunte heute die Qualität, die man früher mit »ff«, Ia, erstklassig, extrafein bezeichnet hätte. Ein Dentallabor wirbt mit dem Slogan »Beethovens Neunte, so genial wie unsere Dritten«, und einen Sportbericht überschreibt die »Berliner Zeitung« mit der Schlagzeile:

»Die neunte Sinfonie
In deutschem Stil gewinnt Real Madrid das Finale der Champions League gegen Leverkusen 2:1.«

Beim Aufbau des Sony-Centers am Berliner Potsdamer Platz, als das Gelände noch eine tiefe weite Baugrube war, ließ Daniel Barenboim die Phalanx der Kräne zu den Klängen des Freuden-Themas hin und her schwenken.

Aber das deutlichste Beispiel dafür, wie sehr die Neunte zum Gebrauch, zum Verbrauch freigegeben ist, wie ungeniert sie als Trivialmaterial fürs Geschäft ausgeschlachtet werden kann, ist eine Autoreklame der Firma Ford, in der der »Focus C-Max« offenbar für seine Geräuscharmut angepriesen wird. Da ist die erste Seite eines Klavierauszugs der Neunten abgedruckt, und über die Beethovenschen Crescendos und Sforzati, über die Schocks des ersten Themas, sind die Kommentare oder besser Kommandos der Werbefritzen eingetragen: »leiser«, »ruhiger«, »wesentlich leiser«, nur am Schluß, im Takt 35, stimmt Beethovens »diminuendo« mit der Interpretation der neuen Message ungefähr überein: »etwas leiser«.

Weltkulturerbe oder Werbematerial? Universaler Schatz oder PR-Pointe? Gibt es einen schlimmeren Kontrast als zwischen dem globalen Hoheitszeugnis und dem Dokument banausischer Geschäftstüchtigkeit? Als zwischen dem Enthusiasmus des Erdenrundes und dem schamlosen Dreh einer Autofirma, die mit der Geräuscharmut eines neuen Modells zugleich ihre Geistesarmut annonciert? Die Neunte als Urkunde der Menschheit, und andererseits als Folie ihrer Dummheit? Hier die Verehrung – und dort die Verhöhnung? Versuchen wir es doch noch mit Karl Kraus, der in anderem Zusammenhang geklagt hat: »Eine Welt von Wohllaut ist versunken, und ein krähender Hahn bleibt auf dem Repertoire; der Geist liegt auf dem Schindanger, und jeder Dreckhaufen ist ein Kristallpalast.«

Aber alle diese Fragezeichen fordern eine falsche, voreilige, verwirkte Antwort heraus. Was hilft es, eine Kluft zu beklagen, die am Ende nicht tiefer ist als ein Orchestergraben?

Denn auch die Auszeichnung als Weltkulturerbe, auch diese Veranstaltung mit einer Aufführung der Neunten unter Justus Frantz, mit ihrem Redenritual, mit dem obligatorischen Empfang und der »Versteigerung eines von 9 Prominenten unterzeichneten Faksimiles mit 9 gravierten Montblanc Meisterstück Füllfederhaltern« war ja nichts anderes als ein Werbeereignis, ein Sponsorenfestival. Auch hier war das Werk nur Folie für eine Gala, und der Zeitgeist schrieb Montblanc. Auch hinter dieser Welterbe- und Weltwerbe-Aktion hörte man immerzu die Stimme eines einsamen Störenfrieds: »O Freunde, nicht diese Töne!«

Und andererseits ist die ungenierte Ford-Werbung ja selbst ein *document humain* am Beginn des 21. Jahrhunderts. Die Reklame für diesen »Focus C-Max« ist nicht weniger als ein Memento, gleichsam das Emblem unseres Umgangs mit dem inkommensurablen Werk, der fast immer nur darin bestand, es kommensurabler, meßbarer, vergleichbarer, geheurer zu machen. Ja, man kann die Annonce lesen als Gleichnis all dessen, was dem Werk, von Anfang an, widerfahren ist: der Einträge, der Verhunzungen, Verzerrungen, Retuschen, Eigenmächtigkeiten, Überfremdungen, Entstellungen; der pathetischen Dirigiergesten, der Instrumentationstricks, der Versenkung in Prestige, Eitelkeit und Geschäftigkeit.

Was ist dieses »leiser«, »wesentlich leiser«, mit dem Ford dem Komponisten in seine Sforzati hineinkritzelt, anderes als das Abbild jener Schallplattencover, auf denen der Name KARAJAN Beethoven fast verschwinden machte und gewissermaßen zum Adlatus Schindler degradierte? Und was sind wiederum solche Bilder anderes als die ikonographischen und typographischen Entsprechungen einer Präpotenz, die das Werk als mimetische Solodarbietung, als Kulthandlung eines Priesters in eigener Sache benutzt und ausnutzt?

»Immer wieder Gesinnungen und Bekenntnisse«, so klagte Dieter Rexroth vor einigen Jahren, »die sich Beethovens Musik nutzbar machen. Nimmt man sie ernst, so muß einen der Schwindel befallen angesichts des Absurden und Irrationalen, was diesem Beethovenverständnis innewohnt. (...) Aber wo früher der Sinn für die Differenzierung und für die Nuancierung abhanden gekommen war, da man, vom Mythos Beethoven geleitet, bei seiner Musik ein erhabenes Geschehen empfand, da droht heute die kulturelle Maschinerie, diese in jeder Hinsicht vielgestaltige, differenzierte Musik egal zu machen.«

Quint-Essenz

Im Anfang der neunten Sinfonie, zu Beginn des ersten Satzes (»Allegro ma non troppo, un poco maestoso«) erklingt, von oben herab, eine leere Quinte. Sotto voce. Ungewißheit, wohin das führt. Leere Quinten sind in der abendländischen Musik wie das offene Meer: ortlose Weite. Verlorenes Boot. Eine ganze Tonwelt steht auf dem Spiel. Sechzehn Takte lang gibt es solche undefinierten Abwärtssprünge, teils Quinte, teils Quart, sie folgen einander immer rascher, drängender, überstürzender, dieser Beginn ist alles, was der Fall ist. Walter Riezler schreibt zu den Dimensionen des ersten Satzes mit seinen 547 Takten (die Exposition wird nicht wiederholt): »... eigentlich genügten schon die berühmten ersten sechzehn Takte, in denen über der leeren Quinte der Dominante sich das Hauptthema aus dem ›Urmotiv‹ entwickelt, um uns ›Unerhörtes‹ erwarten zu lassen«. Wilhelm Seidel spricht von einem »Gebrodel des Werdens«, das zugleich »Ausdruck der Angst« sei.

In einer der jüngsten Interpretationen wird die Metaphernwelt à jour gebracht: Peter Gülke sieht »am Sinfoniebeginn anstelle eines setzenden Themas oder thematischen Mottos ein(en) Werdeprozeß, eine musikalische Nährlösung, worin sich ein Thema erst noch kristallisieren muß«. Theodor W. Adorno weist in seinem »Beethoven«-Buch mehrfach hin auf die »Extraterritorialität« der Einleitung; er findet sie nicht, wie die meisten Interpreten, schon mit der Verfestigung von

Tonart und Hauptthema definiert, sondern erst mit dem Eintritt der Reprise, wo die leere Quinte nunmehr mit musikalischer Funktionalität versorgt ist: »Der ›Farbe‹ des Leerklangs entspricht die des fis: Feuerschein dem Fahlen. Was *vor* der symphonischen Zeit lag, wird zum Einstand der symphonischen Zeit.« Und er spielt mit der Vermutung, »der riesige Komplex des 1. Satzes der IX. (sei) eigentlich um der paar Takte des Reprisenbeginnes da.«

Die leere Quinte als das Vermächtnis an uns, als Chiffre der Verpflichtung, als das eigentliche, immer erst einzulösende Erbe; das unheimliche Einfalls-Tor ins Werk. Weit vor den Dur-Moll-Sicherheiten, fern aller Sicherheit überhaupt, und ehe das beginnt, was man Komponieren nennt, die entwickelnde Variation (Schönberg), das Fortspinnen musikalischer Gedanken, die tönend bewegte Form (Hanslick) – beginnt die Sinfonie, nicht nur sotto voce, sondern gleichsam vor aller Musik. Nicht nur das unbefangene Ohr, auch der geschulte Hörer kann gelegentlich, wie in einer naiven Wiederbegegnung, den Eindruck haben: Da stimme erst noch das Orchester seine Instrumente.

Ist es ein Zufall, daß die Quinte das Maß bleibt auch für das Finale, für das Freudenthema? Daß sich der Ambitus, der Tonumfang der Melodie nie über das Quintenreich hinaus erhebt? Daß der Sinn des Chorfinales eben der ist, die leere Quinte des Anfangs in ganz anderem Sinn zu »erfüllen«, als Adorno es für die ersten Repristakte des 1. Satzes gehört hat; nämlich so, daß er, durch Schiller, Anwort geben will in die Leere des Anfangs, in die Schauer des Nichts, in die Tonstürze, die (noch) nicht von dieser Welt sind?

Die kühnste Deutung der Neunten scheint vergessen, an ihrer Kühnheit gescheitert zu sein: die des russischen Komponisten und Musikschriftstellers Alexander Serow. Seine Idee, einem kleinen Kreis russischer Enthusiasten vorgetragen, war die der Monothematik: Das ganze Werk entwickle sich aus einem einzigen Thema – dem der Freuden-Melodie –, füge es aber erst im letzten Satz so erkennbar zusammen. Mehr als alle Musikkritiker seiner Zeit erkennt er auch die elementare Bedeutung Schillers für das Werk und schreibt:

»Der große Musiker fand für den Ausdruck der ihm heiligen Idee – wenigstens annähernd – die Worte in dem flammenden Dithyrambus Schillers (...). Ich sage ›annähernd‹, weil bei Schiller alle Menschen dort Brüder werden, wo der sanfte Flügel der Freude weilt, während Beethoven die Idee vorschwebte, daß wirkliche Freude *nur dort* weilt, wo alle Menschen Brüder sind. (...) Immerhin kam die Schillersche Ode schon dem sehr nahe, was die erste und gedankentiefe Muse Beethovens erfüllte. Er machte den Chor der Schillerschen Ode zu dem Eckpfeiler seines ganzen Gebäudes, indem er die Symphonie *in ihrer Gesamtheit* von Anfang bis Ende auf dem Thema des Chors aufbaute, das er jeweils abänderte, aber in seinem melodischen Charakter durchaus unangetastet ließ.« Und Serow rühmt damit die »großartige Monothematik« des Werks.

Selbst wenn einzuräumen ist, daß der russische Enthusiast den Begriff der Monothematik, wie er seit Liszts h-Moll-Sonate, seit Brahms, seit der Musik des zwanzigsten Jahrhunderts zum wichtigen Schlüssel der Analyse unserer Tage geworden ist, eher »vom dichterischen Standpunkt« aus einführt, bleibt eine höchst aktuelle Ahnung erkennbar: daß das disparate, heterogene Werk doch fester, enger, inniger zusammenhängt, als selbst Forscher wie Heinrich Schenker es nachkonstruiert haben. »Mein Kommentar zur neunten Symphonie«, schrieb Serow vor 50 Jahren, »der allem, was über sie bis jetzt geschrieben ist, sehr unähnlich sein dürfte, kann in jedem Wort mit den Noten der Partitur bewiesen werden. Meine Auslegung ihrer *Idee*, die sich auf den Monothematismus der Symphonie stützende ›Exegese‹, ist nichts Willkürliches, keine Hypothese, sondern eine unwiderlegliche, von mir nur ermittelte Tatsache.«

Ein Echo dieses Behauptungswillens findet sich zum Beispiel auch in Walter Riezlers Analyse der Neunten, wenn er das Ende des Finales mit dem Beginn zusammenführt: »Die

Freudenmelodie erscheint in dem ganzen letzten Abschnitt als solche nicht mehr, nur mehr Teile, versteckt in den Kontrapunkten des Orchesters – aber wenn der Chor sich in dem letzten Ausruf: ›Götterfunken!‹, von A nach D herabsenkt und der gleiche Fall noch den letzten Takt des Orchesters beschließt, so schwingt sich von da ein gewaltiger Bogen zurück zu dem ersten Anfang des ganzen Werks: Die Quinte A-D ist die Antwort auf die Quart D-A, mit deren Fall das Hauptmotiv des ersten Satzes seinen Absturz beginnt.« Und auch Anton Webern tritt in die Fußstapfen Serows, wenn er in seinem Aufsatz »Der Weg zur Neuen Musik« die Variationsform »eine Vorläuferin der Komposition in zwölf Tönen« nennt, als Beispiel den letzten Satz der Neunten anführt und darauf pocht, jegliche Entwicklung sei auf das einstimmige Thema zurückzuführen. »Unerhörtes geschieht, und es ist doch immer wieder dasselbe.«

Fallhöhe

Und da ist noch dieser andere Fall. Keine leere Quinte, sondern fünf leere Weingläser, die der fünfundzwanzigjährige Schiller im Überschwang eines Wein- und Geselligkeitsrausches aus dem Fenster eines Weinberghäuschens hinaus auf die Straße wirft. Was da zerklirrte, war gewissermaßen der Ursprung des Freudengedichts, ein Scherbengericht als Schöpfungsakt, der Zusammenklang von Zerstörung und Geniestreich, von Barbarei und Bacchanal. Dieser Wurf – verstörend genug für die übrigen am Tisch – wird zum ganz großen, zum epochalen Wurf, weil der Autor in den Versen des Liedes an die Freude eben diesen radikalen Schwung aufbewahrt. Für diesen Moment gilt explizit der Satz, mit dem Rüdiger Safranski die Omnipotenz nicht nur dieses Schriftstellers charakterisiert hat: »Mit seinem weltenschaffenden und weltenauflösenden Furor ist er ein Platzhalter des einstweilen verschwundenen Gottes.«

Und so bringt denn Schiller in diesem Moment, ins Klirren hinein, eine »Libation an die Götter!« aus, einen Trinkspruch nicht an irgendwelche höheren Mächte, sondern an die eigenen Kräfte, ans Selbstvertrauen, an jenes große Gefühl, das uns auch heute noch, in seltenen Sekunden des Glücks, ausrufen läßt: Ich könnte die ganze Welt umarmen! Dieser Götterfunken, diese Menschenseligkeit ist eingefangen, aufgefangen, aufgehoben im Gedicht. Schiller ist nicht der Magier des lyrischen Ich, sondern der Sänger der Weltsehnsucht. Das hat schon Hegel gespürt: Er »singt nicht still in sich oder in geselligem Kreis wie Goethes liederreicher Mund, sondern wie ein Sänger, der einen für sich selbst würdigen Gehalt einer Versammlung der Hervorragendsten und Besten vorträgt.«

Und daß das Echo dieses Klirrens einmal in einer Symphonie ertönen würde, nicht nur in den Worten Schillers, sondern bis hinein in die oft extremen Instrumentationsmixturen und Stimmführungen Beethovens hinein, ist dann geradezu folgerichtig: Der Hegelianer Adorno nimmt das Stichwort von der »Versammlung« wieder auf, als er hundert Jahre später das Wesen der Sinfonie definiert: »Bekkers These von der ›gemeinschaftsbildenden Kraft‹ der Symphonie wäre umzuformen. Die Symphonie ist die ästhetisch gewordene (und bereits *neutralisierte*) *Volksversammlung*. Deren Kategorien wären aufzusuchen wie Rede, Debatte, Beschluß... und Feier. Wahrheit und Unwahrheit der Symphonie liegen in der Agora beschlossen.«

Schiller erlebt zu Beginn des 21. Jahrhunderts, just zur 200. Wiederkehr seines Todestages, eine Renaissance, eine Wiederkehr zur Geistesgegenwart. Sein Feuer flammt neu auf, entzündet die besten Köpfe. Sein Furor bricht den kommunen Fun. Seine Unbedingtheit entkommt, wie seinerzeit dem Spott der Kameraden, einer Epoche des Anything goes. Das zu sagen ist nicht Ausdruck von Jubiläumsfieber, sondern der nüchterne Befund beim Vergleich der Schiller-Deutungen dieser Tage mit früheren Jubelfeiern. Noch 1959, zum 200. Geburtstag, wurde er mit einer seltsamen Gönnerhaftigkeit abgefertigt, mit kaum unterdrückter Ironie. Der Schweizer Germanist Karl Schmidt sah ihn so: »Entrückt und fern, nicht wahrgenommen, schlimmer noch: belächelt, das ist Schiller heute vor allem. Vor allem fern.« Und im gleichen Tonfall Thomas Mann vier Jahre früher in seiner berühmten Schiller-Rede: »Aber das Lächeln, das wir uns gelegentlich zu verbeißen haben vor Schillers Grandiosität, gilt einem höchst Knabenhaften, dieser Lust am höheren Indianerspiel.«

Die verblüffende Erkenntnis heute (und um so verblüffender, als sie von den zahlreichen, neu erschienenen Biographien fast unisono formuliert wird) lautet: Dieser Schiller ist uns nicht mehr fern, sondern sehr nah. Er geht uns an, er stellt uns zur Rede, er fragt uns: Wie, ohne Leidenschaft, wollt ihr etwas erreichen? Wie, ohne das Pathos des Zorns, wollt ihr gehört werden? Wie, ohne Courage, wollt ihr frei werden zur Freude?

Schiller ist uns nahe nicht als Pathetiker des Indianerspiels, sondern als das Genie der Leidenschaft, als der hellwache Menschheitsträumer, auch als der Passionserfahrene einer Ambivalenz, die auch das Schicksal der Moderne ist. Rüdiger Safranski hat das so beschrieben: »Schiller war ein Meister der Autosuggestion, er konnte sich selbst steigern und hineinsteigern in dieses: Seid umschlungen, Millionen... Doch konnte er sich auch wieder herunterkühlen bis zur nihilistischen Schreckensstarre, weshalb in seinen Visionen der Menschheitsverbrüderung immer auch ein protestantisches ›Trotz alledem‹ zu spüren ist. (...) Schiller wird beweisen wollen, daß es nicht nur ein Schicksal gibt, das man erleidet, sondern auch eines, das man selbst ist.«

Es ist die Radikalität seines Wünschens und seiner Visionen, die unserer Gegenwart not tut. Und es hat den Anschein, als träte er wieder als ein Heutiger unter uns auf, so wie er es sich erträumt und ertrotzt hat, als er an Friedrich Heinrich Jacobi schrieb: »Wir wollen, *dem Leibe nach*, Bürger unserer Zeit sein und bleiben, weil es nicht anders sein kann; sonst aber und *dem Geiste nach* ist es das Vorrecht und die

Pflicht des Philosophen wie des Dichters, zu keinem Volk und zu keiner Zeit zu gehören, sondern im eigentlichen Sinne der Zeitgenosse aller Zeiten zu sein.«

Nicht mehr feierlich

Und so hätten wir denn Anlaß, mit der Neunten eine geradezu planetarische Feier zu begehen, ein kosmisches Fest der Freude? Hat nicht, spätestens mit dem Beginn des 21. Jahrhunderts, die Sinfonie und mit ihr die Versöhnungsbotschaft Schillers ihr Telos erreicht, ihr Ziel, ihre Bestimmung, die eigentliche Erfüllung? Leben wir nicht endlich in *einer* Welt, sind wir nicht umschlungen durch das Netz der Simultaneität, der informationellen Gleichzeitigkeit? Und sind wir nicht Brüder im Hedonismus, in der genießerischen und genußvollen Spielart der Freude? Haben wir nicht am Werk teil noch im pausenlosen Entertainment, blitzt nicht der Götterfunke aus allen Kanälen? Haben wir nicht die Katastrophe des zwanzigsten Jahrhunderts überlebt und können nun mit Schiller jauchzen, wann immer wir einen Fernseher anschalten: »Wir betreten feuertrunken, Himmlische, dein Heiligtum«? Ist die Vision Schillers nicht Television geworden und also wahr?

»Optimismus«, sagt Voltaire in seinem »Candide«, »ist die Raserei zu behaupten, alles sei gut, wenn alles ganz schlimm ist.« Denn wir erleben, wir erfahren eine schmerzhafte Paradoxie:

In dem historischen Moment, da, mit der Globalisierung, alle Menschen Brüder sein könnten, zeigt sich, daß wir es nur als Kain und Abel sind. Der Kuß, der ganzen Welt gewidmet, hat die Wirkung eines Todeskusses. Wo wir Freude erwarten sollten, die sich um die Erde jauchzt, erleben wir die Unheimlichkeit einer universellen Angst. Der Schrecken, der *terreur*, den Schillers Lied, Beethovens Sinfonie vor bald zwei Jahrhunderten bannen wollten, kehrt als unfaßlich schleichende

Gefahr wieder: als Gespenst des Terrorismus und in Gestalt einer Abwehr, die ihm, durch die Wahl ihrer Mittel, immer ähnlicher wird.

Die Welt ist eins, aber sie ist uneinig wie nie. Gespalten, zersplittert, verfeindet, zerklüftet, zerrissen. Das »Seid umschlungen, Millionen!« ist nicht mehr freundschaftliche Umarmungsgeste für die Menschheit, für alle Menschen, für alle, alle, alle (wie es Beethoven gesteigert hat), sondern Verlockung der Demagogen, die Botschaft der Heils- und Haßprediger, der Nationalisten und Fundamentalisten, die ihre Gläubigen um sich scharen und zur Militanz aufrufen. Was das Gedicht als eine beschwörende Halluzination geltend machte, was Beethoven als *Welt-Hall* komponierte, die große, freudige, jubelnde, versöhnte Einheit der Erdenbürgerschaft, die Zusammengehörigkeit als Herzenssache – sie wird im geschichtlichen Augenblick ihrer wirtschaftlichen, technischen, kommunikativen Verwirklichung zur Katastrophe von Babel. Der Tag, da wir uns alle verstehen können, offenbart, daß wir uns nicht verstehen, nicht verstehen wollen. Daß die Worte zwischen uns als Ideologien explodieren.

Das Gedicht war noch nie so nahe am Ziel seiner Wünsche, der Rausch von einst noch nie so dicht an der Wirklichkeit, die Ekstase noch nie so verwechselbar mit praktischer Menschenmöglichkeit – und bleibt nun doch wie ein Traum übrig, der nicht von dieser Welt ist und sich am besten fortstehlen müßte, weinend, aus diesem Bund von *Un*freiheit, *Un*gleichheit und *Un*brüderlichkeit.

Und dennoch, oder gerade deswegen, scheint der Schluß erlaubt, daß das Werk in einer ganz neuen Weise zu uns zu sprechen beginnt. »Eine IX. Sinfonie«, schreibt Peter Gülke in einer jüngst erschienen Analyse, »derer wir ganz und gar sicher wären, wäre verloren.« Jetzt, da »die Welt« die Freudenbotschaft ad absurdum führt, klingt sie uns um so dringender, drängender in den Ohren. In einigen Konzertsälen und bei anderer Gelegenheit konnte man die Neunte in den letzten Jahren schon in dieser extremen Ausgesetztheit, in solcher

Protesthärte hören und erleben. Schon Claudio Abbado hatte gegen das pastose Pathos eines Karajan die schlanke, dynamische, unromantische Lesart gesetzt; John Eliot Gardiner und Roger Norrington haben das Werk entrümpelt und re-strukturiert. Sir Simon Rattle führte die Sinfonie in einen doppelten Läuterungsprozeß, als er sie im Steinbruch des ehemaligen KZ Mauthausen vor überlebenden Häftlingen des Hitler-Terrors spielte: einmal als Antwort auf Furtwänglers Aufführung am 19. April 1942; zum andern als Demonstration dessen, daß das Werk eher den Opfern als den Beherrschern der Geschichte seine Stimmen leiht.

Und in der Radikalität der Auffassung stand ihm Kent Nagano nicht nach, als er die Neunte am 10. September 2002 mit dem Berliner Symphonie Orchester dirigierte, als brüsken Abschied von aller Hörgewohnheit. Ganz im Sinne der Deutung, die dieses Buch versucht, schrieb damals Wolfgang Schreiber: »Er zeigt die Risse und Brüche, Abgründe. Was Beethovens Musik in solcher Perspektive ausdrückt, ist weniger Hoffnung, Fürbitte, als harscher Einspruch, entfesselter Protest. Das Chorfinale fliegt einem um die Ohren – mit Gewalt, dies ist ein Überfall.«

Sprechen wir uns also Mut zu mit einem der schönsten Sätze Theodor W. Adornos: »Wir verstehen nicht die Musik – sie versteht uns...« Und wenn wir uns weiterwagen, erkennen wir: Nicht wir können ein Werk wie die Neunte im Gedächtnis bewahren, sondern es sichert uns überhaupt erst eins. Im Zeitalter der Datenflut, in der kein Mensch mehr wissen will und kann, was gestern war, ja daß es ein Gestern gab, wird diese Sinfonie zur Dokumentation des Unaufhörlichen, der aufgehobenen Zeitlichkeit, des immerwährenden Einspruchs.

Der Schiller, der uns in seiner ekstatischen Überspanntheit, in seinem »Paroxysmus von Freude« dauert, der Beethoven, der uns dauert in seinem Welttrotz und Werktrotz –: sie überdauern uns im gemeinsamen Werk und versetzen uns, im besten Fall, Schocks. Denn diese Wortmusik, diese Appell-Apokalypse, bringt uns an jenen Abenden, da sie nicht weihevoll zelebriert, nicht routinemäßig abgefeiert wird, sondern uns überfällt wie nie gehört, auch all das zu Gehör, nein, zu Bewußtsein, was ihr in den bald zweihundert Jahren widerfahren ist, was ihr in eben diesem Augenblick zustößt.

Nur wenn wir das mithören, nur in der Einsicht, daß alle Menschen nicht Brüder werden, nie, nie, nie; nur wenn wir uns klarmachen, daß wir einem Hymnus auf die Vergeblichkeit beiwohnen, dämmert uns eine Ahnung von Widerstand und Widerständigkeit, bis in die letzte Note der Neunten: der Sinfonie des Sisyphus.

Dank

Der Autor dankt vor allem Frau Jutta March und ihren Mitarbeiterinnen in der Bibliothek des Staatlichen Instituts für Musikforschung in Berlin für Unterstützung, Beratung und die logistische Brücke von Berlin in den entlegenen Spessart. Der Dank gilt weiter den Bibliothekarinnen der Hessischen Landesbibliothek in Fulda und Frau Rita Püttmann von der Bibliothek des Hessischen Rundfunks in Frankfurt am Main für mancherlei Hilfe und Nachsicht bei den Ausleihfristen.

Nachweise

Introduktion

9 *Das menschliche Evangelium* (Richard Wagner. Gesammelte Dichtungen und Schriften, Leipzig 1873–1885, Bd. 5, S. 241); *Marseillaise der Menschheit* (Edgard Quinet); *Großen Kantate* (R. Canudo) (beide zitiert nach Leo Schrade, Beethoven in Frankreich, Berlin/München, 1980, S. 197 u. 145); *Göttlichen Gassenhauer* (Klaus Umbach, Der Spiegel, Nr. 1, 2002); *Niemals ist* (Walter Riezler, Beethoven, Berlin/Zürich 1936, S. 197)

10 *Die krankhaften* (Mauricio Kagel in: Werner Klüppelholz, M.K. 1970–1980, Köln 1981, S. 10); *Man hat die Neunte* (Claude Debussy, »Die Neunte Symphonie«. In: C.D., Monsieur Croche, übers. von J. Hänsler, Stuttgart 1974, S. 39 f)

12 *Die ›Freude‹ ist* (Schiller an Christian Gottfried Körner, Brief vom 21.10.1800); *Er sehe ein* (zitiert nach: Alexander Wheelook Thayer, Ludwig van Beethovens Leben. Bearbeitet und weitergeführt von Hermann Deiters, Revision von Hugo Riemann, Leipzig, 5 Bände, im folgenden abgekürzt TDR mit Bandzahl. Hier Bd. V, Leipzig 1908, S. 65)

13 *Ich habe gelernt* (David Selznick, in: Andreas Missler Morell, Casablanca, der Kultfilm, München 1992); *Die Kunstwerke* (Theodor W. Adorno: Beethoven. Philosophie der Musik, Frankfurt 1993, S. 149)

14 *Fünfundzwanzig Jahre lang von überall her* (Alfred Einstein, »Das Militärische bei Beethoven«. In: Von Schütz bis Hindemith, Stuttgart/Zürich 1975, S. 73)

15 *Am 30. September* (Joseph Görres, zitiert nach: Mitten in Europa. Deutsche Geschichte von den Anfängen bis zur Gegenwart. Berlin 1999, S. 289)

16 *Erst da beginnt* (Hans Georg Nägeli, zitiert nach: Musik und Austromarxismus. Hg. von Joh. Wilhelm Seidl, Wien 1989, S. 66)

17 *Wir können den Chor* (Ernst Bloch, Geist der Utopie, Frankfurt 1964, S. 73)

I. Sternstunde mit dunkler Materie

21–39 Dargestellt nach folgenden Quellen:
Ludwig van Beethovens Konversationshefte, Ausgabe in 10 Bänden. Hg. von Karl Heinz Köhler, Gritta Herre und Dagmar Beck, Leipzig 1972–1993. Hier vor allem Bd. 6.
Alexander Wheelock Thayer, wie zu S. 12. (Hier TDR V, S. 160ff)
S.A. Kojima, »Die Uraufführung der 9. Sinfonie. Einige neue Tatsachen«. In: Kongreßbericht Bayreuth 1981, Kassel, S. 390–398.
Otto Biba, »Zur Uraufführung von Beethovens 9. Symphonie«. In: Münchner Beethoven-Studien. Hg. von Johannes Fischer, München/Salzburg 1992, S. 57–69.
Echos der ersten Aufführungen in: Stefan Kunze (Hg.), Ludwig van Beethoven. Die Werke im Spiegel seiner Zeit, Laaber Verlag 1996, S. 470–546, im folgenden »Spiegel« genannt.

II. »An die Freude«

43 *Wer einen solchen Ton* (Alfred Kerr, zitiert nach: Schiller – Zeitgenosse aller Epochen. Dokumente zur Wirkungsgeschichte Schillers in Deutschland. Hg. von Norbert Oellers, München 1976, Bd. 2, S. 241. Im folgenden »Zeitgenosse« 1 und 2 genannt.

45 *Freude, schöner Götterfunken.* »An die Freude«. Die Gedichtstrophen werden zitiert nach der Nationalausgabe: Schillers Werke, Erster Band. Hg. von Georg Kurscheidt und Norbert Oellers, Weimar 1980, S. 169f)

48 A*ls Schiller mit uns* (zitiert nach: Friedrich Burschell, Schiller, rororo-Monographien, Reinbek 1958 u.ö., S. 69)

50 *Feur soll ich gießen* (zitiert nach: Dichter über ihre Dichtungen – Friedrich Schiller. Hg. von Bodo Lecke, München o.J., S. 263)

52 *Ach der Mann* (Christian Gottfried Demme, in: Neuer Teutscher Merkur, Jahrgang 1793, S. 21–37)

53 *Wie poetischer* (Jean Paul, zitiert nach Schillers Werke, NA, Zweiter Band, Teil II A. Anmerkungen zu den Gedichten. Hg. wie oben, Weimar 1991); *Ungewollt die Wahrheit* (Theodor W. Adorno, Beethoven, a.a.O., S. 302)

54 *So werden die* (ebd.)

56 *Gott weiß* (Brief an Scharffenstein, zitiert nach Peter Lahnstein, Schillers Leben. Biographie, München 1981, S. 60)

58 *Denn viele Prozesse* (Zeitungsbericht »Vom Wurm zum Menschen«, in: Süddeutsche Zeitung vom 8.10.2002, S. 6)

58 *Die große Kette* (Rüdiger Safranski: Schiller oder Die Erfindung des deutschen Idealismus. Biographie, München 2004, S. 86f)

60 *Freund, Freund* (Fjodor Dostojewski, Die Brüder Karamasow, aus dem Russischen übertragen von E. K. Rahsin, München 1906–1917, Neuausgabe 1984, S. 174f)

61 *Wollust, dem Insekt* (zitiert nach Dmitrij Tschizewski: »Schiller in Rußland«. In: Schiller, Reden im Gedenkjahr 1959, Stuttgart 1960, S. 362)

63–70 *Die früheren Freudengedichte* (zitiert nach: Franz Schulz, »Die Göttin Freude. Zur Geistes- und Stilgeschichte des 18. Jhdts.«. In: Jahrbuch des Freien Deutschen Hochstifts 1926, S. 3–37)

71 *Karlsschule:* (Vgl. Isa Schikorsky, »›Pflanzschulen‹ für Staat und Militär«. In: Das 18. Jahrhundert. Mitteilungen der Gesellschaft für die Erforschung des 18. Jhdts., Wolfenbüttel 1991, Heft 2)

73 *Kein Kavalier/Tröst Er sich* (zitiert nach Peter Lahnstein, Schillers Leben. Biographie, München 1981, S. 48); *Mit jedem Schritt* (Brief an den Hauptmann von Hoven, 15.6.1780, zitiert nach Lahnstein, a. a. O., S. 66); *Siehst du* (Brief an die Schwester vom 19.6.1780, zitiert nach Lahnstein, ebd.)

74 *Gar nicht Ursache* und die weiteren Zitate der Seite, Bericht über die Krankheit des Eleven Grammont vom 21.7.1780 (nach Lahnstein, a. a. O., S. 75)

75 *Elegie auf den Tod* (Schiller, Gedichte/Dramen 1, München 2004, S. 44); *Anrede an den Tod* (in: Anthologie auf das Jahr 1782. Hg. von Friedrich Schiller, 1782, Reprint Stuttgart 1973); *Am Tod entlang gelebt* (Robert Minder, »Ein Blutstropfen Schiller«. In: R. M., Wozu Literatur?, Frankfurt 1971, S. 67)

76 *In existenzieller* (Rainer Gruenter, »Despotismus und Empfindsamkeit. Zu Schillers ›Kabale und Liebe‹«. In: Jahrbuch des Freien Deutschen Hochstifts 1981, S. 213)

77 *Ein vielgesichtiges* (Gruenter, a. a. O., S. 214)

78 *Alles zitterte* (Gruenter, S. 216)

79 *Der junge Schiller* (zitiert nach Ernst Müller, Der Herzog und das Genie. Friedrich Schillers Jugendjahre, Stuttgart 1955)

80 *Seid mir schöne* (zitiert nach Lahnstein, a. a. O., S. 86)

83 *Ich gebe sie* (Schubert, zitiert nach Ernst Müller, Der junge Schiller, Tübingen/Stuttgart 1947, S. 151)

84 *Das Theater glich* (zitiert nach Burschell, a. a. O., S. 31)

86–92 *Die Flucht* (nach Andreas Streicher, Schillers Flucht von Stuttgart und Aufenthalt in Mannheim von 1782–1785, Stuttgart/Augsburg 1835)

89 *Graubünden-Affäre* (vgl. Lahnstein, a. a. O., S. 100f)

90 *Karl ließ ihn* (Bericht Petersen, zitiert nach Müller, a. a. O., S. 287)

94 *Vor einigen Tagen* (Brief an Karoline Freifrau von Wolzogen vom 7.6.1784, zitiert nach Reinhard Buchwald, Schillers Briefe, Leipzig o. J., S. 63)

96 *Ich gestehe* (Brief an die Leipziger Freunde vom 7. Dezember 1784, Buchwald, a.a.O., S. 70); *Wo meine Seele/Gewissen Menschen* (Brief vom 10. und 22. Februar 1785 an die Leipziger Freunde, Buchwald, S. 74ff)

98 *Wir waren fast* (Bericht Minna Stock, zitiert nach Burschell, a.a.O., S. 63)

99 *Hölderlin-Anekdote* (zitiert nach Christoph Bruckmann, Freude sangen wir in Thränen. Jahrbuch der Deutschen Schillergesellschaft, Marbach 1991, S. 102f)

100 *Ist es erhaben* (Demme, a.a.O.)

III. »Es ist nun gefunden ... Freude!«

107 *Dort lieget sie* (Eulogius Schneider in: Beethoven. Zwischen Revolution und Restauration. Hg. von H. Lühning und S. Brandenburg, Beethoven-Haus Bonn 1989, S. 16)

108 *Ich lege Ihnen. Brief Fischenich* (TDR I, S. 303); *Die Komposition. Antwort Ch. Schiller* (ebd.)

109 *In dem von der kaiserlichen* (TDR I, S. 298); *Es ist alles* (TDR I, S. 299)

110 *Man darf nicht* (Maynard Solomon, »Beethoven und Schiller«. In: Beiträge zur Musikwissenschaft, Jg. 23, 1981, S. 93); *Ganz aus dem Reich* (Schiller an Körner am 1. März 1798)

111 *Stammbuch Verse* (zitiert nach Solomon, B.u.S., S. 95)

112 *Zu einer Zeit* (Solomon, B.u.S., S. 101)

113 *Meine Kompositionen* (Beethoven, Brief an Franz Wegeler vom 28. Juni 1801); *Ich kann sagen* (ebd.)

114 *Heiligenstädter Testament* (zitiert nach Maynard Solomon, Beethoven, Biographie. Aus dem Amerikanischen von Ulrike von Puttkamer, München 1979, S. 147); *Mein lieber Herr* (Brief vom 26. Juli 1809)

115 *Vielleicht könnten Sie mir* (Solomon, B.u.S., S. 102)

115–116 *Freude-Zitate* (TDR III, S. 153)

117 *Unsterbliche Geliebte* (siehe dazu die ausführliche Erörterung bei Solomon, Biographie, S. 186–218); *Beethoven habe ich* (TDR III, S. 321)

118 *In der Verzweiflung* (Solomon, S. 252)

119 *Schillers Dichtungen* (Solomon, B.u.S., S. 95)

120 *Der Chor ist. Schiller zum Chor* (F.S., »Über den Gebrauch des Chores in der Tragödie«, Vorrede zu: Die Braut von Messina)

121 *In aller Eile* (Solomon, Beethoven, S. 252)

122 *Schillers herrliches Lied* (zitiert nach Max Friedlaender, Das deutsche Lied im 18. Jhdt., Stuttgart/Berlin 1902, Bd. 1, S. 392)

123 *daß Schiller sich* (Friedlaender, Bd. 2, S. 579); *die früheren Vertonungen* (nach Georg Günther, Schillers Vertonungen. Verzeichnis der

Drucke und Handschriften, Deutsche Schiller-Gesellschaft Marbach 2001, 2 Bände)

126 *einer geradezu exzeptionellen* (Martin Geck, »Die neunte Sinfonie«. In: M.G., Von Beethoven bis Mahler. Die Musik des deutschen Idealismus, Weimar 1993, S. 72); *ltens Sollen sie* (Brief vom 9. Juli 1817, zitiert nach TDR IV, S. 30)

127 *Ich werde* (TDR IV, S. 32)

128 *Das Projekt* (Sieghard Brandenburg, »Die Skizzen zur 9. Symphonie«. In: H. Goldschmidt (Hg.), Zu Beethoven. Aufsätze und Dokumente 2, Berlin 1984, S. 88f)

130 *Adagio cantique* (zitiert nach TDR IV, S. 129); *Beethoven spielte* (zitiert nach Brandenburg, a.a.O., S. 113)

131 *Die zentrale Idee* (Brandenburg, ebd.); *It was* (Nicholas Cook. Beethoven: Symphony No 9, Cambridge 1993, S. 17); *Stünde Beethoven* (Robert Winter, »The Sketches for the ›Ode to Joy«. In: Beethoven, Performers & Critics. The International Beethoven Congress Detroit 1977, Detroit 1980, S. 176–214); *Beethoven hat nun auch* (Brandenburg, a.a.O., S. 107)

133 *Die Attacke* (Johannes Bauer, Rhetorik der Überschreitung. Zu Beethovens 9. Symphonie, Pfaffenweiler 1992); *Beethoven ›dramatisiert‹* (Wilhelm Seidel, »Die 9. Symphonie«. In: Albrecht Riethmüller, Carl Dahlhaus und Alexander Ringer, Beethoven Interpretation, S. 258)

134 *Bei dieser Art von Sätzen* (James Webster, »Die Form des Finales von Beethovens 9. Sinfonie«. In: Probleme der symphonischen Tradition, Kongreßbericht, Tutzing 1990, S. 157–186)

135 *Vom Anfang an* (Webster, a.a.O.)

136 *Und zur Krönung* (zitiert nach D. B. Levy, Early Performances of B.'s Ninth Symphony, Rochester-Ann Arbor, 1980, S. 160); *Keine Zäsur* (Webster, a.a.O.); *Diatonische Schlichtheit* (ebd.)

137 *Mozart benutzt* (H.W. Küthen, »Mozart-Schiller-Beethoven«. In: Mozarts Modell f.d. Freudenthema und die Fusion der Embleme im Finale der 9. Sinfonie. In: Hubedni veda (MW) 1993, S. 90–128)

138 *Seit man über Musik* (Seidel, a.a.O., S. 256)

140 *Daß Beethoven sich* (Andreas Eichhorn, Die neunte Sinfonie, Kassel 1993, S. 229); *Die inhaltliche Vielfalt* (Eichhorn, a.a.O., S. 230)

141 *Welche aus dem Context* (zitiert nach Bodo Lecke (Hg.), Dichter über ihre Dichtungen, Schiller, S. 348–349)

142 *Zitate* (nach Eichhorn, a.a.O., S. 277f); *Von der erschütterndsten* (Heinrich Porges, Die Aufführung von Beethovens Neunter Symphonie unter Richard Wagner in Bayreuth, Leipzig 1872, S. 32)

143 *Islamismus* (Stefan Kunze, Die Werke im Spiegel, a.a.O., S. 481)

144 *Der ideengeschichtlichen* (Eichhorn, a.a.O., S. 277)

149 *Das erste philosophische* (Geck, a.a.O., S. 72); *Wie ernst* (ebd.)

150 *Wie konnte ein Mann* (zitiert nach Kunze, Werke im Spiegel, S. 489); *Endlich die Baßstimme* (ebd.)

151 *Freunde, nicht doch* (TDR V, S. 168); *O Freunde...* (Kunze, Werke im Spiegel, S. 518)

152 *The Sense of an Ending* (Maynard Solomon, »B.'s Ninth Symphony, The Sense of an Ending«, in: Problem der symphonischen Tradition im 19. Jhdt. Hg. von S. Kross, Tutzing 1990, S. 145–156)

IV. »Diesen Kuß der ganzen Welt!«

155 *Eure Majestät* (TDR V, S. 368)

156 *Bei dem anerkannten* (ebd., S. 369)

157 *Schon der erste Blick* (Bernhard Adolph Marx in: Berliner Allgemeine Musikzeitung, Nr. 3, 1836)

158 *Er selbst* (ebd., vgl. auch Elisabeth Eleonore Bauer, Wie Beethoven auf den Sockel kam. Die Entstehung eines musikalischen Mythos, Stuttgart/Weimar 1992, S. 291 ff)

159 *Zwar mit tiefem Bedauern; Seit einigen Tagen* (TDR V, S. 168)

160 *Nach diesem im Ganzen* (Rebs-Rezension, zitiert nach Spiegel, S. 487f)

161 *Wir befinden uns also* (zitiert nach Spiegel, S. 493 f, wo die Rezension anonym abgedruckt ist. Die Verfasserschaft Loewes behauptet Elisabeth Eleonore Bauer, a.a.O., S. 301)

162 *Der dem nüchternen; Und demungeachtet* (ebd.)

163 *Einer konsequenten* (Helmut Kirchmeyer, »Materialien zur Geschichte der Beethovenpolemik seit 1827«. In: Studien zur Musikgeschichte des 19. Jhdts., Bd. 5, Regensburg 1965, S. 19–25)

164f *Woldemar-Zitate und Gegenstimme* (nach Kirchmeyer, a.a.O.)

164 *Trüb und düster* (zitiert nach David, B. Levy, Early Performances of Beethoven's Ninth Symphony: A Documentary Study of Five Cities, Rochester-Ann Arbor 1980, S. 376)

167 *Was mag wohl* (Fastnachtsrede Florestans, gehalten nach einer Aufführung der letzten Symphonie von B. = Robert Schumann. In: R.S. Gesammelte Schriften über Musik und Musiker, Leipzig 1871, 1. Bd., S. 36 ff)

169 *Dialog Schumann/Mendelssohn* (zitiert nach Arndt Richter, Mendelssohn. Leben/Werke/Dokumente, Zürich/Mainz 2000)

170 *Für keinen wesentlichen* (Levy, a.a.O., S. 428)

171 *Ich kann zwar* (Konversationshefte 5/175)

172 *Die Schwierigkeiten* (zitiert nach Levy, S. 183)

173 *Die Musiker sind* (Richter, Mendelssohn, a.a.O., S. 162)

174–179 *Zitate* (nach Levy, a.a.O., S. 163–207)

182 *Paris ist alles* (Frédéric Chopin, Brief vom 12.12.1831, zitiert nach F.C., Briefe. Hg. von Krystyna Kolyanska, Frankfurt 1984, S. 133)

183 *Man versteht nicht* (Reisebriefe von Felix Mendelssohn aus den Jahren 1830–1832, Leipzig 1863, S. 302); *Dieses Werk* (David Levy, a.a.O., S. 270)

184 *Daß man im Conservatoire* (Schindler, zitiert nach Levy, a.a.O., S. 279); *Es liegt in dieser* (Levy, S. 281)

185 *Eine erstaunliche* (Levy, S. 288); *Was hat sich* (Levy, S. 290); *Er kannte nur seinen* (Levy, S. 301)

186 *Die Eloquenz* (über Berlioz, zitiert nach Levy, S. 304); *Eine neue Art* (Levy, ebd.)

187–190 *Berlioz-Zitate* (nach Hector Berlioz, Musikalische Schriften. Aus dem Französischen von Elly Ellès, Leipzig 1912, S. 12 ff.)

191 *Frères, dans mon* (zitiert nach Beate Angelica Kraus, Beethoven-Rezeption in Frankreich, Bonn 2001, S. 312)

192 *Urhan-Zitate* (nach Levy, S. 306 ff)

194–205 *New York.* (Dargestellt nach Andreas Eichhorn: »Amerika, du hast es besser... Eine Studie zum amerikanischen Musikleben am Beispiel der amerikanischen Erstaufführung der Neunten Symphonie Beethovens«. In: Musica, H.1, 1989, S. 23–31).

199f. *Unser Tag der Abhängigkeit* (und die weiteren Emerson-Zitate nach Major American Writers, New York 1935 u.ö. Darin: The American Scholar, S. 424 ff)

V. »Ahndest du den Schöpfer, Welt?«

209 *Wagner rechnet nie* (Friedrich Nietzsche, »Der Fall Wagner«, zitiert nach F.N., Werke in 3 Bänden. Hg. von Karl Schlechta, München 1954, Bd. 3, S. 920)

210 *Cagliostro* (ebd., S. 913); *Man stelle den* (Richard Wagner, »Eine Pilgerfahrt zu Beethoven«. In: R.W., Ausgewählte Schriften, Frankfurt 1974, S. 64 ff)

211 f *Es ist nicht möglich* (Richard Wagner, »Mein Leben«. In: Sämtliche Schriften und Dichtungen, Leipzig 1871–1883, Bd. 14, S. 152)

213 *In der Tat* (Richard Wagner, a.a.O., S. 150)

214 *Zu fünf Stunden* (Brief Wagners an Anton Pusinelli vom 31. März 1846); *Ich trug aber* (R.W., »Mein Leben«, S. 155); *Außer der gewöhnlichen* (R.W., »Mein Leben«, S. 154)

215 *Diese dreihundert* (R.W., »Mein Leben«, S. 154)

216 *Da mich nun keinerlei* (»Mein Leben«, S. 153)

217–220 *Großen Eigentümlichkeit* (die Zitate nach: R.W., »Beethovens

Neunte«. In: R.W., Schriften über Beethoven, Stuttgart 1923, S. 186–198)

221 *Wagners Deutung* (Klaus Kropfinger, »Wagners 9. Symphonie – Das ambivalente Werk«. In: Kongreß-Bericht Kopenhagen 1972, S. 512); *Die neunte Sinfonie* (zitiert nach Hans Mayer, Richard Wagner, rororo-Bildmonographien, Hamburg 1959, S. 61)

222 *Es scheint eine Vermutung* (Leonard Bernstein im Programmzettel zu den Berliner Aufführungen 1989)

224f *Griepenkerl* (zitiert nach Ulrich Schmitt, Revolution im Konzertsaal, Mainz/London/New York 1990, S. 242ff)

226f *Freiheit, schöner Götterfunken* (Adolf Glaßbrenner, »Schillers Lied an die Freiheit«. In: Unsterblicher Volkswitz. A.G.s Werk in Auswahl, Berlin 1954, Bd. II, S. 23f)

229 *Das Lied Schillers* (Jakob Venedey, Die deutschen Republikaner unter der frz. Republik, Leipzig 1870, S. 3)

230 *Freude, schöner Götterfunken* (Parodie von Albert Hopf in: Christian Grawe, Wer wagt es, Knappersmann oder Ritt? Schiller-Parodien aus zwei Jahrhunderten, Stuttgart 1990, S. 150f.)

231 *Das gab Hader* (Friedrich Ludwig Jahn, zitiert nach Schiller NA, Zweiter Band, Teil IIA, Anmerkung zu »An die Freude«, Weimar 1991)

233ff *Dieser Tage habe ich* (Uwe Martin, »Im Zweifel für die Freiheit. Zu Schillers Lied An die Freude«. In: Germanisch-Romanische Monatsschrift/NF 48, 1998, S. 47–59)

238 *Schiller über seine »Freude«* (zitiert nach Friedrich Schiller, Dichter über ihre Dichtungen, a.a.O., S. 348–349)

239 *Sehr viel deutlicher* (Uwe Martin, a.a.O.)

240 *Wo dein hoher Flügel* (Sophie Mereau, »Bey Frankreichs Feier«. In: Deutsche Lyrik von den Anfängen bis zur Gegenwart, München 2001, S. 236)

VI. »Was die Mode streng geteilt...«

245 *Ihrem Inhalt nach* (Zeitgenosse I, a.a.O., S. 401)

246 *Wenn die Neunte* (Franz Brendel, zitiert nach A. Ulibischeff, Beethoven, seine Kritiker und seine Verehrer, Leipzig 1885, S. 350); *Klassik befriedigt* (Reinhard J. Brembeck, Süddeutsche Zeitung vom 20. Januar 2004)

248 *Dessen Ruhm* (Franz Liszt, zitiert nach Esteban Buch, Beethovens Neunte. Eine Biographie. Aus dem Frz. von Silke Hass, Berlin/München 2000, S. 144); *Beethoven, ist es möglich* (Buch, a.a.O., S. 157)

249 *Deine D-Moll* (Robert Schumann, a.a.O., S. 125); *Ich sagte schon* (ebd.); *Fragen wir vorerst* (Zeitgenosse I, S. 354)
250 *Man konnte fragen* (ebd.)
251 *Das in Stoff gehüllte* (Buch, a.a.O., S. 163)
252 *Als das Denkmal* (Buch, a.a.O., S. 178)
253 *Zunächst freilich* (Zeitgenosse I, S. 360)
255 *Die deutsche Wacht* (Richard Wagner, »An das deutsche Heer vor Paris«. In: R.W., Dichtungen etc., a.a.O., Bd. 9, S. 1f)
256 *Denn so weit* (Die Zitate zur Modepolemik in R.W., a.a.O., Bd. 9., Aufsatz Beethoven, hier S. 113–126); *Lächerlichster* (Schiller, Xenion »Modephilosophie«, zitiert nach F.S. Schiller, Gedichte/Dramen 1, München 2004, S. 278); *daß Moden immer* (Georg Simmel, »Die Mode«. In: Philosophische Kultur, Gesammelte Essays, Berlin 1983, S. 28)
261 *Damit ist ein Triumph* (Simmel, a.a.O., S. 43)
262 *Kann ersichtlich* (Wagner, a.a.O.)
263f *Dort also* (dieses und die weiteren Frankreich-Zitate nach Leo Schrade, Beethoven in Frankreich, a.a.O., S. 140ff)
266 *Schrei des geängstigten* (alle Wagner-Zitate der Seite nach Heinrich Porges, a.a.O.)
267 *Menschenstimmen stürmen* (Heinrich Wiegand, Beethovens Werk, zitiert nach Eichhorn, a.a.O., S. 322)
268 *Die Millionen* (Kurt Eisner, »Die Heimat der Neunten«. In: Die Neue Gesellschaft, Heft 1/1905, S. 9–10); *Solch ein Heldenkampf* (Eisner, a.a.O.)
269 *Das moralische Gesetz* (zitiert nach Eichhorn, a.a.O., S. 324); *In der Neunten* (Eisner, a.a.O.)
270 *Als eines der unterscheidendsten* (Adolf Dörrfuß, »Die Schillerfeier 1905«. In: Zeitgenosse II, S. 326f. Dort auch die Zitate der folgenden Seite.)
272 *In bewundernswerter; Als Weltanschauung* (Franz Mehring, »Schiller und die Gegenwart«, zitiert nach Zeitgenosse II, S. 157)
273 *Was Schiller mit dem* (Rosa Luxemburg, »Über Franz Mehrings Schiller-Buch«. In: Zeitgenosse II, S. 162)
274 *Der unglückliche; Sein Beispiel* (Romain Rolland, Ludwig van Beethoven, Deutsch von L. Langnese-Hug, Zürich/Leipzig 1927, S. 11)
275 *Versunken in* (Rolland, a.a.O., S. 71f)
276ff *Daß die Geschichte* (und die folgenden Zitate nach Hans Heinrich Eggebrecht, Zur Geschichte der Beethoven-Rezeption, Mainz 1984, insbesondere S. 56ff)
277 *Uns streift* (Rolland, a.a.O., S. 72)
278 *In den gewaltigen* (Eisner, a.a.O.)

VII. »Ihr stürzt nieder, Millionen...«

279 *Ihr stürzt nieder...* (Diese Wendung des Gedichts, die eigentlich auf die Anbetungshaltung des Niederkniens (Proskynesis) zielt, wie sie vor allem Andreas Eichhorn (a.a.O.) thematisiert, ist hier mit Absicht umgewertet und als Synonym für den Höllensturz verwendet worden. Vgl. auch Th.W. Adornos polemische Formulierung »Seid umzingelt, Millionen! (Hitler)«)

281 *Daß die deutsche Musik* (zitiert nach Heribert Schröder, »Beethoven im Dritten Reich. Eine Materialsammlung«. In: B. und die Nachwelt. Hg. von Helmut Loos, Beethoven-Haus Bonn 1986, S.190)

282 *Wer begriffen hat* (ebd.)

283 *Wir dürfen wieder* (ebd.); *Kokettieren* (zitiert nach Wilhelm W. Wessling, Furtwängler, eine kritische Biographie, Stuttgart 1985, S. 19f)

284 *Es gibt überhaupt* (Wessling, a.a.O., S. 22)

285 *Mannheimer Vorfall* (Wessling, ebd.); *Einer Atmosphäre* (Joseph Wulff, Musik im Dritten Reich, Gütersloh 1963, S. 135); *Sicher ist* (Wulff, a.a.O., S. 339)

286 *Wir verwahren uns* (Wulff, S. 3)

287 *Symbol deutscher* (und die weiteren Zitate: Schröder, a.a.O., S. 201)

288 *Es gibt einen Schiller* (Zeitschrift Merker 1916, zitiert nach Eichhorn, S. 331f)

289 *Die Deutung*; *Nur ist es nicht*; *Das ist deutsches* (Paul Natorp, Die Seele des Deutschen, zitiert nach Eichhorn, a.a.O., S. 333f)

290 *Die internationale Fremdheit*; *Sind es nicht*; *Dieser Krieg* (Thomas Mann, »Gedanken im Kriege«. In: Politische Schriften 2, T.M. Werke (Taschenbuchausgabe), Frankfurt 1968, S. 7ff); *Die kämpferische Haltung* (Schröder, a.a.O., S. 217)

291 *Heute den Kampf*; *Beethovens Symphonie*; *Da stehen sie* (Schröder, a.a.O., S. 220)

292 *Kampfgenosse Hitlers* (Hans Fabricius, Schiller als..., Berlin 1934, zitiert nach Zeitgenosse II, S. 317); *Man wird fragen* (Wulff, a.a.O., S. 222); *Daß Beethovens Familie* (Wulff, S. 188)

293 *In Beethovens* (Schröder, S. 206); *Ob wir* (ebd.); *Daß auf diesem Gebiet* (Schröder, S. 205)

294 *Suchten ihr Pappa* (Solomon, Beethoven, S. 35); *Auf eine nicht*; *Einer heldischen* (Schröder, S. 204); *Die üble Legende* (ebd.)

295 *Wer 1942* (Wessling, a.a.O., S. 30f); *Ich sollte diesen* (Wessling, S. 30)

296 *Diesmal sollen* (Fred K. Prieberg, Kraftprobe: Furtwängler im 3. Reich, Wiesbaden 1986, S. 383)

297 *Gibt es eine Zurücknahme* (Hans Mayer, »Neunte Symphonie und Song of Joy«. In: H.M., Ein Denkmal für Johannes Brahms. Versuche

über Musik und Literatur, Frankfurt 1983, S. 38); *Ich wollte gehen* (Thomas Mann, Doktor Faustus, Kapitel 45; die weiteren Roman-Zitate werden nicht im einzelnen nachgewiesen.)

298 *Eben imaginiere ich* (Brief an Emil Preetorius vom 30.12.46. In: Thomas Mann, Briefe 1937–1947, Frankfurt 1973)

299 *Die ›Neunte Symphonie‹ erklang* (Thomas Mann, Die Entstehung des Doktor Faustus, Frankfurt 1949, S. 196)

300f *Sind diese zwölf Jahre* (Brief an Walter von Molo vom 7.9.1945. In: Thomas Mann, Briefe, a. a. O.)

301 *Ach, daß man ihnen nicht* (Leo Schrade, a. a. O., S. 246)

303 *Ein ungeheures* (Doktor Faustus, S. 486); *rein orchestral* (Doktor Faustus, S. 489)

304 *Mehr als bloß* (Theodor W. Adorno, zitiert nach Michael Maar, Geister und Kunst. Neuigkeiten aus dem Zauberberg, München 1995, S. 327)

305 *Daß er sich trotz* (Matthias Hansen, Gustav Mahler, Stuttgart 1996, S. 172)

VIII. »Nicht diese Töne‹«

311–316 Dargestellt nach Anthony Burgess, A Clockwork Orange, London 1962 u. ö. Hier zitiert nach Penguin Books, 1972. – Die deutschen Zitate nach: Uhrwerk Orange, deutsche Erstausgabe. Deutsch von Walter Brumm, München 1972. – Film: A Clockwork Orange, Regie Stanley Kubrick, 1971.

317 *Dieser zeigt* (Mauricio Kagel, Ludwig van, zitiert nach Werner Klüppelholz, M.K., 1970–1980, Köln 1981, S. 12); *Kein Gran* (Klüppelholz, a. a. O., S. 17)

319f *In dieser Stunde* (zitiert nach Esteban Buch, a. a. O., S. 300 ff. Dort auch die weiteren offiziellen Zitate des Europarats und seiner Gremien.)

321 *Denn ohne den Nationalhymnen* (zitiert nach Eichhorn, a. a. O., S. 297)

328 *Denn in Wahrheit* (Richard Wagner, zitiert nach Eichhorn, a. a. O., S. 67)

324 *Daß den dithyrambischen* (Friedrich Nietzsche, Geburt der Tragödie, zitiert nach Eichhorn, S. 68); *nicht nach dem Wort* (ebd.)

325 *Der Song of Joy* (Hans Mayer, a. a. O., S. 38)

328 *Wenn der Bariton* (zitiert nach Nicholas Cook, a. a. O., S. 989)

329 *Haar ist unwichtig* (zitiert nach Barbara Mittler, Dangerous Tunes. The Politics of Chinese Music in Hong Kong, Taiwan, and the People's Republic of China since 1949, Wiesbaden 1997, S. 134)

330 *Die Anbetung* (und die weiteren Zitate der Seite nach Elo und

Jürg Baumbauer, Beethoven kritisieren! Konfuzius verurteilen! Reinbek 1975, S. 69f)

331 *Wenn alle Noten* (Mittler, a.a.O., S. 44); *Auch kapitalistische Humanisten* (Cook, a.a.O., S. 96); *Freiheitslegende* (ebd.)

IX. Finale

337 *Versteigerung* (Aus der Einladungskarte zum Weltkulturerbe-Empfang); *Immer wieder Gesinnungen* (Dieter Rexroth, »Beethoven – Anstoß und Anregung«. In: Beethoven und die zweite Wiener Schule. Hg. von Otto Kolleritsch, Wien/Graz 1992, S. 203f)

338 *Eigentlich genügten schon* (Walter Riezler, a.a.O., S. 198); *Gebrodel des Werdens* (Wilhelm Seidel, a.a.O., S. 258); *Am Sinfoniebeginn* (Peter Gülke, »IX. Sinfonie Op. 125 D-Moll«. In: Meisterwerke neu gehört, 14 Werkporträts, Kassel 2004, S. 127)

339 *Der Farbe des Leerklangs* (Th.W. Adorno, Beethoven, a.a.O., S. 167)

340 *Der große Musiker* (Alexander Serow, Aufsätze zur Musikgeschichte, Berlin 1955, S. 240ff)

341 *Die Freudenmelodie* (Riezler, a.a.O., S. 213); *Unerhörtes geschieht* (Anton Webern, Der Weg zur neuen Musik. Hg. von Willi Reich, Wien 1960, S. 56); *Mit seinen weltumschaffenden* (Safranski, a.a.O., S. 522)

342 *Er singt nicht still* (G.W.F. Hegel, »Ästhetik III«. In: Werke in 20 Bänden, Frankfurt 1970, Bd. 15, S. 461); *Bekkers These* (Adorno, a.a.O., S. 71)

343 *Entrückt und fern* (Karl Schmidt, »Schiller und die Schweiz«. In: Schiller, Reden im Gedenkjahr 1959, S. 405); *Schiller war ein* (Safranski, a.a.O., S. 13); *Wir wollen, dem Leibe nach* (Schiller-Zitat)

345 *Eine IX. Sinfonie* (Peter Gülke, a.a.O., S. 124)

346 *Er zeigt die Risse* (Wolfgang Schreiber in: Süddeutsche Zeitung, 13.9.2002); *Wir verstehen nicht* (Adorno, a.a.O., S. 15)

Bildnachweis

© Schiller-Nationalmuseum, Marbach am Neckar: S. 87 und 95

Personenregister

Abbado, Claudio 346
Adorno, Theodor W. 13, 53f., 216, 338, 342, 346
Albert, Prinzgemahl 251
Ambros, August Wilhelm 134, 144
Amstein, Dr. 89
Arnim, Bettina von 118
Auber, Daniel 27
Augustenburg, Herzog von 272
Averdonk, Severin Anton 109

Bach, Johann Sebastian 137, 150, 180, 293
Bach, Philipp Emanuel 91
Bachmann, Ingeborg 69
Barenboim, Daniel 336
Bartók, Béla 285
Bartolini, Lorenzo 250
Bauer, Johannes 133
Becker, C. F. 164
Beethoven, Caspar Carl van 118
Beethoven, Johann van 294
Beethoven, Karl van 21, 36f., 118, 171
Beethoven, Nikolaus Johann van 118
Bekker, Paul von 342
Beresford, James 172
Berg, Alban 285
Berlioz, Hector 186–191, 213, 248
Bernstein, Leonard 176, 222f., 227, 233
Biba, Otto 35
Bismarck, Otto von 290
Bloch, Ernst 17
Böhm, Josef 36

Böhm, Karl 176
Börne, Ludwig 226
Brahms, Johannes 340
Brandenburg, Sieghard 128f., 131
Breidenstein, Heinrich Carl 252
Brembeck, Reinhard J. 247
Brendel, Franz 246
Brentano, Antonie 118
Brentano, Clemens 108
Breuning, Stephan von 112
Bruckner, Anton 295, 305
Brühl, Graf 24
Brunswick, Therese von 118
Burckhardt, C. B. 198
Bürger, Gottfried August 239
Burgess, Anthony 312, 314f., 317, 319
Burgschmiet, Jakob Daniel 251

Carl Eugen von Württemberg, Herzog 71–74, 76–79, 89ff., 106
Carlyle, Thomas 172
Casella, Alfred 305
Celibidache, Sergiu 176
Cherubini, Luigi 184, 212
Clauß, Ludwig Ferdinand 293
Clinton, De Witt 195
Condorcet, Marie Jean Antoine de 144
Cook, Nicholas 131
Coubertin, Pierre de 321
Coudenhove-Kalerghi, Richard 322
Czernin, Graf 26
Czerny, Carl 119

Dante Alighieri 191, 265
Debussy, Claude 10f.
Demme, Christian Gottfried 52, 99f., 253
Deym, Josephine 118
Diabelli, Anton 26, 125
Dietrichstein, Moritz Graf von 26
Dörrfuß, Adolf 270
Dostojewski, Fjodor M. 60, 62
Duport, Jean Louis 36
Dwight, John Sullivan 198f., 202f.

Eggebrecht, Hans Heinrich 276f.
Eichenauer, Richard 292
Eichhorn, Andreas 140, 142, 144, 197, 270
Einstein, Alfred 14, 137
Eisler, Hans 283
Eisner, Kurt 267–270, 273, 277f.
Emerson, Ralph Waldo 199ff., 203
Epiktet 264
Erdmann, Dorothea 118
Erdödy, Anna Maria Gräfin 118, 276

Fabricius, Hans 292
Ferguson, Tepper de 124
Fétis, François 184f.
Feuerbach, Ludwig 246
Fischenich, Bartholomäus 107ff.
Fouqué, Octave 263
Frantz, Justus 337
Franz I. 15, 21
Franziska von Hohenheim 78f.
Fricsay, Ferenc 176
Friederike Elisabeth von Bayreuth 78
Friedlaender, Max 123
Friedrich II., der Große 78, 272
Friedrich Wilhelm III. 155f., 335
Friedrich Wilhelm IV. 251
Fries, Graf Moritz 116
Fürstenberg, Graf 252
Furtwängler, Wilhelm 176, 283–286, 295, 301, 326, 346

Gardiner, John Eliot 175, 346
Geck, Martin 126, 149
Gellert, Christian Fürchtegott 143
Giulini, Carlo Maria 176
Glaßbrenner, Adolf 227ff.
Gluck, Christoph Willibald 165, 293
Goebbels, Joseph 284, 286, 295f.
Goethe, Johann Wolfgang von 15, 68, 115, 117, 119, 150, 161, 191, 198, 200, 210, 217–220, 254, 262, 265, 342
Goldberg, Simon 285
Göring, Hermann 284
Görres, Joseph 15
Göschen, Georg Joachim 141, 238
Gossec, François-Joseph 16
Gould, Glenn 150
Grammont 74
Graun, Johann Gottlieb 165
Griepenkerl, Wolfgang Robert 225, 227
Grillparzer, Franz 24, 35, 276
Gruenter, Rainer 76f.
Guicciardi, Gräfin 118
Gülke, Peter 305, 338, 345
Günther, Georg 123
Günther, Hans F. K. 293

Hába, Alois 285
Habeneck, François Antoine 183–186, 191
Hagedorn, Friedrich 64, 66, 68
Hähnel, Ernst Julius 247, 250f.
Haitink, Bernard 176

Händel, Georg Friedrich 158, 165, 293, 322
Hanslick, Eduard 339
Harnoncourt, Nicolas 176
Härtel, Gottfried Christoph 115
Hasse, Johann Adolf 165
Hauptmann, Gerhard 283
Hauschka, Herr von 26
Hausegger, Sigismund von 289
Haydn, Joseph 106, 108, 110, 137, 165, 173
Hegel, Georg Wilhelm Friedrich 14, 327
Heine, Heinrich 182, 226
Herder, Johann Gottfried 67, 161, 265
Hermann, Heinrich (»Woldemar«) 163ff.
Herwegh, Georg 226
Heubner, Gottlieb Leonhardt 232, 234, 240f.
Hill, Ureli Corelli 196f.
Himmler, Heinrich 301
Hindemith, Paul 285f.
Hirschberg, Leopold 270
Hitler, Adolf 281, 283f., 292, 295f., 301, 303, 346
Hoffmann, E. T. A. 139
Hölderlin, Friedrich 99, 101
Holmes, Oliver Wendell 199
Hölscher, Ludwig 288
Holz, Karl 130
Homer 115
Honegger, Artur 285
Hopf, Albert 230
Hoven, August von 73f., 82
Hoven, Wilhelm von 73
Huber, Ludwig Ferdinand 48, 98, 233
Hubermann, Bronislaw 283

Jacobi, Friedrich Heinrich 343
Jahn, Friedrich Ludwig 231f., 240

Jean Paul (Richter) 52
Jennings, Pauline 321
Joseph II. 109

Kagel, Mauricio 10, 317ff.
Kanne, Friedrich August 39
Kant, Immanuel 107, 150, 269
Karajan, Herbert von 176, 320, 323, 337, 346
Kautsky, Karl 271
Kinsky, Fürst Ferdinand Johann Nepomuk 115f.
Kirchmeyer, Helmut 163
Klemperer, Otto 176, 284
Klopstock, Friedrich Gottlieb 65, 68f., 87f., 239
Klüppelholz, Werner 317
Koch, Gastwirtsfamilie in Bonn 111
Körner, Christian Gottfried 48, 67, 122f., 232f.
Kraus, Karl 169, 289, 335f.
Krauß, Werner 283
Kreutzer, Conrad 35
Kropfinger, Klaus 220
Kubelik, Rafael 176
Kubrick, Stanley 315, 317, 319
Kühne, Ferdinand August 245
Küthen, Hans-Werner 138

Leibniz, Gottfried Wilhelm 64
Lenin, Wladimir Iljitsch 217
Lenz, Wilhelm von 147, 189
Leopold II. 109f.
Lessing, Gotthold Ephraim 272
Lichnowsky, Karl Fürst 26
Lichnowsky, Moritz Graf 26, 29, 32
Lichtenstein, Maria Fürstin 118
Liszt, Franz 248f., 251, 340
Littrow, Joseph 150
Loewe, Carl 161f.
Louis Philippe, König 182

Lu Xun 329
Ludwig II. 256
Luxemburg, Rosa 273
Lytton, Edward Bulwer 198

Ma Ting Heng 330
Maar, Michael 305
Magenau, Rudolph 99
Mahler, Alma 305
Mahler, Anna Justine 305
Mahler, Gustav 304ff.
Mahler, Maria Anna 305
Malfatti, Therese 118
Mann, Thomas 186, 257, 290, 295–299, 301–304, 306, 317, 343
Mao Tse-tung 329ff.
Martin (Martini), Johann Paul Aegidius 189
Martin, Uwe 233–236, 239
Marx, Bernhard Adolph 142, 157, 164f.
Marx, Karl 273
Masur, Kurt 175
Mauclair, Maurice 301f.
Maximilian Franz, Kurfürst 110
Mayer, Hans 325
Mehring, Franz 271ff.
Mendelssohn Bartholdy, Felix 157, 169, 173, 182f., 196, 212, 224
Mengelberg, Rudolf 305
Mereau, Sophie 108, 112, 240
Metzler, Drucker 81
Meyer, Herbert 232
Meyerbeer, Giacomo 212
Milton, John 200
Minder, Robert 75
Mittler, Barbara 331
Molo, Walter von 299, 301f.
Montez, Lola 251
Morris, George P. 204
Moscheles, Ignaz 178

Mosel, Hofrat von 26
Moser, Johann Jakob 77
Moser, Hans Joachim 288
Möser, Karl 157, 169f.
Mozart, Wolfgang Amadeus 137f., 165, 180, 202, 212

Nagano, Kent 346
Nägeli, Hans Georg 16
Napoleon 14f., 114, 226, 263
Napoleon III. 264
Natorp, Paul 289
Naumann, Johann Gottlieb 123
Neefe, Christian Gottlob 105
Neuffer, Christian Ludwig 99
Nietzsche, Friedrich 209f., 288, 318, 323ff.
Nohl, Ludwig 276f.
Norrington, Roger 346
Nottebohm, Gustav 128f., 132

Oellers, Norbert 232
Ohga, Norio 326ff.
Ossian 115

Pagliardino 172
Palffy, Ferdinand Graf von 26, 28
Pander, Oscar 142
Parker, Ross 325
Paul von Rußland, Großfürst 87
Pernerstorffer, Engelbert 271
Petersen, Karl Wilhelm 90
Planck, Max 283
Planer, Minna 212
Plato 264
Pope, Alexander 64, 67
Porges, Heinrich 266
Preetorius, Emil 298ff.
Preisinger, Sänger 33
Puschkin, Alexander 60

Quinet, Edgar 264f.

Radius, René 319
Rattle, Simon 176, 346
Rauschenberger, Walther 292
Razumowsky, Graf 116
Rebs, Christian Gottlob 160, 162
Recke, Elisabeth von der 118
Reichardt, Johann Friedrich 123
Reißiger, Carl Gottlieb 213
Renan, Jules 263
Rexroth, Dieter 337
Ries, Ferdinand 112, 126f., 130f., 151, 158f.
Riezler, Walter 9, 340
Rios, Miguel 325
Rios, Waldo de los 325
Robespierre, Maximilien de 107
Rochlitz, Friedrich 130
Rolland, Romain 137, 274–277
Rosen, Charles 135
Rosenberg, Alfred 282f.
Rouget de Lisle, Claude Joseph 16
Rückert, Friedrich 305
Rudolf, Erzherzog 21, 138
Rummenhöller, Peter 148

Safranski, Rüdiger 58, 341, 343
Saint-Simon, Claude Henri de 182
Sanders, Ernest 135
Sauerbruch, Ferdinand 283
Scharffenstein, Georg 54, 56, 69, 83
Schenker, Heinrich 134f., 340
Schiedermair, Ludwig 294
Schiller, Charlotte von 108, 110
Schindler, Anton 24–29, 32, 35ff., 118, 149, 337
Schlegel, August Wilhelm 248
Schlesinger, Maurice 212
Schmidt, Karl 343
Schmidt-Görg, J. 293
Schnabel, Artur 284
Schneider, Eulogius 106f.
Schönberg, Arnold 284, 339
Schrade, Leo 186, 210, 263ff., 302
Schreiber, Wolfgang 346
Schröder, Heribert 287
Schröter, Corona 239
Schubart, Christian Friedrich Daniel 73, 77, 82f., 99
Schumann, Robert 166–169, 224, 249, 276
Schuppanzigh, Ignaz 28f., 32ff., 36
Schwan, Johann Friedrich 83
Sebald, Amalie 118
Seidel, Wilhelm 133, 138, 338
Seldnitzky, Graf 32
Selznick, David O. 12f.
Serow, Alexander 339ff.
Shaftesbury, Anthony Ashley Cooper 63f., 67
Shakespeare, William 84, 191, 200, 321
Simmel, Georg 261
Simrock, Nikolaus 112
Smart, George 173
Sokrates 150
Solomon, Maynard 105, 112, 121, 151f.
Sonntag, Henriette 27
Spohr, Ludwig 196f., 251
Spontini, Gasparo 157, 224
Stein, Johann Andreas 92
Stock, Johann Michael 48
Stock, Minna 48, 98
Stockhammer, Graf von 26
Stoepel, François 185
Stolberg, Friedrich Leopold Graf zu 67, 239
Strauss, Richard 283
Streicher, Andreas 26, 86ff., 91
Swedenborg, Emanuel von 200

Taylor, Zachary 201
Thalberg, Sigismund 35
Thayer, Alexander Wheelock 115, 151, 156
Thorwaldsen, Bertel 247
Tiedge, Christian August 125
Tjuttschew, Fjodor I. 61
Toscanini, Arturo 175f.
Tovey, Donald Francis 134f.
Trotzki, Leo 217
Tschu Lan 330

Uhland, Johann Ludwig 161
Umlauf, Michael 29, 34, 36
Unger, Karoline 23, 27f.
Urhan, Chrétien 191ff., 265
Uz, Johann Peter 66ff., 239

Venedey, Jakob 229
Victoria, Königin von England 251f.
Vollmann, Rolf 198
Voltaire (François Marie Arouet) 344

Wagner, Cosima 221
Wagner, Richard 9, 142, 169, 186, 188, 198, 209–221, 246, 255–267, 276, 288, 290, 295, 300, 323f.
Waldstein, Ferdinand Graf 106
Walter, Bruno 284
Wand, Günter 176
Weber, Carl Maria von 196, 212
Weber, F. F. 142
Webster, James 134ff.
Weckherlin, Johann Christian 75
Wegener, Franz Gerhard 113
Wenck, Friedrich August Wilhelm 234, 237
Wessling, Bernd W. 295
Whitman, Walt 205
Winter, Robert 131, 136
Wolanek, Ferdinand 30
Wolf, Hugo 304

Yan Bao Yu 331

Zelter, Carl Friedrich 117, 123f.

Eine unkonventionelle und phantasievolle Frau

Als Schwester war sie Schiller so nahe wie nur wenige Menschen. Heute imponiert uns Christophine Reinwald als eine Frau, die ihr Leben selbst in die Hand genommen hat. Schiller nannte die ältere Schwester seine früheste Heldin. Ihr langes Leben war zunächst bestimmt von der Sorge um die jüngeren Geschwister inmitten einer strengen Familie, dann von der Vernunftehe mit dem Bibliothekar Reinwald. Erst als Witwe lernt sie, was ihrem Bruder über Nacht gelungen war: die Freiheit, ein eigenes Leben zu führen.

192 Seiten mit Abb. Gebunden

www.friedrich-schiller.de
HANSER